Le monde en français

French B

for the IB Diploma

Coursebook

SECOND EDITION

Ann Abrioux, Pascale Chrétien, Nathalie Fayaud

CAMBRIDGE
UNIVERSITY PRESS

University Printing House, Cambridge CB2 8BS, United Kingdom

One Liberty Plaza, 20th Floor, New York, NY 10006, USA

477 Williamstown Road, Port Melbourne, VIC 3207, Australia

314–321, 3rd Floor, Plot 3, Splendor Forum, Jasola District Centre, New Delhi – 110025, India

79 Anson Road, #06–04/06, Singapore 079906

Cambridge University Press is part of the University of Cambridge.

It furthers the University's mission by disseminating knowledge in the pursuit of
education, learning and research at the highest international levels of excellence.

Information on this title:
www.cambridge.org/9781108440547 (Paperback)
www.cambridge.org/9781108469258 (Le monde en français Coursebook with Cambridge Elevate Edition, 2 years)
www.cambridge.org/978110-760416 (Cambridge Elevate enhanced edition, 2 years)

© Cambridge University Press 2018

First published 2018

20 19 18 17 16 15 14 13 12 11 10 9 8 7 6

Printed in Mexico by Editorial Impresora Apolo, S.A. de C.V.

A catalogue record for this publication is available from the British Library

ISBN 978-1-108-44054-7 Paperback
ISBN 978-1-108-46925-8 Le monde en français Coursebook with Cambridge Elevate Edition, 2 years
ISBN 978-1-108-76041-6 Paperback + Cambridge Elevate enhanced edition, 2 years

....

Table des matières

Avant-propos

Le monde en français est une méthode pédagogique qui comprend :

✓ le livre de l'élève

✓ le cahier d'exercices

✓ le livre du professeur, les fiches photocopiables et les fichiers audio.

À qui *Le monde en français* s'adresse-t-il ?

Le monde en français est conçu spécifiquement pour le programme de français B du Baccalauréat International qui commence en 2018 (premiers examens en 2020). Il couvre les deux années du cours et se conforme aux exigences du programme. Le professeur y trouvera des textes écrits et oraux et des activités tant pour les élèves du niveau moyen que pour ceux du niveau supérieur. Il peut être utilisé dans tous les contextes d'enseignement et dans tout type d'établissement scolaire national ou international. Le professeur qui enseigne le français B pour la première fois y trouvera une approche qui lui permettra de structurer son programme et de préparer ses élèves aux épreuves du Baccalauréat International. De son côté, le professeur expérimenté en quête de nouveau matériel y puisera une foule d'activités pour renouveler et enrichir son enseignement.

Comment ce livre reflète-t-il l'esprit du programme du Baccalauréat International ?

En plus de préparer les élèves aux études supérieures, le Baccalauréat International cherche à former des citoyens actifs, responsables et ouverts sur le monde. Tel que son nom l'indique, *Le monde en français* est axé sur une approche résolument internationale. Chaque unité commence par une question qui soulève un problème mondial important, proposant ainsi un apprentissage qui reflète la mission du diplôme du Baccalauréat International de « créer un monde meilleur à travers l'enseignement ». L'activité finale de chaque unité, « Toute réflexion faite », permet aux élèves d'apporter une réponse informée et personnelle à la question de départ.

Le manuel propose des textes authentiques issus d'une variété de pays francophones. Les thèmes abordés ont été choisis non seulement pour l'intérêt qu'ils peuvent susciter chez les jeunes, mais aussi pour permettre à ceux-ci de développer une véritable compréhension interculturelle.

Les activités sont conçues pour développer les compétences linguistiques des élèves tout en favorisant la réflexion personnelle, le développement de la pensée critique (notamment par les liens avec le programme de théorie de la connaissance) et l'implication de l'élève dans son apprentissage.

Comment le livre de l'élève est-il organisé ?

Le programme de langue B du Baccalauréat International est organisé de manière thématique. Il consiste en :

a cinq thèmes obligatoires

- ✓ Identités
- ✓ Expériences
- ✓ Ingéniosité humaine
- ✓ Organisation sociale
- ✓ Partage de la planète

b l'étude obligatoire de deux œuvres littéraires au niveau supérieur.

Le livre de l'élève est organisé en six chapitres, de la façon suivante :

a cinq chapitres portant sur les thèmes du programme: un chapitre pour chaque thème

b un chapitre sur les types de textes

Chaque chapitre se divise en quatre unités qui traitent d'un aspect du thème.

Que retrouve-t-on dans chaque unité ?

Chaque unité comprend :

- ✓ les objectifs d'apprentissage : ceux-ci sont clairement indiqués au début de chaque unité pour susciter l'intérêt de l'élève par rapport au contenu et aux compétences développées et lui permettre de prendre en charge son apprentissage.
- ✓ des textes authentiques
- ✓ un texte littéraire
- ✓ des activités de compréhension écrite
- ✓ des activités de compréhension orale, clairement signalées par l'icône .
- ✓ des activités d'expression écrite
- ✓ des activités d'expression orale
- ✓ des activités de découverte et de production exploitant les différents types de textes au programme
- ✓ des activités d'entraînement aux épreuves écrites et orales. Le chapitre sur les types de textes propose des textes modèles (exemples de types de textes au programme). Ces textes sont accompagnés d'une fiche pratique pour que les élèves s'approprient les caractéristiques de chaque type de texte.

DES MOTS POUR LE DIRE

Ces encadrés proposent des mots et expressions pour élargir le vocabulaire lié au thème de l'unité.

COMPRÉHENSION CONCEPTUELLE

Pour encourager la compréhension conceptuelle, les élèves sont encouragés à travers une variété d'activités à explorer certains concepts clés : le destinataire, le contexte, le but, le sens et la variation.

APPROCHES DE L'APPRENTISSAGE

Les approches de l'apprentissage telles que les compétences de pensée, les compétences de communication, les compétences d'autogestion et les compétences de recherche sont intégrées dans chaque chapitre. D'autres activités mettent l'accent sur les approches diverses de l'enseignement reposant sur la recherche, le travail en collaboration ou la mise en contexte.

MÉMOIRE

Le mémoire en français B doit traiter d'une question relative à la langue française, à la culture d'un pays francophone ou à la littérature de langue française. Dans chaque unité du manuel, l'élève trouvera des pistes pour l'aider à choisir un sujet qui l'intéresse.

Théorie de la connaissance

Les activités liées à la théorie de la connaissance encouragent la réflexion personnelle et le développement de la pensée critique.

Créativité, Activité, Service

Dans ces encadrés, ainsi que dans les activités signalées par cette icône, l'élève trouvera des exemples d'expériences qui permettent à des individus d'explorer leurs passions, de développer leurs compétences et de s'engager dans leur communauté. Les encadrés lui fournissent également des pistes pour choisir ou mettre sur pied un projet selon ses intérêts.

Voici à titre d'exemple le contenu de l'unité 5.1 *Planète bleue, planète verte*

Objectifs d'apprentissage	Dans cette unité, les élèves apprennent à… • parler des enjeux environnementaux • faire l'accord du participe passé • identifier et exprimer l'opposition et la concession • rédiger un article • rédiger un discours • présenter une photo sur l'environnement
Compétences réceptives	**Compréhension orale** Un dialogue
	Compréhension écrite Planète en danger Éveiller les consciences environnementales
Compétences productives	**Types de textes** L'article Le discours
	Grammaire en contexte L'accord du participe passé L'expression de l'opposition et de la concession
Compétences interactives	**Travail oral en groupe** Conférence « Sauvons la planète »
	Entraînement à l'oral individuel **Niveau moyen** Catastrophes naturelles et réchauffement climatique Un écoguerrier **Niveau supérieur** Iegor Gran, *L'écologie en bas de chez moi*
Compréhension conceptuelle	Le sens
Approches de l'apprentissage	Compétences de pensée critique
Le coin de l'IB	Théorie de la connaissance Créativité, Activité, Service Mémoire

Comment utiliser ce livre ?

Il n'y a pas d'ordre prescrit pour aborder les différents thèmes. Le professeur est libre de concevoir et d'organiser son programme selon le niveau de la classe et les intérêts de ses élèves.

Il n'est pas nécessaire d'étudier chaque chapitre dans son intégralité. Chaque chapitre est conçu autour d'un seul thème et les enseignants pourront y naviguer à leur gré tout en sachant que la difficulté de la langue et des idées est progressive au sein de chaque chapitre. Certains professeurs, par exemple, selon le niveau de leur classe, préféreront n'étudier que les premières unités de chaque chapitre. D'autres préféreront ne pas étudier les textes littéraires, généralement destinés aux élèves du niveau supérieur.

Les exercices de grammaire en contexte ont pour but de renforcer des connaissances grammaticales préalablement acquises par les élèves.

Cahier et fiches
Des liens clairs aux activités du cahier d'exercices et aux fiches (fournies avec le livre du professeur) permettent aux professeurs de proposer un entraînement supplémentaire selon les besoins spécifiques de l'apprenant.

Comment le cahier d'exercices est-il organisé ?

Le cahier d'exercices a pour but de renforcer les connaissances grammaticales et lexicales des élèves. Les exercices sont en lien systématique avec les activités du livre de l'élève. Le cahier peut être utilisé par les élèves en classe ou de manière tout à fait indépendante. Chaque unité comprend :

✓ des activités lexicales

✓ des exercices de grammaire en contexte

✓ des activités d'entraînement aux épreuves écrites.

À quoi servent les fiches ?

Les fiches proposent :

✓ un travail oral en groupe pour chaque unité

✓ 40 stimuli visuels (deux par unité) accompagnés de questions permettant aux élèves de niveau moyen de s'entraîner à l'examen oral individuel

✓ quatre fiches sur la littérature permettant aux élèves de niveau supérieur de s'entraîner à l'examen oral individuel.

Comment le livre du professeur est-il organisé ?

Le livre du professeur contient :

✓ les corrigés de tous les exercices

✓ la transcription de toutes les activités de compréhension orale

✓ des fiches photocopiables et utilisables en classe pour chaque unité.

Nous souhaitons qu'au cours de leur apprentissage les élèves prennent plaisir à utiliser la langue française. Nous souhaitons également que ce manuel leur ouvre une fenêtre sur le monde francophone dans toute sa diversité et qu'il leur permette de mener à bien leurs études pour le Baccalauréat International.

Ann Abrioux, Pascale Chrétien, Nathalie Fayaud

1 | Identités

1.1 Je suis, tu es, nous sommes

> De quelle façon exprimons-nous notre identité ?

Objectifs d'apprentissage

Dans cette unité, vous allez apprendre à...

- parler de votre identité et de celle des autres
- utiliser les adjectifs et les pronoms possessifs
- utiliser les adjectifs et les pronoms démonstratifs
- rédiger une lettre au courrier des lecteurs
- rédiger un article
- présenter une photo sur l'identité

Qui êtes-vous ?

1 Mise en route

À la question « Qui êtes-vous ? », voici ce que plusieurs personnes ont répondu.

Lisez les descriptions.

> **Cahier 1.1**
> **1 Activité lexicale**
> **On se présente**

Je suis gaucher.
Je suis élève de l'IB.
Je suis adolescent.
Je suis végétarien.
Je suis pianiste amateur.

Matthieu

Je suis une femme.
Je suis trentenaire.
Je suis née en Lorraine.
Je suis parisienne d'adoption.
Je suis divorcée et sans enfant.

Rose

Kamel

Je suis un homme d'origine algérienne.

Je suis médecin de formation.

Je suis aujourd'hui journaliste pour un quotidien belge.

Je suis marié depuis 15 ans.

Je suis myope.

Lou

Je suis une fille.

Je suis l'aînée de la famille.

Je suis brillante en maths.

Je suis passionnée par les mangas.

Je suis désorganisée.

Nicolas

Je suis cosmopolite.

Je suis bénévole pour les Restaurants du Cœur.

Je suis issu d'une classe sociale plutôt aisée.

Je suis végane.

Je suis retraité.

Charlotte

Je suis malentendante.

Je suis mère de trois filles.

Je suis mariée.

Je suis informaticienne.

Je suis amatrice de bons desserts.

Antoine

Je suis demandeur d'emploi depuis six mois.

Je suis trilingue.

Je suis en couple depuis deux ans avec ma voisine de palier.

Je suis père de deux grands enfants.

Je suis juif.

Louise

Je suis étudiante en droit.

Je suis blonde.

Je suis passionnée par les sports d'équipe, surtout le volley-ball.

Je suis amoureuse de mon ami Léo.

Je suis la petite dernière de la famille.

Maxime

Je suis anar.

Je suis tatoué.

Je suis allergique au gluten.

Je suis banlieusard.

Je suis passionné de littérature russe.

Isabelle

Je suis ouvrière dans une usine de textile.

Je suis de gauche.

Je suis sportive.

Je suis pacsée.

Je suis cinéphile.

2 Activité orale

Répondez aux questions suivantes.

1   Toutes ces personnes se présentent de manière différente.

Qui parle   de sa situation familiale ?

de son aspect physique ?

de sa forme physique ?

de ses études ?

de sa situation professionnelle ?

de ses idées politiques ?

de sa religion ?

de ses loisirs ?

de ses origines ?

2   D'après vous, quels autres critères pourrait-on ajouter pour définir qui on est ?

3   Et vous, qui êtes-vous ? Faites une liste similaire.

4   Comparez vos réponses avec celles d'un(e) camarade.

3 Activité écrite

Qui sont-ils ?

1   Faites des recherches sur les célébrités francophones suivantes.

2   Remplissez les fiches à la page suivante selon l'exemple.

3   Lesquelles de ces célébrités aimeriez-vous rencontrer ? Pourquoi ?

Exemple

Je suis <u>quadragénaire</u>.
Je suis <u>myope</u>.
Je suis <u>le fils d'un écrivain célèbre</u>.
Je suis <u>chanteur</u>.
Je suis <u>photographe</u>.

Vincent Delerm

APPROCHES DE L'APPRENTISSAGE

Compétences d'autogestion

Vous êtes élève et cela fait aussi partie de votre identité.

Quels sont vos points forts et vos points faibles en matière d'apprentissage ?

Quel(s) type(s) d'activités aimez-vous particulièrement en classe de langue ?

Quelles stratégies d'apprentissage fonctionnent bien pour vous ?

Que pouvez-vous faire pour devenir un(e) apprenant(e) plus efficace et plus compétent(e) ?

Pierre Rabhi

Je suis…

Je suis

Je suis

Je

Je

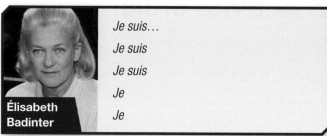

Élisabeth Badinter

Je suis…

Je suis

Je suis

Je

Je

Atiq Rahimi

Je suis…

Je suis

Je suis

Je

Je

Aurélie Rivard

Je suis…

Je suis

Je suis

Je

Je

Stromae

Je suis…

Je suis

Je suis

Je

Je

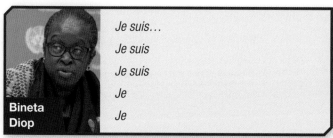

Bineta Diop

Je suis…

Je suis

Je suis

Je

Je

Créativité, Activité, Service

La discrimination et le racisme sont-ils des sujets qui vous préoccupent ? Si oui, votre programme CAS offre-t-il des possibilités de vous engager dans ce domaine ? Afin de vous impliquer dans la lutte contre la discrimination ou le racisme, vous pourriez, par exemple, organiser une semaine de prévention dans votre établissement ou un concours d'affiches. Vous pourriez aussi vous impliquer auprès d'un organisme de défense des droits humains.

Non aux étiquettes !

Nous ne sommes parfois pas vus ou perçus par les autres comme nous le voudrions. Nous sommes tous victimes de clichés et de préjugés.

4 Activité lexicale

Reliez les mots et expressions suivants avec leur définition.

1 Un préjugé

2 Un stéréotype

3 La discrimination

4 L'intolérance (féminin)

5 La xénophobie

6 L'homophobie (féminin)

7 Le sexisme

8 Les idées reçues

A L'hostilité envers les étrangers

B Le traitement défavorable d'une personne

C Une idée préconçue

D Les opinions basées sur les stéréotypes et les clichés

E Une représentation presque caricaturale de quelqu'un ou quelque chose

F L'hostilité envers les homosexuels

G L'inaptitude à supporter les différences des autres

H La discrimination envers les personnes du sexe opposé

5 Activité orale

À deux, observez l'affiche et répondez aux questions suivantes.

1   Qu'est-ce qu'une étiquette ? Que signifie « étiqueter quelqu'un » ?

2   Qui sont les personnes sur l'affiche ? Pourquoi attirent-elles notre attention ?

3   Que signifie le slogan de l'affiche ?

4   Que condamne cette affiche ?

5   Êtes-vous d'accord avec ce que condamne cette affiche ? Pourquoi (pas) ?

6   Ce genre d'affiche existe-t-il dans votre pays ? Si oui, décrivez-en une.

6 Activité écrite

Vous en avez assez qu'on vous colle des étiquettes et cela vous met sous pression.

Rédigez un paragraphe pour votre blog dans lequel vous expliquez pourquoi vous ne voulez pas être réduit(e) à ce seul qualificatif. Utilisez les mots dans l'encadré *Des mots pour le dire* pour exprimer vos opinions.

Exemples d'étiquettes qu'on pourrait vous coller :

Tu as vraiment mauvais caractère !

Tu fais toujours le / la difficile !

Tu es trop émotif / émotive !

Qu'est-ce que tu es intelligent(e) !

Quel / quelle paresseux / paresseuse !

Tu es un(e) grand(e) bosseur / bosseuse !

Toi, tu es un(e) sportif / sportive !

Mon / ma pauvre, tu es vraiment trop naïf / naïve !

Tu fais toujours preuve de beaucoup de créativité !

DES MOTS POUR LE DIRE

J'en ai marre

J'en ai assez

J'en ai ras-le-bol

Non à…

Il faut que ça cesse !

Je n'en peux plus !

Ça m'énerve quand…

Ça m'exaspère quand…

Fiche 1.1.2

Entraînement à l'oral individuel NM

Les stéréotypes de genre

1

7 Lecture

Lisez ce texte.

 8 clichés que les jeunes ne veulent plus entendre (et ce qu'il faut rappeler)

1 **TOUS LES JEUNES SONT DES GEEKS.**

Digital native… Certes, mais nous ne sommes pas H24 sur nos portables ou sur Facebook… Il y a même plein de jeunes qui n'ont ni smartphones, ni Facebook.

2 **LES JEUNES ONT UN GROS PROBLÈME AVEC L'AUTORITÉ.**

Donc s'il y a beaucoup de chômage des jeunes, c'est un peu de leur faute parce qu'ils sont incapables de travailler pour un patron… Mais qui pourrait croire cela ? Nous vivons dans un monde où il est impossible de trouver du travail.

3 **LES JEUNES SONT INDIVIDUALISTES.**

Notre génération a plutôt tendance à compter sur elle-même pour s'en sortir et moins sur le collectif. C'est davantage un côté *self-made man* que l'idée d'être égoïste et de penser qu'il faille écraser les autres.

4 **LA JEUNESSE, C'EST UNE PÉRIODE OÙ L'ON PREND DES RISQUES.**

Pas tout le temps, pas forcément, pas tout le monde ne le peut, même en étant jeune. De même d'autres peuvent prendre des risques, même plus âgés.

5 **TOUS LES JEUNES PICOLENT DÈS LE JEUDI SOIR.**

Non, les jeunes ne sont pas tous en coma éthylique 3 fois par semaine… Et ne sont pas, loin s'en faut, les seuls à boire sans modération.

6 **LES JEUNES DE BANLIEUE DEALENT OU BRÛLENT DES VOITURES.**

« … et, si possible, tous avec des casquettes ou des cagoules ». C'est vraiment n'importe quoi !

7 **LES JEUNES NE SONT PAS ENGAGÉS.**

Beaucoup d'études montrent que l'engagement est en fait différent des générations précédentes. Les moins de 30 ans s'engagent peu dans les partis politiques, les syndicats ou les grosses structures associatives. Les jeunes privilégient un engagement de courte durée et sur un objectif atteignable rapidement. Par exemple, deux mois pour organiser un concert humanitaire et non un engagement à vie pour une cause.

8 **LES JEUNES N'ONT RIEN DANS LE CRÂNE ET LISENT RAREMENT, PAR EXEMPLE.**

Ne savez-vous pas que nous, les jeunes, sommes aussi intellectuels que les générations précédentes ? On se cultive différemment et c'est tout !

www.studyrama.com collectif #Stopauxclichés

8 Compréhension écrite

Choisissez la bonne réponse ou répondez aux questions suivantes.

Que signifie… ?

1 H24

    A toute l'année   B toute la semaine

    C toute la journée et toute la nuit   D toute la journée seulement

2 compter sur soi

    A faire des économies   B ne faire confiance qu'à soi-même

    C s'offrir de belles choses   D ne pas avoir d'amis ou de proches

3 écraser les autres

    A aider les autres   B inviter les autres

    C encourager les autres   D dominer les autres

4 picoler

    A boire de l'alcool   B faire la fête

    C manger abondamment   D réviser pour ses examens

5 Quelle expression signifie « au contraire » ?

6 Quel mot signifie « accessible » ?

7 Quel est le ton des phrases suivantes ? « Donc s'il y a beaucoup de chômage des jeunes, c'est un peu de leur faute parce qu'ils sont incapables de travailler pour un patron… » ou « … et, si possible, tous avec des casquettes ou des cagoules »

    A dramatique   B tragique

    C ironique   D lyrique

9 Activité orale

À deux, en vous aidant du vocabulaire dans l'encadré *Des mots pour le dire*, répondez aux questions suivantes.

Fiche 1.1.1
Travail oral en groupe
Non aux préjugés !

1 En relisant le texte, lequel de ces huit clichés sur les jeunes vous énerve le plus ? Pourquoi ?

2 Quel(s) autre(s) cliché(s) ne faisant pas partie de la liste vous énerve(nt) aussi ? Pourquoi ?

DES MOTS POUR LE DIRE

Ce qui m'énerve le plus, c'est…   Ce que je n'apprécie pas, c'est…   Ce que je trouve injuste, c'est…

Ce qui me contrarie, c'est…   Ce qui n'est pas acceptable, c'est…   Ce qui est surprenant, c'est…

1

10 Activité écrite

Vous venez de lire un article au sujet des jeunes dans votre journal préféré. La manière dont ils sont présentés vous choque. Vous écrivez au courrier des lecteurs pour exprimer votre mécontentement et pour contredire ce qui est dit dans cet article. Rédigez de 250 à 400 mots pour les élèves de niveau moyen et de 450 à 600 mots pour les élèves de niveau supérieur.

COMPRÉHENSION CONCEPTUELLE

Le destinataire, le but et le sens

D'abord, répondez aux questions suivantes.

1 À qui s'adresse une lettre au courrier des lecteurs ?

2 Quel est le but d'une lettre au courrier des lecteurs ?

Associez les éléments ou les renseignements qui vont constituer la lettre au courrier des lecteurs avec les exemples donnés.

1 Un titre accrocheur ☐

2 Référence à l'article qui vous a choqué(e) ☐

3 Sujet du mécontentement ☐

4 Réfutation de la prise de position du journaliste ☐

5 Exemples personnels ☐

6 Nom de l'auteur et son âge ☐

7 Questions rhétoriques ☐

8 Connecteurs logiques ☐

A Isabelle Lacourt (17 ans)

B Les jeunes vont de plus en plus souvent dans les musées et ce sont eux qui utilisent le plus les librairies en ligne.

C Je viens de lire un article publié dans votre magazine le 23 juin dernier au sujet des habitudes alimentaires des jeunes et celui-ci m'a particulièrement choqué(e).

D Tout d'abord, de plus, néanmoins, cependant, finalement

E Ne trouvez-vous pas honteux d'avoir des préjugés envers les jeunes ?

F Il est inadmissible de dire que les jeunes ne sont plus aussi intellectuels qu'avant !

G Je fais, par exemple, partie d'un club de lecture à mon école et je viens de voir la dernière expo de Picasso dans ma ville.

H Les jeunes ne sont pas ceux que vous croyez !

Après avoir rédigé votre texte, servez-vous de la liste de vérification 12B au chapitre 6 du manuel pour vous assurer que vous avez utilisé tous les éléments nécessaires à la réalisation d'une lettre au courrier des lecteurs.

De quel pays êtes-vous ?

11 Activité orale TdC

À deux, répondez à la question suivante en donnant des exemples. Partagez vos réponses avec le reste de la classe.

À quoi reconnaît-on qu'on appartient à un pays ?

		Oui	Non	Je ne sais pas
A	On mange les mêmes plats.	☐	☐	☐
B	On s'habille comme les gens du pays.	☐	☐	☐
C	On est tous sensibles à la même musique.	☐	☐	☐
D	On parle couramment la langue du pays.	☐	☐	☐
E	On rêve et on pense dans la langue du pays.	☐	☐	☐
F	On rit des mêmes choses.	☐	☐	☐
G	On exprime ses émotions de la même manière.	☐	☐	☐
H	On suit les mêmes traditions.	☐	☐	☐
I	On adopte les mêmes règles de politesse.	☐	☐	☐
J	On suit les mêmes règles et on a les mêmes valeurs.	☐	☐	☐
K	On a les mêmes pensées politiques.	☐	☐	☐
L	On pratique la même religion.	☐	☐	☐
M	On apprécie la même littérature.	☐	☐	☐
N	On partage la même histoire.	☐	☐	☐
O	Autre ?	☐	☐	☐

1

12 Lecture

Certaines personnes ont une double nationalité : elles appartiennent à deux pays ou à deux cultures. Parfois, à cause de leur origine ou de leur couleur de peau, elles ont du mal à expliquer et à définir leur identité.

Deux Français ayant des parents étrangers témoignent.

ÊTRE FRANÇAIS :

« Je suis devenue autonome envers notre mère patrie »

Mai Lam Nguyen-Conan, auteur de *Français, je vous ai tant aimés*, apporte son témoignage.

❶ « Mon parcours est celui d'une Vietnamienne débarquée en France à 7 ans, et qui a toujours désespérément voulu être française. Dès mon arrivée, je me suis forcée à parler sans accent, à m'intégrer sans heurts. Je n'ai d'ailleurs jamais subi de racisme agressif ni violent car, dans la vision stéréotypée qu'en avaient mes camarades de classe, les Asiatiques étaient plutôt au-dessus du panier par rapport aux autres.

❷ En revanche, j'ai été confrontée aux préjugés sociaux et culturels – en particulier en classe de khâgne[1], où la moindre faute de vocabulaire, la moindre lacune était sanctionnée. Moi, je ne voulais pas mettre en avant mes origines, je désirais juste être "plus française que les Français" mais cela ne suffisait pas ! Depuis que je suis partie avec mon mari (français "de souche", lui) dans d'autres pays, et plus encore depuis que je vis au Cameroun, je réalise que la seule voie qui nous est proposée consiste en une alternative réductrice : l'assimilation ou l'intégration, faute de quoi c'est la marginalisation.

❸ Aux États-Unis, les étrangers peuvent atteindre le rêve américain et faire partie de la classe moyenne. Ici, on demande aux immigrés de ne pas causer de problèmes, mais de ne pas en faire trop non plus, un juste milieu qui n'existe pas. Alors désormais, je refuse le discours comptable du 50/50 – moitié vietnamienne moitié française ; je me suis affranchie d'une dette, je suis devenue autonome envers notre mère patrie : j'aime la France, mais je n'éprouve plus la nécessité de le clamer. »

© lexpress.fr

[1] **khâgne :** En France, classe préparatoire aux grandes écoles après le baccalauréat

13 Compréhension écrite

En vous basant sur le paragraphe 1, choisissez la bonne réponse ou répondez à la question.

1 Que signifie : « débarquée en France » ?

    A envoyée en France

    B partie de France

    C expulsée de France

    D arrivée en France

2 Qu'est-ce que Mai Lam Nguyen-Conan a fait pour s'intégrer le plus rapidement possible ?

3 Que signifie : « être au-dessus du panier » ?

    A être moins bon que les autres

    B être meilleur que les autres

    C être un bon sportif

    D être passionné par le shopping

Les affirmations suivantes, basées sur le paragraphe 2, sont soit vraies, soit fausses. Cochez la bonne réponse et justifiez votre réponse par des mots du texte. Les deux parties de la réponse sont requises pour l'obtention d'un point.

	Vrai	Faux
4 En classe de khâgne, ses professeurs étaient très indulgents quand elle faisait des fautes de français.	☐	☐
Justification :		
5 Elle restait très discrète au sujet de ses origines.	☐	☐
Justification :		
6 Le mari de Mai Lam Nguyen-Conan est d'origine étrangère.	☐	☐
Justification :		
7 Selon Mai Lam Nguyen-Conan, si un étranger ne s'intègre pas à son pays d'accueil, il est rejeté de la société.	☐	☐
Justification :		

En vous basant sur le paragraphe 3, choisissez la bonne réponse.

8   Que reproche Mai Lam Nguyen-Conan à la France ?

　　A   On demande aux immigrés de renier leur pays d'origine.

　　B   On demande aux immigrés de ne parler que français.

　　C   On demande aux immigrés de rester discrets.

　　D   On demande aux immigrés de ne pas avoir de contact avec les Français.

9   Que veut dire Mai Lam Nguyen-Conan quand elle affirme : « désormais, je refuse le discours comptable du 50/50 – moitié vietnamienne moitié française » ?

　　A   Elle se sent plus française que vietnamienne.

　　B   Elle se sent plus vietnamienne que française.

　　C   Elle renie ses deux cultures, ses deux nationalités.

　　D   Elle garde son identité et reste elle-même.

Répondez à la question suivante.

10   En quoi son attitude a-t-elle changé depuis son arrivée en France, lorsqu'elle n'avait que sept ans ?

COMPRÉHENSION CONCEPTUELLE

La variation

Dans son témoignage, Mai Lam Nguyen-Conan dit : « Dès mon arrivée, je me suis forcée à parler sans accent, à m'intégrer sans heurts. »

Discutez des questions suivantes en petits groupes.

1   Selon vous, pourquoi Mai voulait-elle « parler sans accent » ? Quels avantages cela lui aurait-il apportés ?

2   Quelles difficultés peut rencontrer quelqu'un qui parle avec un accent (que celui-ci soit étranger ou autre) ?

3   « Parler le français sans accent » est-il un but pour vous ? Pourquoi (pas) ?

4   Avez-vous déjà entendu différents accents en français ? Si oui, y en a-t-il un qui vous ait plu davantage ? Sinon, allez faire un tour sur Internet ! De nombreux enregistrements y sont disponibles.

5   Avez-vous un accent (régional) quand vous parlez votre langue maternelle ? Si oui, en êtes-vous fier / fière ou cherchez-vous à le dissimuler ? Pourquoi ?

6   Est-il possible ou souhaitable de parler une langue (y compris sa langue maternelle) sans accent ?

14 Lecture

Lisez ce texte.

« C'est en Algérie que j'ai compris que j'étais français »

Madjid Si Hocine, médecin gériatre en banlieue parisienne et blogueur, apporte son témoignage.

« J'appartiens à une génération qui a grandi avec le mythe du retour. Mon grand-père, arrivé en France dès l'âge de 19 ans, regardait à la
5 télévision avec moi des émissions qui nous parlaient du Maghreb. Dans mon collège du XIIᵉ arrondissement de Paris, je suivais des cours d'arabe enseignés par des profs venus d'Algérie… Mes parents ne me disaient pas : "Tu es français."

Après le bac, je suis parti faire mes études de médecine en Algérie. Et c'est
10 là-bas que j'ai compris que j'étais français : je me suis rendu compte que je n'étais pas du tout adapté culturellement, que ce pays ne me ressemblait pas. Je suis donc rentré m'installer en France, vers 25 ans.

Quand j'entends tous ces discours sur le manque d'intégration, j'ai envie de demander à ceux qui les tiennent : "Et vous, quand vous nous regardez, que
15 voyez-vous en nous ?" On ferait beaucoup mieux d'insister sur ce qui fait la séduction de la France : ses valeurs – son souci de l'égalité, de la fraternité.

Moi qui ai roulé ma bosse à l'étranger, je peux comparer : ici, nous avons la liberté de dire ce que l'on veut, l'individu est respecté, l'État tient debout, des débats intellectuels peuvent avoir lieu ; il y a peu de pays où la culture et l'art
20 de vivre ont autant l'occasion de s'épanouir. Le problème est que la France ne sait plus affirmer ce qui fait sa force. Il faudrait que les femmes et hommes qui la composent se remettent à lui faire des déclarations d'amour. »

© lexpress.fr

15 Compréhension écrite

Répondez aux questions suivantes ou choisissez la bonne réponse.

1   Quelle expression montre que la famille de Madjid Si Hocine a toujours souhaité rentrer en Algérie ?

2   Citez deux éléments qui montrent que la famille de Madjid Si Hocine restait attachée à son pays d'origine.

3   Qu'est-ce qui a fait réaliser à Madjid Si Hocine qu'il était français lorsqu'il était étudiant en Algérie ?

4   Complétez le tableau suivant en indiquant à qui ou à quoi se réfèrent les mots soulignés.

Dans la phrase...	le mot...	se réfère à...
Et vous, quand <u>vous</u> <u>nous</u> regardez, que voyez-vous en nous ? (lignes 14 et 15)	« vous »	....
	« nous »	....

5   Que signifie « [J'] ai roulé ma bosse » (ligne 17) ?

   A   J'ai beaucoup travaillé.

   B   J'ai souvent rencontré des personnes de différentes nationalités.

   C   J'ai beaucoup voyagé.

   D   J'ai souvent changé de nationalité.

6   Que signifie « l'État tient debout » (ligne 18) ?

   A   L'État fonctionne bien.

   B   L'État est en danger.

   C   L'État est en pleine reconstruction.

   D   L'État est inefficace.

7   Que signifie « s'épanouir » (ligne 20) ?

   A   se disputer avec quelqu'un

   B   se méfier

   C   se développer

   D   se respecter

8   Selon Madjid Si Hocine, que peut-on faire en France que l'on peut rarement faire dans certains pays (lignes 17 à 20) ? Donnez deux exemples.

9 Que reproche-t-il à la France ?

   A La France s'impose trop face aux autres pays.

   B La France ne se montre plus fière de ce qu'elle représente.

   C La France se laisse dominer par les autres pays.

   D La France ne prend plus part aux affaires politiques internationales.

10 Que signifie la dernière phrase du texte : « Il faudrait que les femmes et hommes qui […] composent [la France] se remettent à lui faire des déclarations d'amour. » ?

   A Les Français ne doivent aimer que les personnes de leur propre pays.

   B Les Français doivent montrer de l'affection à leurs dirigeants.

   C Les Français doivent recommencer à aimer leur pays.

   D Les Français doivent continuer à fêter la Saint-Valentin.

DES MOTS POUR LE DIRE

Être français(e) de cœur

Être français(e) de souche

Être honteux / honteuse de ses origines

Être issu(e) de deux cultures

Être issu(e) de l'immigration

Être métissé(e)

Être ouvert(e) d'esprit

Être pris(e) entre deux cultures

16 Activité orale TdC

À deux, répondez aux questions suivantes.

1 Appartenez-vous (ou connaissez-vous quelqu'un qui appartient) à deux ou plusieurs cultures ? Lesquelles ?

2 Vous sentez-vous « tiraillé(e) » entre ces cultures ? Pourquoi (pas) ?

3 Selon vous, le fait d'appartenir à plusieurs cultures est-il un enrichissement ou un fardeau ? Pourquoi ?

4 D'après vous, que doit-on faire pour vivre en harmonie avec ses différentes origines ? Cochez la case qui correspond à votre opinion et justifiez vos réponses.

Cahier 1.1
2 Grammaire en contexte
Les adjectifs et les pronoms possessifs

Cahier 1.1
3 Grammaire en contexte
Les adjectifs et les pronoms démonstratifs

Cahier 1.1
4 Activité écrite
Un article

Oui

   A On ne doit maîtriser qu'une seule langue sinon c'est trop compliqué.

   B On doit parler les deux ou trois langues couramment.

   C On doit côtoyer les personnes d'une seule culture.

   D On doit côtoyer les personnes de ses deux ou trois origines.

   E On doit renier une de ses origines.

   F On doit accepter les torts et les travers des deux ou trois cultures.

   G Autre ?

17 Compréhension orale 🔊 Piste 1

Écoutez l'entretien radiophonique avec Nadia Basri qui parle de sa double culture.
Répondez aux questions suivantes.

1 Où est née Nadia Basri ?

2 De quelle nationalité sont ses parents ?

3 Que lui interdisaient de faire ses parents ? Donnez un exemple.

4 Chez qui est-elle allée habiter à l'âge de 18 ans ?

5 Depuis quand se sent-elle française ?

6 Quel aspect de la culture française aime-t-elle particulièrement ? Donnez un exemple.

7 Quel aspect de la culture de ses parents apprécie-t-elle aussi ? Donnez un exemple.

8 Que lui permet le fait de parler et d'écrire l'arabe couramment ?

9 À quelle fréquence lui fait-on des remarques racistes ou sexistes ?

10 Qu'est-ce qui a été annulé au début de sa carrière quand on a remarqué son nom de famille d'origine étrangère ?

> **Fiche 1.1.3**
> **Entraînement à l'oral individuel NM**
> La double culture

18 Lecture (TdC) Niveau supérieur

Lisez ce texte.

Libanais ou français ?

Écrivain franco-libanais, Amin Maalouf est membre de l'Académie française depuis 2011. Dans l'avant-propos de son essai *Les identités meurtrières*, il explique en quoi ses deux cultures, libanaise et française, sont indissociables.

Depuis que j'ai quitté le Liban en 1976 pour m'installer en France, que de fois m'a-t-on demandé, avec les meilleures intentions du monde, si je me sentais « plutôt français » ou « plutôt libanais ». Je réponds invariablement : « L'un et l'autre ! » Non par souci d'équilibre ou d'équité, mais parce qu'en répondant différemment, je mentirais. Ce qui fait que je suis moi-même et pas un autre, c'est que je suis ainsi à la lisière de deux pays, de deux ou trois langues, de plusieurs traditions culturelles. C'est précisément cela qui définit mon identité. Serais-je plus authentique si je m'amputais d'une partie de moi-même ?

À ceux qui me posent la question, j'explique donc, patiemment, que je suis né au Liban, que j'y ai vécu jusqu'à l'âge de vingt-sept ans, que l'arabe est ma langue maternelle. Que c'est d'abord en traduction arabe que j'ai découvert Dumas et Dickens et *Les Voyages de Gulliver*, et que c'est dans mon village de la montagne, le village de mes ancêtres, que j'ai connu mes premières joies d'enfant et entendu certaines histoires dont j'allais m'inspirer plus tard dans mes romans. Comment pourrais-je oublier ? Comment pourrais-je jamais m'en détacher ? Mais d'un autre côté, je vis depuis vingt-deux ans sur la terre de France, je bois son eau et son vin, mes mains caressent chaque jour ses vieilles pierres, j'écris mes livres dans sa langue, jamais plus elle ne sera pour moi une terre étrangère.

Moitié français donc, et moitié libanais ? Pas du tout ! L'identité ne se compartimente pas, elle ne se répartit ni par moitiés, ni par tiers, ni par plages cloisonnées. Je n'ai pas plusieurs identités, j'en ai une seule, faite de tous les éléments qui l'ont façonnée, selon un « dosage » particulier qui n'est jamais le même d'une personne à une autre.

Amin Maalouf, *Les identités meurtrières* © *Éditions Grasset & Fasquelle*

19 Activité écrite et orale Niveau supérieur

Au niveau supérieur, l'examen oral individuel est basé sur un extrait d'une des œuvres littéraires étudiées en classe. Vous devez présenter l'extrait et montrer votre compréhension de ce passage.

Afin de vous entraîner à cet examen, préparez une courte présentation dans laquelle vous résumerez cet extrait de *Les identités meurtrières* d'Amin Maalouf et en exposerez les aspects les plus importants. Les questions suivantes vous aideront à cerner ceux-ci. Puis, à l'aide de vos notes, présentez l'extrait à un(e) camarade de classe.

1 Remplissez la carte d'identité d'Amin Maalouf.

Nom :
Prénom :

Lieu de naissance :
Lieu de résidence :
Langue maternelle :
Langue utilisée pour écrire ses romans :
Liste de ce que le Liban lui a apporté :
Liste de ce que la France lui a apporté :
Pays dont il se sent le plus proche : (Rayez la ou les mention(s) inutile(s))

ID 290234 3498

Le Liban   La France   Les deux

2 Que veut dire Amin Maalouf quand il dit, à la dernière phrase du passage : « Je n'ai pas plusieurs identités, j'en ai une seule, faite de tous les éléments qui l'ont façonnée, selon un "dosage" particulier qui n'est jamais le même d'une personne à une autre. » ? Êtes-vous d'accord avec lui ?

3 Et vous, de quelle(s) culture(s) vous sentez-vous le / la plus proche ? Pourquoi ?

20 Activité orale

Kim Thúy

Dai Sijie

Andreï Makine

Agota Kristof

Voici des écrivains qui, comme Amin Maalouf, ont écrit des œuvres littéraires en français même si ce n'est pas leur langue maternelle.

Samuel Beckett (Irlande)	Andreï Makine (Russie)
Nancy Huston (Canada)	Pia Petersen (Danemark)
Eugène Ionesco (Roumanie)	Jorge Semprún (Espagne)
Yasmina Khadra (Algérie)	Aki Shimazaki (Japon)
Agota Kristof (Suisse)	Dai Sijie (Chine)
Milan Kundera (République tchèque)	Kim Thúy (Vietnam)

À deux, répondez aux questions suivantes.

1   Quelles sont, d'après vous, les difficultés majeures auxquelles ces écrivains ont dû faire face en écrivant en français ?

2   Pensez-vous qu'ils ont dû perdre un peu de leur identité en écrivant en français ? Ou pensez-vous qu'ils ont dû adopter un peu de l'identité française ? Ou pensez-vous que cela n'a pas eu d'importance ? Pourquoi ?

3   Connaissez-vous d'autres écrivains qui n'ont pas écrit leur œuvre littéraire dans leur langue maternelle ?

MÉMOIRE

Vous cherchez un sujet de mémoire ? Pourquoi ne pas vous pencher sur un livre écrit par un de ces écrivains ? Il y a trois grandes catégories possibles pour les mémoires du Groupe 2 et l'une d'entre elles est la littérature.

21 Toute réflexion faite

À deux, observez ces photos postées sur Instagram.

1 Imaginez qui est le / la propriétaire de ce compte en répondant aux questions suivantes. Justifiez vos réponses.

a   S'agit-il d'un homme ou d'une femme ?   e   Quelle est sa situation familiale ?

b   Quel âge a-t-il / elle ?   f   Quel est son métier ?

c   De quel(s) pays est-il / elle originaire ?   g   Quelles sont ses passions ?

d   Où habite-t-il / elle ?   h   Autre(s) renseignement(s) ?

2 Partagez vos réponses avec le reste de la classe.

3 Discutez de la question suivante.

Dans quelle mesure l'image que nous présentons de nous-mêmes sur les réseaux sociaux est-elle le reflet de notre identité ?

Savez-vous...

Oui

- parler de votre identité et de celle des autres ?

- utiliser les adjectifs et les pronoms possessifs ?

- utiliser les adjectifs et les pronoms démonstratifs ?

- rédiger une lettre au courrier des lecteurs ?

- rédiger un article ?

- présenter une photo sur l'identité ?

1.2 Vivre autrement

Comment notre identité peut-elle se distinguer de celle des autres ?

Objectifs d'apprentissage

Dans cette unité, vous allez apprendre à...

- parler du conformisme et de la marginalité
- utiliser les verbes en *-er* ayant des particularités orthographiques au présent de l'indicatif
- utiliser le gérondif
- rédiger un guide de recommandations
- présenter une photo sur le conformisme et la marginalité

Aspirations

1 Mise en route

Nous avons tous des rêves, des ambitions, des valeurs. C'est ce qui nous permet de nous définir, c'est ce qui nous motive, c'est ce qui nous donne envie d'avancer.

1   Vous trouverez à la page suivante une liste d'aspirations. Correspondent-elles à celles que vous avez personnellement ? Correspondent-elles aux valeurs de votre famille ou de votre milieu ?

Identités

Cochez les cases appropriées. (Vous pouvez aussi cocher les deux cases proposées pour chaque option.) Puis, comparez vos réponses à celles d'un(e) partenaire et discutez-en.

	Valorisée par moi-même	Valorisée par ma famille / mon milieu
A Avoir plus de 40 points au diplôme de l'IB	☐	☐
B Faire des études supérieures	☐	☐
C Avoir un emploi stable	☐	☐
D Être son propre patron / sa propre patronne	☐	☐
E Exercer une profession à forte reconnaissance sociale : médecin, avocat(e), ingénieur(e)…	☐	☐
F Avoir un bon salaire	☐	☐
G Publier un livre	☐	☐
H Avoir beaucoup d'abonnés sur les réseaux sociaux (Instagram, Twitter…)	☐	☐
I Avoir un smartphone dernier cri	☐	☐
J Porter des vêtements de marque	☐	☐
K Avoir un beau corps	☐	☐
L Posséder une voiture	☐	☐
M Être propriétaire d'une maison	☐	☐
N Prendre des vacances à l'étranger	☐	☐
O Se marier	☐	☐
P Avoir des enfants	☐	☐
Q Suivre la voie tracée par ses parents	☐	☐
R Être en forme	☐	☐
S Avoir la plus faible empreinte écologique possible	☐	☐
T Avoir une vie spirituelle	☐	☐

2 Vous entendez : « C'est un(e) marginal(e) ». Comment vous imaginez-vous cette personne ?

À deux, oralement, faites son portrait. Vous pouvez imaginer son physique, son habitat, son mode de vie, son alimentation, etc.

Puis, dessinez votre personnage. (Ne vous en faites pas si vous ne savez pas bien dessiner, l'exercice sera simplement plus amusant !)

Pour terminer, inventez-lui une identité (nom, âge, etc.) et présentez-le à la classe.

3 Par groupes de trois ou quatre, discutez des questions suivantes.

a   Les « marginaux » présentés à la classe avaient-ils des caractéristiques en commun ? Si oui, lesquelles ?

b   Selon vous, leur marginalité était-elle choisie ou imposée par d'autres ?

c   Quels aspects de votre mode de vie actuel pourraient faire de vous un(e) conformiste ? Pourquoi ?

d   Quels aspects de votre mode de vie actuel pourraient faire de vous un(e) marginal(e) ? Pourquoi ?

e   Nous appartenons tous à des groupes (que ce soient des groupes d'âge, d'intérêts, de milieu social…) Devons-nous remettre en question les valeurs, croyances et connaissances des groupes auxquels nous appartenons ? Pourquoi (pas) ? Comment pouvons-nous nous assurer que ces valeurs, croyances et connaissances soient bien fondées ?

2 Activité orale et écrite

Connaissez-vous les « listes d'envie » ? Ce sont des listes de choses qu'on souhaite réaliser dans sa vie. En voici une.

La liste de mes envies

1   Apprendre à jouer du ukulélé

2   Voir une aurore boréale

3   M'incruster dans un mariage d'inconnus et danser avec la mariée / le marié

4   Faire un vol en montgolfière

5   Écrire une chanson

6   Cultiver des bonsaïs

7   Être figurant(e) dans un film mettant en vedette un acteur / une actrice célèbre

8   Faire une randonnée dans le Grand Canyon

9   Participer à un « dîner en blanc »

10   Passer mes vacances dans un hamac à lire les sept volumes de « À la recherche du temps perdu » de Marcel Proust

1

1

1 À votre tour de dresser la liste de vos envies. Incluez-en au moins 10.

2 Puis, comparez votre liste à celle d'un(e) partenaire et discutez-en.

3 Pensez-vous pouvoir réaliser ces objectifs en menant une vie « normale » ? Réaliser ces envies fera-t-il de vous un(e) marginal(e) ?

Fiche 1.2.1
Travail oral en groupe
Le questionnaire de Proust

Cahier 1.2
1 Activité lexicale
Le conformisme et la marginalité

Choisir une autre vie

3 Lecture

Nous avons tous une liste de choses que nous aimerions réaliser au cours de notre vie, mais d'où viennent ces choix ? Les faisons-nous de notre plein gré ou nous sont-ils imposés par d'autres ? N'y a-t-il pas des choix plus susceptibles d'être acceptés que d'autres ? Et si nous refusons ces choix, que se passe-t-il ?

Pourquoi faire le choix d'une vie alternative ?

1   La société nous formate depuis notre plus jeune âge pour vivre une vie définie à l'avance. Dès qu'on dévie un peu de cette voie, on est considérés péjorativement comme étant des marginaux. Et si on fait le choix de
5   vivre autrement, c'est qu'on est des illuminés. On nous impose de vivre le même mode de vie. On va tous à l'école, le plus longtemps possible. Après les études on trouve tous un travail, et le CDI[1] bien payé est le Graal[2]. Puis, il faut emprunter de l'argent pour payer une
10 maison, la plus grosse possible, une voiture, la plus luxueuse possible, le tout à crédit, pour afficher clairement sa réussite. Le paroxysme du succès est de voir ses enfants emprunter à leur tour cette même voie toute tracée. Quand on n'arrive pas à s'adapter à ce moule, on est considéré comme étant en échec.

Et si finalement nous n'étions pas tous faits pour vivre cette vie-là ? On nous a toujours
15 dit que ceux qui vivaient en marge de la société, qui ont fait le choix de vivre autrement, de manière alternative, sont des rêveurs utopistes qui n'ont rien compris à la vie. Comme si vivre autrement était un signe d'anormalité, comme si ce modèle de vie motivé par la réussite dictée par l'argent était le seul modèle possible.

Mais dans ce mode de vie-là, qu'en est-il du facteur bonheur au final ? Vivons-nous
20 réellement pour travailler toute une vie, pour rembourser des dettes, et nous acheter les derniers appareils à la mode ?

On possède de plus en plus de choses matérielles, mais on remarque en parallèle que de plus en plus de personnes craquent et partent en dépression. Produire plus, toujours plus, et faire la course de la consommation pour combler un manque qu'on ressent au fond
25 de nous. Ce mode de vie-là est un véritable engrenage qui emprisonne les gens et qui les empêche de se réaliser en tant qu'individus.

Mais vivre autrement, c'est faire le choix de vivre sa propre vie !

[– X –] personnes ont la sensation de ne pas vivre leur vie, elles trouvent alors la solution dans un mode de vie alternatif. Vivre autrement, c'est arrêter de vivre la vie de tout le
30 monde, [– 5 –] enfin exprimer sa personnalité. C'est le moyen pour ces personnes d'enfin vivre, et non plus survivre.

Beaucoup décident de tout plaquer pour retourner à une vie simple. D'autres y ajoutent [– 6 –] un aspect communautaire et écologique. En famille, en couple, seul [– 7 –] à plusieurs, le seul point commun entre toutes ces histoires, c'est le rejet de la
35 surconsommation et le désir de se concentrer sur l'essentiel : le partage.

Finalement, qu'est-ce que ça veut dire vivre autrement ?

Un mode de vie alternatif ne veut pas dire s'isoler dans les arbres, se faire pousser une barbe et ne manger que des carottes. Vivre autrement, c'est se dire que cette course à la réussite et à l'argent n'est peut-être pas finalement le but de la vie.

40 Et vous, quand est-ce que vous sautez le pas ?

www.toitsalternatifs.fr

¹ **CDI** : contrat à durée indéterminée

² **Graal** : objectif difficile à atteindre

4 Compréhension écrite

1 Choisissez les **deux** réponses correctes selon les lignes 1 à 13. Indiquez les lettres correspondantes dans les cases.

Exemple : [A]

A **La société exerce des pressions pour que ses membres se conforment aux modèles pré-établis.**

B Ceux qui osent être différents sont mal vus.

C Faire de longues études est peu valorisé.

D On cherche tous à avoir un emploi stable et bien rémunéré.

E Emprunter de l'argent est un signe de faiblesse.

F Suivre le même chemin que ses parents est mal vu.

En vous basant sur les lignes 14 à 26, reliez chaque début de phrase à la fin correspondante.

Exemple : La vie qu'on nous propose... [E]

2 Les marginaux...

3 Nous devrions nous demander si...

4 Les biens matériels...

A c'est d'être anormal.

B font l'objet de nombreux préjugés.

C nous pouvons rembourser toutes nos dettes.

D n'apportent pas le bonheur.

E **ne convient peut-être pas à tout le monde.**

F notre mode de vie nous rend vraiment heureux.

G permettent de combler un manque.

H sont des gens qui ont réalisé leurs rêves.

Ajoutez les mots qui manquent aux lignes 27 à 35 en les choisissant dans la liste proposée ci-dessous.

AFIN QUE	CAR	DE PLUS EN PLUS DE	OU
AUSSI	C'EST POURQUOI	MOINS DE	POUR

Exemple : [– X –] De plus en plus de

5   [– 5 –] ....

6   [– 6 –] ....

7   [– 7 –] ....

En vous basant sur les lignes 36 à 40, répondez aux questions suivantes.

8   Citez deux des fausses idées qu'on associe à un mode de vie alternatif.

9   Selon l'auteur, quel objectif de vie nous entraîne sur la mauvaise voie ?

Choisissez la bonne réponse.

10   La question finale « Et vous, quand est-ce que vous sautez le pas ? » signifie : Quand est-ce que vous allez…

A   exprimer votre joie ?

B   vous décider à agir ?

C   être en bonne forme physique ?

D   dépasser les limites ?

Cahier 1.2
2 Grammaire en contexte
Les verbes en -*er* avec des particularités orthographiques au présent de l'indicatif

5 Activité écrite

Dans votre examen de production écrite (épreuve 1), vous devrez rédiger un texte de 250 à 400 mots pour le niveau moyen et de 450 à 600 mots pour le niveau supérieur.

Vous devrez choisir l'une des trois tâches proposées.

Pour la tâche choisie, vous devrez aussi choisir le type de texte le plus approprié parmi les trois qui vous seront fournis.

Voici à quoi pourrait ressembler cette épreuve. (Notez cependant que dans une véritable épreuve les trois sujets porteront sur trois thèmes différents.)

1   Vous étudiez dans une université prestigieuse, mais vous vous rendez compte que votre programme d'études ne vous plaît pas. De plus, la carrière à laquelle vous vous destiniez ne vous semble plus correspondre à vos aspirations. Vous songez à abandonner vos études, mais vous savez que vos parents désapprouveront cette décision. Afin de mettre de l'ordre dans vos idées, vous écrivez un texte.

Guide de recommandations	Rapport	Journal intime

2   À l'initiative d'un organisme de défense des sans-abri, vous avez passé une nuit dans la rue en plein hiver. Vous racontez cette expérience dans un texte que vous écrivez pour le journal de votre école.

Critique	Interview	Article

3   Vous avez lancé un blog sur votre mode de vie zéro déchet et, à l'occasion de la semaine « Consommer autrement », vous êtes invité(e) à rencontrer les élèves de votre ancien lycée pour leur parler de votre expérience et les faire réfléchir à leurs habitudes de consommation. Écrivez le texte que vous allez prononcer à cette occasion.

Discours	Proposition	Blog

COMPRÉHENSION CONCEPTUELLE

Comment choisir le type de texte approprié ?

Vous devez tenir compte des éléments suivants :

✓ Le destinataire : À qui écrivez-vous ?

✓ Le contexte : Quelle est la situation ?

✓ Le but : Quel est votre objectif ?

✓ Le sens : Quel message voulez-vous transmettre ? Quels moyens allez-vous employer pour le transmettre efficacement ?

✓ La variation : Quel registre allez-vous employer ?

Pour plus de détails, vous pouvez vous référer au chapitre 6.

Recopiez et remplissez la grille pour chacun des sujets, puis indiquez quel type de texte est le plus approprié.

Sujet 1 / 2 / 3	
Le destinataire	
Le contexte	
Le but	
Le sens	
La variation	

↓

Type de texte

Fiche 1.2.2
Entraînement à l'oral individuel NM
Conformiste ou marginal ?

Identités

Le tour du monde sans argent

**Créativité,
Activité, Service** CAS

Dans le cadre de votre programme CAS, vous devez mettre sur pied un projet. Celui-ci doit notamment :

- avoir un but concret et précis ainsi que des résultats significatifs

- constituer un défi personnel

- être bien planifié

- favoriser la réflexion sur ce que vous avez appris.

Sans vous lancer dans une entreprise aussi radicale que celle de Sarah et son tour du monde sans argent, pouvez-vous imaginer un voyage ou une expédition qui vous permettraient d'atteindre ces buts ?

6 Lecture

Voici le cas de Sarah, une jeune Suissesse qui a fait le choix de vivre sa propre vie, de la vivre « autrement ».

1 J'avais vingt ans quand j'ai décidé de tout plaquer pour changer de vie. J'ai quitté mon travail, mon appartement, mes repères… Je suis devenue nomade. Je n'étais pas bien sûre de savoir

5 pourquoi, je voulais juste me donner les moyens de mener la vie dont je rêvais, de découvrir les merveilles de notre planète, des steppes mongoles aux fjords norvégiens, de la jungle philippine aux grands espaces traversés par le Transsibérien. Mais

10 j'étais fauchée. Changer de vie sur un coup de tête, ça fait une belle histoire à raconter, mais ça ne paye pas les voyages. Je n'y avais pas vraiment pensé, à ce problème-là. J'ai donc réuni ma cellule de crise habituelle – mon ordinateur et mon chat Mimou – et nous avons convenu de faire de l'auto-stop. Nous allions trouver

15 où dormir via Couchsurfing, récupérer la nourriture prête à être jetée sur les marchés et même apprendre à pêcher. Sauf Mimou, parce qu'il est en peluche.

J'ai vingt-deux ans, aucun diplôme, ni aucune possession quelle qu'elle soit. Pas de permis de conduire ni de logement fixe. Pas d'argent à la banque ou de projet rentable à long terme. Pour n'importe quelle personne posée, je suis l'exemple parfait de la

20 branleuse irresponsable, de la hippie qui se mordra les doigts plus tard. J'accepte sereinement la critique. Il faut dire que j'ai raté avec brio chaque étape de la « to-do list » que la société nous impose. En fait, je n'ai même pas vraiment essayé. Je n'ai jamais compris pourquoi je devrais trimer cinquante ans pour un patron qui ne m'estimerait même pas. Au nom de la bienséance ? Ou alors pour la sécurité ? Je sais

25 que je peux compter sur moi, et même sur des inconnus. Elle est là ma sécurité.

LE TOUR DU MONDE SANS ARGENT

Le tour du monde sans argent, cela fait deux ans que j'en parle. J'ai commencé par le chuchoter, tel un rêve auquel on ne croit pas trop et, doucement, ces mots se sont amplifiés. Jusqu'à prendre le dessus sur tout le reste. Dans quelques jours, je retournerai

30 sur les routes du monde, les cheveux en bataille et mon petit corps croulant sous le sac à dos qui abritera la totalité de mes possessions. Je repartirai à la rencontre des vivants, ceux dont la douceur et la bienveillance m'ont fait tant de bien.

EN PRATIQUE

Je n'utiliserai pas d'argent, je n'achèterai pas de nourriture, je ne prendrai pas d'avion. Je

35 n'ai rien contre l'argent mais je préfère ma liberté au confort qu'il m'apporte. Je préfère l'imprévu à la sécurité, l'urgence d'agir à l'inaction. Un entre-deux m'est impensable, j'ai besoin de cette radicalité pour m'épanouir dans ce cheminement. Je ne vous avais pas dit que j'étais un peu excessive ?

🔗 Partager 👍 J'aime 💬 Commenter   www.laventurierefauchee.com

7 Compréhension écrite

En vous basant sur les lignes 1 à 16, répondez aux questions suivantes ou choisissez la bonne réponse.

1   Qu'est-ce que Sarah a décidé de faire à vingt ans ? Citez **deux** des changements concrets qui sont survenus dans sa vie.

2   Citez **une** des merveilles de la planète que Sarah voulait découvrir.

3   « J'étais fauchée » (ligne 10) signifie…

   A   je n'avais pas d'argent.

   B   j'étais fatiguée.

   C   j'étais motivée.

   D   j'avais peu de qualifications professionnelles.

4   Citez **deux** des solutions que Sarah a trouvées pour pouvoir tout de même réaliser son projet.

Trouvez dans les lignes 17 à 25 les mots ou les expressions qui signifient :

Exemple : qui a une situation solide = posée

5   paresseuse =

6   regrettera =

7   brillamment =

8   travailler =

9   code de conduite imposé par la société =

En vous basant sur les lignes 26 à 38, répondez aux questions suivantes ou choisissez la bonne réponse.

10   Pour Sarah, faire le tour du monde sans argent est…

   A   une décision spontanée.

   B   un rêve qui l'obsède.

   C   un voyage qui vient de prendre fin.

   D   une aventure qui lui fait un peu peur.

11   Citez **deux** des choses que Sarah **ne fera pas** pendant son voyage.

12   Selon Sarah, avec quoi l'argent n'est-il pas compatible ?

13   « Un entre-deux m'est impensable » (ligne 36) signifie…

   A   j'ai toujours beaucoup de mal à décider entre deux options.

   B   je ne pense pas que l'argent soit utile en voyage.

   C   je ne veux pas d'une solution mitoyenne, c'est-à-dire utiliser de l'argent de temps en temps.

   D   je pense que l'argent gâche les relations humaines.

1

8 Activité orale

Dans son blog, Sarah évoque avec humour la « cellule de crise » (ligne 13) qu'elle a réunie pour trouver une solution à son problème.

Qu'est-ce qu'une cellule de crise ?

C'est un groupe de personnes qu'on réunit dans un endroit pour faire face à une situation critique et établir une stratégie d'intervention.

Imaginez que les proches de Sarah ont décidé de convoquer une cellule de crise lorsque celle-ci leur a annoncé sa décision de partir faire le tour du monde sans argent pendant deux ans.

Voici les membres de la cellule de crise :

- Ses parents
- Son petit ami
- Sa meilleure amie

Ils se réunissent – en l'absence de Sarah – pour discuter de ce projet et partager leurs opinions et leurs inquiétudes éventuelles. Ils se demandent s'ils devraient l'encourager à modifier son projet, voire à l'abandonner tout à fait ou au contraire l'encourager à poursuivre son rêve. Ils ne sont pas tous d'accord.

En groupes de quatre, répartissez les rôles. Préparez votre rôle sans consulter les autres membres de votre groupe, puis jouez la scène.

> **Cahier 1.2**
> **3 Grammaire en contexte**
> Le gérondif

9 Activité écrite

En raison du grand intérêt que les internautes ont manifesté pour son tour du monde sans argent, Sarah, la rédactrice du blog « L'aventurière fauchée », a décidé de rédiger un guide de recommandations à l'intention des jeunes (et des moins jeunes !) qui seraient tentés de vivre la même expérience. Ce guide de recommandations sera publié sur son blog.

Rédigez ce guide de recommandations en suivant le schéma proposé ci-dessous. Pour vous aider, vous pouvez utiliser le vocabulaire proposé dans l'encadré *Des mots pour le dire*.

Rédigez de 250 à 400 mots pour les élèves de niveau moyen et de 450 à 600 mots pour les élèves de niveau supérieur.

Après avoir rédigé votre texte, servez-vous de la liste de vérification 9B au chapitre 6 du manuel pour vous assurer que vous avez utilisé tous les éléments nécessaires à la réalisation d'un guide de recommandations.

> **Titre du guide de recommandations**
>
> **Introduction**
> - mise en contexte : rappel de sa propre expérience
>
> **Développement**
> - 1ère recommandation : comment se débrouiller sans argent pour se déplacer, manger et dormir
> - 2e recommandation : les dangers
> - 3e recommandation : les rencontres et l'aventure humaine
>
> **Conclusion**
> - encouragements

DES MOTS POUR LE DIRE

avoir la trouille (*familier*)

baragouiner quelques mots d'une langue

dormir chez l'habitant

faire confiance à la chance

faire du stop

galérer (*familier*)

oser (faire quelque chose)

parcourir le globe

prendre une assurance-voyage

proposer ses services pour de petits boulots en échange d'un repas ou d'un hébergement

se débrouiller

se retrouver dans une situation de détresse

se sentir en sécurité

surmonter les difficultés

voyager hors des sentiers battus

une aventure sans un sou en poche

un bon plan

une découverte

le dépaysement

les gens du coin

l'hospitalité

un imprévu

l'ouverture d'esprit

une mésaventure

la prudence

un(e) routard(e)

un sac à dos

le système D (*familier*)

le troc

les us et coutumes

Fiche 1.2.3
Entraînement à l'oral individuel NM
Une vie de nomade

Habitats alternatifs

10 Compréhension orale 🔊 Piste 2

Certaines personnes, tout en restant sédentaires, choisissent de vivre dans des habitats insolites et qui correspondent mieux à leur conception de la vie. Avons-nous besoin d'habiter dans des maisons si spacieuses et ne serions-nous pas plus heureux avec le strict minimum ?

Identités

Vous allez écouter un entretien avec Caroline, propriétaire d'une *tiny house*.

Choisissez la bonne réponse.

1   Une *tiny house*…   ☐

    A   peut facilement être bougée.

    B   a une longueur de 15 mètres.

    C   coûte 6 000 euros en France.

2   Caroline a perdu la plupart de ses affaires…   ☐

    A   dans un incendie.

    B   quand des voleurs se sont introduits dans son appartement.

    C   à cause d'une catastrophe naturelle.

3   Elle s'est rendu compte…   ☐

    A   qu'elle avait envie d'une maison à elle.

    B   qu'elle n'avait pas besoin de tant de choses.

    C   qu'elle préférait vivre seule.

4   Caroline a…   ☐

    A   construit sa *tiny house* avec l'aide de ses amis.

    B   suivi des ateliers de bricolage pour apprendre comment bâtir sa maison.

    C   fait construire sa maison.

5   Un des avantages d'une *tiny house*, c'est qu'on ne dépense pas beaucoup d'argent…   ☐

    A   pour la décoration.

    B   pour son entretien.

    C   pour y recevoir ses amis.

Répondez aux questions suivantes.

6   Selon Caroline, dans quel but les gens travaillent-ils comme des fous ? Citez **un** des buts qu'elle mentionne.

7   Quelle activité n'occupe pas tous ses week-ends ?

8   Citez **une** des activités auxquelles Caroline peut consacrer plus de temps maintenant qu'elle habite dans une *tiny house*.

9   Pourquoi une *tiny house* est-elle un bon choix pour l'environnement ?

10 Quelle est l'attitude des voisins de Caroline envers son mode de vie ?

11 Lecture Niveau supérieur

Lisez ce texte.

Une cabane dans les bois

L'auteur de ce récit autobiographique a passé six mois sur les rives du lac Baïkal en Sibérie. Il y vivait seul dans une cabane rudimentaire et occupait ses journées à pêcher, couper du bois, marcher, lire et écrire. Sa motivation était de ne pas nuire à la planète.

❶ La vie dans les bois permet de régler sa dette. Nous respirons, mangeons des fruits, cueillons des fleurs, nous baignons dans l'eau de la rivière, et puis un jour, nous mourrons sans payer l'addition à la planète. L'existence est une grivèlerie[1]. L'idéal serait de traverser la vie tel le troll scandinave qui court la lande sans laisser de trace sur les bruyères. Il faudrait ériger le conseil de Baden-Powell[2] en principe : – « lorsqu'on quitte un lieu de bivouac[3], prendre soin de laisser deux choses. Premièrement : rien. Deuxièmement : ses remerciements ».

❷ L'essentiel ? Ne pas peser trop à la surface du globe. Enfermé dans son cube de rondins, l'ermite ne souille pas la Terre. Au seuil de son isba[4], il regarde les saisons danser la gigue de l'éternel retour. Privé de machine, il entretient son corps. Coupé de toute communication, il déchiffre la langue des arbres. Libéré de la télévision, il découvre qu'une fenêtre est plus transparente qu'un écran. Sa cabane égaie la rive et pourvoit au confort. Un jour, on est las de parler de « décroissance » et d'amour de la nature. L'envie nous prend d'aligner nos actes et nos idées. Il est temps de quitter la ville et de tirer sur les discours le rideau des forêts.

❸ La cabane, royaume de simplification. Sous le couvert des pins, la vie se réduit à des gestes vitaux. Le temps arraché aux corvées quotidiennes est occupé au repos, à la contemplation et aux menues jouissances. L'éventail de choses à accomplir est réduit. Lire, tirer de l'eau, couper le bois, écrire et verser le thé deviennent des liturgies. En ville, chaque acte se déroule au détriment de mille autres. La forêt resserre ce que la ville disperse.

Sylvain Tesson, *Dans les forêts de Sibérie*
© Éditions Gallimard

[1] **grivèlerie :** acte illégal commis par celui qui part d'un café ou d'un restaurant sans payer

[2] **Baden-Powell :** fondateur du scoutisme

[3] **bivouac :** campement en pleine nature

[4] **isba :** maison traditionnelle russe construite en bois

12 Activité orale Niveau supérieur

Au niveau supérieur, l'examen oral individuel est basé sur un extrait d'une des œuvres littéraires étudiées en classe. Vous devez présenter l'extrait et montrer votre compréhension de ce passage. Afin de vous entraîner à cet examen, préparez une courte présentation orale (4 minutes maximum) dans laquelle vous résumerez cet extrait de *Dans les forêts de Sibérie* de Sylvain Tesson, et en exposerez les aspects les plus importants. Puis, à l'aide de vos notes, présentez l'extrait à un(e) camarade de classe.

Afin de bien structurer votre présentation, aidez-vous des questions suivantes.

Ensuite, présentez l'extrait à un(e) camarade de classe.

1   Dans le paragraphe 1, le narrateur évoque une « dette » que les humains auraient envers la planète. Que veut-il dire exactement ?

2   Quel idéal propose-t-il ?

3   Pourquoi le narrateur a-t-il choisi cette vie d'ermite dans la forêt ?

4   Cet extrait comporte de nombreuses métaphores, par exemple :

- nous mourrons sans payer l'addition à la planète
- l'existence est une grivèlerie
- ne pas peser trop à la surface du globe
- il regarde les saisons danser la gigue de l'éternel retour
- tirer sur les discours le rideau des forêts.
- le temps arraché aux corvées quotidiennes
- la forêt resserre ce que la ville disperse

Identifiez votre métaphore préférée et expliquez pourquoi vous l'avez choisie.

5   Aspirez-vous à l'idéal présenté par le narrateur ? Pourquoi (pas) ?

---

13 Lecture

Lisez ce texte.

Vivre autrement, mais ensemble

Il y a des gens qui choisissent de vivre leur propre vie, de la vivre « autrement », mais en communauté. Voici quelques témoignages.

YOUSRA ET MEHDI

« On a fondé un habitat participatif avec une dizaine de nos amis il y a déjà 10 ans. On avait envie de montrer qu'on n'est pas obligé d'être individualiste, même si c'est ce que notre société encourage. Je suis libraire, mon mari est pâtissier et tous nos voisins bossent aussi : ceci n'a rien à voir avec une commune de hippies ! On a fait construire un nouvel immeuble et chaque famille a pu dessiner les plans de son propre appartement. On vit ensemble, mais chacun chez soi !

L'avantage, c'est qu'on est comme une grande famille : les enfants vont chez les uns et chez les autres et les voisins sont maintenant comme leurs oncles, leurs tantes et leurs cousins. C'est très convivial et en plus, on sait qu'il y aura toujours quelqu'un pour nous tendre la main si on a besoin d'aide. »

LUCIE ET ROMAIN

« On avait vu un reportage sur l'habitat participatif et on a eu envie de tenter l'expérience. Avec deux couples d'amis, on a acheté une grande maison près du centre qu'on a ensuite rénovée. Tout le monde a mis la main à la pâte : on en a passé des week-ends à bricoler ! Étant donné le prix du mètre carré à Bordeaux, acheter à plusieurs nous a permis d'avoir plus d'espace pour moins cher. Quand on est un jeune couple, ce n'est pas à négliger !

Chacun a son étage, mais on partage le grand jardin et certains espaces communs, comme la buanderie et le garage. On espère aussi bâtir une petite maison commune au fond du jardin pour loger les amis de passage et organiser des fêtes. Bien sûr, il y a parfois de petites frictions, mais c'est vraiment une belle aventure humaine. »

LÉO, ROSALIE ET LEUR FILLE LUNA

« On n'en pouvait plus de la grisaille et du stress parisiens et on voulait vraiment offrir autre chose à notre fille. À la recherche d'un mode de vie alternatif, on est tombés sur ce hameau abandonné dans les Pyrénées. On a décidé de s'y installer pour échapper à la société de consommation et vivre en harmonie avec la nature. C'est pour ça qu'on l'a appelé "Écolieu Verte Campagne". Pour nous, c'est un choix de vie qui correspond à nos valeurs : autonomie, écologie, lenteur.

Depuis trois ans, d'autres se sont joints à nous. Petit à petit, on retape les anciennes maisons de pierre, mais on vit aussi dans des yourtes, des tentes ou des maisons en bois… On élève des chèvres et des poules, on cultive un potager en permaculture. On a appris sur le tas à travailler le bois, mais aussi à construire des éoliennes et des fours solaires, car on tient à privilégier les énergies renouvelables. Bon, pour le chauffage et l'eau chaude, c'est encore rudimentaire, mais développer un endroit de vie avec des potes dans un coin sauvage, c'est un beau projet, non ? »

GÉRARD

« Lorsque j'ai pris ma retraite, je ne m'imaginais pas regarder la télé toute la journée et jouer au bridge une fois de temps en temps. Les enfants partis, la maison était devenue trop grande, alors je l'ai vendue pour m'installer dans ce nouveau village intergénérationnel. Le projet est centré autour d'une école alternative, et il y a plein de jeunes familles.

Nous, les seniors (le plus âgé a 85 ans), nous participons à la vie du village, à l'assemblée des habitants. Il y a bien des trentenaires qui nous envient notre énergie et notre disponibilité ! Ici, notre expérience de vie est appréciée, mais je dois dire que nous apprenons beaucoup des jeunes en retour.

Vieillir en ayant une place active et reconnue dans la communauté, c'est devenu plutôt rare de nos jours alors que ça devrait être tout à fait normal. Créer une société plus humaine, moi, j'y crois, car c'est une expérience que je vis maintenant au quotidien. »

14 Compréhension écrite

Lisez les témoignages et remplissez la grille ci-dessous.

	Type d'habitat	Une caractéristique de ce type d'habitat	Un avantage de ce type d'habitat
Yousra et Mehdi			
Lucie et Romain			
Léo, Rosalie et Luna			
Gérard			

1

Vous avez envie d'en savoir davantage sur les modes de vie respectueux de la nature et de l'être humain ? Pourquoi ne pas aller jeter un coup d'œil au site du Mouvement Colibris ? Vous y découvrirez des projets, un magazine, des films… Ceux-ci pourraient constituer des « artefacts culturels » intéressants pour un mémoire de la catégorie 2(b) : Culture et société.

15 Toute réflexion faite

1   Imaginez que vous aussi, vous ayez envie de créer votre propre village, un village qui réponde à vos aspirations et qui vous permette de « vivre autrement ». En groupes de trois ou quatre, imaginez la charte de ce village, c'est-à-dire ses principales caractéristiques et règles de vie. Suivez la structure proposée ci-dessous.

La charte du village des possibles

- Des habitations écologiques
  (Décrivez ces habitations.)

- Des aliments sains
  (Expliquez comment vous les obtenez.)

- Des ressources partagées
  (Donnez des exemples d'espaces, de services ou d'objets communs.)

- Des relations humaines bienveillantes
  (Décrivez comment le village les favorise.)

- Une ouverture sur le monde
  (Expliquez comment le village partage son expérience avec le reste de la société.)

2   Une fois votre charte rédigée, présentez-la au reste de la classe.

3   Puis, discutez des différents projets.

   a   Lequel vous semble le plus prometteur ? Pourquoi ?

   b   Dans quel village ne vous imaginez-vous pas pouvoir habiter ? Pourquoi ?

Savez-vous…

	Oui
• parler du conformisme et de la marginalité ?	☐
• utiliser les verbes en -er ayant des particularités orthographiques au présent de l'indicatif ?	☐
• utiliser le gérondif ?	☐
• rédiger un guide de recommandations ?	☐
• présenter une photo sur le conformisme et la marginalité ?	☐

1.3 En pleine forme !

Le corps façonne-t-il notre identité ?

Objectifs d'apprentissage

Dans cette unité, vous allez apprendre à...

- parler des images et des idées associées à un mode de vie sain
- reconnaître les verbes au passé simple
- utiliser le subjonctif pour formuler des conseils
- rédiger un courriel
- rédiger une page d'accueil pour un site web
- présenter une photo sur la santé

C'est quoi être en bonne santé ?

1 Mise en route

C'est quoi être en bonne santé ? Regardez les photos et, en petits groupes, discutez des questions suivantes.

1 Que font les personnes représentées sur ces photos ?

2 D'après vous, parmi ces photos, lesquelles nous montrent une image de vie saine et équilibrée ? Lesquelles nous montrent une image de vie malsaine ? Justifiez vos choix.

3 Quels sont les signes et les images d'une vie saine et d'une vie malsaine dans votre culture ?

4 En quoi peuvent-ils être différents de ceux d'une autre culture ?

Cahier 1.3
1 Activité lexicale
Les habitudes de vie

2 Lecture

Lisez ce texte.

10 conseils
pour une vie plus saine

1 Manger bio si possible.

Mais se rappeler aussi qu'il vaut mieux manger du brocoli avec quelques résidus de pesticides dessus que de ne pas manger de brocoli (ou d'autre légume) du tout.

2 Choisir de préférence des farines complètes et mélangées.

Manger des pâtes et du pain complets et multicéréales et les prendre « bio », car les pesticides se posent sur l'enveloppe des grains.

3 Réduire le sucre.

Ne pas prendre de dessert systématiquement, ni de sodas et de jus de fruits sucrés.

4 Boire trois tasses de thé vert par jour, plutôt en dehors des repas.

5 Prendre le temps de marcher, de danser ou de courir.

Viser trente minutes de marche ou un équivalent par jour. Il suffit de marcher quinze minutes pour aller au bureau ou faire les courses, et de revenir en marchant aussi.

6 Se mettre au soleil au moins vingt minutes par jour à midi, en été, sans crème solaire (mais sans développer de coups de soleil).

7 Éviter les contaminants usuels.

Aérer ses vêtements pendant deux heures au retour du nettoyage à sec. Éviter de faire chauffer du liquide dans des bouilloires ou dans des récipients en plastique. Éloigner son téléphone portable de son corps pendant les conversations.

8 Demander de l'aide au moins à deux amis pendant les périodes difficiles, même si ce n'est que par Internet ou par téléphone.

9 Apprendre une méthode simple de relaxation par la respiration pour évacuer la pression.

10 S'assurer de faire une chose qu'on aime vraiment chaque jour, même si cela ne doit pas durer longtemps. Faites-le chaque jour. Trouver quelque chose à faire pour son quartier, son village, et le faire à fond.

David Servan-Schreiber, www.psychologies.com

3 Activité orale

Lisez les 10 conseils qui vous permettront de mener une vie plus saine et, avec un(e) partenaire, répondez aux questions suivantes.

1   Quels conseils suivez-vous ? Lesquels ne suivez-vous pas ? Pourquoi ?

2   Ajoutez d'autres conseils plus personnels à cette liste.

3   Comparez votre liste à celle d'une autre équipe et discutez-en.

4 Activité orale TdC

Avant de lire le texte *Mangez-moi, mangez-moi, mangez-moi*, avec un(e) partenaire, répondez aux questions suivantes.

1   Que mangez-vous et que buvez-vous pour suivre un régime équilibré ?

2   Votre cantine scolaire sert-elle des repas équilibrés ?

3   Où allez-vous manger quand vous sortez avec vos amis ? Comment choisissez-vous les lieux où vous allez ?

4   Vous arrive-t-il de grignoter entre les repas ? Que mangez-vous alors ?

5   Êtes-vous adepte de la restauration rapide ? Pourquoi (pas) ?

6   Quels sont les avantages de la restauration rapide ? Quels en sont les dangers ?

7   Lors d'un mariage, trois personnes dégustent un délicieux repas de fête. « C'est le meilleur repas que j'aie jamais mangé », dit l'une d'elles. Les autres sont d'accord. Un(e) élève de l'IB se joint à eux et leur demande avec curiosité : « Qu'est-ce qui rend ce repas si bon ? » À cette table sont assis un biologiste, une sociologue et un artiste. En tenant compte de la spécialité de chacun, avec un(e) partenaire, imaginez comment ces personnes pourraient expliquer pourquoi ce repas est délicieux.

5 Lecture

Lisez ce texte.

Mangez-moi, mangez-moi, mangez-moi

Ketchup ou mayo ? C'est la question existentielle qui revient tous les midis dans nos assiettes ! Burger frites, kebabs et sodas règnent en seigneurs à la case déjeuner, laissant bouler au placard – ou pire à la poubelle – les petits pois et les haricots verts. Le fast-food : on aime, on n'aime pas mais c'est bien pratique. À terme par contre, bonjour les troubles alimentaires…

1 La restauration rapide est sévèrement critiquée par les médias, mais les accros de McDo restent légion. La raison : des pauses déjeuner trop courtes entre deux cours. Qui plus est, inutile de compter sur les selfs pour dépanner : les menus y sont dégueus et en plus c'est coûteux !

2 À moins d'être un lapin (et encore !), les salsifis, céleris et carottes n'ont rien de glamour pour un estomac affamé. Les frites, par contre, restent l'aliment le plus sexy des Français. Côté desserts, idem : à une pomme ou une poire bien mûre, on préférera les bonbecs ou les miettes de gâteaux qui traînent sous le canapé. Un constat contraire aux bonnes normes nutritionnelles puisqu'il nous est recommandé de consommer 5 fruits et légumes frais minimum par jour.

3 La visite régulière des fast-foods et le grignotage entre les repas ne sont pas sans conséquences. Un ado sur 10 souffre ainsi à l'heure actuelle d'obésité. C'est 3 à 4 fois plus qu'il y a 30 ans ! Pas étonnant avec des régimes à base d'huile, overdosés en sel et en sucre mais qui boudent les protéines (on fait pas mal la tête aux poissons entre autres). Un déséquilibre alimentaire qui nous rend également plus fatigués.

4 Colas, limonades et eaux gazeuses tambourinent non seulement à plein gaz nos estomacs mais peuvent également entraîner des risques de fractures. Les boissons pétillantes, riches en acide phosphorique, réduisent en effet la masse osseuse, particulièrement chez les jeunes qui ne pratiquent pas ou peu d'activités sportives. Et si on remplaçait les bulles par un jus de fruits ou de l'eau tout simplement ?

5 Surtout au petit déjeuner ! Un jus d'orange, des toasts, des céréales, un fruit et un verre de lait consommés chaque matin garantissent une journée tonique, quitte à s'accommoder de déjeuners et dîners plus légers. À bannir aussi les sucreries, chips et autres surplus grignotés entre les repas ! Marcher une demi-heure (sur 24 h, c'est pas la torture !) pour éliminer et éviter de zapper d'une émission à l'autre en mangeant : vider son assiette n'est pas une corvée, il faut apprendre à l'apprécier…

© Public Ados/Scoop

COMPRÉHENSION CONCEPTUELLE

Le destinataire, le but, le sens

Choisissez la bonne réponse.

1 De quel type de texte s'agit-il ? □

    A Un courriel

    B Un rapport

    C Un article

    D Une lettre au courrier des lecteurs

2 À qui s'adresse ce texte ? □

    A Aux gourmets

    B Aux adolescents

    C Aux cuisiniers de la cantine

    D Aux parents des adolescents boulimiques

3 Quel est le but de ce texte ? □

    A Inciter les adolescents à manger plus de fast-food

    B Informer les adolescents au sujet des nouveaux menus de fast-food

    C Encourager les adolescents à manger plus sainement

    D Montrer aux adolescents que le fast-food a des qualités nutritives

6 Compréhension écrite

Parmi les titres de la colonne de droite, choisissez celui qui résume les paragraphes indiqués. Indiquez les lettres correspondantes dans les cases.

1 Paragraphe 1 □   A La malbouffe annonce le surpoids

2 Paragraphe 2 □   B Prendre le temps de bien manger

3 Paragraphe 3 □   C La malbouffe, c'est très mode

4 Paragraphe 4 □   D Fruits et légumes, des choix peu populaires

5 Paragraphe 5 □   E Un verre sans bulles SVP

Répondez aux questions suivantes ou choisissez la bonne réponse. Basez vos réponses sur l'introduction.

6 Quel est l'avantage principal du fast-food ?

7 Quelle est la conséquence, à la longue, de toujours manger dans des fast-foods ?

Basez vos réponses sur le paragraphe 1.

8   Quels mots français traduisent le mot composé anglais « fast-food » ?

9   Citez **trois** raisons pour fréquenter un fast-food plutôt que d'aller à un self.

10 « […] les accros de McDo restent légion. » Que signifie « légion » ?

    A   peu nombreux

    B   plutôt nombreux

    C   nombreux

    D   très nombreux

Les termes dans la colonne de gauche appartiennent au registre familier. Associez-les aux mots de registre courant qui ont la même signification dans la colonne de droite.

11 accros ☐	A rendre service
12 self ☐	B passionnés
13 dépanner ☐	C actifs
14 dégueus ☐	D restaurant où le client se sert lui-même
	E dégoûtants
	F déposer
	G opposants
	H soi-même
	I délicieux

Basez vos réponses sur les paragraphes 2, 3 et 4.

15 Quels sont les aliments que l'on considère comme sexy ? À quel type d'aliment s'opposent-ils ?

16 Quand on mange en dehors des repas, cela s'appelle…

17 Que veut dire « bouder » dans l'expression « bouder les protéines » ?

18 Quelle expression du paragraphe 3 a la même signification que « bouder » ?

19 Quel est l'exemple dans le texte d'un aliment riche en protéines ?

20 Comment se sent-on si l'on suit un régime riche en huile, sel et sucre ?

21 À quel risque s'expose-t-on en consommant trop de boissons gazeuses ?

L'anorexie

7 Activité orale

Que savez-vous sur l'anorexie ? Les affirmations suivantes sont-elles vraies ou fausses ? Répondez aux questions ci-dessous, puis comparez vos réponses à celles de vos camarades de classe.

		Vrai	Faux
1	L'anorexie est un symptôme qui correspond à la perte répétée d'appétit.	☐	☐
2	Une personne qui souffre d'anorexie se préoccupe beaucoup de son alimentation, de son poids et de son apparence physique.	☐	☐
3	Les gens qui souffrent d'anorexie ont peur de grossir.	☐	☐
4	Ces troubles de l'alimentation affectent plus les filles et les femmes que les garçons et les hommes.	☐	☐
5	L'anorexie ne touche que les familles de classe moyenne.	☐	☐
6	L'anorexie commence le plus souvent entre 17 et 22 ans.	☐	☐
7	On peut souffrir d'anorexie à partir de 8 ans.	☐	☐
8	L'hérédité est un facteur de risque pour les troubles de l'alimentation.	☐	☐
9	Une personne anorexique peut souffrir de pertes de mémoire.	☐	☐
10	Cette maladie touche principalement les gens « intelligents ».	☐	☐
11	L'anorexie peut provoquer d'autres maladies mentales et physiques, comme la malnutrition, pouvant entraîner la mort.	☐	☐

---

8 Lecture Niveau supérieur

Lisez ce texte.

BIOGRAPHIE DE LA FAIM

Fille de diplomates belges, Amélie Nothomb a passé son enfance dans plusieurs pays. À partir de l'âge de treize ans, pendant qu'elle vit en Birmanie, puis au Laos, elle souffre d'anorexie, un épisode douloureux qu'elle évoque sans complaisance dans *Biographie de la faim*.

1ère partie

À quinze ans et demi, une nuit, je sentis que la vie me quittait. Je devins un froid absolu.

Ma tête accepta.

Il se passa alors une chose incroyable : mon corps se révolta contre ma tête. Il refusa la mort. Malgré les hurlements de ma tête, mon corps se leva, alla dans la cuisine et mangea.

Il mangea dans les larmes, car ma tête souffrait trop de ce qu'il faisait.

Il mangea tous les jours. Comme il ne digérait plus rien, les douleurs physiques s'ajoutèrent aux douleurs mentales : la nourriture était l'étranger, le mal. Le mot « diable » signifie : « ce qui sépare ». Manger était le diable qui séparait mon corps de ma tête.

Je ne mourus pas. J'aurais préféré mourir : les souffrances de la guérison furent inhumaines. La voix de haine que l'anorexie avait chloroformée pendant deux ans se réveilla et m'insulta comme jamais. Et il en allait ainsi chaque jour.

Mon corps reprit une apparence normale. Je le haïs autant que l'on peut haïr.

Je lus *La Métamorphose* de Kafka[1] en écarquillant les yeux : c'était mon histoire. L'être transformé en bête, objet d'effroi pour les siens et surtout pour soi-même, son propre corps devenu l'inconnu, l'ennemi.

À l'exemple de Grégoire Samsa, je ne quittai plus ma chambre. J'avais trop peur du dégoût des gens, je redoutais qu'ils m'écrasent. Je vivais dans le fantasme le plus abject : j'avais désormais le physique d'une fille de seize ans, ce qui ne devait pas être la vision la plus térébrante[2] de l'univers ; de l'intérieur, je me sentais cancrelat géant, je ne parvenais pas plus à en sortir qu'à sortir.

Je ne savais plus dans quel pays j'étais. J'habitais la chambre que je partageais avec Juliette[3]. Celle-ci se contentait d'y dormir. J'y étais installée à temps plein.

Je quittais d'autant moins le lit que j'étais malade. Après des années de chômage technique, mes organes digestifs ne toléraient plus rien. Si je mangeais autre chose que du riz ou des légumes bouillis, je me tordais de douleur.

Amélie Nothomb

2e partie

Cette année-là, les seuls bons moments furent ceux où j'avais de la fièvre. Je n'en souffrais pas assez à mon gré : à peine deux jours par mois, mais quel répit ! Mon esprit sombrait alors dans des délires salvateurs. J'avais toujours les mêmes images dans ma tête : j'étais un grand cône qui se promenait dans le vide sidéral et j'avais pour consigne de me transformer en cylindre.

Je me concentrais, de toute la force de mes quarante degrés de température, pour devenir le tube espéré. Parfois, la sensation d'avoir réussi ma mission géométrique me donnait une grande fierté. Je m'éveillais inondée de sueur et savourais quelques minutes d'apaisement.

Habiter la chambre fut l'occasion de lire plus que jamais.

Je lus pour la première fois le roman que j'allais le plus relire – plus de cent fois –, *Les Jeunes Filles* de Montherlant.[4] Cette lecture jubilatoire me confirma dans l'idée qu'il fallait tout devenir, sauf une femme. J'étais sur la bonne voie, puisque j'étais un cancrelat.

3e partie

Puisque mon destin était de ne pas quitter la chambre, je devins haruspice[5] : de mon lit, je regardais par la fenêtre le vol des oiseaux : toute interprétation eût été réductrice. Il n'y avait rien de plus fou à observer.

Les oiseaux étaient souvent trop loin pour que je puisse identifier leur espèce. Leur silhouette se réduisait à une calligraphie arabe qui tournoyait dans l'éther.

J'aurais tant voulu être cela : une chose sans détermination, libre de voler n'importe où. Au lieu de quoi j'étais enfermée dans un corps hostile et malade et dans un esprit obsédé par la destruction.

Il paraît que l'essentiel du terrorisme international se recrute parmi les enfants de diplomates. Cela ne m'étonne pas.

Amélie Nothomb, *Biographie de la faim* © Éditions ALBIN MICHEL

[1] *La Métamorphose de Kafka* : roman dans lequel Grégoire Samsa, le personnage principal, se réveille un matin transformé en cancrelat / insecte géant

[2] **térébrante** : qui fait beaucoup souffrir

[3] **Juliette** : la sœur d'Amélie

[4] *Les Jeunes Filles* de Montherlant : roman dans lequel la relation entre les hommes et les femmes est décrite en détail

[5] **haruspice** : prêtre chargé de prédire l'avenir

9 Compréhension écrite Niveau supérieur

En basant vos réponses sur la 1ère partie du texte, répondez aux questions suivantes ou choisissez la bonne réponse.

1 Amélie dit que deux éléments se font la guerre en elle. Lesquels ?

2 Pourquoi manger faisait-il mal à Amélie ?

3 À quoi la nourriture est-elle comparée ?

4 Pourquoi cette haine ne s'était-elle pas manifestée depuis deux ans ?

5 « Et il en allait ainsi chaque jour » signifie qu'…

    A Amélie sortait chaque jour.

    B Amélie allait mieux chaque jour.

    C Amélie allait plus mal chaque jour.

    D Amélie subissait la même chose chaque jour.

6 À qui ou à quoi se réfère « le » dans la phrase « je le haïs autant que l'on peut haïr » ?

7 « Je lus *La Métamorphose* de Kafka en écarquillant les yeux. » Ceci suggère
que l'histoire de *La Métamorphose*…

    A l'a étonnée.

    B l'a fait rire.

    C lui a donné envie de dormir.

    D lui a donné envie de mourir.

8 Quel sentiment les proches d'Amélie éprouvent-ils à son égard ?

    A de la frayeur

    B du dégoût

    C du respect

    D de la haine

9 « Je vivais dans le fantasme le plus abject. » Citez un élément de ce fantasme.

10 Il y a opposition entre l'apparence physique d'Amélie à 16 ans et…

    A son âge.

    B son environnement.

    C sa sœur Juliette.

    D sa souffrance psychique.

11 Que signifient l'expression verbale *en sortir* et le verbe *sortir* dans la phrase
« Je ne parvenais pas plus à en sortir qu'à sortir » ?

Dans cette phrase, *en sortir* signifie

    A sortir de la situation.

    B sortir de la chambre.

Dans cette phrase, *sortir* veut dire

    C sortir de la situation.

    D sortir de la chambre.

Complétez le tableau suivant en indiquant à qui ou à quoi se réfèrent les mots soulignés.

Dans la phrase…	le mot…	se réfère à…
12 La chambre <u>que</u> je partageais avec Juliette	« que »	…………………………………
13 <u>Celle-ci</u> se contentait d'y dormir	« celle-ci »	…………………………………
14 J'<u>y</u> étais installée à temps plein	« y »	…………………………………

Reliez chacun des mots de la 2ᵉ partie du texte figurant dans la colonne de gauche avec son équivalent dans la colonne de droite.

Exemple : chômage	J	
15 me tordais	☐	
16 à mon gré	☐	
17 à peine	☐	
18 répit	☐	
19 consigne	☐	

A m'amusais

B repos

C ordre

D me pliais en deux

E comme je l'aurais voulu

F avec difficulté

G tout juste

H conseil

I soulagement

J inactivité

20 Quelle phrase suggère que l'anorexie d'Amélie est provoquée par un désir de ne pas grandir ?

Basez vos réponses sur la 3ᵉ partie du texte.

21 Dans sa chambre, comment Amélie passe-t-elle le temps ?

22 Dans la 2ᵉ partie, Amélie décrit ainsi son rêve : « J'étais un grand cône qui se promenait dans le vide sidéral » … Quel mot de la 3ᵉ partie reprend l'idée de ce « vide sidéral » ?

23 Quelle caractéristique Amélie aurait-elle voulu partager avec les oiseaux ?

24 Quelle serait l'obsession d'un terroriste international ?

> **Cahier 1.3**
> **2 Grammaire en contexte**
> Le passé simple

> **Cahier 1.3**
> **3 Activité écrite**
> Un courriel

Bien dans sa tête

10 Activité orale

Discutez des questions suivantes avec vos camarades de classe. Utilisez le vocabulaire dans l'encadré *Des mots pour le dire* pour vous aider.

1 Si vous êtes bien dans votre peau, comment vous sentez-vous ?

2 Que ressentez-vous quand vous êtes mal dans votre peau ?

3 Pour être bien dans votre peau, que devriez-vous éviter de faire ?

4 Vous rappelez-vous la dernière fois que vous avez ri aux larmes ?

5 Quelle est la dernière chose que vous avez vue ou entendue qui vous a émerveillé(e) ?

1

DES MOTS POUR LE DIRE

Je ressens de la / de l' / du...

peur *(f)*	gêne *(f)*	satisfaction *(f)*
mécontentement *(m)*	tristesse *(f)*	ennui *(m)*
colère *(f)*	solitude *(f)*	incertitude *(f)*
déprime *(f)*	fatigue *(f)*	regret *(m)*
confusion *(f)*	isolement *(m)*	

Je me sens...

mécontent(e)	satisfait(e)	gêné(e)
peureux(-euse)	distrait(e)	offusqué(e)
passionné(e)	heureux(-euse)	radieux(-euse)
seul(e)	confus(e)	déçu(e)
malheureux(-euse)	irrité(e)	attristé(e)
ennuyé(e)	en colère	

11 Compréhension orale 🔊 Piste 3

Écoutez le dialogue entre Benjamin et Charlotte.

Choisissez les **cinq** affirmations vraies.

- [ ] **A** Charlotte est en pleine forme en ce moment.
- [ ] **B** Quand Benjamin n'a pas le moral, il reste chez lui.
- [ ] **C** Benjamin aime bien profiter de la vie avec sa famille et ses amis.
- [ ] **D** Charlotte n'a pas assez d'argent pour s'abonner à la salle de gym.
- [ ] **E** Charlotte est débordée de travail.

F Benjamin conseille à Charlotte d'aller s'aérer à la montagne.

G Le week-end prochain, Charlotte va aller se faire couper les cheveux.

H Pour Benjamin, la famille et les amis sont un bon soutien en cas de problèmes.

I Benjamin invite Charlotte à dîner la semaine prochaine.

J Benjamin demande à Charlotte de venir au dîner accompagnée de ses meilleurs amis.

Cahier 1.3
4 Grammaire en contexte
Les expressions pour formuler des conseils

12 Activité écrite

Rédigez une brochure pour des élèves dans laquelle vous leur donnez des conseils pour rester en bonne santé physique et mentale pendant la dernière année de lycée.

Avant de commencer, remettez en ordre logique les éléments ou les renseignements qui vont constituer la brochure. Plusieurs réponses sont possibles.

Les éléments de la brochure dans le désordre	Les éléments de la brochure en ordre logique
A trois conseils	
B où trouver d'autres renseignements sur le sujet	
C un titre	
D le nom et la fonction de celui ou celle qui a rédigé le dépliant	
E la raison pour laquelle il est important de suivre les conseils	
F l'objet de cette brochure	
G des exemples pour illustrer les conseils	
H une phrase qui encourage les élèves à suivre les conseils	

Lors de la rédaction, servez-vous des expressions dans l'encadré *Des mots pour le dire*.

DES MOTS POUR LE DIRE

Formuler des conseils

Il faut que / Il ne faut pas que

Il est préférable que

Il vaudrait mieux que

Il est essentiel que   + *subjonctif*

Il est nécessaire que

Il est conseillé que

Il est important que

Il est souhaitable que

Créativité, Activité, Service CAS

L'activité physique fait partie intégrante du programme CAS et toute une gamme d'activités est certainement offerte dans votre établissement scolaire. Pourquoi ne pas vous inspirer de ces activités pour donner des exemples vivants et détaillés dans votre brochure ?

Fiche 1.3.1
Travail oral en groupe
S.O.S. Amitié

Cahier 1.3
5 Activité écrite
Une page d'accueil pour un site web

Identités

Les interdits

13 Lecture

Lisez ce texte.

« J'ai pris conscience qu'il fallait pas se droguer n'importe comment »

1 Ils ont de 18 à 30 ans et sont issus de tous milieux sociaux : fils de cadre, jeune ouvrier, enseignant débutant, ambulancier ou routier. Dans le courant du printemps, ils ont été interpellés en possession de stupéfiants, principalement du cannabis destiné à leur consommation personnelle. En application de la loi sur la prévention de la délinquance du 5 mars 2007, le parquet de Dijon (Côte-d'Or) leur a proposé de participer aux nouveaux « stages de sensibilisation aux dangers de l'usage de produits stupéfiants ». Pour échapper à une poursuite pénale, il leur en a coûté 230 euros, payés de leur poche, ainsi que deux jours et demi passés dans les locaux de la Société d'entraide et d'action psychologique (Sedap), l'association dijonnaise qui organise les stages.

2 Directeur du Sedap, Gérard Cagni a une longue expérience de ce type de prise en charge en groupe, qu'il a lancé de sa propre initiative, il y a deux ans. Avec différents intervenants, il aborde les questions de représentations sociales sur les drogues, leurs effets sanitaires et les risques, la loi et ses conséquences si on l'enfreint. « Si on les écoute, tout le monde fume du cannabis, c'est la normalité, explique M. Cagni. On essaie de changer leur regard sur leur consommation, mais sans leur tenir un discours moralisateur de type "stop à la drogue". On leur dit : voilà les dangers, à vous de choisir. »

Témoignages de consommateurs de cannabis à l'issue de leur stage

3 Victor, 21 ans, plombier. « Je me suis fait interpeller sur l'autoroute par la gendarmerie, de retour de Hollande, avec 5 grammes d'herbe sur moi. Ça fait sept ans que je fume régulièrement du cannabis, 6 à 7 joints par jour quand je travaille, 2 à 3 quand je suis en vacances. Au début, c'était pour le délire, on se faisait des pipes à eau avec les copains, on était complètement défoncés, je trouvais ça convivial. De 14 à 17 ans, je ne me suis pas posé de questions, jusqu'à me trouver en échec scolaire. Dans ma boîte, ils savent que je fume, ça se passe relativement bien. Quand on est sous cannabis, on prend les choses avec une certaine lenteur, on n'est pas forcément stressé.

4 Le stage s'est passé de façon plutôt cool, à discuter des dangers du cannabis. C'est vraiment efficace, ça fait réfléchir sur le fait qu'il vaut mieux éviter de consommer n'importe où et n'importe quand, dehors par exemple, ou sept heures avant de prendre le volant, le temps que le cannabis disparaisse du sang. Ça montre que c'est vraiment possible de faire autrement, qu'on peut trouver d'autres plaisirs dans la vie. Par contre, il faudrait un suivi régulier, car c'est difficile d'arrêter du jour au lendemain et de trouver des motivations pour compenser l'envie de fumer. »

5 Richard, 27 ans, magasinier. « Ça fait bien trop longtemps que je fume, 4 à 5 joints par jour depuis l'âge de 13 ans. Je me suis mis là-dedans après la mort de mon père. Je voudrais vraiment arrêter, car c'est pas une évolution. Dans mon job, j'ai des pertes de mémoire, j'oublie d'un moment sur l'autre ce qu'on m'a demandé. J'ai jamais réussi à passer mon permis de conduire et ma femme et mes deux enfants m'ont quitté à cause de ça. Je me suis fait arrêter à l'entrée du Teknival avec 1,2 gramme sur moi. C'était pas la première fois et je sais qu'après le stage, il y aura pas de pardon. Le stage m'a beaucoup servi, j'ai vraiment pris conscience qu'il fallait pas se droguer avec n'importe qui, n'importe comment. Et puis, le prochain coup, c'est le tribunal correctionnel et la prison ferme. Ça m'énerverait de prendre trois ans pour quelques grammes de haschich.

Cécile Prieur, Le Monde

COMPRÉHENSION CONCEPTUELLE

Le but et le sens

Choisissez la bonne réponse.

1 De quel type de texte s'agit-il ?

   A Un blog

   B Une interview

   C Un article

   D Un discours

2 Quel est le but de ce texte ?

   A Informer au sujet des stages de sensibilisation aux dangers des stupéfiants

   B Informer les lecteurs sur les méfaits du cannabis

   C Dénoncer la délinquance liée à la consommation de cannabis

   D Expliquer les méfaits du cannabis sur la santé

3 Quel est le thème du texte ?

   A La hausse de la consommation du cannabis

   B La dépénalisation du cannabis

   C Les dangers du cannabis

   D La consommation de cannabis dans le monde

MÉMOIRE

La législation relative à l'usage récréatif du cannabis varie d'un pays francophone à l'autre. Cependant, les autorités sanitaires se préoccupent toutes de la consommation de cannabis chez les jeunes. Si vous vous intéressez à ce sujet, vous pouvez, par exemple, faire des recherches sur différents programmes de prévention et analyser les stratégies employées dans des brochures ou des sites web de différents pays francophones pour sensibiliser le public adolescent.

14 Compréhension écrite

En basant vos réponses sur les paragraphes 1 et 2, répondez aux questions suivantes ou choisissez la bonne réponse.

1 Le titre « *J'ai pris conscience qu'il fallait pas se droguer n'importe comment* » signifie que la personne s'est rendu compte qu'il ne faut pas…

   A prendre des drogues.

   B prendre n'importe quel type de drogue.

   C prendre des drogues régulièrement.

   D prendre des drogues dans certaines circonstances.

2 Dans la phrase « Ils ont de 18 à 30 ans », à qui ou à quoi se réfère le mot « Ils » ?

3 Les mots « cadre » et « ouvrier » sont des exemples de quelle affirmation ?

4 « Ils ont été interpellés ». Par qui ont-ils été interrogés, à votre avis ?

5 Quelle a été la conséquence de leur infraction à la loi ?

6 Terminez la phrase suivante : S'ils participent au stage, ils…

7   À quel moment la journaliste a-t-elle recueilli les témoignages ?

   A   Au début du stage

   B   À la fin du stage

   C   Au cours du stage

   D   Deux semaines après la fin du stage

Basez vos réponses sur le témoignage de Victor (paragraphes 3 et 4).

8   Quelle affirmation est vraie ?

   A   Victor est obligé de travailler six ou sept jours par semaine.

   B   Il y a sept ans, Victor fumait cinq grammes par jour.

   C   Victor part en Hollande deux ou trois fois par an.

   D   Victor fume du cannabis depuis sept ans.

9   Victor fumait du cannabis avec ses amis, parce qu'…

   A   il était malheureux.

   B   il souffrait d'une maladie.

   C   il aimait partager les effets de cette drogue avec ses copains.

   D   il était sous l'influence de ses amis.

10   Qu'est-il arrivé à Victor à l'âge de 17 ans ?

11   « Dans ma boîte, ils savent que je fume ». Le mot familier « boîte » signifie…

   A   la prison

   B   la gendarmerie

   C   le stage

   D   le lieu de travail

12   Selon Victor, quel impact peut avoir le cannabis sur le comportement ?

13   Quel mot du texte nous indique que Victor a trouvé le stage utile ?

14   D'après Victor, dans quelles circonstances est-il déconseillé de prendre du cannabis ?

15   Quel soutien Victor réclame-t-il pour pouvoir arrêter complètement de fumer du cannabis ?

Basez vos réponses sur le témoignage de Richard (paragraphe 5).

16   Quel événement a provoqué sa dépendance ?

17   Quelle conséquence la consommation de cannabis a-t-elle sur la santé de Richard ?

18   Quelle conséquence la consommation de cannabis a-t-elle sur sa vie personnelle ?

19   Que risque-t-il s'il est de nouveau interpellé ?

Cahier 1.3
6 Activité écrite
Pour ou contre
la légalisation du
cannabis ?

Fiche 1.3.2
Entraînement à l'oral
individuel NM
La consommation
d'alcool

Fiche 1.3.3
Entraînement à l'oral
individuel NM
Le tabagisme

15 Toute réflexion faite

Que faut-il faire pour être beau ou belle ?

Il existe de plus en plus de moyens pour embellir son corps et affirmer son identité par la même occasion.

1   Dans la liste ci-dessous, choisissez trois moyens d'embellir son corps que vous essayeriez volontiers ou que vous employez déjà. Vous pouvez ajouter d'autres exemples.

Dans la liste ci-dessous, choisissez trois moyens d'embellir son corps qui vous repoussent. Vous pouvez ajouter d'autres exemples.

Puis, en groupes de trois ou quatre, discutez de vos choix avec vos partenaires.

- Se faire faire des piercings
- Se faire tatouer
- Se faire épiler
- Faire un régime alimentaire
- Faire de la chirurgie esthétique
- Se faire bronzer
- Se faire couper les cheveux

- Se teindre les cheveux
- Porter des bijoux
- Porter un appareil dentaire
- Se soigner les ongles
- Porter une perruque
- Se maquiller

2   Afin de répondre à la question « Que faut-il faire pour être beau ou belle ? », vous décidez de faire un micro-trottoir.

Choisissez trois ou quatre des personnages de la liste ci-dessous à qui vous allez poser la question. Un(e) élève par groupe doit jouer le rôle du / de la journaliste.

- un médecin
- un(e) agent(e) de police
- un père / une mère de famille
- un(e) professeur(e) de lycée

- un(e) jeune employé(e) de bureau
- un(e) adolescent(e)
- un(e) retraité(e)

Jouez la scène. Enregistrez-vous ou filmez-vous et présentez votre micro-trottoir au reste de la classe.

Savez-vous…

Oui

- parler des images et des idées associées à un mode de vie sain ?
- reconnaître les verbes au passé simple ?
- utiliser le subjonctif pour formuler des conseils ?
- rédiger un courriel ?
- rédiger une page d'accueil pour un site web ?
- présenter une photo sur la santé ?

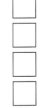
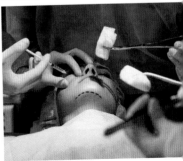

1.4 Langues et langages

Comment la langue reflète-t-elle notre identité ?

LE MONDE DE LA FRANCOPHONIE

56 ÉTATS ET GOUVERNEMENTS MEMBRES DE L'OIF
14 OBSERVATEURS

Objectifs d'apprentissage

Dans cette unité, vous allez apprendre à...

- parler du lien entre la langue et l'identité
- exprimer un but
- rédiger un plan
- rédiger un discours
- présenter une photo sur la langue et l'identité

Pourquoi le français ?

1 Mise en route

1   Comme environ 90 millions de personnes dans le monde, vous étudiez le français.
Vous auriez sans doute pu choisir d'étudier une autre langue, ou peut-être même pas de
langue étrangère du tout ! Alors, pourquoi justement le français ? Oralement, partagez vos
motivations avec le reste de la classe.

2   Voici une liste tirée d'un site Internet faisant la promotion de la langue française. Associez
chaque raison de la liste (1–10) à l'explication correspondante (A–J).

10 bonnes raisons d'apprendre le français

1   Une langue parlée
dans le monde entier   **[J]**

2   Une langue pour
trouver un emploi   [ ]

3   La langue de la culture   [ ]

4   Une langue pour
voyager   [ ]

5   Une langue pour
étudier dans les
universités françaises   [ ]

6   L'autre langue
des relations
internationales   [ ]

7   Une langue pour
s'ouvrir sur le monde   [ ]

8   Une langue agréable à
apprendre   [ ]

9   Une langue pour
apprendre d'autres
langues   [ ]

10   La langue de l'amour
et de l'esprit   [ ]

A   Apprendre le français aide à apprendre d'autres langues, notamment les langues
latines (l'espagnol, l'italien, le portugais ou le roumain) mais aussi l'anglais puisque le
français a fourni plus de 50 % du vocabulaire anglais actuel.

B   Apprendre le français, c'est apprendre une belle langue, riche et mélodieuse qu'on
appelle souvent la langue de l'amour. Le français est aussi une langue analytique
qui structure la pensée et développe l'esprit critique, ce qui est très utile dans les
discussions ou les négociations.

C   Avec des notions de français, il est tellement plus agréable de visiter Paris et toutes les
régions de France (de la douceur de la Côte d'Azur aux sommets enneigés des Alpes,
en passant par les côtes sauvages de la Bretagne) mais aussi de comprendre la culture,
les mentalités et l'art de vivre à la française.

D   Comprendre le français permet de poser un autre regard sur le monde en
communiquant avec les francophones sur tous les continents et en s'informant grâce
aux grands médias internationaux en langue française (TV5, France 24, Radio France
Internationale).

E   La connaissance du français ouvre les portes des entreprises françaises en France
comme à l'étranger, dans tous les pays francophones (Canada, Suisse, Belgique et
continent africain).

F   Le français est à la fois langue de travail et langue officielle à l'ONU, dans l'Union
européenne, à l'UNESCO, à l'OTAN, au Comité International Olympique, à la Croix
Rouge Internationale… et la langue de plusieurs instances juridiques internationales.

G   Le français est la langue internationale pour la cuisine, la mode, le théâtre, les arts
visuels, la danse et l'architecture.

H   Le français est une langue facile à apprendre. De nombreuses méthodes existent pour
apprendre le français en s'amusant, qu'on soit un enfant ou un adulte. On peut très
vite atteindre un niveau permettant de communiquer en français.

I   Parler français permet notamment de poursuivre ses études en France dans des
universités réputées ou dans les grandes écoles de commerce et d'ingénieur, classées
parmi les meilleurs établissements supérieurs en Europe et dans le monde.

J   **Plus de 200 millions de personnes parlent français sur les 5 continents.**

www.diplomatie.gouv.fr

2 Activité orale

Discutez des questions suivantes en petits groupes.

1   Dans la liste *10 bonnes raisons d'apprendre le français*, quelles sont les trois raisons qui correspondent le plus à vos motivations personnelles ?

2   Pour vous, quelle est la raison la moins importante de la liste ? Pourquoi ?

3   Que pensez-vous de l'affirmation n° 8 ?

4   Que trouvez-vous le plus difficile dans l'apprentissage d'une langue ?

5   Combien de langues parle-t-on dans votre école ? Aimez-vous entendre parler des langues étrangères, même si vous ne comprenez pas toujours ce qui se dit ?

6   Pour obtenir le diplôme du Baccalauréat International, l'apprentissage d'une langue étrangère est obligatoire. À votre avis, qu'est-ce qui motive cette politique ? Êtes-vous d'accord avec cette exigence ? Pourquoi (pas) ?

7   Puisque l'anglais est si répandu dans le monde, quel est l'intérêt d'apprendre le français ?

> **Cahier 1.4**
> **1 Grammaire en contexte**
> L'expression du but

Une langue, différents locuteurs

3 Compréhension orale 🔊 Piste 4

Vous allez écouter une interview avec Stéphane Ribeiro, auteur d'un dictionnaire.

Choisissez la bonne réponse.

1   Le but de cet ouvrage est de… ☐

    A   comprendre le langage des adolescents.

    B   critiquer le langage des adolescents.

    C   faire la promotion du langage des adolescents.

2   Stéphane Ribeiro a recueilli les expressions qui apparaissent dans ce dictionnaire… ☐

    A   en écoutant des jeunes parler dans la rue.

    B   en interrogeant des jeunes.

    C   en lisant des textes écrits par des jeunes.

3   Comment les jeunes ont-ils accueilli la démarche de Stéphane Ribeiro ? ☐

    A   Ils étaient sceptiques.

    B   Ils étaient tout à fait contre.

    C   Ils étaient heureux.

4 Le dictionnaire est…

A amusant.

B hypersérieux.

C malheureusement déjà passé de mode.

5 Selon Stéphane Ribeiro, les jeunes…

A ne savent plus s'exprimer correctement.

B écrivent en langage SMS.

C savent très bien distinguer les différents registres de langue.

Complétez les phrases suivantes avec un maximum de **trois** mots par phrase.

6 Les adolescents créent leur propre langage pour ne pas être compris de…

7 Dans les années 50, les jeunes utilisaient…

8 La langue des ados est influencée par : …, le cinéma et le langage Internet.

9 Langues étrangères qui influencent le français des ados : …, chinois, anglais.

10 Expression déjà démodée : …

Fiche 1.4.1
Travail oral en groupe
Le langage des banlieues

Fiche 1.4.2
Entraînement à l'oral individuel NM
L'évolution de la langue

4 Activité lexicale TdC

1 Qu'est-ce que le langage « politiquement correct » ? Cherchez-en une définition.

2 Voici quelques exemples de langage politiquement correct en français. D'après ces exemples, quel est, selon vous, le but du langage politiquement correct ?

Terme politiquement correct	Français standard
malentendant	sourd
non-voyant	aveugle
personne à mobilité réduite	invalide
élève en situation d'échec scolaire	cancre
technicien de surface	balayeur
hôtesse de caisse	caissière
troisième âge	vieillesse
en surcharge pondérale	gros

1

3 Le langage politiquement correct existe-t-il aussi dans votre langue ? Si oui, donnez-en un exemple.

4 Quels domaines d'activité sont particulièrement touchés par le langage politiquement correct ? Associez chaque catégorie de mots dans la colonne de gauche au domaine correspondant dans la colonne de droite.

Catégorie A	Domaines d'activité
dommages collatéraux = victimes civiles	les arts
exclusion = pauvreté	l'école
issu de l'immigration = d'origine étrangère	l'économie
Catégorie B	la politique
licencié = mis à la porte	le sport
demandeur d'emploi = chômeur	
mise en disponibilité = chômage	

5 Comment crée-t-on des mots « politiquement corrects » ? Associez chaque procédé (1–5) aux exemples correspondants (A–E).

1 On utilise des acronymes. ☐

2 On utilise des euphémismes. ☐

3 On utilise des formulations négatives. ☐

4 On utilise des mots étrangers. ☐

5 On crée des mots nouveaux. ☐

A contre-performance : échec

sans-abri : clochard

B IVG : interruption volontaire de grossesse

HP : hôpital psychiatrique

MST : maladie sexuellement transmissible

C océaniser : couler un navire-poubelle (et donc polluer les océans)

D quartiers sensibles : quartiers pauvres

longue maladie : cancer

connu des services de police : délinquant

E gay : homosexuel

senior : vieux

5 Activité écrite et orale TdC

1 Indiquez dans les cases si les opinions suivantes sont plutôt favorables (F) ou plutôt défavorables (D) au langage politiquement correct.

a Les mentalités évoluent, il est donc normal que la langue suive aussi cette évolution et qu'on adopte de nouveaux termes pour désigner certaines choses. Je préfère dire « droits de la personne » plutôt que « droits de l'Homme », par exemple. C'est plus inclusif. ☐

b Changer les mots est une manière superficielle de s'attaquer aux problèmes de notre société. Ce sont les mentalités qu'il faut changer. ☐

c Il faut à tout prix éviter de perpétuer les discriminations raciales, sexuelles ou sociales et le langage politiquement correct est essentiel pour atteindre ce but. ☐

d Ce n'est pas parce qu'il emploie un terme politiquement correct qu'un raciste n'est plus raciste ! ☐

e Le langage politiquement correct ? C'est une forme de censure dont il faut absolument se méfier. ☐

f À la base, c'était peut-être une bonne idée, mais c'est une mode qui est devenue absurde et ridicule. ☐

g À mon avis, le langage politiquement correct est de l'hypocrisie pure, une manière pour notre société de masquer ce qui dérange : la mort, la maladie, la pauvreté, les étrangers, le sexe. ☐

h Employer un langage politiquement correct, c'est pour moi une question de respect. Les mots sont très puissants, vous savez. Ils peuvent blesser ou exclure les gens. ☐

i Moi, je pense qu'il faut appeler un chat un chat ! ☐

j Les termes politiquement corrects sont des synonymes qui enrichissent la langue et nous permettent de nous exprimer d'une manière plus nuancée. ☐

2 Parmi les 10 opinions exprimées, quelles sont celles qui correspondent le plus à votre propre opinion ? Choisissez-en deux.

3 En équipes de trois ou quatre personnes, justifiez oralement vos choix.

COMPRÉHENSION CONCEPTUELLE

Comment rédiger un plan

Le sens

En classe, à la maison ou en situation d'examen, on ne commence pas à rédiger son devoir immédiatement. Il faut d'abord trouver des idées et les organiser. Dans cette section, vous allez apprendre à rédiger un plan efficace.

Prenons par exemple le sujet suivant :

> À l'occasion de la Semaine de la langue française, votre école organise un débat sur le thème « Pour ou contre le langage politiquement correct ? ». Choisissez le point de vue pour ou contre et rédigez votre présentation.

Grâce aux activités précédentes, vous avez sans doute déjà quelques idées sur le sujet. Il s'agit maintenant de les organiser à l'aide d'un plan.

Dans un texte argumentatif (comme une présentation dans le cadre d'un débat, un discours, une dissertation…), le plan comporte trois parties : l'introduction, le développement et la conclusion.

Les exercices suivants vous guideront par étapes dans la rédaction d'un plan.

L'introduction

Elle sert à :

- introduire le thème et définir la problématique

- énoncer votre point de vue

Elle peut aussi :

- annoncer le plan

Conseils :

✓ Évitez de commencer par des généralités comme « De tout temps, les hommes ont cherché à s'exprimer » ou « La langue sert à communiquer ».

✓ Commencez plutôt par une courte anecdote, une citation, une statistique choquante, un exemple…

✓ Liez bien les deux parties de votre introduction. Le début de votre texte doit non seulement accrocher le lecteur, mais montrer la pertinence de votre point de vue.

✓ Ne révélez pas tout de suite votre conclusion.

À vous ! Répondez aux questions suivantes par écrit.

1 Quel point de vue défendrez-vous ?

2 Comment l'introduirez-vous ? Notez quelques idées.

Le développement

Plusieurs plans sont parfois possibles pour un même sujet. Toutefois, dans ce cas-ci, l'intitulé précise qu'il faut se limiter à un seul aspect de la question (soit les arguments pour, soit les arguments contre). Le plan devra donc refléter cette consigne.

Conseils :

✓ Prenez le temps de trouver des idées et de sélectionner vos arguments. Les premiers arguments auxquels vous penserez ne seront pas forcément les meilleurs.

✓ Pensez à l'ordre dans lequel vous présenterez vos arguments. Lequel est le plus logique ? Lequel est le plus efficace ?

✓ Songez à quelques exemples qui viendront soutenir chaque argument et notez-les.

À vous !

3 Quels seront vos arguments ? Notez-les dans l'ordre.

4 Quels exemples utiliserez-vous pour illustrer chacun de vos arguments ? Notez-les.

La conclusion

Elle sert à :

• résumer votre point de vue

• ouvrir de nouvelles perspectives (c'est-à-dire élargir le débat, faire un lien avec une autre situation, une autre époque, un autre pays…)

Conseils :

✓ Attention à la « conclusion-surprise », c'est-à-dire celle qui ne découle pas logiquement de ce qui a été démontré dans le développement.

✓ Ne répétez pas chacun de vos arguments, faites plutôt une véritable synthèse en reformulant vos idées ou votre thèse principale.

✓ Soyez clair et convaincant : c'est votre dernière chance d'influencer le lecteur / le public.

✓ N'introduisez pas de nouveaux arguments à ce stade.

✓ Il peut être habile de revenir sur l'exemple / la statistique / l'anecdote / la citation que vous avez utilisé(e) dans votre introduction. Par exemple, si vous avez cité Voltaire, vous pouvez évoquer cet auteur de nouveau : « Que dirait Voltaire aujourd'hui devant cette situation ? ».

✓ L'ouverture sur de nouvelles perspectives peut se faire à l'aide d'une question rhétorique, par exemple : « Faudra-t-il donc à l'avenir… ? » ; « Mais la société est-elle prête à… ? » ; « À quand un débat public sur cette question ? ».

À vous !

5 Comment reformulerez-vous votre point de vue ?

6 Comment ouvrirez-vous de nouvelles perspectives ?

Voilà votre plan ! Vous avez déjà accompli une grande partie du travail de rédaction !

MÉMOIRE

Les questions de société relatives à la langue vous intéressent ? Vous avez envie de poursuivre votre réflexion sur ce sujet ? Dans ce cas, vous pourriez, par exemple, étudier la polémique autour de l'écriture inclusive, une proposition qui vise à contrer le sexisme de la langue. Cela ferait un bon sujet de mémoire pour la catégorie 2(a), qui porte sur l'impact d'un changement culturel sur la langue.

Langues en voie d'extinction

6 Activité orale TdC

Vous allez lire un texte sur la disparition des langues dans le monde. Avant de lire le texte, répondez aux questions suivantes, puis comparez vos réponses à celles de votre partenaire.

1 Selon moi, la disparition des langues, cela concerne…

    A une dizaine de langues tout au plus.

    B une centaine de langues.

    C quelques milliers de langues.

    D toutes les langues du monde, sauf les 100 plus importantes.

2 Parmi les énoncés suivants, lequel résume le mieux votre opinion sur la disparition des langues ?

    A C'est une question qui me préoccupe énormément.

    B Ça me touche personnellement.

    C Je trouve ça dommage, mais plutôt normal.

    D C'est un problème auquel je n'ai jamais vraiment songé.

    E Je ne pense pas que ce soit très grave.

    F En fait, je trouve qu'il s'agit d'une bonne chose : moins il y aura de langues, plus il nous sera facile de communiquer avec les autres.

    G Franchement, ne pourrait-on pas s'occuper de problèmes plus sérieux ?

3 Le titre de l'article que vous allez lire est *S.O.S. langues en danger*. À partir du titre, quelle hypothèse peut-on formuler quant au but de l'article ? L'auteur cherche probablement à…

    A convaincre les lecteurs que la disparition des langues est inévitable.

    B encourager les gens à abandonner les petites langues locales au profit de langues internationales comme le français ou l'anglais.

    C exposer de manière objective les avantages et les inconvénients de la disparition des langues.

    D sensibiliser les lecteurs à la gravité du problème.

LE SAVIEZ-VOUS ?

96 % des langues ne sont parlées que par 4 % de la population mondiale.

Plus de 90 % des contenus d'Internet sont rédigés en seulement 12 langues.

D'après l'Unesco, une langue meurt en moyenne tous les 15 jours.

7 Lecture

Lisez ce texte.

S.O.S. LANGUES EN DANGER

Sur les 6 700 langues parlées sur la planète, la moitié aura disparu à la fin du XXIᵉ siècle ! Peut-on encore les sauver ?

1 Pourquoi y a-t-il urgence ?

Parce que les langues disparaissent de plus en plus vite à cause de la mondialisation ! Avec l'arrivée d'Internet et de nombreuses chaînes de télévision dans des endroits reculés, les modes de vie tendent à se ressembler. Aujourd'hui, que l'on vive dans une ville de Sibérie, de Papouasie ou du Mato Grosso, on écoute la même musique, on joue aux mêmes jeux vidéo, on est inscrit sur les mêmes chats, on suit la même mode…

2 Or, les stars, les héros de séries, ceux qui lancent les modes, ne parlent ni jakaltek popti ni navajo ! Pour les jeunes, les langues indigènes sont ringardes, inadaptées à la société moderne. Comment voulez-vous parler de MSN, iPod ou PSP en inuktitut ! Pas étonnant, donc, qu'ils apprennent, comme tout le monde, l'anglais, qui leur permettra de travailler avec les touristes, d'émigrer et de communiquer avec le monde entier.

3 Qu'est-ce que l'on perd quand une langue s'en va ?

La foule de connaissances accumulées par ses locuteurs pendant des dizaines de milliers d'années ! Et qui sont souvent uniques. Car les peuples qui vivent en contact très étroit avec la nature connaissent parfaitement la faune, la flore, les climats ou la géographie de leur région. En ces temps où le réchauffement climatique et la destruction des milieux naturels inquiètent, où la médecine cherche de nouveaux médicaments, le savoir des peuples indigènes pourrait nous être très utile. Les peuples d'Amazonie, par exemple, ont une très grande connaissance des plantes. Ils leur ont donné des noms, les ont répertoriées en fonction de leur toxicité et de leurs vertus curatives. Si leurs langues disparaissent, toutes ces connaissances, qui ne sont pas consignées par écrit (les langues indigènes sont en général de tradition orale) seront donc irrémédiablement perdues.

4 De plus, ces langues contiennent de nombreuses traces du passé de ces peuples, à travers les légendes et les traditions. Elles sont le reflet de leur façon de voir le monde, d'envisager la vie et l'avenir, le reflet d'une forme de pensée souvent très différente de la nôtre. Quand une langue disparaît, c'est donc aussi une part de l'histoire et de la culture de l'humanité qui s'efface. Voilà pourquoi le Pacte international relatif aux droits civiques et politiques, adopté par l'ONU en 1966, reconnaît à chaque peuple le droit de parler sa propre langue et de la transmettre à ses enfants.

5 Est-il possible de sauver une langue ?

En tout cas, on essaie. L'Unesco et de nombreuses fondations financent des opérations de sauvetage des langues indigènes. La démarche est à peu près toujours la même. D'abord, il faut les étudier. Et puis, pour rester vivantes, les langues doivent évoluer avec leur temps, ajouter de nouveaux mots à leur dictionnaire. Mais le plus important, pour qu'une langue survive, c'est quand même de redonner aux indigènes l'envie de la parler, comme le souligne la linguiste Colette Grinevald : « On a tellement rabâché à ces gens que leur langue était mauvaise, pas faite pour dire des choses intelligentes, que leur montrer qu'elle peut s'écrire et qu'elle n'a rien à envier aux autres, c'est souvent une révélation ! Et une grande fierté, qui leur redonne l'envie de la parler et de la transmettre à leurs enfants ! »

Extraits d'un dossier de Carine Peyrières, *Science & Vie Junior* n°221

8 Compréhension écrite

Lisez le texte et répondez aux questions suivantes ou choisissez la bonne réponse.

1 D'après le chapeau de l'article (en gras), combien de langues sont menacées de disparition d'ici la fin du siècle ?

Basez vos réponses sur le paragraphe 1.

2 Pourquoi les langues disparaissent-elles de plus en plus vite ?

3 Quelle est la conséquence de l'arrivée d'Internet et de nombreuses chaînes de télévision partout dans le monde ?

4 « Des endroits reculés », ce sont des endroits…

    A branchés sur le monde.

    B cosmopolites.

    C isolés.

    D touristiques.

Basez vos réponses sur le paragraphe 2.

5 Dans ce paragraphe, trois langues indigènes sont mentionnées. Relevez-les, puis faites une petite recherche afin de savoir où ces langues sont parlées.

Langue	Pays / Région où cette langue est parlée

6 Selon la journaliste, à quels modèles les jeunes indigènes s'identifient-ils surtout ?

7 Quel est le principal reproche que les jeunes font aux langues indigènes ?

8 Quelles sont les trois possibilités qui s'offrent aux jeunes qui apprennent l'anglais ?

En vous basant sur le paragraphe 3, reliez chaque début de phrase à la fin correspondante.

Exemple : Lorsqu'une langue disparaît… `D`

9 Le savoir des peuples indigènes pourrait nous être très utile…

10 Les peuples d'Amazonie…

11 Les langues indigènes…

A car ces peuples s'inquiètent plus que nous du réchauffement climatique.

B connaissent très bien la flore de leur région.

C il peut se passer des dizaines de milliers d'années avant qu'on s'en rende compte.

D **on perd des connaissances souvent uniques.**

E ont consigné toutes leurs connaissances par écrit.

F pour traiter certaines maladies.

G sont surtout fondées sur la tradition orale.

H donnent des noms de plantes à leurs enfants.

Complétez le tableau suivant en indiquant à qui ou à quoi se réfèrent les mots soulignés. Tous les mots se trouvent dans le paragraphe 4.

Dans la phrase...	le mot / les mots...	se réfère / se réfèrent à / aux...
Exemple : ces <u>langues</u> contiennent de nombreuses traces du passé	« langues »	*langues menacées de disparition ou langues indigènes*
12 de nombreuses traces du passé de ces <u>peuples</u>	« peuples »	....
13 <u>elles</u> sont le reflet de leur façon de voir le monde	« elles »	....
14 souvent très différente de <u>la nôtre</u>	« la nôtre »	....
15 <u>la</u> transmettre à ses enfants	« la »	....

Répondez aux questions suivantes. Basez vos réponses sur le paragraphe 5.

16 Trois conditions sont nécessaires pour sauver les langues menacées de disparition. Lesquelles ?

17 Lorsque la linguiste Colette Grinvald dit : « On a tellement rabâché à ces gens que leur langue était mauvaise… », elle ne spécifie pas qui est ce « on ». D'après vous, à qui fait-elle implicitement référence ? (Plusieurs interprétations sont possibles.)

9 Activité orale

Discutez des questions suivantes en petits groupes.

Revenez sur la question 2 de l'activité 6. Votre opinion sur la disparition des langues a-t-elle changé maintenant que vous avez lu ce texte ? Pourquoi (pas) ?

10 Activité écrite et orale

En groupes de trois ou quatre, vous allez regarder plus en détail certaines informations tirées du texte. Choisissez un(e) secrétaire qui notera les réponses du groupe afin de les partager plus tard avec le reste de la classe.

1 « Aujourd'hui, que l'on vive dans une ville de Sibérie, de Papouasie ou du Mato Grosso, on écoute la même musique, on joue aux mêmes jeux vidéo, on est inscrit sur les mêmes chats, on suit la même mode… »

   a Trouvez des exemples précis, tirés de votre expérience personnelle, qui confirment cette affirmation.

   b Trouvez des exemples précis qui, au contraire, prouvent que cette affirmation n'est pas entièrement véridique.

Créativité, Activité, Service CAS

Combien de langues sont parlées dans votre lycée ? Afin de mettre en valeur la diversité linguistique de votre établissement scolaire, vous pouvez créer une courte vidéo dans laquelle élèves et professeurs prononcent un mot ou une phrase simple dans leur langue (comme « Bonjour » ou « Bienvenue chez nous »). La vidéo pourrait être présentée sur le site web ou la page Facebook de votre établissement.

Cahier 1.4
2 Activité écrite
Un discours

Fiche 1.4.3
Entraînement à l'oral
individuel NM
Les anglicismes

2 « Quand une langue disparaît, c'est donc aussi une part de l'histoire et de la culture de l'humanité qui s'efface. »

    a   Si votre langue maternelle et sa culture disparaissaient, qu'est-ce que l'humanité y perdrait ? Trouvez des exemples précis.

    b   Si le français et sa culture disparaissaient, qu'est-ce que l'humanité y perdrait ? Trouvez des exemples précis.

3 « Pour rester vivantes, les langues doivent évoluer avec leur temps, […] ajouter de nouveaux mots à leur dictionnaire. »

    Les langues que vous connaissez ont-elles réussi à évoluer avec leur temps ou ont-elles au contraire du mal à se moderniser ? Donnez des exemples précis.

Partagez vos réponses à ces questions avec le reste de la classe et discutez-en.

Vivre en deux langues

11 Activité orale

Discutez des questions suivantes en petits groupes.

1   Pour moi, être bilingue…

    A   c'est mon souhait le plus cher.

    B   c'est un rêve inaccessible.

    C   c'est ma réalité quotidienne.

    D   ce n'est pas vraiment une priorité.

    E   c'est une exigence bureaucratique absurde.

    F   autre (précisez)

2   On entend parfois parler de gens « parfaitement bilingues ». Selon vous, qu'est-ce que cela signifie ?

3   Croyez-vous qu'il soit possible d'être « parfaitement bilingue » ? Si oui, dans quelles circonstances ? Sinon pourquoi pas ?

4   Par opposition au « parfait bilingue », à quoi ressemblerait un « faux bilingue » ? Donnez des exemples.

5   Vous sentez-vous la même personne lorsque vous parlez français et lorsque vous parlez votre langue maternelle ? Donnez des exemples.

6   Imaginez un instant que vous parliez parfaitement français… Cela suffirait-il pour que vous vous sentiez français(e) ? Pourquoi (pas) ?

7   Imaginez un instant que vous parliez parfaitement français… Cela suffirait-il pour que les Français ne détectent pas vos véritables origines ? Pourquoi (pas) ?

12 Lecture Niveau supérieur

Lisez ce texte.

LE FAUX BILINGUISME

Originaire de Calgary, en Alberta, Nancy Huston vit à Paris depuis le début des années 1970. Elle mène une carrière d'écrivain en français et en anglais.

1 Depuis longtemps, je rêve, pense, fais l'amour, écris, fantasme et pleure dans les deux langues tour à tour, et parfois dans un mélange ahurissant des deux. Pourtant, elles sont loin d'occuper dans mon esprit des places comparables : comme tous les faux bilingues sans doute, j'ai souvent l'impression qu'elles font chambre à part dans mon cerveau. Loin d'être sagement couchées face à face ou dos à dos ou côte à côte, loin d'être superposées ou interchangeables, elles sont distinctes, hiérarchisées : d'abord l'une, ensuite l'autre dans ma vie, d'abord l'une, ensuite l'autre dans mon travail. Les mots le disent bien : la première langue, la « maternelle » acquise dès la prime enfance, vous enveloppe et vous fait sienne, alors que pour la deuxième, l'« adoptive », c'est vous qui devez la materner, la maîtriser, vous l'approprier.

2 Chaque faux bilingue doit avoir sa carte spécifique de l'asymétrie lexicale ; pour ce qui me concerne, c'est en français que je me sens à l'aise dans une conversation intellectuelle, une interview, un colloque, toute situation linguistique faisant appel aux concepts et aux catégories appris à l'âge adulte. En revanche, si j'ai envie de délirer, me défouler, jurer, chanter, gueuler, me laisser aller au pur plaisir de la parole, c'est en anglais que je le fais. Tout mon français, en d'autres termes, doit se trouver dans l'hémisphère gauche de mon cerveau, la partie hyper-rationnelle et structurante qui commande à ma main droite, alors que ma langue maternelle, apprise en même temps que la découverte du corps, la maîtrise des sphincters et l'intériorisation des interdits, est répartie entre les deux hémisphères (la droite, plus holistique, artistique et émotive, est donc entièrement anglophone).

3 Très récemment, après un débat sur l'exil et le changement de langue dans la ville d'Ajaccio, une Écossaise est venue me parler en aparté. « J'ai épousé un Corse, me dit-elle, et voici plus de vingt ans que j'habite ici. Nous avons quatre enfants. Je parle le français constamment et couramment, sans problème… Mais, comment dire… elle ne me touche pas, cette langue, et ça me désespère. » Elle en avait presque les larmes aux yeux. « Quand j'entends *bracken, leaves, fog*, je vois et je sens ce dont il s'agit, les couleurs ocre et marron, les odeurs de l'automne, l'humidité… alors que si on me dit *fougère, feuilles, brouillard*, ça me laisse de glace. Je ne sens rien. »

4 Oui. Parce que cette femme, pas plus que moi, n'a jamais intégré à sa chair de petite fille (comme l'ont fait tous les Français, y compris mes propres enfants) les berceuses, blagues, chuchotements, comptines, tables de multiplication, noms de départements, lectures de fond depuis les fables de La Fontaine jusqu'aux *Confessions* de Rousseau.

5 « Et de même, poursuivit cette Écossaise devenue corse ou cette Corse d'origine écossaise, alors que dans ma langue maternelle je suis d'une pudeur presque maladive, osant à peine aller jusqu'à murmurer *God* quand je suis vraiment hors de moi, en français les pires obscénités franchissent mes lèvres sans problème. […] » Là aussi, je comprenais très bien ce qu'elle voulait dire. Les jurons français […] n'avaient pour moi aucune charge affective particulière. Foutre ou fastueux : l'un m'était aussi étranger que l'autre ; les deux me venaient du dictionnaire.

D'après Nancy Huston, *Nord perdu*

13 Compréhension écrite Niveau supérieur

Choisissez la bonne réponse ou répondez aux questions suivantes.

1 Que veut dire Nancy Huston dans le paragraphe 1 lorsqu'elle écrit que le français et l'anglais « font chambre à part dans [son] cerveau » ?

    A Elle a du mal à traduire du français vers l'anglais (et vice-versa).

    B Pour elle, le français et l'anglais ne sont pas interchangeables.

    C Les deux langues occupent dans son esprit des places comparables.

    D Elle a toujours rêvé d'être bilingue.

2 En vous basant sur le paragraphe 2, indiquez par des flèches où se situent les éléments suivants dans le cerveau de Nancy Huston.

français

anglais

hémisphère droit

hémisphère gauche

partie artistique émotive

partie rationnelle

3 D'après le paragraphe 3, qu'est-ce qui semble difficile (voire impossible) à acquérir lorsqu'on apprend une langue étrangère ?

    A une prononciation parfaite

    B la maîtrise de la grammaire

    C la capacité de parler couramment et constamment, sans problème

    D un lien affectif avec cette langue

4 L'idée principale du paragraphe 4 est que…

    A les enfants ont plus de facilité à apprendre une langue étrangère.

    B les berceuses, blagues, chuchotements, etc. sont très populaires chez les petites filles.

    C la dimension affective de la langue ne s'acquiert que pendant l'enfance.

    D les Français ont davantage tendance à entretenir un rapport émotif avec leur langue.

5 L'idée principale du paragraphe 5 est que / qu'…

    A les expatriés en arrivent parfois à oublier toutes les nuances de leur langue maternelle.

    B on a plus de pudeur à jurer dans une langue étrangère que dans sa langue maternelle.

    C il est plus facile de jurer dans une langue étrangère car on n'est pas pleinement conscient du poids des mots.

    D la charge affective des mots est expliquée dans le dictionnaire.

14 Activité orale TdC Niveau supérieur

Le texte de Nancy Huston soulève plusieurs questions intéressantes. Discutez-en avec vos camarades de classe en vous basant sur les questions suivantes.

1 Lorsque vous avez défini le « faux bilingue » avant de lire le texte (activité 11, question 4), avez-vous donné un exemple semblable à celui de Nancy Huston ? Sinon, cet exemple vous surprend-il ?

2 Selon vous, les langues que vous parlez sont-elles « superposées, interchangeables » ou plutôt « distinctes, hiérarchisées » comme chez Nancy Huston ?

3 Est-il plus facile d'entreprendre toutes vos activités dans votre langue maternelle ou y a-t-il des choses qui vous semblent plus aisées ou plus agréables dans une langue étrangère, comme c'est le cas pour Nancy Huston ? Pouvez-vous donner des exemples ?

4 « Cette langue ne me touche pas », dit l'Écossaise en parlant du français. Cela décrit-il aussi la relation que vous avez avec le français ? Diriez-vous que votre langue maternelle vous touche ? Pourquoi (pas) ?

5 Le texte laisse entendre que pour devenir parfaitement bilingue, il faut beaucoup plus que maîtriser la grammaire, le vocabulaire ou la prononciation. En fait, la seule manière d'y arriver serait de baigner dans la culture associée à cette langue dès l'enfance. Qu'en pensez-vous ?

6 Est-il donc trop tard, lorsqu'on apprend une langue étrangère à l'école ou au lycée, pour être exposé de manière profitable à la culture du / des pays dont on étudie la langue ? Si oui, à quoi peut bien servir d'apprendre une langue à l'école ?

7 Selon vous, ce que vous apprenez sur la culture française / francophone dans votre classe de langue vous aide-t-il à parfaire votre bilinguisme ? De quelle manière ?

8 Que pensez-vous de ce proverbe d'Europe centrale : « Autant de langues vous parlez, autant de fois vous êtes un être humain » ?

15 Toute réflexion faite

Vous avez lu le message suivant sur un forum de discussion.

Comment répondriez-vous à ce message ?

 Posté par : guillaumetell02

le 13 novembre à 15 h 23

La disparition des langues, cela n'intéresse que les linguistes. Je ne parle pas le patois (langue locale) que parlaient encore mes parents et je ne m'en porte pas plus mal. Cette langue ne subsiste aujourd'hui que chez quelques centaines de personnes dans certains milieux folkloriques de la Gruyère, en Suisse, et ne présente aucun intérêt pour moi. Tant qu'à apprendre une langue, autant en apprendre une qui permette de communiquer avec un maximum de gens.

Savez-vous...

	Oui
• parler du lien entre la langue et l'identité ?	☐
• exprimer un but ?	☐
• rédiger un plan ?	☐
• rédiger un discours ?	☐
• présenter une photo sur la langue et l'identité ?	☐

2 | **Expériences**

2.1 Les voyages forment la jeunesse

En quoi les voyages nous aident-ils à élargir nos horizons ?

Objectifs d'apprentissage

Dans cette unité, vous allez apprendre à…

- parler des voyages
- utiliser les pronoms relatifs simples
- utiliser les pronoms personnels compléments
- rédiger une page de journal intime
- rédiger une page de blog
- présenter une photo sur les voyages

Envie de partir ?

1 Mise en route

1 Regardez l'illustration ci-dessus. Par groupes de deux, répondez aux questions suivantes, puis discutez avec le reste de la classe.

   a   Où part ce personnage ?

   b   Que symbolise sa roue avant ?

   c   Pourriez-vous vous identifier à ce personnage ?

2 Discutez des questions suivantes avec le reste de la classe. Utilisez les mots dans l'encadré *Des mots pour le dire* pour exprimer votre point de vue.

   a   Comment préparez-vous vos voyages ? Que ressentez-vous avant le départ ?

   b   Quelles sortes d'activités aimez-vous faire pendant vos voyages ? Aimeriez-vous faire d'autres activités ?

   c   Préférez-vous voyager dans votre pays ou à l'étranger ? Pourquoi ? Où aimeriez-vous aller ?

   d   Vos parents vous laissent-ils voyager sans eux ? Si oui, quelles ont été vos impressions de voyager sans eux ? Sinon, comment pourriez-vous les convaincre ?

   e   Aimez-vous les retours de voyage ? Quels sont alors vos sentiments ?

> **Cahier 2.1**
> **1 Activité lexicale**
> Les voyages

DES MOTS POUR LE DIRE

apprécier sa liberté	ressentir l'excitation du départ
bronzer idiot	retourner à la dure réalité des choses
faire du farniente	retrouver ses habitudes
recharger les batteries	s'éclater entre amis / avec sa famille
ressentir une appréhension	se la couler douce

2 Lecture

Lisez ce texte.

Voyager, quelle plaie !

1 Voyage-t-on vraiment pour le plaisir ou s'agit-il plutôt d'une forme subtile
de masochisme ? On serait tenté d'opter pour la seconde option, en prenant
connaissance du sondage portant sur « la grossièreté en voyage » réalisé par la
grande agence en ligne, Travelocity, auprès de ses clients. Plus du quart (28,7 %) des
5 répondants estimaient que voyager est un exercice éminemment stressant. Ils étaient
bien moins nombreux (19,6 %) à trouver que le stress n'était pas au rendez-vous.

Au nombre des facteurs identifiés comme cause de stress, on relevait, par ordre
d'importance, le fait de voyager en soi, le magasinage[1] incontournable dans un
pays étranger, le processus de réservation et la planification des déplacements
10 (« Sommes-nous bien sûrs d'avoir trouvé les billets aux meilleurs tarifs ? »), la
corvée des valises et l'obligation de passer tant de temps avec la famille.

En matière de transport, c'est, on s'en doute, l'avion qui est considéré comme
le plus stressant (par 47,5 % des répondants) devant les longs déplacements en
voiture (38 %) et loin devant l'autocar (12,8 %) et le train, qui semble le moyen de
15 locomotion le plus agréable du monde, puisque moins de 2 % des répondants le
voient comme une source d'énervement.

Pas étonnant si, avec toutes les tracasseries qu'au nom de la sécurité on impose
maintenant aux gens qui fréquentent les aéroports, l'avion soulève tant de réticence.
Les deux tiers des personnes interrogées indiquaient que l'affluence et les longues
20 lignes d'attente dans les aéroports les indisposent particulièrement.

À destination, par contre, le manque
d'amabilité et l'impolitesse sont identifiés
comme les principales causes de frustrations.
Le passager assis dans la rangée précédente
25 qui abaisse le dossier de son siège et les
gens qui parlent trop fort en public dérangent
énormément leurs compagnons de voyage.

André Désiront, © La Presse, Canada

[1] **le magasinage :** shopping
(terme québécois)

COMPRÉHENSION CONCEPTUELLE

Le destinataire, le but

Choisissez la bonne réponse.

1 De quel type de texte s'agit-il ? ☐

   A Un blog

   B Un rapport

   C Une brochure

   D Un article

2 À qui s'adresse ce texte ? ☐

   A Aux responsables des agences de voyage

   B Aux lecteurs du quotidien *La Presse*

   C Aux touristes qui cherchent des destinations de vacances peu ordinaires

   D Aux touristes qui planifient un voyage au Québec

3 Quel est le but de ce texte ? ☐

   A Montrer les inconvénients et les soucis causés par les voyages

   B Encourager les touristes à utiliser les transports en commun

   C Informer les touristes au sujet des nouveaux moyens de transport

   D Faire la publicité de nouvelles destinations touristiques

3 Compréhension écrite

Reliez chacun des mots figurant dans la colonne de gauche avec son équivalent dans la colonne de droite.

Exemple : opter pour (ligne 2)   **B**

1 relevait (ligne 7) ☐

2 magasinage (ligne 8) ☐

3 incontournable (ligne 8) ☐

4 corvée (ligne 11) ☐

5 déplacements (ligne 13) ☐

6 tracasseries (ligne 17) ☐

7 réticence (ligne 18) ☐

8 affluence (ligne 19) ☐

9 indisposent (ligne 20) ☐

A	ennuis	K	abominable
B	**choisir**	L	formalités
C	gênent	M	foule
D	haussait	N	exactitude
E	questions	O	tâche pénible
F	voyages	P	inévitable
G	courses	Q	éviter
H	plaisir	R	méfiance
I	embouteillages	S	rassurent
J	soulignait		

Répondez aux questions suivantes ou choisissez la bonne réponse.

10 En lisant le titre de l'article, vous attendez-vous à un éloge ou une critique des voyages ?

11 Parmi les propositions suivantes, laquelle correspond le mieux au titre du texte ?

    A Voyager, c'est mauvais pour la santé !   **C** Voyager, c'est agréable !

    B Voyager, c'est insupportable !   **D** Voyager, c'est stimulant !

12 D'après les lignes 1 à 6, que révèlent les résultats du sondage en ce qui concerne les voyages ?

13 Que veut dire le journaliste quand il indique que « le stress n'était pas au rendez-vous » ? (ligne 6)

    A On est stressé parce qu'on ne voit pas ses amis.

    B On est stressé à force de rencontrer trop de personnes.

    C On est détendu, loin de tout stress.

    D On est gagné par le stress lors des départs en vacances.

14 Que veut dire « le fait de voyager en soi » ? (ligne 8)

    A Voyager seul   **C** Se préparer au voyage

    B L'action même de voyager   **D** Rêver du voyage

15 En vous basant sur les lignes 7 à 11, nommez trois faits susceptibles de créer de l'anxiété quand on voyage.

16 Selon les lignes 12 à 16, pourquoi l'avion est-il le moyen de transport le plus stressant ?

17 Citez deux causes de stress et de frustration chez les vacanciers quand ils sont arrivés à destination.

18 Quel comportement dans les transports en commun a tendance à ne pas plaire aux autres voyageurs ?

4 Activité écrite et orale

1 Ce n'est pas toujours agréable de voyager ! Par groupes de deux, imaginez tout ce qui peut causer des ennuis en voyage. Classez vos idées dans le tableau ci-dessous :

Préparation	Transports	Autres voyageurs	Sur place

Cahier 2.1
2 Activité écrite
Une page de journal intime

2 Comparez maintenant votre liste à celles des autres groupes de la classe.

Qu'est-ce qu'un touriste ?

5 Activité orale

1 Répondez aux questions suivantes.

    a D'où viennent les touristes qui visitent votre pays / votre région ?

    b Sont-ils bien accueillis ? Pourquoi (pas) ?

    c Que viennent voir les touristes quand ils visitent votre pays ou votre région ?

    d Que fait votre pays ou votre région pour attirer les touristes ?

    e D'après vous, que recherchent le plus les touristes en visitant un pays ou une région qu'ils ne connaissent pas ?

    f Selon vous, quelles sont les qualités requises pour être un bon touriste ?

2 Par groupes de deux ou trois, faites une liste d'adjectifs qui pourraient décrire un bon touriste.

3 Comparez ensuite vos réponses avec celles d'un autre groupe. Discutez de vos choix si vous n'avez pas opté pour les mêmes.

4 Dans la liste d'adjectifs ci-dessous, quels sont ceux qui ne décrivent pas un bon touriste ?

aimable	généreux	pollueur
bavard	gourmand	râleur
casanier	grossier	riche
courtois	indifférent	sociable
curieux	intéressé	souriant
désagréable	irrespectueux	sportif
discret	malhonnête	tolérant
économe	ouvert	
élégant	patriote	

5 Pouvez-vous en ajouter d'autres à la liste ?

6 Activité orale et écrite

Par groupes de deux et après avoir lu le « Guide du mauvais touriste », rédigez un guide du bon touriste en vous aidant des adjectifs de l'activité précédente.

Guide du mauvais touriste

Voici quelques conseils à ne pas suivre si vous voulez être bien accueillis par les habitants du pays que vous visitez.

- Faites comme chez vous.
- Ne mangez que ce que vous connaissez.
- N'oubliez pas d'apporter votre propre nourriture.
- Parlez fort dans les lieux publics.
- Ne laissez jamais de pourboire.
- Ne parlez que votre propre langue ou l'anglais, tout le monde vous comprendra.
- Les gens du coin ont l'air sympa, invitez-vous chez eux.
- Ne souriez pas et ne remerciez pas.
- N'achetez rien dans les magasins.
- Plaignez-vous de tout.
- Habillez-vous comme bon vous semble, après tout c'est la mode dans votre pays.
- Vantez les mérites de votre propre pays.

7 Lecture TdC

On dit que les Français râlent tout le temps, que les Japonais ne font que prendre des photos ou que les Italiens parlent trop fort dans les musées. Pensez-vous qu'il soit possible de détecter le pays d'origine de certains touristes ? Comment ?

Qu'est-ce qu'un stéréotype ?

Lisez ce texte.

Les Français sont parmi les plus mauvais touristes

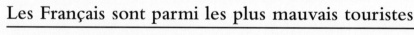

On sait déjà que les touristes étrangers jugent qu'ils sont particulièrement mal accueillis en France. Eh bien les Français ne sont pas forcément les bienvenus à l'étranger ! Le site Expedia a demandé à 4 000 hôteliers de six pays – Allemagne, Grande-Bretagne, France, Italie, Canada et États-Unis – de noter les voyageurs selon dix critères : comportement, générosité, propreté, curiosité, discrétion, tenue vestimentaire…

Résultat : les Français, trop râleurs, particulièrement impolis et réfractaires aux langues étrangères, et les Chinois, pas assez attentifs à leur « look », occupent la queue du peloton, classés comme les plus mauvais élèves parmi les voyageurs. De plus, et c'est sans doute la principale raison, ils disposent d'un budget serré.

À l'inverse, les Japonais, les plus faciles à vivre, appréciés pour leur discrétion, leur courtoisie, leur facilité à mettre la main au porte-monnaie, sont jugés comme les meilleurs touristes au monde devant les Allemands, appréciés pour leur souci de la propreté, ex-æquo avec les Britanniques plus curieux qu'on ne croit en matière culinaire, suivis des Canadiens, les plus populaires dans leur propre pays.

Joël Morio, *Le Monde*

8 Compréhension écrite

Répondez aux questions suivantes.

1 Quelle expression signifie que les Français préfèrent s'exprimer en français ?

2 Quelle expression signifie que les Français et les Chinois ont été les plus mal classés ?

3 Quelle expression signifie que les Français et les Chinois n'ont pas beaucoup d'argent ?

Associez chaque nationalité avec les caractéristiques qui lui sont attribuées dans l'article.

4 Les Allemands ☐

5 Les Britanniques ☐

6 Les Canadiens ☐

7 Les Chinois ☐ ☐

8 Les Français ☐ ☐ ☐

9 Les Japonais ☐

A Ils apprécient les nouveaux plats.

B Ils sont polis et réservés.

C Ils ont une apparence négligée.

D Ils sont propres.

E Ils se plaignent et ne sont pas courtois.

F Ils n'ont pas beaucoup d'argent.

G Ils refusent de parler dans une autre langue que la leur.

H Ils sont appréciés dans leur propre pays.

> **Cahier 2.1**
> **3 Grammaire en contexte**
> Les pronoms relatifs simples

> **Fiche 2.1.2**
> **Entraînement à l'oral individuel NM**
> Le tourisme de masse

Voyager autrement

9 Activité écrite

Passer la nuit chez des étrangers lors d'un voyage au lieu d'aller à l'hôtel ou dans une auberge de jeunesse ? Pourquoi pas ? Quels en sont les avantages et les inconvénients ?

Classez les idées suivantes dans la bonne colonne. Ajoutez ensuite vos propres réponses.

Avantages du « couchsurfing »	Inconvénients du « couchsurfing »

LE SAVIEZ-VOUS ?

Grâce au « *couchsurfing* », des particuliers offrent gratuitement un lit ou un canapé à un ou deux voyageurs à la recherche d'un logement pour quelques nuits.

Le concept est né aux États-Unis et s'est rapidement développé à travers le monde.

Chaque année, plus de 4 millions de voyageurs utilisent ce service.

1 On peut discuter avec des personnes qu'on n'aurait jamais eu l'occasion de rencontrer ailleurs.

2 On peut partager plus de choses avec les gens du coin.

3 Ça ne coûte pas cher.

4 On peut parfois faire de mauvaises rencontres.

5 Les logements sont parfois trop petits et la promiscuité est parfois difficile à vivre.

6 On ne peut pas rester plus d'une nuit ou deux.

7 Les hôtes proposent parfois à leurs invités de leur servir de guide touristique.

8 Les hôtes n'aiment pas qu'on rentre tard après avoir fait la fête toute la nuit.

9 On dort mal, le lit ou le canapé-lit n'est pas toujours confortable.

10 Il n'y a rien de mieux pour pratiquer des langues étrangères.

---

10 Compréhension orale 🔊 Piste 5

Vous allez écouter deux interviews sur le « couchsurfing ». Répondez aux questions suivantes.

1 Où Camille et Julie sont-elles parties après leurs examens ?

2 Pourquoi Julie a-t-elle suggéré de faire du « couchsurfing » ?

3 Pourquoi Camille n'avait-elle tout d'abord pas trop envie de faire du « couchsurfing » ?

4 Chez qui ont-elles passé une nuit mémorable?

5 Quelle est la chose essentielle pour Camille en ce qui concerne le « couchsurfing » ?

6 Quand Émile a-t-il fait du « couchsurfing » ?

7 Pourquoi Émile a-t-il décidé de passer la nuit chez une famille du coin ?

8 Pourquoi s'est-il senti isolé pendant le repas ?

9 Que s'est-il passé le lendemain matin ?

10 Où passera-t-il ses prochaines vacances ?

---

11 Activité orale CAS

Par groupes de deux, répondez aux questions suivantes.

1 Êtes-vous satisfait(e) de la manière dont vous passez habituellement vos vacances ?

2 Qu'aimeriez-vous changer ?

3 Aimez-vous ou aimeriez-vous partir seul(e) ? Pourquoi (pas) ?

4 Considérez-vous que les vacances vous aident à grandir et à vous épanouir ? Quelle satisfaction en obtenez-vous ?

5 Avez-vous déjà pensé à passer des vacances différentes de ce que vous faites habituellement ?

6 Pour préserver l'environnement, êtes-vous prêt(e) à changer vos habitudes en ce qui concerne vos vacances ? Le faites-vous déjà ? Si vous ne le faites pas, que devriez-vous faire ?

7 Avez-vous déjà entendu parler des vacances humanitaires ou encore des vacances utiles ? Pouvez-vous expliquer de quoi il s'agit ?

8 Seriez-vous prêt(e) à y participer ? Pourquoi, d'après vous, ce genre de vacances est-il de plus en plus adopté ?

9 Avez-vous déjà participé à ce genre de vacances avec votre école pour un projet CAS ou à titre personnel ? Que vous a apporté cette expérience ? Aimeriez-vous retenter l'expérience ?

10 Peut-être êtes-vous sur le point de passer des vacances humanitaires avec votre école ou de manière privée ? Qu'allez-vous faire exactement ? Quelles sont vos appréhensions et vos espérances avant le départ ?

12 Lecture CAS

Lisez ce texte.

Partir c'est grandir un peu

1 Participer à un chantier à l'étranger, ça change un jeune ! Marianne, 15 ans, et Mike, 14 ans, deux adolescents de Château-Thierry, ne sont pas rentrés « indemnes » de leur séjour au Burkina Faso.

Des souvenirs plein la tête. Des images fortes de sourires d'enfants débraillés, des
5 jeux et des danses dans la poussière, des baignades dans les cascades, les tortues et les crocodiles en liberté, les paysages à superlatifs, le son des percussions, l'odeur du riz au beurre de cacahuète sur le feu... Mike Gilbin, 14 ans, et Marianne M'Tsame, 15 ans, reviennent de loin. L'été dernier, ces deux jeunes de Château-Thierry ont participé à un chantier de solidarité en Afrique, au Burkina Faso. Une
10 expérience dont ils sont ressortis heureux, transformés et grandis.

« Avant j'étais du genre à me plaindre tout le temps de tout et de rien. Depuis que je suis rentré, ma vision des choses a changé. Là-bas, les gens vivent avec rien, ils font avec. Et ce qui est frappant, c'est qu'ils ne se plaignent jamais. J'ai été marqué par la pauvreté. Ils récupèrent tout, l'eau, le bois, les bouteilles. On croise
15 des personnes handicapées qui sont laissées sans soin dans les rues. Après ça, on se rend compte qu'en France on ne peut plus râler », rapporte Mike.

Corinne, la mère de Mike, confirme la métamorphose de son fils : « Mike a mûri. Il est beaucoup moins pointilleux sur son petit confort de jeune ado, il fait attention au gaspillage. J'étais plutôt réticente à l'idée de le voir partir sur ce
20 chantier si loin. C'était la première fois qu'il quittait la maison. Mais au final, cette expérience a été très positive pour tout le monde », sourit la maman.

C'était également la première fois que Marianne voyageait sans sa famille. « J'avais envie de découvrir un autre pays, d'autres
25 cultures. Mes deux cousines avaient participé au chantier précédent au Burkina et m'ont encouragée à tenter l'aventure. J'étais super stressée à l'idée de partir, j'avais peur de ne jamais revenir », confie l'adolescente.

30 À part les angoisses du départ, Marianne retient de son séjour « la gentillesse de la population. C'est fou comme les gens sont accueillants, ouverts. Ils n'ont pas de préjugés. Là-bas, on t'aime comme tu es. Ça fait du bien de savoir que ça existe. Ici, en France, c'est plutôt difficile d'imaginer une telle mentalité ».

Là-bas, c'est Tougan, une ville de 17 000 habitants située à 150 kilomètres de 35 Ouagadougou. Sur trois semaines, le chantier des jeunes consistait à rénover le « centre de lecture et d'animations » municipal, l'équivalent d'une maison de la culture.

« On a créé des sanitaires dans la structure et fait des plantations d'arbres dans la cour. Je m'attendais à ce que le travail soit plus dur. En fait le rythme était 40 cool, adapté au climat. En journée, on approchait les 38/40 degrés à l'ombre. On travaillait de 10 heures à 12 heures et on reprenait vers 16 heures jusqu'à 18 heures », raconte Mike.

Le reste du temps, les Français rejoignaient leurs « binômes » (correspondants) burkinabés pour profiter des quartiers libres et sortir en ville. « Pendant toute 45 la durée du chantier, des jeunes de Tougan avec leur animateur Samba nous ont aidés et accompagnés dans nos travaux et nos déplacements. Au fil des jours, les correspondants se sont choisis selon les affinités. Moi, je m'entendais bien avec Gilbert. Dès que je voulais faire un tour quelque part, sur le marché local par exemple, c'est lui qui me guidait. On correspond toujours. Je l'ai encore appelé la 50 semaine dernière pour avoir des nouvelles », indique Marianne.

Les jeunes Français ont participé avec Samba, Gilbert et les autres à une foule d'animations en partenariat avec la population locale (concerts, concours, spectacles, ateliers) et de visites culturelles à travers la région.

Autant de moments d'échanges et de partage qui ont généré de belles amitiés.

www.cg02.fr

13 Compréhension écrite

Trouvez les synonymes des mots et expressions suivants selon le contexte.

1 « ça change un jeune » (ligne 1)

   A les jeunes ne sont plus les mêmes qu'autrefois

   B les jeunes ont beaucoup d'influence sur la société

   C cette expérience transforme les jeunes

   D les jeunes aiment essayer de nouveaux vêtements

2 « d'enfants débraillés » (ligne 4)

   A d'enfants habillés de manière négligée   **C** d'enfants peu accueillants

   B d'enfants qui ne cessent de crier   **D** d'enfants affamés

3 « les paysages à superlatifs » (ligne 6)

   A les paysages montagneux   **C** les paysages brûlés par le soleil

   B les paysages de toute beauté   **D** les paysages envahis par la civilisation

4 « j'étais du genre à me plaindre » (ligne 11)

   A j'avais tendance à ne jamais être satisfait

   B je me contentais de ce que j'avais

   C j'avais toujours de la compassion pour les autres

   D j'étais toujours heureux

5 « râler » (ligne 16)

   A s'amuser   C être calme

   B s'ennuyer   D protester

6 « pointilleux » (ligne 18)

   A sociable   C arrangeant

   B exigeant   D négatif

7 « réticente » (ligne 19)

   A distante   C prête

   B enthousiaste   D hésitante

8 « au fil des jours » (ligne 46)

   A à la fin de chaque jour   C jour après jour

   B le lendemain   D dès les premiers jours

9 « faire un tour quelque part » (ligne 48)

   A faire des mauvaises manières à quelqu'un   C aller se promener

   B partir et ne jamais revenir   D faire des achats

10 « une foule d'animations » (lignes 51–52)

   A très peu d'animations   C les animations se font par groupe

   B des personnes qui font des animations   D une multitude d'animations

Complétez les phrases suivantes. Basez vos réponses sur le texte.

11 De retour du Burkina Faso, Mike et Marianne se souviennent de / du / des…

12 Quand ils sont rentrés en France, ils étaient…

13 Ce qui a le plus marqué Mike, c'est…

14 La mère de Mike n'était pas favorable à son départ parce que…

15 À son retour, elle a trouvé qu'il…

16 Marianne avait envie de partir parce qu' / que…

17 Ce dont Marianne se souvient le plus, c'est…

18 Pendant les trois semaines de chantier, leur travail consistait à…

19 À Tougan, les journées de travail…

20 Pendant leur temps libre, ils…

21 Marianne et Gilbert…

22 Les habitants du village et les jeunes ont établi des relations d' / de…

Fiche 2.1.1 **Travail oral en groupe** CAS Participer à un chantier à l'étranger

COMPRÉHENSION CONCEPTUELLE

Pour chacune des tâches suivantes, choisissez le type de texte le plus approprié.

Rédigez de 250 à 400 mots pour les élèves de niveau moyen et de 450 à 600 mots pour les élèves de niveau supérieur.

Après avoir rédigé votre texte, servez-vous de la liste de vérification appropriée au chapitre 6 du manuel pour vous assurer que vous avez utilisé tous les éléments nécessaires à la réalisation du type de texte choisi.

1   Vous faites partie d'un organisme de recrutement de jeunes bénévoles. Vous rédigez un texte dans le but de vanter les mérites des vacances en chantier pour jeunes.

| Un article | Une page de journal intime | Une brochure |

2   Avec un groupe d'élèves de votre école, vous avez organisé un nouveau projet CAS. Vous écrivez un texte dans lequel vous expliquez ce que vous avez accompli et les principales difficultés que vous avez rencontrées.

| Un rapport | Un tract | Une interview |

3   Depuis une semaine, vous participez à un chantier pour jeunes dans un pays étranger. Vous écrivez un texte dans lequel vous racontez cette expérience en incluant les meilleurs moments ainsi que les difficultés que vous avez rencontrées.

| Une proposition | Un article | Une page de journal intime |

MÉMOIRE

Tourisme solidaire, responsable, durable, équitable, écotourisme : ces façons de voyager sont dans l'air du temps, mais savez-vous à quoi elles ressemblent exactement, quels arguments sont avancés pour convaincre les touristes d'y adhérer et quel impact elles peuvent avoir sur une région ou sur une communauté ? Si cette thématique vous intéresse, vous pouvez choisir un pays francophone et étudier cette question à l'aide de brochures ou de sites web faisant la promotion de ce type de tourisme.

Fiche 2.1.3
Entraînement à l'oral individuel NM
Un chantier de jeunes

14 Activité écrite CAS

Cette année, vous avez décidé de passer vos vacances d'une manière différente de ce que vous faites d'habitude et vous venez d'arriver à un chantier pour jeunes. Rédigez une page pour votre blog en incluant les informations suivantes.

- Vous expliquez les raisons de votre nouveau choix de vacances.
- Vous racontez en quoi consiste votre travail.
- Vous présentez les personnes que vous avez rencontrées.
- Vous expliquez ce que vous espérez tirer de cette expérience.

Rédigez de 250 à 400 mots pour les élèves de niveau moyen et de 450 à 600 mots pour les élèves de niveau supérieur.

Après avoir rédigé votre texte, servez-vous de la liste de vérification 2B au chapitre 6 du manuel pour vous assurer que vous avez utilisé tous les éléments nécessaires à la réalisation d'une page de blog.

15 Lecture Niveau supérieur

Les voyages ne sont pas toujours une partie de plaisir ! Tout ne se passe pas toujours comme on le voudrait et on doit faire face à beaucoup de difficultés et d'ennuis.

Lisez ce texte.

Ne me demandez pas

1   Je déteste les voyages. Répéter d'où je viens et où j'ai l'intention d'aller m'excède. Je fuis les jardins publics, près des musées, là où l'on cherche à nous vendre des glaces dans les grandes villes. Les bureaux de change me font mourir, les boutiques de souvenirs aussi. Je n'apprécie pas le reflet de mon corps dans les vitrines lorsque je fléchis sous le poids de mon

5   sac. J'ai horreur qu'on m'aborde en anglais, qu'on m'offre des chambres pour la nuit. Je ne sais pas les refuser, d'ailleurs, même les plus laides, quand on accepte de me les montrer. Je n'examine jamais le matelas, je me rends compte ensuite qu'il creuse au centre et j'y dors plus mal que dans un hamac. Je vérifie encore moins la douche où un filet d'eau surgit par secousses, selon l'heure ou la chance du voyageur. Les chambres silencieuses m'étouffent, les

10   bruyantes m'énervent. Je prie pour que les préposés se taisent quand je leur rapporte la clé, au petit matin.

  Je ne veux pas savoir pourquoi les gens se mouillent les joues dans les gares, pourquoi ils s'empoignent, s'abandonnent, se reprennent, pourquoi ils se ratent la plupart du temps. Je n'aime pas que le soir s'affaisse sur les villes déjà crevées, que les lumières hésitent dans

15   l'obscurité trop pâle.

  Mon vertige au milieu des travailleurs exténués qui se poussent sans effort, marmonnant dans une langue que je ne comprends pas.

  Les drapeaux me répugnent, cousus sur les sacs et les vestes, collés aux vitres et au pare-chocs des voitures, flottant à l'entrée des hôtels, partout, pendant que des restaurateurs inquiets

20   sortent sur les trottoirs, comme des Grecs Come in the kitchen[1] font courir des odeurs de bouffe pour camoufler celle de l'urine dans les rues tortueuses. Les musiciens jouent, de plus en plus faux, et la fausse monnaie résonne au fond des boîtes de métal rouillé. Observer le monde en berne et se sentir berné.

  « Tu as fait quels pays ? »

25   Prendre la route, un mari, un pays, pour une nuit. « C'est la vie » dans un français écorché. « Voulez-vous coucher avec moi, ce soir ? » se plaisent-ils à répéter, d'où qu'ils viennent.

  Je ne sais pas ce que je fais ici. Partout la même planète tellement ronde. Comment ne pas tourner, s'étourdir, je me le demande en faisant les cent pas. Je tue le temps, parfois le vent sur les belvédères ou le long d'un fleuve sale. Mais c'est voyager qui me tue. Littéralement. Je

30   ne sais pas ce que signifie « avoir la piqûre »[2]. C'est du venin, le venin dans mes veines bleues, dans mes tuyaux d'égout, partout…

  « Vous appuyez ici. Vous attendez que je sois rendu dans les bras de ma femme. Vous nous le dites… »

  Je les observe à travers ce minuscule hublot qui les enferme tous les deux. Ils paraissent

35   heureux. Amoureux. Ils pourraient se trouver n'importe où, dans ce petit cercle de verre déformant. Dans la boule de Noël, isolés du reste de la famille, ils ont peut-être perçu le

[1] **Come in the kitchen :** En anglais, « Venez dans la cuisine ». Une invitation des restaurateurs grecs pour inciter les touristes à venir dans leurs restaurants

[2] **avoir la piqûre pour quelque chose :** se passionner pour quelque chose (expression québécoise)

couple rond qu'ils font, lumineux, presque naïfs, un peu bêtes dans l'extase. Se verront-ils vieillir ailleurs que sur ces photos qu'ils garderont dans les boîtes de carton, des cadres ou des albums ? Elles porteront des dates et des noms malgré lesquels ils se contrediront. « C'était
40 avant, non après. Ici, non là-bas. »

C'est curieux, je n'arrive pas à appuyer sur ce foutu bouton de plastique. Je n'arrive pas à faire clic, à faire fondre leurs pauvres sourires. Je tends l'appareil à une passante, je m'en vais. Où ?

Sylvie Massicotte, *Voyages et autres déplacements*

16 Compréhension écrite Niveau supérieur

Répondez aux questions suivantes.

1 Retrouvez dans le texte l'équivalent des expressions ou mots suivants.

   a je plie

   b il forme un trou

   c les gens s'embrassent

   d la nuit tombe

   e cacher

   f se sentir trompé

   g en marchant de long en large, nerveusement

   h l'objectif de l'appareil photo

2 La narratrice émet ici beaucoup de critiques en ce qui concerne le tourisme. Trouvez au moins un exemple qui illustre ce qu'elle pense à propos :

   a des villes

   b des hôtels

   c de l'industrie touristique

3 La narratrice exprime une opinion négative au sujet des voyages. De la ligne 1 à la ligne 11, relevez les expressions qui illustrent ses sentiments négatifs.

4 Comment pourriez-vous qualifier la narratrice de ce texte ? Justifiez votre réponse en utilisant des expressions tirées du texte. Plusieurs réponses sont possibles.

   A critique ☐

   B désabusée ☐

   C antisociale ☐

   D enjouée ☐

   E enthousiaste ☐

   F désapprobatrice ☐

   G réaliste ☐

   H rabat-joie ☐

5 Expliquez ce que veut dire la narratrice quand elle écrit :

   a le monde en berne (ligne 23)

   b Tu as fait quels pays ? (ligne 24)

Cahier 2.1
4 Grammaire en contexte
Les pronoms personnels
compléments

6 Quelle vision la narratrice offre-t-elle du couple qu'elle photographie à la fin du texte ? D'après vous, quel(s) sentiment(s) lui inspire ce couple ?

7 La narratrice termine le texte en annonçant : «… je m'en vais. Où ? » D'après vous, pourquoi se pose-t-elle cette question ? Où va-t-elle ?

17 Toute réflexion faite

Vous rentrez d'un long séjour à l'étranger (par exemple : séjour linguistique, voyage dans l'espace, tourisme extrême dans un pays en guerre, tourisme avec un budget très limité, tourisme humanitaire…).

Sur votre vlog, vous faites le bilan en cinq minutes maximum de cette expérience.

Filmez-vous et présentez votre vlog au reste de la classe.

Savez-vous...

Oui

- parler des voyages ? ☐

- utiliser les pronoms relatifs simples ? ☐

- utiliser les pronoms personnels compléments ? ☐

- rédiger une page de journal intime ? ☐

- rédiger une page de blog ? ☐

- présenter une photo sur les voyages ? ☐

2.2 Je me souviens

Comment le passé construit-il notre avenir ?

Objectifs d'apprentissage

Dans cette unité, vous allez apprendre à…

- parler de votre passé et de celui des autres
- utiliser les temps du passé
- utiliser le discours indirect
- rédiger une lettre officielle
- présenter une photo sur le passé et la mémoire

Souvenirs d'enfance

1 Mise en route

À la question *Quel est votre meilleur souvenir d'enfance ?*, voici ce qu'ont répondu cinq personnes.

Quand j'avais sept ans, avec mes parents, nous sommes allés au carnaval de Binche pour la première fois. Tout le monde était déguisé et j'ai trouvé ça un peu bizarre mais aussi très amusant finalement. Je me rappelle que je portais une tenue de cosmonaute et j'étais vraiment fier. Je regrette de ne plus pouvoir y retourner parce que j'habite trop loin.

ARNAUD

Je me souviens de mon premier jour à l'école primaire quand j'avais six ans. J'étais très contente de porter le cartable tout neuf que mes parents venaient de m'acheter. J'avais aussi très hâte de me faire de nouveaux amis !

AURÉLIE

J'avais huit ans. Mon père nous a réveillées en pleine nuit, ma sœur et moi, pour nous annoncer que notre petit frère, Maxime, venait de naître. On est partis immédiatement à la clinique pour le voir. Depuis, il a bien grandi et il me pique toujours mes affaires !

LÉA

Pour Noël, j'ai reçu une moto électrique rouge. J'avais neuf ans. J'en rêvais et je ne pensais vraiment pas qu'un jour je recevrais un tel cadeau. J'ai joué avec toute la journée. Je l'ai encore dans mon grenier : un tel souvenir, ça ne se jette pas !

CHRISTOPHE

C'était il y a six ou sept ans. Je suis partie en vacances avec ma famille dans un camping-car et on a sillonné toute la France. C'était un peu bizarre, on n'avait pas l'habitude de vivre dans un endroit si petit. On a bien rigolé même si on se perdait souvent sur les routes !

ÉMILIE

2 Compréhension écrite

Reliez chaque personne interrogée à la phrase qui correspond le mieux à ses idées.
Qui se souvient de quoi ?

1 Arnaud ☐   A Une naissance

2 Aurélie ☐   B Des vacances

3 Léa ☐   C Une rentrée scolaire

4 Christophe ☐   D Une manifestation folklorique

5 Émilie ☐   E Un cadeau

3 Activité orale

Avec un(e) partenaire et en vous aidant du vocabulaire ci-dessous, répondez aux questions suivantes.

1 Et vous, quel est votre meilleur souvenir d'enfance ?

2 Les souvenirs d'enfance sont-ils importants pour vous ? Pourquoi (pas) ?

3 Antoine de Saint-Exupéry a dit : « D'où suis-je ? Je suis de mon enfance. Je suis de mon enfance comme d'un pays. » À votre avis, qu'a-t-il voulu dire ? Êtes-vous d'accord avec lui ? Pourquoi (pas) ?

DES MOTS POUR LE DIRE

être nostalgique	mon pire souvenir, c'est quand…
je me rappelle…	un regret
je me souviens de…	regretter
mon meilleur souvenir, c'est quand…	se remémorer

Cahier 2.2
1 Activité lexicale
Les souvenirs

4 Activité écrite

En vous aidant des activités lexicales dans le cahier et en utilisant le vocabulaire dans l'encadré *Des mots pour le dire*, rédigez un texte dans lequel vous racontez un souvenir d'enfance bon ou mauvais.

Vous devez choisir le type de texte le plus approprié parmi les trois propositions suivantes :

une brochure	un blog	une dissertation

Rédigez de 250 à 400 mots pour les élèves de niveau moyen et de 450 à 600 mots pour les élèves de niveau supérieur.

Échanger avec ses grands-parents

5 Activité orale

À deux, observez les photos suivantes et répondez aux questions suivantes.

1   Quand ces photos ont-elles été prises ? Comment pouvez-vous le deviner ?

2   Que représentent ces photos ?

3   Vous arrive-t-il de regarder des photos similaires ? Les regardez-vous seul(e) ou avec quelqu'un d'autre ?

   a   Si oui, avec qui ? Est-ce important pour vous de regarder de telles photos ? Qu'avez-vous appris en regardant ces photos ?

   b   Sinon, pourquoi ne regardez-vous pas ce genre de photos ? Cela ne vous intéresse-t-il pas ? Vos parents n'ont-ils pas gardé de photos de ce genre ? Pourquoi ?

6 Lecture

Lisez ce texte.

Merci Papi, merci Mamie !

Juliette, 16 ans, parle des rapports qu'elle entretient avec ses grands-parents.

1 On a tous des souvenirs d'enfance qui reviennent quand on pense à nos grands-parents. Une odeur de tarte aux pommes encore dans le four, une sortie à vélo dans le parc avec notre grand-père ou encore les jeux en bois pour construire des tours à tout-va… Et il y a des tas de raisons pour lesquelles je remercie mes
5 grands-parents maintenant et pour lesquelles je les remercierai toujours.

Pour ma part, ils m'ont donné une éducation en plus de celle de mes parents. Ils m'ont appris à bien me tenir, à ne pas couper ma salade, à être polie, à parler correctement… Même si quelques règles me paraissent désuètes, elles m'ont parfois servi et parfois fait rire. Je les remercie également de m'avoir raconté avec
10 ardeur toutes sortes d'anecdotes sur mes parents, leur enfance ou les derniers potins du voisinage, même si je n'étais pas toujours très attentive.

Il n'y a rien de plus précieux qu'une recette de grand-mère, qu'une astuce imparable pour enlever une tache ou qu'un conseil pour faire mijoter ses légumes. J'ai toujours cette nostalgie de la première fois où j'ai appris la recette secrète
15 des meringues, pas si secrète que ça. Mes grands-parents ont d'ailleurs toujours été là pour me resservir dix fois à table en précisant bien que je n'ai pas bonne mine et qu'il faut que je reprenne des forces. Autour d'un repas, nous avons des discussions philosophiques sur la vie, sur la société et sur ma génération qu'ils ont du mal à comprendre ? Alors on échange nos points de vue, sur les choses qu'ils
20 trouvent anormales alors que pour nous, les jeunes, c'est banal. Nous débattons sur la religion, la culture, la sexualité parfois. Ils me donnent des conseils sur ma scolarité, mes études. Alors qu'ils étaient inquiets sur ma génération, je leur ai expliqué qu'ils pouvaient avoir confiance en nous, les jeunes. Et je leur ai surtout appris à bannir de leur vocabulaire l'expression « les jeunes de nos jours, c'est
25 plus ce que c'était… » ! Alors qu'ils m'ont appris la belote[1], je leur ai appris à se servir de Google. Alors qu'ils m'ont appris le jeu de dames, je leur ai montré comment se servir d'un ordinateur. Pendant qu'ils me font écouter des vieilles chansons que j'adore, je leur montre le nouvel album du chanteur du moment – qu'ils aiment moins – mais je ne me décourage pas pour autant. Ils m'ont fait
30 connaître de vieilles expressions, de vieux mots, et je les fais rire parfois jaune avec le vocabulaire de jeunes.

Ils m'ont enseigné leur monde différent du mien, moins connecté, moins direct. Ce n'est pas pour autant mieux, ni moins bien ; c'est simplement différent et grâce à eux je peux connaître les deux ! Pour toutes ces petites choses qui m'ont fait
35 grandir, je voulais les remercier.

© Bayard Presse – Phosphore n° 426 – texte: Juliette – Décembre 2016

[1] **La belote :** jeu de cartes

7 Compréhension écrite

En vous basant sur les lignes 1 à 9, répondez aux questions suivantes ou choisissez la bonne réponse.

1 Citez au moins deux des souvenirs qui reviennent à Juliette quand elle pense à ses grands-parents.

2 Quel mot signifie « sans aucune limite » ?

3 « Ils m'ont donné une éducation en plus de celle de mes parents. »
Que veut dire Juliette ?

    A L'éducation de ses grands-parents est pire que celle de ses parents.

    B L'éducation de ses grands-parents est meilleure que celle de ses parents.

    C L'éducation de ses grands-parents est complémentaire de celle de ses parents.

    D L'éducation de ses parents ne compte plus maintenant.

4 Quel mot signifie « démodées » ?

Les affirmations suivantes, basées sur les lignes 9 à 23, sont soit vraies, soit fausses. Cochez la bonne réponse et justifiez votre réponse par des mots du texte.

	Vrai	Faux
5 Les grands-parents de Juliette lui donnent les récentes nouvelles des voisins.	☐	☐

Justification : ....

6 Juliette déteste apprendre les recettes de sa grand-mère.   ☐   ☐

Justification : ....

7 Ses grands-parents trouvent qu'elle n'a pas l'air en forme.   ☐   ☐

Justification : ....

8 Juliette discute de choses superficielles avec ses grands-parents.   ☐   ☐

Justification : ....

En vous basant sur les lignes 23 à 31, remplissez le tableau suivant.

9 Ce que Juliette a appris / apporté à ses grands-parents	10 Ce que ses grands-parents ont appris / apporté à Juliette
....	....
....	....
....	....
....	....

11 Quelle expression signifie « rire en se forçant » ?

En vous basant sur les lignes 32 à 35, répondez aux questions suivantes ou choisissez la bonne réponse.

12 D'après vous, que pense Juliette de ce qu'elle reçoit de ses grands-parents quand elle dit : « c'est simplement différent » ?

A C'est perturbant.

B C'est autre chose.

C C'est inutile.

D C'est démodé.

13 Quel est le but de Juliette dans ce texte ?

A Critiquer ses grands-parents

B Insulter ses grands-parents

C Oublier ses grands-parents

D Remercier ses grands-parents

COMPRÉHENSION CONCEPTUELLE

La variation

Juliette dit de ses grands-parents : « Ils m'ont fait connaître de vieilles expressions, de vieux mots, et je les fais rire parfois jaune avec le vocabulaire de jeunes. »

Et vous, la langue que vous parlez diffère-t-elle de celle parlée par vos grands-parents ? Si oui, pouvez-vous donner des exemples ?

**Créativité,
Activité, Service**

Votre programme de service offre-t-il la possibilité d'entrer en relation avec des personnes âgées, dans une maison de retraite par exemple ?

Si oui, avez-vous songé à recueillir leurs témoignages sur leurs expériences passées, que ce soit oralement ou par écrit ?

8 Activité orale

À deux, répondez aux questions suivantes.

1 Et vous ? Que faites-vous avec vos grands-parents ?

2 Que vous ont-ils appris ? Que leur avez-vous appris ?

3 De quoi leur êtes-vous reconnaissant(e) ?

4 Selon vous, est-il important de garder des liens avec les générations précédentes ? Pourquoi (pas) ?

5 Gardez-vous des objets liés à vos grands-parents ? Si oui, lesquels ? Sinon, pourquoi pas ?

9 Compréhension orale 🔊 Piste 6

Vous allez écouter un dialogue entre Emmanuel et sa grand-mère.

Choisissez la bonne réponse.

1 Combien de frères et de sœurs la grand-mère d'Emmanuel a-t-elle ? ☐

   A Elle est fille unique.

   B Elle a trois frères.

   C Elle a trois frères et sœurs.

2 Où habitait-elle quand elle était jeune ? ☐

   A En plein centre-ville

   B Près de la mer

   C À la montagne

3 Que faisait-elle après les cours ? ☐

   A Elle faisait du shopping.

   B Elle faisait ses devoirs.

   C Elle faisait du sport.

4 Que faisait-elle le week-end ? ☐

   A Elle jouait dans un orchestre.

   B Elle aidait ses parents.

   C Elle allait à la plage.

5 Quel était un de ses passe-temps préférés ? ☐

   A Le cinéma

   B La lecture

   C La photographie

6 Qu'aimait-elle faire avec sa famille ? ☐

   A Des randonnées en forêt

   B De la voile

   C Jouer à des jeux de société

7 Où regardait-elle la télé ? ☐

   A Chez elle

   B Chez ses voisins

   C Chez ses cousins

8 Qu'a-t-elle toujours gardé ? ☐

   A Les lettres de ses parents

   B Les lettres de ses enfants

   C Les lettres de son mari

2

9 Quel est son avis au sujet des portables ?

  A Il faut moins les utiliser.

  B Il faut plus les utiliser.

  C Ils sont inutiles.

10 Que demande-t-elle à Emmanuel à la fin ?

  A Qu'ils fassent un selfie ensemble.

  B Qu'il lui montre comment fonctionnent les réseaux sociaux.

  C Qu'il lui envoie un texto.

Les souvenirs de famille

10 Activité orale

Avec vos camarades de classe, discutez des questions suivantes.

1 À quel objet tenez-vous le plus ?

2 Si vous ne pouviez garder qu'un seul objet et le mettre dans votre sac, lequel choisiriez-vous ? Pourquoi ?

3 Votre immeuble ou votre maison a pris feu. Vous avez le temps de sauver trois objets. Lesquels choisiriez-vous ? Pourquoi ?

4 Quels sont vos souvenirs…

  a les plus importants ?

  b les plus heureux ?

  c les plus tristes ?

  d les plus éloignés ?

  Expliquez vos choix.

11 Lecture

Lisez ce texte.

HISTOIRES D'OBJETS PERDUS :
LE CAHIER DE MAURICE

Sans tourner la page

Marie a égaré le journal intime de son arrière-grand-père.

❶ Au départ, une annonce parue dans *Libération*. Que s'est-il passé depuis ?
C'était un dimanche soir. Marie dînait avec des amis dans un tex-mex de la place de la République, à Paris. « La discussion était animée, on s'engueulait un peu. À un moment, on a changé de table. » Quand Marie se lève pour partir, son sac à dos a disparu. À l'intérieur : clés, papiers, chéquier, carte bleue, mais surtout : « Toutes les choses auxquelles je tiens le plus : des lettres de mon père décédé, des photos de famille, des lettres d'amour, et le journal de Maurice, mon arrière-grand-père. » La jeune fille baisse les yeux. Évidemment, ses amis lui avaient dit mille fois d'« arrêter de trimballer tout ça. » Lorsqu'elle était enfant, l'immeuble de Marie a pris feu. Les flammes sont montées jusque chez les voisins, détruisant tout. Depuis, ça l'obsède : « La peur de perdre les choses qui me sont chères. »

❷ Passent une journée de transe – « J'ai fait tous les commissariats, toutes les antennes de police, tous les commerçants du quartier… » – , une nuit sans sommeil. Le surlendemain, Marie reçoit un mail. « Un certain Marco. Il travaillait à la propreté de Paris. Il avait retrouvé mon sac et son contenu. » Rendez-vous est pris. Tout est là. Sauf le journal de Maurice.

❸ **Détective privé.** Marie se relance en recherches : objets perdus, RATP[1], antiquaires, bouquinistes, alertes sur Google et sur eBay (« Au cas où quelqu'un voudrait le vendre »). Elle contacte un détective privé. Le limier décline la mission « dans votre intérêt, vu le peu de chance de réussite dans cette affaire », précise sa réponse. Mais Marie s'obstine. Elle passe une annonce dans *Libé*[2].

❹ Ce carnet calligraphié à l'encre fine, Marie l'avait découvert six mois avant, dans une maison de famille. « J'ai eu l'impression de tomber sur un trésor. » Sur la page de garde, une inscription : « *Journal de la fin de la guerre.* » La narration démarre le 11 août 1944 et se poursuit jusqu'à la Libération de Paris, le 25 août 1944. « Maurice raconte les bruits qui courent sur le débarquement et l'avancée des alliés. Les femmes tondues, les fusillades. Tout ça se mélange avec sa vie à lui. Ses trajets jusqu'au dépôt SNCF où il travaille. Comment il s'est débrouillé pour trouver des pommes de terre. Il parle aussi de son fils, mon grand-père. »

❺ « **Radiesthésiste.**[3] » Marie se souvient de certaines phrases par cœur. « Ce qui m'a touché, c'est qu'il ait eu ce réflexe d'écrire ce qu'il vivait. Car on n'écrit forcément pas que pour soi. Il a pensé à ceux qui suivaient. » Marie est monteuse et cinéaste. Depuis plusieurs années, son travail tourne autour du thème de la mémoire. « Perdre ce journal, il ne pouvait rien m'arriver de pire. Ça rejoint toutes mes obsessions. Sur comment on se souvient des choses. Qu'est-ce qu'on sait de sa propre histoire, qu'est-ce qu'on ignore ? »

❻ Aujourd'hui, « l'absence du journal est devenue aussi importante que le journal. » Marie songe à démarcher à nouveau les bouquinistes, à passer une nouvelle annonce, même à « contacter un radiesthésiste » comme le lui a suggéré une amie. Il y a quelques semaines, elle est tombée par hasard sur un paquet de lettres, à côté d'une poubelle. « Il n'y avait pas les coordonnées du propriétaire. » Elle s'est démenée pour les trouver. « Des documents perdus, c'est trop important. On se doit de tout faire pour aider. » La propriétaire a fini par la rappeler. « Elle m'a dit : "Mais je n'en veux pas, ce sont des choses que j'ai jetées !" ».

❼ Marie voudrait faire un film sur son histoire de perte. « Même si je ne peux toujours pas imaginer que je ne vais pas le retrouver. » Un ami lui a parlé d'un homme qui est tombé sur sa montre égarée dans un caniveau, quatre ans après. « Donc, ça arrive. » « Et puis, » ajoute-t-elle, « qu'est-ce qui est le plus triste : attendre que ce qui nous manque réapparaisse, ou se résigner ? »

Ondine Millot, *Libération*

[1] **RATP :** Régie autonome des transports parisiens (métro, bus, RER)

[2] **Libé :** le quotidien *Libération*

[3] **radiesthésiste :** personne qui détecte quelque chose à partir des radiations d'un corps

2

12 Compréhension écrite

Répondez aux questions suivantes.

Basez vos réponses sur le paragraphe 1.

1 Quel événement a provoqué l'annonce parue dans *Libération* ?

2 Comment expliquer que Marie n'a pas tout de suite remarqué le vol ?

3 Quels noms se réfèrent à Marie ?

4 Complétez la phrase suivante : Certains objets dans le sac de Marie sont d'ordre pratique et d'autres font partie de sa vie…

5 D'après le contexte, que veut dire « trimballer » ?

6 Vérifiez dans le dictionnaire la signification et le registre de ce mot.

7 Pourquoi Marie portait-elle tant de choses dans son sac ?

Basez vos réponses sur le paragraphe 2.

8 Que veut dire « le surlendemain » ?

9 « Rendez-vous est pris. Tout est là. Sauf le journal de Maurice. » Comment la journaliste crée-t-elle un effet dramatique dans ces trois phrases ?

Basez vos réponses sur les paragraphes 3 et 4.

10 Quel mot signifie « détective privé » ?

11 Il « décline la mission » signifie qu'…

12 Quelle phrase nous indique que Marie continue à chercher le journal ?

13 Pendant combien de temps l'arrière-grand-père a-t-il tenu ce journal ?

14 Maurice raconte dans son journal la fin de la guerre mais aussi sa vie personnelle. Quelle phrase nous l'indique ?

15 Quelle phrase nous laisse entendre que la nourriture manquait ?

Basez vos réponses sur les paragraphes 6 et 7.

16 Pourquoi Marie a-t-elle eu du mal à identifier la propriétaire des lettres qu'elle avait trouvées ?

17 Pourquoi la propriétaire des lettres n'était-elle pas soulagée de les retrouver ?

18 Qu'est-ce qui donne de l'espoir à Marie de retrouver le journal de son arrière-grand-père ?

19 Expliquez le sous-titre de l'article :

a Que veut dire l'expression « tourner la page » ?

b Que veut dire, dans cet article, l'expression « sans tourner la page » ?

Choisissez la bonne réponse.

20 Le but du texte est…

    A d'expliquer un phénomène de société.

    B de raconter la vie de Maurice.

    C de raconter les souvenirs de Marie.

    D de raconter un épisode dans la vie de Marie.

13 Activité orale

Discutez des sujets suivants avec le reste de la classe.

1 Qui étaient les « femmes tondues » ? De quelles « fusillades » s'agit-il ? Il s'agit d'actions qui ont marqué la fin de la guerre. Faites des recherches sur Internet et expliquez ensuite à vos camarades ce que vous avez découvert sur ces événements.

2 Selon Marie, « On n'écrit forcément pas que pour soi. Il a pensé à ceux qui suivaient. » À qui Maurice aurait-il pu penser, au juste ? Selon vous, pour qui écrit-on un journal ?

3 « Qu'est-ce qui est le plus triste : attendre que ce qui nous manque réapparaisse, ou se résigner ? » Que répondriez-vous à la question de Marie ? Pourquoi ?

14 Activité orale

Dans l'article que vous venez de lire, Marie s'interroge sur le rôle de la mémoire. Depuis plusieurs années, son travail tourne autour du thème de la mémoire. Relisez ce qu'elle en dit :

« Perdre ce journal, il ne pouvait rien m'arriver de pire. Ça rejoint toutes mes obsessions. Sur comment on se souvient des choses. Qu'est-ce qu'on sait de sa propre histoire, qu'est-ce qu'on ignore ? »

Les questions suivantes traitent du rôle et de l'importance de la mémoire individuelle et collective. Partagez-vous le même avis que vos camarades de classe ?

1 Marie se dit obsédée par le besoin de se souvenir, de savoir d'où elle vient. Pour vous, cela a-t-il de l'importance ? Pourquoi ? Pourquoi pas ?

2 Marie est très attachée à certains objets (carnet, lettres, photos…). Pour elle, c'est grâce à eux « qu'on se souvient des choses ». Êtes-vous d'accord avec elle ? Existe-t-il d'autres manières de « se souvenir des choses » ? Lesquelles ? Y en a-t-il qui soient plus fiables que d'autres ?

3 Marie se demande : « Qu'est-ce qu'on sait de sa propre histoire, qu'est-ce qu'on ignore ? » Dans une famille, qu'est-ce qui fait que certains souvenirs sont transmis et d'autres non ? Cette « mémoire sélective » est-elle aussi à l'œuvre dans l'histoire d'un peuple ou d'une nation ?

4 Préserver les souvenirs d'un individu et préserver la mémoire d'une collectivité : cela a-t-il la même importance ?

APPROCHES DE L'APPRENTISSAGE

Compétences de recherche

L'activité ci-contre vous demande de faire des recherches sur les « femmes tondues » et les « fusillades » à la fin de la Seconde Guerre mondiale. Vous pouvez bien sûr trouver des textes expliquant de quoi il s'agit, mais avez-vous aussi pensé à chercher des photos ou de courts films ? Qu'est-ce que ces types de documents peuvent apporter de plus à votre compréhension des événements ?

Cahier 2.2
2 Grammaire en contexte
Les temps du passé

Cahier 2.2
3 Activité écrite
Une lettre officielle

Gardons en mémoire...

---

15 Activité écrite

Qui était Simone Veil ?

À deux, faites des recherches et remplissez la fiche d'identité.

Nom :

Prénom :

Date et lieu de naissance :

Date et lieu de décès :

Nationalité :

Profession(s) :

---

16 Lecture

Lisez ce texte.

— *Simone Veil ou la mémoire de la Shoah* —

1 **Grande Européenne, féministe convaincue, Simone Veil, rescapée des camps de la mort où elle avait été déportée à 16 ans, a incarné pour les Français la mémoire de la Shoah.**

2 « Soixante ans plus tard, je suis toujours hantée par les images, les odeurs, les cris, l'humiliation, les coups et le ciel plombé par la fumée des crématoires », racontait Simone Veil dans un entretien télévisé diffusé à l'occasion du 60ème anniversaire de la libération des camps. Au crépuscule de sa vie, débarrassée de toute fonction politique, elle avait choisi de consacrer l'essentiel de son énergie à la Fondation pour la mémoire de la Shoah créée en 2000. Première présidente de cette fondation chargée de transmettre le souvenir de la Shoah aux générations futures, mais aussi d'en améliorer la connaissance historique, Simone Veil en était restée présidente d'honneur. « Comme tous mes camarades, je considère comme un devoir d'expliquer inlassablement aux jeunes générations, aux opinions publiques et aux responsables politiques, comment sont morts six millions de femmes et d'hommes dont un million et demi d'enfants, simplement parce qu'ils étaient nés juifs », expliquait-elle sobrement devant l'Assemblée générale de l'ONU en 2007.

3 Arrêtée par la Gestapo à Nice, le 30 mars 1944 alors qu'elle venait juste de passer son bac, elle avait été déportée en compagnie de sa sœur Milou (Madeleine) et de sa mère, Yvonne Jacob, d'abord à Drancy puis à Auschwitz. Elle n'avait appris que plus tard que son autre sœur, Denise, avait elle-même été déportée en tant que résistante à Ravensbrück. Son père et son frère Jean disparaîtront dans la tourmente, en Lituanie, sans que l'on en connaisse les circonstances exactes. Jeunes et robustes, Simone Veil et sa sœur ne devront leur survie qu'au fait d'avoir été employées pour les usines Siemens à Bobrek, un sous-camp du complexe d'Auschwitz-Birkenau. Devant l'avancée des troupes soviétiques, en janvier 1945, elles seront évacuées vers Bergen-Belsen. C'est là qu'Yvonne Jacob, épuisée et atteinte du typhus, décèdera, le 15 mars, un mois à peine avant la libération de ce camp par les Anglais.

4 De retour en France, Simone Jacob (elle n'épousera Antoine Veil qu'en 1946) ressentira « un ostracisme diffus qui ne disait pas son nom… », écrira-t-elle, 60 ans plus tard, dans son autobiographie, *Une vie*. « Beaucoup de nos compatriotes voulaient à tout prix oublier ce à quoi nous ne pouvions nous arracher… Nous souhaitions parler mais on ne voulait pas nous écouter », note-t-elle en évoquant son retour de déportation avec sa sœur Milou. « En revanche Denise, rentrée un peu avant nous avec l'auréole de la Résistance, était invitée à faire des conférences ». « Pour les anciens déportés que nous sommes, il n'y a pas de jours où nous ne pensions à la Shoah », confiait Simone Veil. Aussi, une fois sa carrière de magistrate puis de femme politique accomplie, elle parle enfin de l'Holocauste, tente d'« énoncer les raisons pour lesquelles on ne peut plus s'en détacher ». « Nous n'étions que des victimes honteuses, des animaux tatoués. Il nous faut donc vivre avec ça », écrivit-elle dans son autobiographie. Et comme beaucoup d'anciens déportés, avant que les derniers survivants ne disparaissent, elle avait décidé de témoigner devant les nouvelles générations.

©AFP

17 Compréhension écrite

En vous basant sur les paragraphes 1 et 2, choisissez la bonne réponse ou répondez aux questions suivantes.

1 Que signifie « féministe convaincue » ?

   A Féministe vivement critiquée

   B Féministe peu crédible

   C Féministe déterminée

   D Féministe découragée

2 Qu'est-il arrivé à Simone Veil à l'âge de 16 ans ?

3 Que signifie « au crépuscule de sa vie » ?

   A À sa naissance

   B À son adolescence

   C À l'âge adulte

   D À la fin de sa vie

4 Dans quels buts la Fondation pour la mémoire de la Shoah a-t-elle été créée ?

Expériences

Les affirmations suivantes, basées sur le paragraphe 3, sont soit vraies, soit fausses. Cochez la bonne réponse et justifiez votre réponse par des mots du texte.

	Vrai	Faux

5   Simone Veil avait déjà passé son bac lorsqu'elle a été arrêtée.   ☐ ☐

   Justification : ....

6   Ses deux sœurs ont, elles aussi, été arrêtées parce qu'elles étaient juives.   ☐ ☐

   Justification : ....

7   On n'a jamais su comment sont morts son père et son frère.   ☐ ☐

   Justification : ....

8   Simone et sa sœur étaient frêles.   ☐ ☐

   Justification : ....

9   Dans les camps, Simone et sa sœur travaillaient dans les champs.   ☐ ☐

   Justification : ....

10 Leur mère est morte le jour où les camps ont été libérés
   par les troupes anglaises.   ☐ ☐

   Justification : ....

En vous basant sur le paragraphe 4, répondez aux questions suivantes.

11 Que voulait faire Simone Veil dès son retour des camps ?

12 Quelle a été la réaction de ses compatriotes à son retour des camps ?

13 Pourquoi sa sœur, Denise, a-t-elle été invitée à faire des conférences et non pas elle ?

14 Quelles expressions nous montrent que, selon Simone Veil, les victimes de la Shoah
   étaient déshumanisées ?

Cahier 2.2
4 Grammaire en contexte
Le discours indirect au passé

Fiche 2.2.1
Travail oral en groupe
Cours d'histoire pour tous !

18 Activité orale

À deux, répondez aux questions suivantes.

1   À la fin du paragraphe 2 on trouve cette citation de Simone Veil : « Comme tous mes camarades, je considère comme un devoir d'expliquer inlassablement aux jeunes générations, aux opinions publiques et aux responsables politiques, comment sont morts six millions de femmes et d'hommes dont un million et demi d'enfants, simplement parce qu'ils étaient nés juifs. »

   a   Qui sont « mes camarades » ?

   b   Que voulait-elle expliquer et à qui ?

   c   D'après vous, pourquoi disait-elle que c'était un devoir ?

2   Avez-vous déjà lu ou assisté à un tel témoignage ? Pensez-vous que cela serve à quelque chose ? Pourquoi (pas) ?

3   Pensez-vous qu'il existe d'autres aspects de l'histoire mondiale qu'on ne doit pas oublier et dont on doit tirer des leçons ?

4   À la mort de Simone Veil en juin 2017, de nombreuses personnes lui ont rendu hommage et ont salué son courage et sa détermination, sources d'inspiration pour beaucoup. D'après vous, pourquoi ?

5   Y a-t-il des personnes connues ou inconnues qui sont une source d'inspiration pour vous ? Qui ? Pourquoi ?

19 Lecture Niveau supérieur

Lisez ce texte.

Les revenants

Dans *L'écriture ou la vie*, Jorge Semprún raconte sa propre expérience dans le camp de Buchenwald. Membre d'un réseau de la Résistance, il a été arrêté et déporté en 1943. Il relate, ici, la libération du camp par les troupes alliées en 1945.

Il y aura des survivants, certes. Moi, par exemple. Me voici survivant de service, opportunément apparu devant ces trois officiers d'une mission alliée pour leur raconter la fumée du crématoire, l'odeur de chair brûlée sur l'Ettersberg, les appels sous la neige, les corvées meurtrières, l'épuisement de la vie, l'espoir inépuisable, la sauvagerie de l'animal humain, la grandeur de l'homme, la nudité fraternelle et dévastée du regard des copains.

MÉMOIRE

De nombreux ouvrages et films ont été consacrés à la terrible expérience des juifs sous l'Occupation. Plusieurs d'entre eux s'attachent au sort d'enfants ou d'adolescents qui, comme Simone Veil, ont été persécutés ou déportés. Si ce sujet vous intéresse, vous pouvez peut-être consacrer un mémoire à l'un des films suivants :

- *Au revoir les enfants,* de Louis Malle
- *Elle s'appelait Sarah,* de Gilles Paquet-Brenner
- *Un sac de billes,* de Christian Duguay
- *Un secret,* de Claude Miller
- *Monsieur Batignole,* de Gérard Jugnot

Fiche 2.2.3
Entraînement à l'oral individuel NM
Hommage aux victimes de guerres

Mais peut-on raconter ? Le pourra-t-on ?

Le doute me vient dès ce premier instant.

Nous sommes le 12 avril 1945, le lendemain de la libération de Buchenwald. L'histoire est fraîche, en somme. Nul besoin d'un effort de mémoire particulier. Nul besoin non plus d'une documentation digne de foi, vérifiée. C'est encore au présent, la mort. Ça se passe sous nos yeux. Il suffit de regarder. Ils continuent de mourir par centaines, les affamés du petit camp, les juifs rescapés d'Auschwitz. Il n'y a qu'à se laisser aller. La réalité est là, disponible. La parole aussi. […]

On peut toujours tout dire, en somme. L'ineffable dont on nous rebattra les oreilles n'est qu'alibi. Ou signe de paresse. On peut toujours tout dire, le langage contient tout. On peut dire l'amour le plus fou, la plus terrible cruauté. On peut nommer le mal, son goût de pavot, ses bonheurs délétères. On peut dire Dieu et ce n'est pas peu dire. On peut dire la rose et la rosée, l'espace d'un matin. On peut dire la tendresse, l'océan tutélaire de la bonté. On peut dire l'avenir, les poètes s'y aventurent les yeux fermés, la bouche fertile.

On peut tout dire de cette expérience. Il suffit d'y penser. Et de s'y mettre. D'avoir le temps, sans doute, et le courage, d'un récit illimité, probablement interminable, illuminé – clôturé aussi, bien entendu – par cette possibilité de se poursuivre à l'infini. Quitte à tomber dans la répétition et le ressassement. Quitte à ne pas s'en sortir, à prolonger la mort, le cas échéant, à la faire revivre sans cesse dans les plis et les replis du récit, à n'être plus que le langage de cette mort, à vivre à ses dépens, mortellement.

Mais peut-on tout entendre, tout imaginer ? Le pourra-t-on ? Et auront-ils la patience, la passion, la compassion, la rigueur nécessaire ? Le doute me vient, dès ce premier instant, cette première rencontre avec des hommes d'avant, du dehors – venus de la vie, à voir le regard épouvanté, presque hostile, méfiant du moins, des trois officiers.

Ils sont silencieux, ils évitent de me regarder.

Je me suis vu dans leur œil horrifié pour la première fois depuis deux ans. Ils m'ont gâché cette première matinée, ces trois zigues. Je croyais en être sorti, vivant. Revenu dans la vie, du moins. Ce n'est pas évident. À deviner mon regard dans le miroir du leur, il ne semble pas que je sois au-delà de tant de mort.

Une idée m'est venue, soudain – si l'on peut appeler idée cette bouffée de chaleur, tonique, cet afflux de sang, cet orgueil d'un savoir du corps, pertinent –, la sensation, en tout cas, soudaine, très forte, de ne pas avoir échappé à la mort, mais de l'avoir traversée. D'avoir été, plutôt, traversé par elle. De l'avoir vécue, en quelque sorte. D'en être revenu comme on revient d'un voyage qui vous a transformé : transfiguré, peut-être.

J'ai compris soudain qu'ils avaient raison de s'effrayer, ces militaires, d'éviter mon regard. Car je n'avais pas vraiment survécu à la mort, je ne l'avais pas évitée. Je n'y avais pas échappé. Je l'avais parcourue, plutôt, d'un bout à l'autre. J'en avais parcouru les chemins, m'y étais perdu et retrouvé, contrée immense où ruisselle l'absence. J'étais un revenant, en somme.

Cela fait toujours peur, les revenants.

Jorge Semprún, *L'écriture ou la vie* © Éditions Gallimard

20 Activité orale Niveau supérieur

Au niveau supérieur, l'examen oral individuel est basé sur un extrait d'une des œuvres littéraires étudiées en classe. Vous devez présenter l'extrait et montrer votre compréhension de ce passage. Afin de vous entraîner à cet examen, préparez une courte présentation dans laquelle vous résumerez cet extrait de *L'écriture ou la vie* de Jorge Semprún et en exposerez les aspects les plus importants. Puis, à l'aide de vos notes, présentez l'extrait à un(e) camarade de classe.

Afin de bien structurer votre présentation, aidez-vous des questions suivantes :

1   Où et quand se situe ce passage ?

2   Quelle est la réaction des soldats des troupes alliées quand ils rencontrent les prisonniers du camp ?

3   D'après vous, pourquoi Jorge Semprún pense-t-il qu'il ne pourra pas raconter tout ce qu'il a vécu dans le camp ?

4   À la fin du passage, Jorge Semprún dit : « Ça fait toujours peur, les revenants. » D'après vous, que veut-il dire ?

5   En quoi est-il important, selon vous, de donner la parole aux rescapés de camps ou de conflits ? Que cela apporte-t-il aux nouvelles générations ?

21 Toute réflexion faite

On se remémore ce qui s'est passé tout au long de sa vie, on tire des leçons de son passé et de celui des autres. De quoi se souviendra-t-on dans 100 ans ou même 200 ans ?

Et si vous faisiez une capsule témoin ?

1   À deux, faites une liste de 5 à 10 objets que vous aimeriez mettre dans votre capsule témoin. Expliquez les raisons de votre choix.

2   Faites une présentation au reste de la classe.

Savez-vous...

	Oui
• parler de votre passé et de celui des autres ?	☐
• utiliser les temps du passé ?	☐
• utiliser le discours indirect ?	☐
• rédiger une lettre officielle ?	☐
• présenter une photo sur le passé et la mémoire ?	☐

2.3 Je veux être adulte !

Comment et pourquoi marque-t-on certaines étapes de la vie ?

Objectifs d'apprentissage

Dans cette unité, vous allez apprendre à…

- parler du passage à l'âge adulte
- utiliser les adjectifs et les pronoms indéfinis
- rédiger une page de blog
- rédiger un courriel
- présenter une photo sur le passage à l'âge adulte

Des rituels pour devenir adulte

Au moment du passage à l'âge adulte, plusieurs rituels ont lieu dans différents pays francophones.

À Tahiti, à la sortie de l'adolescence, les garçons et les filles sont tatoués pour la première fois en signe d'identification à leur communauté.

À Mayotte, à la puberté, les garçons construisent et décorent une case en terre appelée un banga.

En Suisse, la majorité à l'âge de 18 ans est fêtée entre amis et en famille.

1 Mise en route

À deux, répondez aux questions suivantes.

1   Qu'est-ce qu'un rite de passage ?

2   Quels sont les rites de passage typiques de votre culture ? À quoi servent-ils ?

3   Ces rites de passage sont-ils en train de disparaître ? Est-ce une bonne chose ?

4   Ont-ils été remplacés ? Si oui, par quoi ? Sinon, pourquoi pas ?

5   Quels autres rites de passage célébrés partout dans le monde connaissez-vous ?

6   Vous sentez-vous déjà adulte ? Si oui, comment le savez-vous ? Sinon, quand pensez-vous le devenir ?

Discutez ensuite de vos réponses avec le reste de la classe.

DES MOTS POUR LE DIRE

devenir grand(e)	un(e) ancêtre
évoluer	les coutumes
expérimenter	une étape
faire des expériences	un héritage
grandir	les mœurs
mûrir	un rituel
transmettre	une tradition

Cahier 2.3
1 Activité lexicale
Les étapes de la vie

2 Activité orale et écrite

« Passe ton bac d'abord ! » Comme beaucoup d'autres jeunes de votre âge, vous allez bientôt passer le baccalauréat (le bac) ou le Baccalauréat International. On dit souvent que c'est une des étapes vers la vie d'adulte. Mais réussir le baccalauréat, ça n'arrive pas tout seul ! Certains comportements vous aideront à réussir.

1 À deux, imaginez quel devrait être le comportement du parfait élève de l'IB. Donnez 10 réponses.

> Le parfait élève de l'IB doit :
>
> **Exemple : apprendre régulièrement son vocabulaire de français.**
>
> 1 ....
> 2 ....
> 3 ....
> 4 ....
> 5 ....
> 6 ....
> 7 ....
> 8 ....
> 9 ....
> 10 ....

2 Partagez vos réponses avec le reste de la classe.

3 Lecture

Lisez ce texte.

Le baccalauréat : « Un rite de passage qui subsiste »

On parle de lui comme d'un rite d'initiation, un rite de passage républicain indispensable, tout en affirmant année après année qu'il perd de sa valeur, qu'il ne sert plus à rien. Malgré cela, le bac est toujours appréhendé avec gravité par les candidats… et leurs parents. Le psychiatre Samuel Lepastier répondait ce matin à toutes vos questions sur ce sésame qui n'en est pas vraiment un.

Est-il pertinent de parler de « rite d'initiation » pour le baccalauréat ?

❶ **Samuel Lepastier :** Avec la civilisation de l'écrit, les rites de passage des sociétés traditionnelles sans écritures ont perdu leur fonction. En revanche, des épreuves fondées sur des connaissances ont pris leur suite. Le baccalauréat est bien un rite d'initiation, comme l'indique la formule « passe ton bac d'abord ! », et le fait que des années après, beaucoup d'adultes ne cessent de faire référence d'une façon ou d'une autre au baccalauréat.

« Pourquoi le bac stresse-t-il autant les lycéens alors qu'on passe notre temps à dire que tout le monde l'a et qu'il ne sert à rien ? » – Guillaume

❷ Samuel Lepastier : Être bachelier en France a une très grande valeur symbolique. Car il n'indique pas seulement l'acquisition d'un niveau de connaissance, mais qu'il a été longtemps un « brevet de bourgeoisie ». Et aujourd'hui, avec la majorité à 18 ans, cette épreuve marque l'entrée dans la vie adulte. Nombre de lycéens craignent de quitter l'établissement qu'ils connaissent, où ils étaient relativement protégés, pour affronter les incertitudes d'un monde qui n'a rien de bien réjouissant aujourd'hui, il faut bien le dire. Et ils ont aussi peur de réussir que d'échouer.

« Quels sont les prochains rites de passage qui attendent les lycéens après leur bac ? » – Mel

❸ Samuel Lepastier : Les autres rites d'intégration ont perdu leur valeur. **[– 10 –]**, il y a toujours le permis de conduire, **[– 11 –]** sa valeur culturelle est moindre. Notons le succès croissant du service civique, qui a remplacé le service militaire en tant que rite. Certains jeunes diplômés tiennent à faire le service civique **[– 12 –]** ils puissent s'insérer dans le monde professionnel sans lui. Dans l'enseignement supérieur, les examens, et surtout les concours, ont une valeur initiatique mais moindre, **[– 13 –]** l'épreuve n'est pas passée par l'ensemble d'une génération. Alors que, par exemple, le permis de conduire concerne tout le monde.

« Que se passe-t-il pour les quelque 120 000 jeunes qui sortent du système scolaire sans aucun diplôme ? Comment abordent-ils la vie future sans ce "rite de passage" ? » – Max

❹ Samuel Lepastier : Effectivement c'est un problème social, comme le montre a contrario le fait que certains non-bacheliers qui ont une réussite sociale exemplaire se glorifient de leur absence de diplôme. Il reste que pour la quasi-totalité de ces laissés-pour-compte, la blessure narcissique se double d'incertitude sur leur avenir professionnel. Cela les amène à des attitudes volontiers défaitistes ou provocatrices. Certains se réfugient dans la délinquance, la marginalité ou une fascination pour les idéologies totalitaires de tous bords. Il serait important de valoriser pour eux des accompagnements qui les aident à surmonter leur handicap. Par exemple, outre le service civique : un accompagnement majoré à la formation professionnelle, la valorisation d'autres aptitudes comme le sport ou les talents artistiques.

« Pourquoi le bac garde-t-il une telle importance symbolique ? » – Oriane L

❺ Samuel Lepastier : À mesure qu'un plus grand nombre de jeunes gens et de jeunes filles accèdent au baccalauréat, son importance symbolique grandit, car il marque la fin de l'adolescence avec la fin des études secondaires, et l'entrée dans le monde des adultes (monde professionnel, université ou classe préparatoire). Par la suite, les adultes racontent leur baccalauréat comme s'ils en étaient les anciens combattants et les générations se retrouvent autour du baccalauréat passé par les plus jeunes. Bien entendu la réalité sociale actuelle vient nuancer cette vision un peu idéalisée. Il n'empêche qu'il n'existe pas d'épreuve symbolique équivalente dans le monde d'aujourd'hui. Dans les pays germaniques l'équivalent du baccalauréat a pour nom « examen de maturité » (Matura).

Le Monde

4 Compréhension écrite

En vous basant sur le paragraphe 1, répondez aux questions suivantes ou choisissez la bonne réponse.

1 Quel mot nous montre que le baccalauréat est un rite de passage dont on ne peut pas se passer ?

2 Que signifie « ce sésame » ?

  A Une épreuve difficile de la vie

  B Un conseil très utile

  C Un moyen parfait pour accéder à quelque chose

  D Un compliment au sujet des lycéens

3 Qu'est-ce qui a fait disparaître les rites de passage des sociétés traditionnelles ?

4 Qu'est-ce qui caractérise les rites de passage modernes ?

5 Quels sont les deux éléments qui indiquent que le baccalauréat est un rite de passage moderne ?

Les affirmations suivantes, basées sur le paragraphe 2, sont soit vraies, soit fausses. Cochez la bonne réponse et justifiez votre réponse par des mots du texte.

Vrai Faux

6 Le baccalauréat a beaucoup d'importance en France.

  Justification : ....

7 Le baccalauréat a longtemps été réservé à l'élite de la société.

  Justification : ....

8 Beaucoup de lycéens ont peur de quitter leur propre lycée.

  Justification : ....

9 Les lycéens ont plus que tout peur de rater le baccalauréat.

  Justification : ....

Ajoutez les mots qui manquent dans le paragraphe 3 en les choisissant dans la liste proposée ci-dessous.

AINSI QU'	BIEN QU'	CAR	CERTES	DE PLUS	MAIS	OÙ	SI

10 ....

11 ....

12 ....

13 ....

En vous basant sur le paragraphe 4, répondez aux questions suivantes ou choisissez la bonne réponse.

14 Que font certains élèves qui n'ont pas eu leur baccalauréat ?

    A Ils repassent le bac plusieurs fois et ils dépriment.

    B Ils se plaignent auprès du ministère de l'Éducation Nationale.

    C Ils mènent une bonne carrière dont ils sont fiers.

    D Ils partent vivre à l'étranger où ils trouvent vite un emploi.

15 Quelle expression montre que certains lycéens sont rejetés parce qu'ils n'ont pas eu leur baccalauréat ?

16 Citez deux éléments qui montrent que certains lycéens n'ayant pas eu le bac prennent leurs distances par rapport au reste de la société.

17 Quelle proposition résume le mieux le paragraphe 5 ?

    A Il est grand temps de modifier les épreuves du baccalauréat, un diplôme devenu archaïque.

    B Un grand nombre d'adultes regrettent d'avoir passé le baccalauréat car ce diplôme est inutile.

    C Obtenir le baccalauréat est le seul moyen d'accéder à une réussite sociale et professionnelle.

    D Le baccalauréat a une haute valeur symbolique unique au monde et à travers les générations.

COMPRÉHENSION CONCEPTUELLE

Le contexte

Dans cet article, Samuel Lepastier explique la fonction du baccalauréat dans la société française.

Les éléments suivants montrent qu'il intervient à titre d'expert. Trouvez un exemple pour chacun.

- Sa profession : ....
- Sa connaissance du sujet (informations factuelles) : ....
- Une capacité d'analyse : ....
- Un vocabulaire sophistiqué (voire spécialisé) : ....
- Des phrases complexes : ....

Créativité, Activité, Service CAS

Pour marquer vos deux années d'études de l'IB, vous prévoyez certainement de créer un album-souvenir avec les élèves de votre promotion. Qui se charge de la répartition des tâches ? Qui se charge de prendre les photos de groupe ? Qui écrit les commentaires et les articles ? Que ferez-vous ? Quelles rubriques y aura-t-il ? Comment sera la couverture ?

5 Compréhension orale 🔊 Piste 7

Vous allez écouter une émission de radio sur le stress pendant les révisions. Répondez aux questions suivantes.

1 Combien d'heures par nuit est-il conseillé de dormir ?

2 Citez une des choses auxquelles vous ne devez pas avoir accès pendant vos révisions.

3 Que vous est-il recommandé de faire pendant votre temps libre ?

4 Citez une des choses que vous devez éviter de manger pendant les révisions.

5 Quel est le méfait principal des boissons énergisantes et du café ?

Avoir 18 ans

Avoir 18 ans ou être majeur(e) marque pour beaucoup le passage de l'adolescence à l'âge adulte.

6 Activité orale

À deux, répondez aux questions suivantes.

1 Allez-vous fêter votre dix-huitième anniversaire ou l'avez-vous déjà fêté ?

2 Comment aimeriez-vous le fêter ou comment l'avez-vous fêté ?

3 Est-ce une étape importante dans votre vie ? Pourquoi ? Sinon, à quel âge fêtez-vous votre entrée dans la vie d'adulte ?

7 Lecture

Lisez ce texte.

5 trucs et astuces pour bien fêter ses 18 ans

1 Vous avez 18 ans ? Incroyable ! Même vous, vous avez du mal à réaliser. Vous avez dit « vous » ? Eh oui, quand on devient majeur(e), et même avant parfois, les gens commencent à nous vouvoyer. Comme si l'on ne devenait quelqu'un d'important qu'à partir de cet âge. Dans tous les cas, vous êtes une personne très importante pour votre famille et pour vos amis. C'est pour cette raison que vous avez très envie de fêter votre entrée dans la majorité en leur compagnie.

Oui, mais là vous êtes bloqué(e). Vous ne savez pas comment vous y prendre pour vivre une soirée inoubliable. Entre le bac, les soirées, les potins, et les futures études, vous ne savez plus trop où donner de la tête. N'attendez plus pour vous faire aiguiller, et découvrez nos 5 trucs et astuces qui pourront vous donner des idées !

2 **1 Il y a la famille et il y a les amis** _____

Cette distinction mérite d'être faite si vous souhaitez mettre un brin d'harmonie dans votre fête. Si vous avez la chance d'avoir une famille qui connaît très bien vos amis et pour qui partager une soirée ensemble ferait plaisir aux uns comme aux autres, alors profitez-en ! C'est rare, et l'ambiance n'en sera que meilleure. Au contraire, si pour vous, famille et amis ont toujours été distincts, alors il serait opportun de prévoir deux fêtes d'anniversaire ! Eh oui, on n'a pas tous les jours 18 ans, alors on ne se prive pas de faire durer le plaisir ! Pour plus de facilité, laissez-vous aider par vos parents pour ce qui est de la fête familiale, et penchez-vous plus sur la fête avec vos amis.

3 **2 Prévenir ses potes** _____

Comme l'âge de la majorité le présage, vous allez bientôt être en droit de voter. Fou non ? Alors en créant votre événement Facebook pour inviter tous vos potes, un petit sondage sera très apprécié, et leur permettra de voter pour différentes versions de la soirée. Ainsi, vous pourrez appréhender le nombre de personnes qui seront présentes à la date que vous aurez choisie, proposer plusieurs organisations comme par exemple une salle louée exprès pour la soirée, une soirée à la maison, dans un bar ou en boîte, ou encore vos idées de soirées à thème. Au moins, vous serez en phase avec ce dont ils ont vraiment envie, tout en gardant tout de même en tête ce qui VOUS ferait le plus plaisir à VOUS. Tout le monde se mettra déjà dans l'ambiance et sera donc en mesure d'apprécier la tournure de la soirée le jour J.

4 **3 Se mettre d'accord avec les parents** _____

Certes vous allez être majeur(e), mais vous n'êtes pas encore autonome ! C'est souvent énervant d'entendre cela, mais rien n'est moins vrai. Parlez de vos envies avec vos parents, ils sauront trouver la meilleure solution avec vous. Une soirée à la maison ou à l'extérieur ? C'est la vraie question. Si vous prévoyez de louer une salle, ceci représente un budget. Si vous avez envie de finir la soirée en boîte, également. Et si vous désirez inviter tous vos potes à la maison, une discussion plus précise s'impose. Vous voulez occuper le garage, le salon, ou bien le jardin ? Dans ce dernier cas, vous avez la confiance de vos parents, et n'oubliez pas que la conserver représente un trésor précieux. Si vous fêtez votre anniversaire à la maison, pensez à avertir les voisins pour le bruit et à tout nettoyer à la fin de la soirée pour faire plaisir à vos parents. Cela voudra dire que vous pourrez remettre cela une prochaine fois.

5 **4 Pour ne pas avoir un petit creux ni la gorge sèche** _____

Dîner avant de venir pour limiter les frais ? Cela peut être une bonne solution !
[– 16 –] vous voulez manger au restaurant ou au kebab, [– 17 –] simplement
mettre des choses à grignoter sur une table dans votre salon, pensez à bien préciser ce
que vous avez prévu. Et en termes de boisson ? On sait que vous avez déjà goûté aux
joies de l'alcool depuis un certain temps ☺ Mais [– 18 –] vous pouvez en consommer
en toute légalité ! Évitez [– 19 –] d'en abuser, en pensant à votre foie et à l'état du
tapis de maman dans le salon. Cela n'empêche, vous aimez maintenant les choses un
peu élaborées. Motivez-vous avec un ou deux amis pour faire un cocktail type punch
ou mojito ! Tout le monde sera hyper content. Et un gâteau d'anniversaire alors ?
Vous ne pouvez pas faire sans.

6 **5 Penser au déroulement de la soirée** _____

À 18 ans, on ne se prend pas la tête pour prévoir quoi que ce soit, c'est souvent au
feeling et c'est bien mieux comme ça. Cela n'empêche. Entre deux ou trois danses,
vos amis auront besoin de rire encore plus ou de simplement partager leur bonne
humeur. Vous pouvez donc avoir de bonnes idées pour les distraire. Si certains d'entre
eux savent jouer d'un instrument, ils accepteraient sûrement de jouer quelques
morceaux si vous leur demandez. Et puis ? Et puis un photobooth ! Souvent très
appréciée en soirée, cette machine qui se loue facilement pourra faire des heureux, à
commencer par vous en premier ! En effet, pas besoin de perdre votre temps derrière
un appareil photo, vous pourrez pleinement profiter de votre soirée, et les souvenirs
resteront !

7 Alors prêt(e) à fêter vos 18 ans ? Oui, puisque maintenant vous avez toutes les clés
en mains pour ne pas passer à côté. N'oublions tout de même pas que, la plupart du
temps, de la bonne musique, un bon verre à la main, et une bonne ambiance suffisent
à passer une excellente soirée en toute détente.

www.blog.popcarte.com

8 Compréhension écrite

En vous basant sur le paragraphe 1, répondez aux questions suivantes ou choisissez la bonne
réponse.

1   À quoi reconnaît-on qu'une personne est devenue adulte ?

2   Que signifie « vous êtes bloqué(e) » ?

   A   Vous êtes désorganisé(e).

   B   Vous cherchez des idées.

   C   Vous ne savez pas quoi dire.

   D   Vous ne savez pas quoi faire.

3   Que signifie « les potins » ?

   A   les conversations téléphoniques

   B   les disputes avec les parents

   C   les histoires dont tout le monde parle

   D   les devoirs à faire

4   Quelle expression indique que vous êtes débordés ?

Basez vos réponses sur le paragraphe 2.

5   Que conseille-t-on si votre famille et vos amis s'entendent bien ?

6   Quelle expression signifie « ce serait une bonne idée » ?

7   Quelle expression signifie « consacrez plus de temps à » ?

Les affirmations suivantes, basées sur le paragraphe 3, sont soit vraies, soit fausses. Cochez la bonne réponse et justifiez votre réponse par des mots du texte.

		Vrai	Faux
8	Vous pourrez inviter vos amis en vous aidant des réseaux sociaux.	☐	☐

Justification : ....

9   Le nombre d'invités est imprévisible.   ☐   ☐

Justification : ....

10 On imposera le lieu de la fête aux invités.   ☐   ☐

Justification : ....

11 Vous chercherez surtout à faire plaisir à vos amis.   ☐   ☐

Justification : ....

En vous basant sur le paragraphe 4, reliez chaque début de phrase à la fin correspondante.

12 Si vous voulez louer une salle,…   ☐

13 Avant d'inviter vos amis à la maison, vous…   ☐

14 Avant de faire la fête à la maison, vos voisins…   ☐

15 Après avoir fait la fête à la maison, vous…   ☐

A   c'est souvent bon marché.

B   devez faire du rangement.

C   vos parents seront tout de suite d'accord.

D   devez en parler avec vos parents.

E   cela va coûter cher.

F   seront contents si vous les invitez aussi.

G   seront contents si vous les prévenez.

H   demandez à vos parents de vous aider à ranger.

Ajoutez les mots qui manquent dans le paragraphe 5 en les choisissant dans la liste proposée ci-dessous.

DÉSORMAIS	MAIS	MALGRÉ	MÊME SI	OU	OÙ	POUR	QUAND MÊME

16 ....

17 ....

18 ....

19 ....

En vous basant sur le paragraphe 6, choisissez la bonne réponse.

20 Que signifie « on ne se prend pas la tête » ?

    A On ne se complique pas la vie.

    B On ne parle à personne.

    C On aime donner des ordres.

    D On ne se sent pas bien.

21 Que vous conseille-t-on de demander à vos amis musiciens lors de la fête ?

22 Citez quatre avantages d'un « photobooth ».

Qu'est-ce qu'être un adulte ?

9 Activité orale

À deux, répondez aux questions suivantes et justifiez vos réponses avec des exemples.

1 Parmi les propositions suivantes, quelles sont celles qui montrent le plus qu'on est adulte ?

    A On peut vivre en colocation avec des personnes étrangères à sa propre famille.

    B On peut travailler pour gagner de l'argent et on peut le gérer.

    C On peut parler à des inconnus avec assurance.

    D On peut se faire tatouer ou se faire faire des piercings.

    E On peut se débrouiller seul(e) dans une ville ou une région inconnues.

    F On peut régler ses problèmes amicaux ou sentimentaux avec tact.

    G On peut faire face aux injustices de la vie avec courage.

    H On peut prendre des risques et être prêt(e) à en subir les conséquences.

    I On peut participer activement à la vie de la société.

    J On peut être une personne en qui les autres ont facilement confiance.

Cahier 2.3
3 Grammaire en contexte
Les adjectifs et les pronoms indéfinis

2 Y a-t-il des choses que vous faites déjà ? Lesquelles ?

3 Y a-t-il des choses que vous pourriez ajouter à la liste ? Lesquelles ?

Partagez vos réponses avec le reste de la classe et discutez-en.

10 Lecture Niveau supérieur

Lisez ce texte.

Devenir un homme

En 1953, Camara Laye publie *L'enfant noir*, son autobiographie. Il y retrace son enfance avec ses parents à Kouroussa, un village de Haute-Guinée. Après avoir obtenu son certificat d'études, comme il est de religion musulmane, il est temps pour lui de devenir un homme et de subir l'épreuve de la circoncision.

Je savais parfaitement que je souffrirais, mais je voulais être un homme, et il ne semblait pas que rien fût trop pénible pour accéder au rang d'homme. Mes compagnons ne pensaient pas différemment ; comme moi, ils étaient prêts à payer le prix du sang. Ce prix, nos aînés l'avaient payé avant nous ; ceux qui naîtraient après nous, le paieraient à leur tour ; pourquoi l'eussions-nous esquivé ? La vie jaillissait du sang versé !

Cette année-là, je dansai une semaine au long, sept jours au long, sur la grande place de Kouroussa, la danse du « soli », qui est la danse des futurs circoncis. Chaque après-midi, mes compagnons et moi nous nous dirigions vers le lieu de danse, coiffés d'un bonnet et vêtus d'un boubou qui nous descendait jusqu'aux chevilles, un boubou plus long que ceux qu'on porte généralement et fendu sur les flancs ; le bonnet, un calot plus exactement, était orné d'un pompon qui nous tombait sur le dos ; et c'était notre premier bonnet d'homme ! Les femmes et les jeunes filles accouraient sur le seuil des concessions pour nous regarder passer, puis nous emboîtaient le pas, revêtues de leurs atours de fête. Le tam-tam ronflait, et nous dansions sur la grande place jusqu'à n'en pouvoir plus ; et plus nous avancions dans la semaine, plus les séances de danse s'allongeaient, plus la foule augmentait.

Mon boubou, comme celui de mes compagnons, était d'un ton brun qui tirait sur le rouge, un ton où le sang ne risque pas de laisser des traces trop distinctes. Il avait été spécialement tissé pour la circonstance, puis confié aux ordonnateurs de la cérémonie. Le boubou à ce moment était blanc ; c'étaient les ordonnateurs qui s'étaient occupés à le teindre avec des écorces d'arbre, et qui l'avaient ensuite plongé dans l'eau boueuse d'une mare de la brousse ; le boubou avait trempé l'espace de plusieurs semaines : le temps nécessaire pour obtenir le ton souhaité peut-être, ou sinon pour quelque raison rituelle qui m'échappe. Le bonnet, hormis le pompon qui était resté blanc, avait été teint de la même manière, traité de la même manière.

Nous dansions, je l'ai dit, à perdre souffle, mais nous n'étions pas seuls à danser : la ville entière dansait ! On venait nous regarder, on venait en foule, toute la ville en vérité venait, car l'épreuve n'avait pas que pour nous une importance capitale, elle avait quasiment la même importance pour chacun puisqu'il n'était indifférent à personne que la ville, par une deuxième naissance qui était notre vraie naissance, s'accrût d'une nouvelle fournée de citoyens ; et parce que toute réunion de danse a, chez nous, tendance à se propager, parce que chaque appel de tam-tam a un pouvoir presque irrésistible, les spectateurs se transformaient bientôt en danseurs ; ils envahissaient l'aire et, sans toutefois se mêler à notre groupe, ils partageaient intimement notre ardeur ; ils rivalisaient avec nous de frénésie, les hommes comme les femmes comme les jeunes filles, bien que femmes et jeunes filles dansassent ici strictement de leur côté.

Camara Laye, *L'enfant noir* © Plon, 1953

MÉMOIRE

Vous aimeriez lire d'autres ouvrages mettant en scène de jeunes Africains et peut-être même y consacrer votre mémoire ? Voici quelques suggestions :

- *Aya de Yopougon*, de Marguerite Abouet et Clément Oubrerie (le film existe aussi)

- *Une vie de boy*, de Ferdinand Oyono

- *Amkoullel l'enfant peul*, d'Amadou Hampâté Bâ

- *Demain j'aurai vingt ans*, d'Alain Mabanckou

- *La petite fille au réverbère*, de Calixthe Beyala

11 Activité orale Niveau supérieur

Au niveau supérieur, l'examen oral individuel est basé sur un extrait d'une des œuvres littéraires étudiées en classe. Vous devez présenter l'extrait et montrer votre compréhension de ce passage. Afin de vous entraîner à cet examen, préparez une courte présentation dans laquelle vous résumerez cet extrait de *L'enfant noir* de Camara Laye et en exposerez les aspects les plus importants. Puis, à l'aide de vos notes, présentez l'extrait à un(e) camarade de classe.

Afin de bien structurer votre présentation, aidez-vous des questions suivantes :

1 Où et quand se situe ce passage ?

2 Que ressent le personnage principal ce jour-là ?

3 À quoi reconnaît-on qu'il s'agit d'une journée de fête ?

4 D'après vous, pourquoi tout le village participait-il à cette fête ? Cela vous surprend-il ?

5 Existe-t-il des fêtes pour marquer le passage à l'âge adulte dans votre propre culture ? Lesquelles ?

> **Fiche 2.3.1**
> **Travail oral en groupe**
> Vive les mariés !

12 Toute réflexion faite

Lisez le courriel ci-dessous.

À :	Isabelle Leblanc <isa555@hotmail.com>
Date :	15 septembre
De :	Agnès Florimond <agnesf@yahoo.fr>
Objet :	Salut de Kuria ! ! ! !

Salut Isabelle !

Depuis le temps que j'en rêve, me voici enfin au Kuria ! Mais franchement c'est vraiment pas ça. Tu me dis de bien profiter de mon séjour. Tu te rends pas compte, ma pauvre !

Je viens d'assister à une cérémonie bizarroïde ! Tout ça pour fêter les 18 ans du fils aîné de la famille…

La bouffe était dégueu – en entrée c'était une sorte de céréale fadasse et comme plat principal, tu ne devineras jamais… Ils m'ont servi de la viande de chat. Beurk ! ! ! Je ne te raconte même pas le dessert : une espèce de mousse verdâtre avec des morceaux orange. Ils avaient quand même mis des bougies dessus !

En plus, le repas a duré toute la journée ! Ça n'en finissait plus ! Entre les « plats », ils dansaient tous et chantaient des chansons dont je n'ai compris aucune parole ! Ça avait l'air triste, certains pleuraient…

Les Kurieux portent des vêtements vraiment ringards et, là, pour cet anniversaire, c'était vraiment le pompon ! Je n'avais jamais vu ça, que des vêtements qu'on ne trouve plus que dans le grenier de nos grands-mères !

Heureusement, tout le monde est poli et aimable avec moi mais ils ne savent rien de la France. Ils me posent plein de questions. Ils me disent que les Français sont tous râleurs ! Non, mais !

Encore 11 mois de galère. Je compte déjà les jours !

Bisous

Agnès

C'est maintenant le dernier mois du séjour, au cours duquel Agnès a appris à mieux connaître et à apprécier les rites des Kurieux. Agnès écrit de nouveau à Isabelle.

À vous de continuer le courriel !

Rédigez de 250 à 400 mots pour les élèves de niveau moyen et de 450 à 600 mots pour les élèves de niveau supérieur.

À :	Isabelle Leblanc <isa555@hotmail.com>
Date :	15 septembre
De :	Agnès Florimond <agnesf@yahoo.fr>
Objet :	Salut de Kuria ! ! ! !

À la veille de mon départ de chez les Kurieux, je me rends compte que ce n'est qu'aujourd'hui que je comprends la signification et l'importance de leurs rites et de leurs traditions. Quand je repense à cette fête des 18 ans du fils aîné au tout début de mon séjour, j'étais vraiment à côté de la plaque. Laisse-moi t'expliquer…

Savez-vous…

Oui

- parler du passage à l'âge adulte ? ☐

- utiliser les adjectifs et les pronoms indéfinis ? ☐

- rédiger une page de blog ? ☐

- rédiger un courriel ? ☐

- présenter une photo sur le passage à l'âge adulte ? ☐

2.4 À la recherche d'une vie meilleure

Migrer, à quel prix ?

Objectifs d'apprentissage

Dans cette unité, vous allez apprendre à…

- parler des migrations
- formuler une question de différentes manières
- utiliser les connecteurs temporels
- rédiger une interview
- rédiger un courriel
- présenter une photo sur les migrations

Migrations

1 Mise en route

1 Avec un(e) partenaire, regardez les photos et, oralement, décrivez-les en détail, puis comparez-les.

2 Partagez vos impressions avec une autre équipe.

2 Activité orale

Répondez aux questions suivantes en petits groupes.

1 À quoi servent les frontières ?

2 Dans quelles circonstances un pays ferme-t-il ses frontières ?

3 Dans quelles circonstances un pays les ouvre-t-il ?

4 À votre avis, devrait-on avoir le droit d'aller où on veut ?

5 L'émigration est souvent présentée comme une solution aux problèmes des gens qui vivent des situations difficiles dans leur pays d'origine. Qu'en pensez-vous ? Y a-t-il d'autres solutions ?

Fiche 2.4.2
Entraînement à l'oral individuel NM
L'ouverture des frontières

Cahier 2.4
1 Activité lexicale
Les flux migratoires

3 Testez vos connaissances

1 Vrai ou faux ? Lisez les énoncés suivants et cochez la réponse correcte.

		Vrai	Faux
a	Proportionnellement à l'ensemble de la population, il y a plus de migrants aujourd'hui dans le monde qu'il y a 100 ans.	☐	☐
b	Ce sont surtout les plus pauvres qui émigrent.	☐	☐
c	Environ 50 % des migrants en Europe sont en situation irrégulière.	☐	☐
d	À l'échelle mondiale, moins d'1 % des migrants viennent des pays du Nord.	☐	☐
e	À l'échelle de la planète, l'argent que les migrants envoient dans leur pays d'origine représente une somme plus importante que toute l'aide publique au développement.	☐	☐
f	La « fuite des cerveaux », c'est quand les diplômés d'un pays partent travailler à l'étranger.	☐	☐
g	En France, les Maghrébins forment le groupe d'immigrés le plus nombreux.	☐	☐
h	Seules les personnes qui connaissent déjà le français peuvent immigrer au Québec.	☐	☐
i	Les Roms ont émigré de l'Inde vers l'Europe au XIXᵉ siècle.	☐	☐
j	La Suisse et le Luxembourg comptent parmi les pays les plus multiculturels d'Europe.	☐	☐

2 En petits groupes, comparez vos réponses à celles de vos camarades. Expliquez pourquoi vous avez choisi une réponse plutôt qu'une autre. Sur quoi vous êtes-vous basés pour faire vos choix ? Vous êtes-vous basés sur le même mode de connaissance pour toutes les questions ? Vous avez basé vos réponses sur : **TdC**

- ce que vous avez appris à l'école
- ce que vous ont appris vos parents et votre famille
- vos lectures
- les médias
- des observations que vous avez faites
- des expériences que vous avez vécues
- des déductions logiques
- vos opinions politiques
- des impressions

3 Vérifiez vos réponses grâce au corrigé fourni par votre professeur et discutez des résultats.

4 Activité orale

Regardez la photo ci-dessous et, en petits groupes, répondez aux questions suivantes.

1 Qu'est-ce qui vous frappe d'abord sur cette photo ?

2 Décrivez l'embarcation.

3 Qui sont les passagers ? D'où viennent-ils ? Où vont-ils ?

4 Selon vous, qu'y a-t-il à l'extérieur du cadre de la photo ?

5 Qu'est-ce qu'ils entendent ?

6 Qu'est-ce qu'ils sentent ?

7 Qu'est-ce qu'ils ressentent ?

8 Avez-vous déjà vu des images semblables dans les médias ? Si oui, dans quel contexte ?

5 Lecture

Lisez ce texte.

Le récit de l'unique survivant

1 Omar Ba était monté avec une cinquantaine d'autres malheureux dans une pirogue qui devait les emmener aux Canaries. C'était en septembre 2000. Tous les autres sont morts, il a survécu. Ce jeune Sénégalais a fini par arriver en France, où il étudie la sociologie. Il racontait sa traversée de l'enfer à
5 Thierry Demaizière, dimanche 25 mai, dans le « Sept à huit » de TF1. C'est un témoignage bouleversant sur le calvaire enduré par les clandestins qui, chaque jour ou presque, tentent d'atteindre l'Europe de cette façon.

Ils partent des côtes sénégalaises sur des embarcations de fortune
et mettent le cap sur les Canaries, province espagnole, et donc terre
10 européenne. Beaucoup périssent en mer. Ce que décrit Omar Ba, c'est ce
qui se passe à bord d'une de ces pirogues lorsqu'il n'y a plus rien à manger
ni à boire. Il avait 21 ans lorsqu'il est parti, attiré par l'Europe telle qu'il la
voyait à la télé, jolies filles et châteaux. Il a payé son passeur 2 000 euros.
Les passagers quittent les côtes africaines avec environ 200 litres d'eau,
15 100 litres de gazole, 4 grands sacs de riz et deux réchauds pour le cuire.
« Dès le troisième jour, il n'y a pratiquement plus de riz ni d'eau, et la pirogue
commence à couler parce qu'il y a trop de personnes à bord », explique-t-il.
C'est alors que le passager le plus costaud, Mourad, décide de jeter les plus
faibles par-dessus bord. « Il commence par Abdou, qui souffrait de douleurs
20 pulmonaires, et le balance à la mer. » Sept seront éliminés ainsi.

Dès lors, plus personne ne dort. « On se dit : il ne faut pas dormir ! » Dès
qu'on somnole, on a peur d'être jeté par-dessus bord. Certains préfèrent
se suicider.

Pour couronner le tout, la pirogue essuie une tempête et d'autres passagers
25 tombent encore à l'eau sous l'effet des vagues. Il ne reste qu'une dizaine
de clandestins, sous un soleil de plomb, dans une pirogue qui dérive
depuis longtemps, moteur éteint. « Le plus terrible, c'est la nuit et l'odeur
des cadavres. À bord, il y en a qui sont morts. Le soleil accélère la
décomposition des corps. Une odeur insupportable. » Mourad se suicide,
30 apparemment en buvant ce qui reste de gazole dans le moteur. Omar
survit, mais ne parle plus. « Dans ces conditions-là, on cesse de penser. On
devient animal. On ne dit plus rien. Tous les mots deviennent tabous. Le mot
« mort », par exemple, alors qu'on est entouré de cadavres ».

Il a le réflexe de crier avec ce qui lui reste de forces lorsqu'il aperçoit un
35 navire espagnol qui se dirige vers la pirogue. Il s'évanouit. Lorsqu'il revient à
lui, on lui donne le choix entre un verre de Coca et de l'eau fraîche. Il raconte
son aventure dans *Soif d'Europe*, un livre qui vient de paraître aux éditions
du Cygne.

Dominique Dhombres, *Le Monde*

6 Compréhension écrite

Les lignes 1 à 7 du texte fournissent les informations essentielles à la compréhension de l'article.
Retrouvez ces informations en répondant aux questions suivantes.

1 Quelle est la nationalité d'Omar Ba ?

2 Où voulait-il aller ?

3 Quel moyen de transport a-t-il emprunté pour se rendre à destination ?

4 Que s'est-il passé pendant le voyage ?

5 Que fait Omar Ba aujourd'hui ?

6 Où le journaliste a-t-il appris l'histoire d'Omar Ba ?

Répondez aux questions suivantes ou choisissez la bonne réponse.

7 Dans les lignes 1 à 7, le journaliste tente également de souligner le caractère dramatique de l'expérience d'Omar Ba. Trouvez quatre expressions qui montrent que le journaliste éprouve de la compassion envers Omar Ba.

8 À qui ou à quoi se réfère « Ils » dans : « Ils partent des côtes sénégalaises » (ligne 8) ?

9 Quelle expression montre que les bateaux ne sont pas bien équipés pour faire le voyage ?

10 L'expression « Ils […] mettent le cap sur les Canaries » (ligne 9) signifie qu'ils…

   A se dirigent vers les Canaries.

   B désignent le capitaine pour aller aux Canaries.

   C évitent d'aller aux Canaries.

   D atteignent les côtes des Canaries.

11 D'après les lignes 8 à 20, qu'est-ce qui a poussé Omar Ba à partir ?

12 Expliquez en vos propres mots ce qu'est un « passeur » (ligne 13).

13 Quels sont les deux problèmes qui surviennent rapidement à bord de la pirogue ?

14 Quelle « solution » l'un des passagers trouve-t-il pour régler ces problèmes ?

15 D'après les lignes 21 à 23, pourquoi les passagers s'empêchent-ils de dormir ?

16 Omar Ba est le seul qui survit. D'après les lignes 21 à 30, qu'est-il arrivé aux autres ?

17 D'après les lignes 34 à 38, par qui Omar a-t-il été sauvé ?

18 Comment Omar Ba a-t-il choisi de témoigner de ce qu'il a vécu ?

19 Maintenant que vous avez lu tout le texte, revenez à la question 7. Selon vous, les expressions que le journaliste a employées dans les lignes 1 à 7 étaient-elles justifiées ou exagérées ? Pourquoi ?

COMPRÉHENSION CONCEPTUELLE

Le but et le sens

Selon vous, cet article présente-t-il les faits de manière objective ou subjective ? Justifiez votre réponse.

À quoi aurait pu ressembler un article rédigé à partir du témoignage d'un passeur ou d'un marin à bord du navire espagnol qui a secouru Omar Ba ?

« *Tout laisser derrière soi, tout de ce qui nous a été cher et précieux, c'est-à-dire se retrouver projeté dans un avenir incertain, en un milieu étranger. Vous représentez-vous le courage qu'il faut pour vivre avec la perspective de devoir passer des mois, des années, peut-être toute une vie, en exil ?* »

António Guterres, Haut Commissaire pour les réfugiés www.unhcr.ch

7 Compréhension orale 🔊 Piste 8

Le voyage périlleux des migrants illégaux venus du continent africain en Europe continue de défrayer la chronique. Qu'est-ce qui les pousse à quitter leur pays, à vouloir vivre dans un pays lointain qu'ils ne connaissent pas et dont parfois ils ne maîtrisent même pas la langue ? Comment se passe cette odyssée moderne ? Comment sont accueillis ces migrants une fois en Europe ?

Écoutez le témoignage de Hassane, jeune Nigérien de 26 ans qui a quitté Niamey et est arrivé en France il y a quatre ans.

Choisissez la bonne réponse.

1 Au Niger, Hassane…

    A   ne vivait pas avec ses parents.

    B   allait à l'école.

    C   travaillait la terre avec son grand-père.

2 Comment Hassane a-t-il eu l'idée de partir en Europe ?

    A   Son grand-père l'a encouragé à partir.

    B   Des amis lui ont expliqué comment faire.

    C   Des passeurs l'ont recruté.

3 Une fois sa décision prise, il a dû…

    A   convaincre son grand-père de le laisser partir.

    B   obtenir un visa pour aller en Espagne.

    C   travailler pendant un an et demi.

4 Comment Hassane a-t-il gagné l'argent qui lui a permis de partir ?

    A   En travaillant dans les champs.

    B   En travaillant comme employé domestique.

    C   En faisant du commerce.

5 Combien Hassane a-t-il payé son passage ?

    A   presque 1 000 euros   B   900 euros   C   800 euros

6 Choisissez les **cinq** affirmations vraies.

☐ A Les migrants partageaient la barque avec des animaux.

☐ B Les migrants étaient trop nombreux pour la taille du bateau.

☐ C Hassane aurait voulu rester en Italie.

☐ D Il a traversé la frontière française illégalement en passant par les montagnes.

☐ E Il a choisi de passer par Vintimille car ce n'est pas dangereux d'y traverser la frontière.

F À son arrivée en France, il était encore plein d'espoir.

G Au début de son séjour, Hassane souffrait d'insomnie.

H Un passant l'a emmené dans un foyer pour migrants.

I Hassane a dû de se débrouiller seul depuis qu'il est en France.

J Hassane séjourne encore illégalement en France.

> **Cahier 2.4**
> **2 Grammaire en contexte**
> L'interrogation

> **Cahier 2.4**
> **3 Activité écrite**
> Une interview

8 Activité écrite

Vous êtes sénégalais(e) et vous tentez actuellement d'obtenir un visa pour aller en France. Dans un courriel à un(e) compatriote déjà installé(e) là-bas, vous expliquez les raisons qui ont motivé votre décision. Rédigez ce courriel.

Écrivez de 250 à 400 mots pour les élèves de niveau moyen et de 450 à 600 mots pour les élèves de niveau supérieur.

Après avoir rédigé votre texte, servez-vous de la liste de vérification 4B au chapitre 6 du manuel pour vous assurer que vous avez utilisé tous les éléments nécessaires à la réalisation d'un courriel.

Europe, terre promise ?

9 Activité orale

Répondez aux questions suivantes en petits groupes, puis partagez vos réponses avec le reste de la classe.

1 Dans l'interview qui se trouve dans votre cahier d'exercices (Cahier 2.4 – 3 Activité écrite, Une interview), Omar Ba évoque les migrants qui voient l'Europe comme un « Eldorado ». Que veut-il dire exactement ?

2 Imaginez à quoi peut ressembler cet Eldorado pour quelqu'un qui n'est jamais allé en Europe. Donnez des exemples.

Théorie de la connaissance TdC

Selon vous, comment Omar Ba et d'autres jeunes migrants sont-ils arrivés à se représenter l'Europe comme un Eldorado ?

Et vous, quelles connaissances avez-vous sur le Sénégal ? Pourriez-vous, par exemple, situer ce pays sur une carte de l'Afrique ou en dessiner la carte de mémoire ?

10 Lecture Niveau supérieur

Lisez ce texte.

Enfin passés!

Après un long périple, le narrateur, Soleiman, et son ami Boubakar viennent de franchir illégalement la frontière qui sépare le Maroc de l'enclave autonome espagnole de Ceuta.

Nous attendons un camion. Boubakar m'explique que nous sommes en état d'arrestation, que nous allons être mis dans un centre de détention, que nous aurons à manger et à boire et que nous dormirons dans un lit. Puis ils nous relâcheront et nous pourrons aller où nous voudrons. Il faudra quitter le continent, passer en Espagne, puis
5 n'importe où en Europe.

Je souris. Tout commence maintenant. Je suis heureux.

C'est alors que Boubakar tend son doigt vers la nuit, en direction de la colline où nous nous cachions. « Regarde », dit-il. J'aperçois de petites lueurs orangées qui scintillent dans la nuit. De plus en plus nombreuses. Ça brûle. Ils viennent de mettre le feu à notre
10 campement. Les flammes sont de plus en plus hautes. Nous imaginons nos sacs, nos affaires brûler, là-bas, à quelques centaines de mètres. Ils vont continuer leur harcèlement sur d'autres que nous, sans cesse. Et les émigrants continueront à se presser aux portes de l'Europe, toujours plus pauvres, toujours plus affamés. Les matraques seront toujours plus dures mais la course des damnés toujours plus rapide. Je suis passé. Je regarde les flammes
15 monter dans la nuit et je recommande mes frères au ciel. Qu'il leur soit donné de franchir les frontières. Qu'ils soient infatigables et bienheureux. Pourquoi ne tenteraient-ils pas leur chance eux aussi, encore et encore ? Que quittent-ils de si enviable ? Nous ne laissons rien derrière nous, qu'un manteau lourd de pauvreté. Tout va commencer maintenant. Pour moi et Boubakar. Un continent est à venir. Nous laissons celui-là
20 brûler, dans la nuit marocaine. Ces étincelles qui montent dans le ciel, ce sont nos années perdues dans la misère et les guerres intestines. Je vais monter dans le camion et je ne me retournerai pas. J'ai réussi. Je repense à celui que j'ai rencontré sur le marché de Ghardaïa. Celui à qui j'ai donné le collier de Jamal. Je le remercie en pensée. Je me mets à pleurer doucement de joie, pour la première fois de ma vie. J'ai hâte. Plus rien, maintenant, ne
25 pourra m'arrêter.

Laurent Gaudé, *Eldorado* © Actes Sud, 2006

MÉMOIRE

Vous avez envie de lire d'autres histoires de migrants et peut-être même d'écrire un mémoire sur ce sujet ?

Vous pouvez jeter un coup d'œil à des romans qui traitent de ce sujet, par exemple :

- *Le ventre de l'Atlantique*, de Fatou Diome

- *Lampedusa*, de Maryline Desbiolles

- *Partir*, de Tahar Ben Jelloun

- *Rue des voleurs*, de Mathias Énard

- *Les lettres chinoises*, de Ying Cheng

Fiche 2.4.1
Travail oral en groupe
Notre Eldorado

11 Activité orale Niveau supérieur

Au niveau supérieur, l'examen oral individuel est basé sur un extrait d'une des œuvres littéraires étudiées en classe. Vous devez présenter le texte et montrer votre compréhension de ce passage. Afin de vous entraîner à cet examen, préparez une courte présentation dans laquelle vous résumerez l'extrait de *Eldorado* et en exposerez les aspects les plus importants à l'aide des questions ci-dessous. Puis, à l'aide de vos notes, présentez l'extrait à un(e) camarade de classe.

1 Selon Soleiman (le narrateur), que laissent les migrants derrière eux ?

2 Que font les autorités pour empêcher les migrants de franchir la frontière ?

3 Maintenant que Soleiman et Boubakar ont franchi la frontière, qu'est-ce qui les attend ?

4 Quels sentiments habitent Soleiman ?

5 « Les matraques seront toujours plus dures mais la course des damnés toujours plus rapide. » (lignes 13 et 14) Soleiman laisse ainsi entendre qu'il ne sert à rien de fermer les frontières, car les migrants finiront toujours par passer. Partagez-vous son opinion ? Pourquoi (pas) ?

12 Lecture

Pour le migrant qui vient d'atteindre la « terre promise », des difficultés de tout ordre se présentent.

1 Imaginez les difficultés accrues de celui / celle qui arrive comme clandestin(e). En quoi sa situation est-elle encore plus difficile ? Quels dangers court-il / -elle ? À sa place, que feriez-vous ? Que ressentiriez-vous ?

2 Lisez ce texte, puis partagez vos premières réactions avec le reste de la classe.

Un sans-papiers bordelais se défenestre[1] pour échapper à un contrôle

1 Il s'appelle Bakary Coulibaly. Il est malien. Ou du moins l'affirme, puisqu'il n'a pas de passeport pour l'attester. Il a 38 ans, aucun papier. Il vit à Bordeaux depuis quatre ans, dans le quartier Saint Michel, travaille régulièrement dans le BTP[2]. Et ce matin, il s'est jeté par la fenêtre pour échapper à un contrôle de police chez lui, à 6 heures, au petit jour. Une première en Gironde[3], et une nouvelle escalade dans le poids du désespoir des sans-papiers.

2 « Je ne sais pas comment ils ont eu son adresse », s'interroge encore Frédéric Alfos, président de l'ASTI (l'association de soutien aux travailleurs immigrés), qui l'accompagne sur la durée. « Peut-être l'ont-ils suivi. Ou peut-être qu'il a été balancé[4] ». Heureusement, Bakary n'habite qu'au premier étage. Une jambe brisée par la chute, il a été conduit à l'hôpital Pellegrin pour y être soigné. Mais le geste ne s'effacera pas. « On arrive fatalement à ces extrémités quand on a d'une part des gens qui ont la nécessité de rester en Europe pour nourrir toute leur famille, et en face ce genre de chasse à l'homme, où on va débusquer quelqu'un chez lui à l'aube. C'est forcément hyper dangereux », s'indigne Frédéric Alfos.

3 L'homme fait partie de la trentaine de dossiers que l'association compte rapidement déposer pour tenter une régularisation par le travail. Une démarche appuyée par la création en cours d'un collectif local chargé d'emboîter le pas au mouvement parisien qui rassemble plusieurs centaines de grévistes sans papiers en attente de cartes de séjour.

4 Mais aujourd'hui, Bakary risque gros. Après cinq années à Paris, et une première expulsion, il est revenu en France en 2004, au bout de deux mois, muni d'un visa de tourisme, qu'il dit avoir payé 10 000 euros. Arrêté à nouveau en début d'année, il est incarcéré un mois à la maison d'arrêt de Gradignan pour séjour irrégulier, et condamné à deux années d'interdiction du territoire. Désormais, il encourt six mois de prison, et cinq ans d'interdiction de séjour.

5 Pour l'heure, il est ressorti libre de l'hôpital en fin de journée, son état ne permettant pas de l'incarcérer.

Laure Espieu, Libération

Créativité, Activité, Service **CAS**

Y a-t-il des migrants, des réfugiés ou des sans-papiers dans votre ville ? Si oui, comment sont-ils accueillis ? Votre programme CAS vous offre-t-il la possibilité de vous engager auprès d'eux ? De quelle façon pourriez-vous les aider ?

[1] **se défenestre :** se jette par la fenêtre

[2] **BTP :** bâtiment et travaux publics

[3] **la Gironde :** département dont fait partie la ville de Bordeaux

[4] **balancé :** dénoncé

13 Compréhension écrite

Reconstituez l'histoire de Bakary Coulibaly en remettant les phrases suivantes en ordre chronologique. Indiquez les numéros dans les cases appropriées. Pour vous aider, trois phrases sont déjà numérotées.

A   Il s'est jeté par la fenêtre pour échapper à un contrôle de police chez lui.

B   Il a été expulsé.

C   Il est ressorti libre de l'hôpital en fin de journée.

D   Il s'est installé à Bordeaux.   `6`

E   Il a été arrêté en début d'année.

F   Il a été conduit à l'hôpital Pellegrin pour y être soigné.

G   Il a payé 10 000 euros pour obtenir un visa de tourisme.

H   Il a été condamné à deux années d'interdiction du territoire.

I   Il est revenu en France après deux mois.

J   Il a passé cinq ans à Paris.

K   Il s'est cassé une jambe.

L   Il est arrivé en France pour la première fois.   `1`

M   Une association de soutien aux travailleurs immigrés va bientôt demander une régularisation de son statut.   `14`

N   Il a été incarcéré un mois.

Cahier 2.4
4 Grammaire en contexte
Les connecteurs temporels

Fiche 2.4.3
Entraînement à l'oral individuel NM
Le sort des migrants

---

14 Toute réflexion faite

Voici deux commentaires trouvés sur un forum de discussion relatif à l'article *Un sans-papiers bordelais se défenestre pour échapper à un contrôle*.

Rédigé par : Clémentine	Le 3 juin à 16 h 34

Encore un article pour nous faire verser une larme sur le sort de gens qui sont ici illégalement, je vous le rappelle. Il y a des lois et il faut les faire respecter ! Un point, c'est tout ! (Et qui est-ce qui va payer pour soigner sa jambe cassée ?)

Rédigé par : Zébulon	Le 3 juin à 17 h 20

@ Clémentine : Qui est-ce qui a construit ta maison, ton métro, ton autoroute ? Qui est-ce qui ramasse tes poubelles, garde tes enfants, fait le ménage de ton bureau ? Tu feras quoi, une fois qu'ils auront tous été expulsés, hein ?

Et vous, qu'écririez-vous sur ce forum ? Rédigez votre message.

Puis, comparez votre message à ceux de vos camarades et discutez-en. Les élèves ayant adopté une position similaire ont-ils aussi choisi des arguments similaires ?

APPROCHES DE L'APPRENTISSAGE

Compétences de pensée critique

Quel est l'argument principal de chacun des intervenants sur ce forum ?

Êtes-vous sensible à ces arguments ?

Quels contre-arguments pourrait-on opposer à chacun ?

Dans ce type de débat, est-il plus efficace de faire appel aux sentiments ou aux faits ? Pourquoi ?

Et vous, quels types d'arguments allez-vous utiliser pour transmettre votre point de vue de manière efficace ?

Savez-vous...

Oui

- parler des migrations ?

- formuler une question de différentes manières ?

- utiliser les connecteurs temporels ?

- rédiger une interview ?

- rédiger un courriel ?

- présenter une photo sur les migrations ?

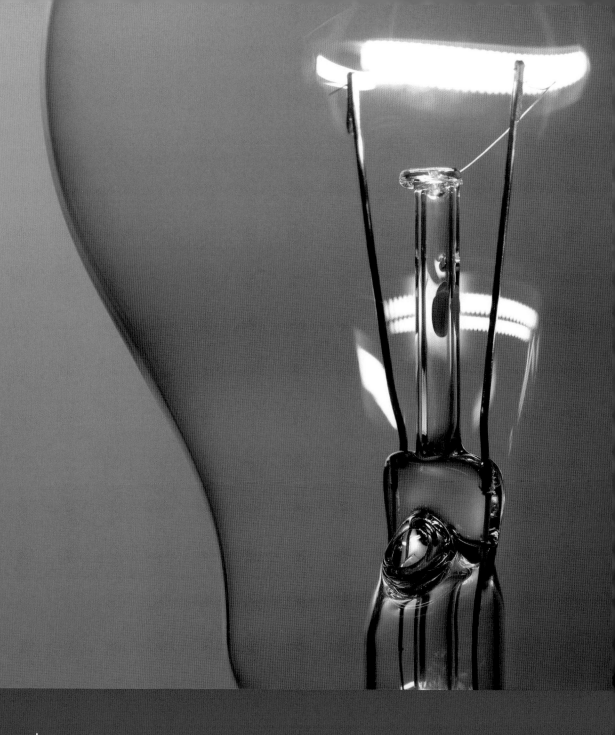

3

Ingéniosité humaine

3.1 Science, technologie et société

> Comment les développements scientifiques et technologiques influencent-ils notre vie ?

Objectifs d'apprentissage

Dans cette unité, vous allez apprendre à…

- parler de la science et de la technologie
- identifier et exprimer la cause et la conséquence
- former et utiliser le subjonctif
- rédiger une lettre de candidature
- rédiger un rapport
- rédiger un tract
- rédiger un blog
- présenter une photo sur la science et / ou la technologie

La science dans la vie de tous les jours

1 Mise en route

Qu'est-ce que la science ? À quoi sert-elle ? Qui sont les scientifiques ? En quoi consiste leur travail ? Pour le savoir, faites l'activité suivante.

Discutez des questions suivantes en petits groupes, puis comparez vos réponses à celles du reste de la classe.

1 Quels sont les cinq adjectifs qui vous viennent spontanément à l'esprit lorsque vous imaginez un chercheur scientifique ?

3

2 Vous trouverez ci-dessous les dix attributs du « Profil de l'apprenant de l'IB ». Selon vous, quels sont les trois attributs les plus importants pour des scientifiques ? Classez-les par ordre d'importance.

- chercheurs
- informés
- sensés
- communicatifs

- intègres
- ouverts d'esprit
- altruistes
- audacieux

- équilibrés
- réfléchis

3 Le programme du diplôme du Baccalauréat International oblige tous les élèves à suivre un cours de science et un cours de mathématiques. Que pensez-vous de cette politique ?

4 Trouvez-vous qu'il est difficile de savoir qui a raison en matière d'information scientifique ? Donnez des exemples pour justifier votre opinion.

5 Selon vous, quelle est la découverte scientifique ou technologique qui a eu le plus d'impact sur la société du XXIᵉ siècle ? Pourquoi ?

2 Activité lexicale

L'activité suivante vous aidera à discuter du monde des sciences : les disciplines scientifiques, le travail d'un chercheur, la méthode scientifique, le but de la science.

Chassez l'intrus qui s'est glissé dans chaque catégorie. Justifiez votre réponse.

Les disciplines scientifiques	**Le travail d'un chercheur**
l'astrologie	mener des recherches
la chimie	élaborer une théorie
la chirurgie	fabriquer des données
l'informatique	participer à des conférences
la génétique	publier les résultats de ses travaux
le génie électrique	vulgariser ses connaissances

La méthode scientifique	**Le but de la science**
observer	expliquer des phénomènes
identifier un problème	faire des découvertes
formuler une hypothèse	guérir des maladies
réaliser des expériences	innover
modifier les résultats	inventer des formules difficiles à mémoriser
tirer une conclusion	résoudre des problèmes

3 Compréhension orale Piste 9

Vous allez écouter trois personnes qui parlent de l'influence de la science sur leur vie. Choisissez les **cinq** affirmations vraies.

- [ ] A L'école a donné à Sébastien le goût des sciences.
- [ ] B À l'école de Sébastien, l'enseignement des sciences était basé sur la mémorisation.
- [ ] C Grâce à ses cours de science, Sébastien a compris le rôle que joue la science dans la vie de tous les jours.
- [ ] D Aujourd'hui, Sébastien a perdu tout intérêt pour la science.
- [ ] E Julia trouve que les informations scientifiques présentées dans les médias sont confuses.

F Selon Julia, les scientifiques se basent sur des faits pour justifier leurs opinions.

G Selon Julia, le public est forcé de croire ce que disent les experts.

H Malik aime résoudre des problèmes.

I Selon Malik, l'entreprise privée influence la recherche.

J Selon Malik, le gouvernement tient compte des résultats des recherches scientifiques lorsqu'il élabore son programme politique.

> **Cahier 3.1**
> **1 Grammaire en contexte**
> L'expression de la cause et de la conséquence

4 Lecture

Lisez cet entretien avec Axel Kahn.

« Le plus beau métier du monde »

Axel Kahn, biologiste et président de l'université Paris-Descartes, nous explique sa passion pour la science et la recherche. Il nous fait part de l'attitude paradoxale que les Français entretiennent avec la science.

1

Selon vous, quel regard les Français portent-ils sur la science ?

Aujourd'hui, il y a une attitude qui semble paradoxale mais qui, en réalité, est assez sage dans son ambivalence. Alors qu'au XIXe et au début du XXe siècle, l'immense majorité des citoyens croyait que le progrès serait à l'origine du bonheur de l'humanité, les sentiments de la population se sont progressivement transformés. Bien sûr, certaines promesses ont été tenues, comme l'allongement de l'espérance de vie qui a gagné plus de quarante ans en un siècle, mais il y a eu aussi les guerres mondiales, la bombe atomique, les accidents de Bhopal et de Tchernobyl et les scandales de l'amiante et du sang contaminé.

Aujourd'hui, les Français disent à la fois leur prudence, voire leur réticence à l'égard des progrès technologiques, tout en considérant la recherche comme le plus beau des métiers. N'est-ce pas paradoxal ? Non, c'est une position sage. Je crois que les Français veulent signifier que la science et la technique ne suffisent pas pour garantir le bonheur et améliorer les conditions d'épanouissement. Mais, pour autant, il n'y a pas d'avenir d'où ces domaines seraient exclus.

Vous aussi, vous pourriez organiser une Fête de la Science au sein de votre école. Vous pourriez organiser des ateliers scientifiques, la projection de documentaires sur les sujets scientifiques qui vous préoccupent, inviter un chercheur à prononcer une conférence, présenter les mémoires réalisés dans les matières du groupe 4... Vous pouvez informer les autres élèves (et aussi les professeurs !) sous forme d'article dans le journal de votre école ou sous forme de poster.

2

La Fête de la Science est-elle un bon moyen de promouvoir la science ?

La science est un sujet pour lequel on a tout lieu de faire la fête. L'activité scientifique, si belle, provoque chez le chercheur de telles joies et des jubilations si extraordinaires lorsqu'il parvient à surmonter des difficultés qu'il est formidable de montrer cette passion. Presque chaque année, et ce depuis la première édition, je fais des conférences dans tout l'Hexagone à l'occasion de la Fête de la Science. Il faut rappeler que cette manifestation a été créée lorsqu'on a constaté, avec inquiétude, le désengagement croissant pour les filières scientifiques qui sont toutes aujourd'hui en attente d'élèves.

À travers la Fête, il s'agit de montrer que le but de la science n'est pas uniquement d'être au service d'une entreprise commerciale, mais avant tout de savoir et de connaître. Il n'y a pas de métier plus magnifique que celui du chercheur qui peut répondre à une énigme de la nature et ensuite participer comme citoyen aux débats sur l'usage de ses résultats. Pour ma part, je suis à la fois un scientifique et un moraliste, c'est-à-dire un scientifique très engagé dans l'interrogation éthique, car la vérité scientifique ne conduit pas à la vérité morale. Les deux méritent d'être recherchées en parallèle.

3

Comment expliquez-vous la désaffection des élèves pour les études scientifiques ?

D'abord, le savant n'est plus vu comme le bienfaiteur de l'humanité. Une autre motivation pourrait être un rapport favorable entre l'investissement et la rémunération. Or, pour des gens qui ont de grandes capacités intellectuelles, la plus sûre manière de connaître une très grande réussite au prix d'efforts raisonnables, ce ne sont pas les disciplines académiques et scientifiques. Il faut aujourd'hui avoir une vraie passion pour l'aventure scientifique pour s'engager. Pour inverser le processus, amorcé il y a une quinzaine d'années, il faudrait assurer aux futurs scientifiques un beau parcours professionnel dans lequel ils seront profondément heureux. Une carrière de chercheur est, en effet, une carrière de liberté, où l'on acquiert une connaissance. Le savoir est pouvoir : celui qui sait a le pouvoir de maîtriser sa vie.

D'après une interview de Marine Cygler, © Marine Cygler/Le Journal du Dimanche/Scoop

5 Compréhension écrite

Lisez seulement le titre et le chapeau du texte et choisissez la bonne réponse.

1 Quelle hypothèse peut-on logiquement formuler à partir de ces informations ?

   A Axel Kahn veut mettre en garde les jeunes qui souhaitent entreprendre une carrière scientifique.

   B Axel Kahn veut critiquer le manque de soutien accordé à la recherche scientifique en France.

   C Axel Kahn veut promouvoir la science.

   D Axel Kahn veut expliquer les résultats de ses plus récentes recherches.

Lisez maintenant les trois questions posées par la journaliste (mais pas les réponses !) et choisissez la bonne réponse.

2   À partir de ces questions, pouvez-vous déterminer lequel des thèmes suivants ne sera probablement pas abordé dans cette interview ?

   A   les nombreuses récompenses reçues par Axel Kahn au cours de sa carrière

   B   l'attitude de la population française à l'égard de la science

   C   l'origine de la Fête de la Science

   D   les choix de carrière des jeunes Français

En vous basant sur la 1ère partie du texte, répondez aux questions suivantes ou choisissez la bonne réponse.

3   Quelle est l'attitude paradoxale évoquée par Axel Kahn ?

   A   Avant, on croyait que les progrès scientifiques apporteraient le bonheur, alors que maintenant on en est certain.

   B   Les sentiments de la population française envers la science se sont transformés malgré les progrès réalisés.

   C   La science a amélioré certains aspects de la vie humaine, mais elle a aussi apporté son lot de catastrophes.

   D   Les Français se méfient des progrès scientifiques et pourtant, ils trouvent que la recherche scientifique est le plus beau métier.

4   Quel exemple Axel Kahn donne-t-il pour montrer que la science a apporté des changements positifs pour la population ?

5   Citez deux des exemples qui illustrent pourquoi les sentiments de la population à l'égard de la science sont devenus moins favorables.

6   Quels sont les deux mots employés par Axel Kahn pour décrire l'attitude des Français d'aujourd'hui à l'égard des progrès technologiques ?

7   « Améliorer les conditions d'épanouissement » signifie permettre à chacun…

   A   de développer librement toutes ses possibilités.

   B   d'être en bonne condition physique.

   C   de mener une vie joyeuse et détendue.

   D   de mieux comprendre les enjeux scientifiques et technologiques.

8   Dans la phrase « il n'y a pas d'avenir d'où ces domaines seraient exclus », à qui ou à quoi se réfèrent les mots « ces domaines » ?

Basez vos réponses sur la 2e partie du texte.

9   « On a tout lieu de faire la fête » signifie…

   A   on va faire la fête un peu partout.

   B   on a raison de faire la fête.

   C   on a tort de faire la fête.

   D   on va tous faire la fête.

145

10 Selon Axel Kahn, quels sentiments ressent le chercheur lorsqu'il réussit à surmonter des difficultés ?

11 Quelle expression Axel Kahn emploie-t-il pour désigner la France ?

12 À qui ou à quoi se réfère « cette manifestation » ?

13 Quel phénomène a motivé la création de la Fête de la Science en France ?

14 Selon Axel Kahn, que veut-on prouver grâce à la Fête de la Science ?

15 Selon Axel Kahn, quels sont les deux aspects qui font du métier de chercheur un « métier magnifique » ?

16 Dans la phrase « Les deux méritent d'être recherchées en parallèle », à qui ou à quoi se réfèrent les mots « les deux » ?

Basez vos réponses sur la 3e partie du texte.

17 Dans la 2e partie du texte, Axel Kahn a mentionné « le désengagement croissant pour les filières scientifiques ». Quels mots de la 3e partie expriment la même idée ?

18 Parmi les phrases suivantes, deux sont conformes aux idées exprimées dans cette partie. Indiquez les lettres correspondantes dans les cases.

A   Si les scientifiques gagnaient plus d'argent, la carrière de chercheur attirerait sans doute plus d'élèves.

B   Si les gouvernements investissaient davantage dans la recherche scientifique, il y aurait plus de chercheurs.

C   Beaucoup d'élèves doués ne deviennent pas chercheurs parce que cette carrière demande trop d'efforts.

D   Il est nécessaire d'être passionné par la science pour faire carrière dans ce domaine.

E   Les scientifiques recherchent la liberté avant tout.

6 Activité orale TdC

Du texto qu'on envoie à un ami en passant par le véhicule qu'on emprunte pour aller à l'école ou le médicament qu'on avale, la science et la technologie font partie de notre vie de tous les jours. Profitons-en donc pour réfléchir un peu à la place qu'elles occupent dans la société.

Discutez des questions suivantes en petits groupes.

1   Dans l'interview, Axel Kahn cite quelques exemples d'événements qui ont entraîné la population à remettre en question les progrès de la science. Pour chacun de ces événements, expliquez en quelques phrases ce qui s'est passé et pourquoi les progrès de la science ont ainsi été remis en question. Vous aurez peut-être besoin de vous documenter.

- les guerres mondiales
- la bombe atomique
- l'accident de Bhopal
- l'accident de Tchernobyl
- le scandale de l'amiante
- le scandale du sang contaminé

2 Dans la dernière partie du texte, Axel Kahn affirme que « pour des gens qui ont de grandes capacités intellectuelles, la plus sûre manière de connaître une très grande réussite au prix d'efforts raisonnables, ce ne sont pas les disciplines académiques et scientifiques ». Selon vous, vers quels domaines ces gens se tournent-ils alors ? Que pensez-vous de ces choix ? Êtes-vous d'accord avec Axel Kahn ?

3 Les trois affirmations suivantes sont tirées de l'interview avec Axel Kahn. Êtes-vous d'accord avec lui lorsqu'il dit que :

a « La science et la technique ne suffisent pas pour garantir le bonheur (…) mais, pour autant, il n'y a pas d'avenir d'où ces domaines seraient exclus. »

b « La vérité scientifique ne conduit pas à la vérité morale. »

c « Le savoir est pouvoir : celui qui sait a le pouvoir de maîtriser sa vie. »

Justifiez votre opinion.

> **Cahier 3.1**
> **2 Activité écrite**
> Une lettre de candidature

> **Cahier 3.1**
> **3 Activité écrite**
> Un rapport

La science en débat : controverses

7 Activité orale

Regardez les photos ci-dessous. Chacune d'entre elles évoque une controverse liée à la présence de la science et de la technologie dans la société.

1 Associez chaque photo à la légende correspondante.

Les organismes génétiquement modifiés ☐   L'énergie éolienne ☐   L'énergie nucléaire ☐

2 Les trois sujets controversés évoqués par les photos sont repris dans les encadrés ci-dessous. Lisez les arguments associés à chaque sujet et indiquez si ces arguments peuvent être invoqués pour (P) ou contre (C) chacun de ces sujets controversés.

Les organismes génétiquement modifiés

Exemple : la lutte contre la faim dans le monde (P)

la réduction de l'utilisation des pesticides et herbicides

les effets nocifs sur la santé humaine

la réduction de la biodiversité

la dépendance des agriculteurs envers les sociétés qui produisent ces semences

le principe de précaution

L'énergie nucléaire

le stockage problématique des déchets radioactifs

le risque d'accident grave

le détournement du nucléaire civil au profit d'un armement nucléaire

une solution au problème du réchauffement climatique

le risque de terrorisme nucléaire

l'abondance des ressources nucléaires potentielles

L'énergie éolienne

une énergie propre et renouvelable

la dégradation du paysage

les nuisances sonores

la lutte contre les changements climatiques

l'utilisation d'une ressource gratuite : le vent

le phénomène « pas dans mon jardin »

APPROCHES DE L'APPRENTISSAGE

Compétences de pensée critique

Avez-vous toutes les informations pour avoir une opinion bien fondée sur ces sujets ? Certaines informations vous manquent-elles ? Comment allez-vous faire pour vous les procurer ?

3 Oralement, avec un(e) partenaire, expliquez brièvement pourquoi chacun de ces sujets soulève une controverse.

Essayez d'incorporer les arguments mentionnés dans la question 2. Vous pouvez vous aider des expressions dans l'encadré *Des mots pour le dire*.

DES MOTS POUR LE DIRE

Cette photo représente / illustre…

Cette photo évoque les problèmes entourant…

Cette question soulève / provoque un débat parce que…

Cette technologie présente plusieurs avantages parce que…

Ceux qui y sont favorables pensent que…

Par contre, ceux qui y sont défavorables trouvent que…

Il faut encourager le développement de cette technologie car…

Les gens ont peur de + *nom* / + *verbe à l'infinitif*

Les principaux désavantages sont…

Les gens craignent que + *subjonctif*

On s'inquiète de + *nom* / + *verbe à l'infinitif*

Il faudrait d'abord régler le problème de…

Il faut s'assurer que + *subjonctif*

Selon moi,…

À mon avis,…

On doit faire preuve de prudence car…

Je m'oppose à cette technologie car…

Personnellement,…

8 Activité écrite

Qu'est-ce qu'un tract ? Un tract est un document qui s'apparente à la brochure et qui est distribué à des fins de propagande. Il a souvent pour but de sensibiliser la population à un problème particulier et d'encourager celle-ci à agir (par exemple, en votant pour quelqu'un, en boycottant un produit, en signant une pétition, en participant à une manifestation, etc.).

Choisissez l'une des tâches suivantes.

1   Vous vous inquiétez de la présence potentielle d'OGM dans les aliments que vous consommez. En tant que membre d'une organisation environnementale, rédigez un tract dans lequel vous exposez ces dangers et proposez des solutions concrètes à ce problème. Ce tract sera distribué dans les rues de votre ville.

2   Il est question qu'un parc de 85 éoliennes soit bientôt développé dans votre région. Vous n'êtes pas d'accord. En tant que membres d'un comité de citoyens, rédigez un tract afin de mobiliser la population contre ce projet.

COMPRÉHENSION CONCEPTUELLE

Le contexte

Pour chaque tract ci-dessous, comparez les deux situations décrites. En quoi sont-elles différentes ? Comment le contexte affectera-t-il la rédaction de votre tract ?

Tract contre les OGM

Imaginez les deux situations suivantes.

1 Vous habitez une ville ayant à sa tête un maire écologiste et où des projets environnementaux sont régulièrement proposés.

2 Vous habitez une ville durement touchée par une crise économique où la principale préoccupation des habitants et des élus est le taux élevé de chômage.

Tract contre les éoliennes

Imaginez les deux situations suivantes.

1 Vous habitez une région connue pour la beauté de ses paysages et dont l'économie dépend en grande partie du tourisme.

2 Vous habitez une région plutôt moche. Les gens craignent surtout que leur maison perde de la valeur.

Fiche 3.1.1
Travail oral en groupe
Le déversement des déchets électroniques

Fiche 3.1.2
Entraînement à l'oral individuel NM
La pollution chimique

Rédigez de 250 à 400 mots pour les élèves de niveau moyen et de 450 à 600 mots pour les élèves de niveau supérieur.

Après avoir rédigé votre texte, servez-vous de la liste de vérification 16B au chapitre 6 du manuel pour vous assurer que vous avez utilisé tous les éléments nécessaires à la réalisation d'un tract.

LE SAVIEZ-VOUS ?

La souris de laboratoire est l'animal idéal : développement rapide, descendance nombreuse, taille réduite, peu d'exigences alimentaires. Le porc et le singe, plus proches de l'homme, n'ont pas toutes ces qualités. On vend 25 millions de souris de laboratoire dans le monde, 68 500 par jour.

L'expérimentation animale

9 Activité orale

Quels sont les mots et les expressions qui vous viennent spontanément à l'esprit en regardant ces photos ? En équipes, faites-en une liste, puis partagez vos réponses avec le reste de la classe.

10 Lecture

Lisez ces opinions sur l'expérimentation animale.

Pour ou contre l'expérimentation animale ?

Aude, 17 ans, Vevey

Résolument contre ! Rien ne peut justifier que l'on fasse souffrir des animaux, que ce soit des chimpanzés, des lapins ou des souris ! C'est d'ailleurs pour cette raison que je suis végétarienne.

Nicolas, 22 ans, Lausanne

Sans l'expérimentation animale, la médecine n'aurait pas fait les mêmes progrès. C'est grâce à des expériences sur des chiens qu'on a découvert l'insuline, qui permet aujourd'hui de traiter le diabète. L'expérimentation

animale a aussi mené au développement de plusieurs vaccins humains (polio, rage, hépatite, variole, etc.) et à la mise au point de certaines techniques comme les greffes d'organe. Ceux qui s'opposent à l'expérimentation animale ne se rendent tout simplement pas compte de tous les bienfaits que celle-ci nous a apportés.

Olivia, 20 ans, Nyon

Les enjeux économiques sont beaucoup trop importants pour que les entreprises renoncent à l'expérimentation animale. Imaginez le cas suivant : une jeune fille perd la vue à la suite d'une infection de l'œil causée par son mascara. Que pensez-vous

qu'elle fera si jamais elle apprend que ce produit n'a jamais été testé sur les animaux ? Elle poursuivra l'entreprise de cosmétiques en justice ! Il est bien évident que les fabricants ne sont pas prêts à courir ce risque.

Fabrice, 16 ans, Rolle

Beaucoup de gens pensent que nous sommes supérieurs aux animaux. En fait, nous sommes aussi des animaux. À mon avis, il est tout aussi inacceptable de tuer des animaux pour apprendre à soigner des humains que de tuer des humains pour apprendre à soigner des animaux.

Loïc, 17 ans, Neuchâtel

L'autre jour, dans la zone piétonne, des militants pour les droits des animaux m'ont montré des photos de différents animaux de laboratoire qui semblaient souffrir énormément. J'en suis encore bouleversé… J'ai du mal à croire que de telles pratiques soient encore autorisées de nos jours : c'est vraiment cruel !

Manu, 18 ans, La Chaux-de-Fonds

Les tests effectués sur les animaux sont absolument nécessaires et sauvent des vies humaines. S'il faut sacrifier une, cent, mille ou un million de souris pour sauver des humains, eh bien, cela en vaut la peine. Pour nous les humains, c'est une question de survie.

Camille, 24 ans, Genève

Je travaille dans un labo et je peux vous assurer que nos animaux de laboratoire sont très bien traités. Nous devons suivre des procédures très détaillées et très strictes, d'abord pour des raisons éthiques bien entendu. Mais en s'assurant que tous les

animaux de laboratoire sont traités de la même manière d'un labo à l'autre, on peut aussi mieux comparer les différentes données obtenues. Cela accroît la validité de nos recherches.

11 Compréhension écrite

Répondez aux questions suivantes.

1 Parmi les personnes interrogées, lesquelles sont pour l'expérimentation animale ? Lesquelles sont contre ?

Associez chaque personne interrogée à la phrase qui correspond le mieux à ses idées. Indiquez les lettres correspondantes dans les cases.

Exemple : Aude | D |

2 Nicolas | |

3 Olivia | |

4 Manu | |

5 Fabrice | |

6 Camille | |

7 Loïc | |

A La vie des humains est plus importante que celle des animaux.

B Pour un fabricant, tester un produit sur les animaux est une précaution essentielle afin d'éviter d'éventuelles poursuites judiciaires.

C N'allez pas croire que les scientifiques traitent les animaux de laboratoire n'importe comment !

D **Peu importe l'espèce, les animaux ne devraient pas servir de cobayes.**

E Qu'attend-on pour interdire toute cette souffrance infligée aux animaux de laboratoire ?

F Tuer un animal équivaut à commettre un meurtre.

G L'expérimentation animale a permis des avancées scientifiques importantes.

Cahier 3.1
4 Grammaire en contexte
Le subjonctif

Fiche 3.1.3
Entraînement à l'oral individuel NM
L'expérimentation animale

Quel avenir nous attend ?

Doit-on toujours faire confiance aux scientifiques ? La science est-elle le meilleur des outils pour nous aider à construire un monde plus vivable et une société plus humaine ?

12 Activité orale

Discutez des questions suivantes avec l'ensemble de la classe.

1 Selon vous, la science contribue-t-elle à détruire ou à sauver la planète ?

2 L'un des thèmes privilégiés de la science-fiction est celui de la fin du monde et de l'extinction du genre humain. En pensant aux films que vous avez vus et aux livres que vous avez lus, pouvez-vous citer quelques-unes des causes de la fin du monde dans ces œuvres de fiction ?

3 Parmi les causes que vous venez d'évoquer, lesquelles sont attribuables à une menace extérieure (c'est-à-dire devant laquelle les humains ne peuvent rien faire) et lesquelles sont plutôt dues aux actions des humains eux-mêmes ?

4 Y a-t-il un scénario d'apocalypse qui soit particulièrement « à la mode » en ce moment ? Si oui, lequel ?

13 Lecture Niveau supérieur

Lisez ce texte.

Qui parle encore de l'hiver nucléaire ?

1 J'ai grandi dans un monde obsédé par l'apocalypse.

2 Dans la cour de mon école primaire, l'holocauste atomique était un sujet de conversation comme un autre. Entre deux marelles, nous discutions bunker, radiation, plutonium et mégatonnes. Certains d'entre nous, pourtant nuls en mathématiques, pouvaient débiter les moindres statistiques de l'arsenal nucléaire soviétique – et ce savoir bien quantifié rendait nos peurs plus tangibles. Qui recevrait sa part d'ogives soviétiques ? Allions-nous mourir rôtis, soufflés ou irradiés ?

3 Nous étions la génération d'avant-guerre.

4 Les bunkers ne nous rassuraient qu'à moitié. Qui voulait s'entasser trois semaines sous terre afin de manger des sardines à l'huile, jouer au poker avec des allumettes, déféquer dans une boîte de conserve et finalement ressortir à l'aube d'un hiver nucléaire qui durerait encore quarante ans ?

5 La chute de l'URSS nous laissa un peu décontenancés. Peu importe : il nous restait les pluies acides, la couche d'ozone, les substances cancérigènes, le cholestérol, la déforestation, la fluoration de l'eau courante et les astéroïdes – n'importe quoi, pourvu que ce soit imminent.

6 Nous voyions la fin du monde partout. Même un banal changement de date nous paraissait susceptible de provoquer l'effondrement de la civilisation – ou, du moins, un retour au Moyen Âge et tout ce qui s'ensuivrait : peste noire, choléra, carnages, croisades et autres pannes d'ascenseur. Le calendrier grégorien en tant qu'agent de destruction, il fallait y penser.

7 Dans la nuit du 31 décembre 1999, les compteurs tournèrent lentement, un fuseau horaire après l'autre – mais rien ne se produisit, et le soleil se leva sur une civilisation intacte. Seule une grand-mère avait perdu sa liste d'épicerie hebdomadaire, en banlieue de Pittsburgh. Partout ailleurs, les humains continuaient de s'intoxiquer, de copuler, de surveiller les cotes de la Bourse. Des gamins ratissaient les déchets dans les dépotoirs de Calcutta. D'autres gamins, en Sierra Leone, astiquaient leurs vieux AK 47 yougoslaves. Des milliers de pompes suçaient le pétrole au travers de la croûte terrestre. Comment la fin du monde pouvait-elle inquiéter qui que ce soit ?

¹ **ramen :** mets japonais
constitué de pâtes servies
dans un bouillon. Il est
possible de se procurer à
faible coût une version
instantanée de ce plat : il
suffit simplement d'ajouter
de l'eau bouillante. Dans
la version instantanée, les
ingrédients du bouillon
sont très nombreux et
essentiellement issus de
l'industrie chimique.

8 L'effet de serre, les tsunamis, les accélérateurs de particules, le radon et les nanotechnologies, l'économie de marché, les trous noirs, les épidémies de nourrissons neuro-éruptifs, le pic pétrolier, la Glace-9, la réorientation de l'axe terrestre et les sorties d'orbite, les mutations génétiques, l'azoospermie, l'atrophie et / ou l'hypertrophie du soleil, les créatures (gluantes ou écaillées) émergeant des abysses océaniques, l'inversion des pôles, la transformation industrielle des humains en panneaux de ripe agglomérée, l'augmentation de l'entropie, les anomalies gravitationnelles, les androïdes, le méthane pélagique, les gras saturés et les gras hydrogénés, les pandémies de grippe aviaire, les pesticides et / ou herbicides, les émeutes, les antibiotiques et la République populaire de Chine – la liste de nos périls ressemblait de plus en plus aux ingrédients imprimés sur un paquet de ramen¹ : une liste invraisemblable. Mais nous étions désormais au-delà de toute vraisemblance. Nous avions tant attendu la fin du monde qu'elle faisait désormais partie de notre ADN.

Nicolas Dickner, *Tarmac*

14 Compréhension écrite Niveau supérieur

En vous basant sur les trois premiers paragraphes, répondez aux questions suivantes ou choisissez la bonne réponse.

1 Selon le paragraphe 2, quelle forme devait prendre l'apocalypse qui obsédait la génération du narrateur ?

2 En mentionnant le fait que les enfants jouent à la marelle tout en discutant des bunkers, des radiations, du plutonium et des mégatonnes, le narrateur montre que…

    A les enfants n'ont pas le temps de jouer.

    B ces sujets de discussion sont devenus banals pour eux.

    C les enfants jouent à la guerre.

    D les discussions sur la guerre nucléaire sont très amusantes.

3 Quel détail du paragraphe 2 montre que l'enfance du narrateur se déroule à l'époque de la guerre froide ?

4 « Ce savoir bien quantifié rendait nos peurs plus tangibles » signifie…

    A plus nous avions d'informations, plus nous avions peur.

    B nous ne savions pas si nous avions raison d'avoir peur.

    C les Soviétiques essayaient de nous faire peur avec leurs informations.

    D savoir tant de choses diminuait notre peur.

5 « Allions-nous mourir rôtis, soufflés ou irradiés ? » laisse entendre que les enfants…

    A discutent de leur dernier repas.

    B envisagent sereinement la mort.

    C ont trouvé des réponses à toutes les questions qu'ils se posent.

    D sont au courant des moindres détails au sujet de la menace nucléaire.

6 À quelle guerre le narrateur fait-il référence lorsqu'il écrit : « nous étions la génération d'avant-guerre » ?

En basant vos réponses sur les paragraphes 4 et 5, répondez aux questions suivantes.

7 La perspective de vivre dans un bunker est présentée comme peu attrayante. Citez trois des exemples évoqués par le narrateur pour soutenir ce point de vue.

8 « La chute de l'URSS nous laissa un peu décontenancés » laisse entendre que les gens…

   A redoutaient la poursuite de la course aux armements nucléaires après la fin de la guerre froide.

   B ont été désolés d'apprendre la chute de l'URSS.

   C ne savaient plus de quoi ils devaient avoir peur maintenant que la menace d'une guerre nucléaire avait disparu.

   D étaient très heureux des changements politiques survenus en Europe de l'Est.

9 La deuxième phrase du paragraphe 5 laisse entendre que les gens…

   A cherchaient désespérément des raisons pour continuer d'être obsédés par l'apocalypse.

   B ont commencé à s'intéresser aux questions environnementales.

   C se sont préoccupés de problèmes beaucoup plus urgents.

   D ont blâmé l'URSS pour toutes sortes de problèmes.

En basant vos réponses sur les paragraphes 6 et 7, répondez aux questions suivantes.

10 Le narrateur évoque « un banal changement de date… susceptible de provoquer l'effondrement de la civilisation ». À quel changement de date fait-il ainsi allusion ?

11 Quel détail du paragraphe 6 ne concorde pas avec un « retour au Moyen Âge » ?

12 Selon vous, quel effet ce détail produit-il sur le lecteur ?

13 Selon le narrateur, quel est le seul incident fâcheux qu'on a pu constater au matin du 1er janvier 2000 ?

14 Les exemples d'activités humaines cités dans le paragraphe 7 montrent que le narrateur…

   A a une vision naïve du monde.

   B est un citoyen engagé.

   C est nostalgique.

   D ne se fait pas d'illusions au sujet de l'humanité.

En basant vos réponses sur le paragraphe 8, répondez aux questions suivantes.

15 Le début du paragraphe 8 est constitué d'une très longue énumération contenant de nombreux termes compliqués. Selon vous, quel effet cette figure de style produit-elle sur le lecteur ?

16 Citez une expression de ce paragraphe qui résume la longue énumération.

17 À quoi le narrateur compare-t-il les innombrables et invraisemblables menaces que craignent les gens ?

155

MÉMOIRE

La littérature francophone est riche en œuvres dystopiques. Pourquoi ne pas en profiter pour en faire le sujet de votre mémoire si ce type de littérature vous intéresse ? Voici quelques pistes de lecture :

- *Ravage*, de Barjavel
- *La planète des singes*, de Pierre Boulle
- *Zen City*, de Grégoire Hervier
- *Globalia,* de Jean-Christophe Rufin
- *Le Transperceneige* (BD), de Jacques Lob

18 La dernière phrase signifie que les gens…

    A croient que l'espèce humaine s'autodétruira.

    B ne peuvent plus vivre sans la menace d'une quelconque fin du monde.

    C ne croient plus à toutes ces histoires de fin du monde tant elles sont invraisemblables.

    D ont définitivement cessé d'attendre la fin du monde.

15 Toute réflexion faite

Dans le cadre de la *Fête de la Science*, les professeurs de sciences de votre école ont lancé un défi à tous les élèves. Ils leur ont demandé de choisir parmi les propositions suivantes :

Passer une semaine

- sans moyen de transport motorisé
- sans appareil fonctionnant avec des piles
- sans appareil breveté
- sans produit transporté en avion
- sans produit de soins, d'hygiène ou de santé (lentilles de contact, médicaments, vitamines…)
- sans appareil électro-ménager

Chaque participant devra de plus rédiger un blog sur son expérience.

Vous avez décidé de relever l'un de ces défis. Dans votre blog, vous racontez la semaine passée sans le développement scientifique auquel vous avez renoncé. Vous réfléchissez aussi au rôle que celui-ci joue dans votre vie (et dans la société en général).

Rédigez de 250 à 400 mots pour les élèves de niveau moyen et de 450 à 600 mots pour les élèves de niveau supérieur.

Après avoir rédigé votre texte, servez-vous de la liste de vérification 2B au chapitre 6 du manuel pour vous assurer que vous avez utilisé tous les éléments nécessaires à la réalisation d'un blog.

Savez-vous…

Oui

- parler de la science et de la technologie ?
- identifier et exprimer la cause et la conséquence ?
- former et utiliser le subjonctif ?
- rédiger une lettre de candidature ?
- rédiger un rapport ?
- rédiger un tract ?
- rédiger un blog ?
- présenter une photo sur la science et / ou la technologie ?

3.2 Les arts et nous

À quoi servent les arts ?

Objectifs d'apprentissage

Dans cette unité, vous allez apprendre à…

* parler du rôle des arts dans la société
* utiliser les pronoms démonstratifs suivis d'un pronom relatif simple
* rédiger une interview
* rédiger un courriel
* présenter une photo sur le rôle des arts dans la société

C'est de l'art ?

1 Mise en route

1 Parmi les activités suivantes, selon vous, lesquelles sont de « l'art » ?

Cochez les activités pertinentes, puis comparez vos réponses à celles d'un(e) partenaire. Êtes-vous toujours d'accord ? Lorsque ce n'est pas le cas, réussirez-vous à convaincre votre partenaire ?

l'architecture	☐	les mathématiques	☐
l'astronomie	☐	la musique classique	☐
l'informatique	☐	la peinture	☐
la bande dessinée	☐	la poterie	☐
la biologie	☐	le graffiti	☐
la cuisine	☐	le jardinage	☐
la littérature	☐	le rap	☐

3

Ingéniosité humaine

2 L'art nous entoure, mais à quoi sert-il exactement ?

a En équipe, vous disposez de 15 minutes pour trouver un exemple concret d'une œuvre artistique, francophone ou d'une autre culture, pour illustrer chaque fonction. Vous pouvez penser à des œuvres littéraires, architecturales ou musicales, à des tableaux ou à des œuvres issues de tout autre domaine artistique.

b Comparez vos réponses à celles d'une autre équipe et justifiez vos choix.
Peut-être découvrirez-vous de nouvelles œuvres d'art ?

Fonctions de l'art	Exemples
1 célébrer un lieu, un événement, un personnage	• *La Liberté guidant le peuple,* tableau de Delacroix • *Saint-Denis,* slam de Grand Corps malade
2 communiquer des idées	
3 dénoncer	
4 exprimer des sentiments	
5 faire réfléchir : faire comprendre le monde	
6 faire rêver	
7 nous aider à nous détendre	
8 rendre notre monde plus beau	
9 témoigner	
10 transformer la société	

158

2 Lecture

Lisez ce texte.

Protéger notre patrimoine et favoriser la créativité

Dans le monde interconnecté d'aujourd'hui, force est de constater que la culture a le pouvoir de transformer les sociétés. Ses diverses manifestations – qui vont de nos précieux monuments historiques et musées aux pratiques traditionnelles et formes d'art contemporain – enrichissent tous les aspects de notre vie quotidienne d'innombrables façons. Le patrimoine constitue une source d'identité et de cohésion pour des communautés perturbées par l'accélération des changements et l'instabilité économique. La créativité contribue à l'édification de sociétés ouvertes, inclusives et pluralistes. Le patrimoine et la créativité participent tous deux à fonder des sociétés du savoir dynamiques, innovantes et prospères.

© UNESCO https://fr.unesco.org

3 Activité orale

Répondez oralement aux questions suivantes. Basez vos réponses sur le texte.

1 Quelles manifestations culturelles sont mentionnées dans le texte ?

2 À quoi le patrimoine sert-il ?

3 Quels facteurs menacent les sociétés ?

4 À quoi la créativité sert-elle ?

5 Quelle réponse **ne** convient **pas** ? Les sociétés « ouvertes, inclusives et pluralistes » sont…

  A tolérantes.

  B diversifiées.

  C accueillantes.

  D inhospitalières.

L'art pour nous détendre

---

4 Compréhension orale 🔊 Piste 10

Vous allez écouter deux jeunes, Camille et Laurent, qui expriment leurs points de vue sur les musées.

1 Choisissez les **cinq** affirmations vraies.

☐   A   À une époque, Camille n'allait dans les musées que si elle y était obligée.

☐   B   Camille préférait faire des courses qu'aller dans des musées.

☐   C   Grâce aux musées, Camille peut mieux comprendre ce qu'elle étudie en classe.

☐   D   Il y a un trop grand choix de musées.

☐   E   Camille aime les visites guidées avec des détails fascinants.

       F   Aujourd'hui, Camille va au musée pour se relaxer.

       G   Pour Camille, les musées sont un lieu de réflexion.

       H   Camille va toujours seule au musée.

       I   Récemment, Camille est allée au Louvre pour la première fois.

       J   Le mois prochain, Camille va visiter un lieu historique.

Choisissez la bonne réponse.

2   Laurent va dans les musées…   ☐

    A   avec des camarades d'école.

    B   avec sa famille.

    C   seul.

3   D'après Laurent, dans les musées il y a…   ☐

    A   trop de gens.

    B   trop de jeunes.

    C   trop de tableaux.

4   Les musées attirent…   ☐

    A   les jeunes.

    B   les vieux.

    C   un public varié.

5   Selon Laurent, il faudrait que tous les musées proposent…   ☐

    A   des billets à tarif réduit pour les jeunes.

    B   un accès gratuit à Internet.

    C   des expositions qui plaisent aux jeunes.

6   Dans un musée…

   A   on n'apprend pas plus que sur Internet.

   B   on apprend moins que sur Internet.

   C   on apprend plein de choses.

COMPRÉHENSION CONCEPTUELLE

Dans votre examen d'expression écrite, vous devrez rédiger un texte de 250 à 400 mots pour le niveau moyen et de 450 à 600 mots pour le niveau supérieur.

Vous devrez choisir l'une des trois tâches proposées.

Pour la tâche choisie, vous devrez aussi choisir le type de texte le plus approprié parmi les trois qui vous seront fournis.

Voici à quoi pourrait ressembler cette épreuve. (Notez cependant que dans une véritable épreuve les trois sujets porteront sur trois thèmes différents.)

1   Dans le cadre d'un séjour en pays francophone, vous venez de visiter un musée. Vous écrivez un texte dans lequel vous racontez votre visite et faites part de vos impressions à un(e) ami(e). Vous expliquez aussi quels aspects de la culture francophone vous ont le plus marqué(e) lors de cette visite.

Discours	Courriel	Blog

2   Pour des raisons économiques, le musée de votre ville va fermer. Vous faites partie du comité de soutien de ce musée et vous voulez sensibiliser la population à son importance. Vous écrivez un texte dans lequel vous exposez les raisons pour lesquelles le musée doit rester ouvert ainsi que les atouts qu'il apporte à votre ville. Vous encouragez aussi la population à se mobiliser contre la fermeture du musée.

Tract	Critique	Lettre

3   À la demande de votre professeur de français, vous écrivez un texte dans lequel vous exprimez votre opinion sur cette citation de Lamartine, poète français du XIXe siècle : « Je suis las des musées, cimetière des Arts. »

Proposition	Blog	Dissertation

Comment choisir le type de texte approprié ?

Vous devez tenir compte des éléments suivants :

✓ Le destinataire : À qui écrivez-vous ?

✓ Le contexte : Quelle est la situation ?

✓ Le but : Quel est votre objectif ?

✓ Le sens : Quel message voulez-vous transmettre ? Quels moyens allez-vous employer pour le transmettre efficacement ?

✓ La variation : Quel registre allez-vous employer ?

Pour plus de détails, vous pouvez vous référer au chapitre 6.

Remplissez la grille pour chacun des sujets, puis indiquez quel type de texte est le plus approprié.

Sujet 1 / 2 / 3	
Le destinataire	
Le contexte	
Le but	
Le sens	
La variation	

⬇

Type de texte	

Fiche 3.2.2
Entraînement à l'oral individuel NM
La Fête de la Musique

L'art pour témoigner

Cahier 3.2
1 Activité lexicale
L'art de la rue

5 Lecture

Lisez ce texte.

C215, STREET ARTISTE

Le nouveau projet de C215 au Rwanda, un hommage aux Justes

1   Le street artiste français C215 est bien connu pour ses œuvres engagées. Habitué aux rues parisiennes, Christian Guemy, alias C215, se lance dans un nouveau projet au Rwanda, un hommage aux Justes.

« Juste » est le nom donné aux personnes qui ont sauvé des vies pendant le génocide de 1994 au Rwanda.

Pour leur rendre hommage et éveiller la conscience collective (et celle des politiques) sur ce génocide, C215 a décidé de mener cette
5   action artistique : peindre des portraits de ces héros, et de rescapés du génocide.

C215 croit au pouvoir du street art comme moyen de communication de l'artiste, et outil de réflexion pour le spectateur.

S'il fait figure de nouveau venu dans le monde du street art européen, C215 n'est pas un novice pour autant. Depuis près de 14 ans, il parcourt le monde, pochoirs à la main pour peindre sur les murs de portraits de « gens qui appartiennent à la rue ». Des sans-abri, des mendiants, des personnes à qui on ne prête pas forcément attention…

10   Pour ce projet au pays des mille collines, C215 travaille en collaboration avec l'EGAM, association antiraciste européenne, et le CNLG (Comité National de Lutte contre le Génocide). Il souhaite mettre en lumière ces personnes qui ont lutté contre le massacre des Tutsis.

À la fin de son projet, il réalisera également une fresque à Kigali, capitale du Rwanda, rassemblant portraits et parcours de chacun.

https://outsidezebox.com

6 Compréhension écrite

Répondez aux questions suivantes ou indiquez dans la case la lettre qui correspond à la réponse correcte.

1 En vous basant sur les lignes 1 à 6, quels pourraient être les buts de l'art de C215 ?

Cochez les cases qui conviennent.

A Célébrer un lieu, un événement, un personnage ☐

B Communiquer des idées ☐

C Dénoncer ☐

D Exprimer des sentiments ☐

E Faire réfléchir / faire comprendre le monde ☐

F Faire rêver ☐

G Nous aider à nous détendre ☐

H Rendre notre monde plus beau ☐

I Témoigner ☐

J Transformer la société ☐

☐

2 Que signifie le terme « œuvres engagées » (ligne 1) ?

A des œuvres qui coûtent cher

B des œuvres que l'artiste est en train de créer

C des œuvres qu'on a promis d'acheter

D des œuvres qui défendent une cause

3 Quel mot signifie « extermination d'un peuple ou d'une population » ?

4 À qui se réfère « leur » dans la phrase « pour leur rendre hommage » ?

5 Expliquez dans vos propres mots l'expression : « éveiller la conscience collective ».

6 À qui se réfère le mot « héros » à la ligne 5 ?

7 Quelle expression signifie « des gens qu'on ne remarque pas » ?

8 Quel est le pays « des mille collines » (ligne 10) ?

9 Que signifie « mettre en lumière » (ligne 11) ? ☐

A dénoncer

B louer

C faire connaître

D fournir l'électricité

APPROCHES DE L'APPRENTISSAGE

Compétences de communication

Pour communiquer, on a souvent recours aux mots. Mais les modes de communication non-verbale peuvent être tout aussi efficaces.

Imaginez que vous êtes « street artist ». Que choisiriez-vous de peindre sur un mur ?

Quel message voudriez-vous communiquer aux passants ?

Quels seraient les éléments qui composeraient votre œuvre ?

3

Cahier 3.2
2 Activité écrite
Une interview

Fiche 3.2.3
Entraînement à l'oral individuel NM
Le street art

COMPRÉHENSION CONCEPTUELLE

Le destinataire et le sens

L'auteur de ce texte présuppose que ses lecteurs ont peu de connaissances sur le Rwanda. Il essaie donc de leur fournir des informations qui puissent les aider à mieux comprendre le contexte dans lequel C215 a réalisé son projet.

Trouvez au moins trois détails du texte qui le montrent.

L'art pour communiquer

7 Activité orale

Par groupes de trois ou quatre, répondez aux questions suivantes.

Vous pouvez utiliser le vocabulaire dans l'encadré *Des mots pour le dire* pour vous aider.

1 Vous arrive-t-il d'aller au théâtre ?

2 Si oui, combien de fois par an allez-vous au théâtre ?

3 Y allez-vous par plaisir ou parce que votre école ou vos parents vous y obligent ?

4 Préférez-vous le théâtre ou le cinéma ? Pourquoi ?

5 Qu'est-ce qui vous plaît ou vous déplaît au théâtre ?

6 Vous est-il arrivé d'aller voir une pièce que vous aviez lue auparavant ? La représentation vous a-t-elle apporté autre chose que la lecture ? Laquelle avez-vous préférée ? Pourquoi ?

7 Faites-vous du théâtre ? Si oui, pourquoi ?

DES MOTS POUR LE DIRE

divertir, instruire

un acte, une scène

un acteur / une actrice

un comédien / une comédienne

un auteur, un dramaturge

un dialogue, un monologue, une réplique, un aparté, une tirade

un public, un spectateur / une spectatrice

une comédie, une tragédie

une exposition, une intrigue, un dénouement

une mise en scène, un metteur en scène

une pièce de théâtre, le drame, le spectacle

8 Lecture

Lisez cette interview avec l'auteur Ambass Ridjali.

Interview avec Ambass Ridjali

1 Né à Mayotte, en 1973, Ambass Ridjali dirige actuellement la bibliothèque municipale de Tsingoni. Écrivain, passionné par le théâtre, il est l'un des premiers
5 auteurs à avoir introduit cet art dans l'archipel des Comores.

Quelle est la place du théâtre à Mayotte ?

Ambass Ridjali : Le théâtre est le moyen de communication le plus répandu dans notre île, dans la mesure où la tradition veut que les informations passent à travers l'oralité.
10 Les jeunes Mahorais aiment de plus en plus le théâtre. Beaucoup se retrouvent après l'école ou pendant les vacances pour répéter ou créer.

Le théâtre devient-il populaire sur l'île ?

Ambass Ridjali : Le théâtre est un vecteur de transmission de savoir, bien qu'il n'y ait pas encore beaucoup de pièces. Les Mahorais aiment le spectacle. Le seul cinéma de
15 l'île est toujours plein et on attend souvent le week-end pour aller voir un match de foot. Alors, quand on arrive à organiser une soirée théâtrale, il y a du monde. Le théâtre est vécu comme un moment de divertissement. On va s'y défouler, rire, s'amuser.

Il y a peu de lecteurs à Mayotte ?

Ambass Ridjali : Les gens n'ont pas l'habitude de lire. Quand on va à l'école, les textes
20 proposés, que ce soit à l'école primaire, au collège ou au lycée, évoquent des histoires qui n'ont rien à voir avec la société mahoraise. Et quand on vous impose un texte, on a hâte d'en finir. Dès qu'on quitte le système scolaire, plus personne ne prend un livre. La plupart de nos aînés qui sont maintenant des élus, des chefs d'entreprise ou nos parents, n'ont jamais lu un livre de leur vie. Le théâtre nous permet d'aller vers eux,
25 pour leur dire qu'il y a une littérature qui existe à Mayotte.

De quoi parle ce théâtre ?

Ambass Ridjali : Les pièces qui parlent de choses graves, comme par exemple la violence, la femme battue, le viol, l'inceste ou la religion n'ont pas de public. Les gens n'aiment pas être renvoyés à ce genre d'images. Le public boude ce théâtre qu'on
30 essaie actuellement d'amener, un théâtre pour faire réfléchir et pas seulement pour divertir. Personnellement, j'ai encore du mal à parler de la politique dans mes pièces car les répercussions pourraient se ressentir dans la demande de subventions ou pour organiser mes tournées.

Parlez-nous de ces rencontres théâtrales…

35 **Ambass Ridjali :** La huitième rencontre populaire du théâtre amateur invite toutes les troupes de Mayotte ainsi que des compagnies étrangères. Ce genre d'événement permet d'amener le livre au public, car il va d'abord l'écouter et le voir sur scène. Petit à petit, il va de lui-même chercher la pièce écrite à la bibliothèque ou à la librairie pour la lire. C'est ainsi qu'on arrive, à travers le théâtre, à diffuser la littérature en orientant
40 et en dirigeant le public vers les écrits mahorais.

Propos recueillis par Timothy Mirthil, RFO / Mayotte

9 Compréhension écrite

En vous basant sur l'introduction du texte (lignes 1 à 6), choisissez la bonne réponse.

1   Laquelle des affirmations suivantes est vraie ?

    A   La bibliothèque municipale de Tsingoni a été fondée en 1973.

    B   Ambass Ridjali a interviewé un écrivain passionné de théâtre.

    C   Ambass Ridjali est un auteur dramatique comorien.

    D   Le théâtre a une longue tradition aux Comores.

En vous basant sur les lignes 7 à 25, reliez chaque début de phrase à la fin correspondante.

Exemple : La tradition orale…   **B**

2   Les jeunes Mahorais aiment bien…

3   La popularité du cinéma et des matchs de foot…

4   Les gens aiment peu lire…

5   Le théâtre permet de rejoindre des gens qui…

    A   car le système scolaire trouve que la lecture est peu importante.

    B   **est très présente à Mayotte.**

    C   ont hâte de découvrir la littérature.

    D   explique la faible popularité du théâtre à Mayotte.

    E   faire du théâtre dans leurs temps libres.

    F   s'intéressent peu à la littérature.

    G   lire des pièces de théâtre.

    H   montre que les Mahorais aiment bien se divertir.

    I   nuit aux soirées théâtrales.

    J   parce que l'école leur propose des textes qui leur sont étrangers.

Reliez chacun des mots dans la colonne de gauche à son équivalent dans la colonne de droite.

Exemple : graves (ligne 27)   **I**

6   renvoyés (ligne 29)

7   boude (ligne 29)

8   répercussions (ligne 32)

9   tournées (ligne 33)

    A   amusantes

    B   est favorable à

    C   causes

    D   confrontés

    E   conséquences

    F   est hostile à

    G   invités

    H   séries de spectacles

    I   **sérieuses**

    J   vacances

10 Activité orale TdC

Avec l'ensemble de la classe, répondez aux questions suivantes.

1   Selon l'auteur Ambass Ridjali « le théâtre est un vecteur de transmission de savoir ». À votre avis, de quel(s) savoir(s) peut-il s'agir ?

2   Quel est le thème qu'Ambass Ridjali évite d'aborder dans ses pièces ?

3   Comment explique-t-il sa décision ?

4   Par quels autres moyens un gouvernement peut-il exercer la pression sur les écrivains ou les artistes ?

5   Avez-vous connaissance de sujets, de thèmes ou d'œuvres qui seraient interdits dans votre pays ou dans un autre ?

6   Pensez-vous que le théâtre soit une bonne représentation de notre société et du monde dans lequel nous vivons ?

L'art pour transformer la société

11 Lecture

La musique peut jouer un rôle dans la société. En voici un exemple.

Elle mène les jeunes de banlieue à la baguette

Femme, jeune et d'origine algérienne, Zahia Ziouani, habitante de Seine-Saint-Denis, a réussi à combattre tous les préjugés. Dans le monde de la musique classique, elle a réussi à se faire sa place. Et en banlieue, elle sensibilise les habitants à la musique qui la passionne.

« Les gens de banlieue n'aiment pas que le hip-hop. » Zahia Ziouani en est persuadée. Et le sait, puisqu'elle-même née en Seine-Saint-Denis, le fameux « 9–3 »,[1] elle est aujourd'hui, à 29 ans, un chef d'orchestre reconnu. Elle a travaillé dur, combattu les préjugés sur la banlieue et a réussi à se faire une place dans le milieu de la musique classique qui compte très peu de femmes chefs d'orchestre.

Zahia Ziouani

Militante pour le 9–3

Il y a dix ans, Zahia, guitariste et altiste de formation, a aussi créé son propre orchestre symphonique, intitulé « Divertimento », où elle a réuni de jeunes talents et de jeunes professionnels de Paris et de Seine-Saint-Denis. La jeune femme a également dirigé l'orchestre symphonique du Caire et s'est vu attribuer, cette année, le titre de premier chef invité de l'orchestre national d'Algérie. Se revendiquant comme une militante pour le 9–3, elle s'investit à fond pour faire découvrir, ou redécouvrir, la musique classique aux habitants de cette banlieue, à Stains. « Depuis toujours je suis soucieuse de changer l'image négative de la banlieue pour montrer aux habitants de ces quartiers qu'ils ne sont pas des victimes et qu'ils ne doivent pas vivre cette image comme une fatalité : ils ont un potentiel que j'ai envie de montrer. »

La curiosité des gens

Son credo : « C'est la musique classique qui réunit le plus de monde, on le voit bien à Stains, où l'auditorium est plein à chaque représentation. Certaines familles ne sont pas habituées mais elles sont très curieuses et contentes de découvrir cette musique ». Elle a donc créé une école de musique et de danse qui brasse plus de 400 élèves de 40 nationalités différentes et issus de divers quartiers de Stains. Bien sûr, note-t-elle, « un accompagnement dans la démarche est nécessaire car les conditions matérielles ne sont pas toujours réunies pour qu'un enfant puisse jouer d'un instrument chez lui, par exemple, mais les parents s'investissent dans l'éducation de leurs enfants et on arrive à cette ouverture », souligne la jeune chef d'orchestre.

www.letelegramme.com

[1] le 9–3 (prononcer neuf trois) fait référence au département de la Seine-Saint-Denis dont le numéro administratif est 93. Ce département est situé en banlieue parisienne et une grande partie de sa population est issue de l'immigration.

12 Compréhension écrite

Complétez les phrases en choisissant la fin qui correspond au texte.

1 Zahia Ziouani…

   A aime aller à des concerts de musique classique.

   B est reconnue dans le monde de la musique classique.

   C a été remplacée dans l'orchestre.

   D est partie en tournée avec son orchestre.

2 Elle pense que…

   A le hip-hop n'est pas la seule musique que les gens de banlieue aiment.

   B le hip-hop devrait être joué par son orchestre.

   C les gens de banlieue n'aiment que le hip-hop.

   D les gens de banlieue préfèrent la musique classique au hip-hop.

3 Le nombre de femmes chefs d'orchestre…

   A est égal au nombre d'hommes chefs d'orchestre.

   B est supérieur au nombre d'hommes chefs d'orchestre.

   C est en forte progression.

   D est presque insignifiant.

4 Le premier orchestre symphonique de Zahia Ziouani était composé de…

   A musiciens professionnels et expérimentés.

   B jeunes musiciens venant du monde entier.

   C jeunes musiciens venant de Paris et ses environs.

   D jeunes musiciens issus de l'immigration.

5 Afin de faire découvrir la musique classique aux habitants de sa banlieue, elle…

   A a donné beaucoup d'elle-même.

   B a dû faire de gros sacrifices financiers.

   C a dû tout organiser très rapidement.

   D a dû rencontrer le maire de la ville.

6 Elle a à cœur de…

   A réduire le nombre de victimes de la violence dans les banlieues.

   B rendre les lieux publics plus accueillants dans les banlieues.

   C modifier les préjugés dont souffrent les habitants des banlieues.

   D créer un emploi pour tous les habitants des banlieues.

7 Les nouveaux spectateurs de concerts de musique classique…

   A n'ont pas du tout apprécié ce nouveau genre de musique.

   B ont aimé apprendre à connaître ce nouveau genre de musique.

   C ont mis du temps à s'habituer à ce style de musique.

   D ont voulu faire partie de l'orchestre.

Créativité, Activité, Service **CAS**

Vous aimez la musique ? Vous jouez d'un instrument ? Vous chantez ? Pourquoi ne pas organiser un concert dans une maison de retraite ? Pourquoi ne pas inviter les élèves d'une école primaire ou les résidents d'un centre pour handicapés à venir apprendre à jouer d'un instrument avec vous ?

8   Dans sa nouvelle école de danse et de musique, Zahia Ziouani a réuni…

   A   des élèves de la banlieue mais aussi du monde entier.

   B   des élèves de la banlieue issus de différents pays.

   C   des élèves de la banlieue de capitales étrangères.

   D   des élèves de la banlieue qui aimeraient voyager à l'étranger.

Ajoutez les mots qui manquent dans le résumé du texte.

accueille	apprécier	argent
combattu	composer	créer
cru	divers	étrangers
image	incité	monté
oublié	rapprocher	redorer
réputé	soutien	trentaine

Zahia Ziouani a toujours combattu les préjugés et a toujours voulu [9] .... l'image des habitants des banlieues. À la [10] .... , elle est devenue un chef d'orchestre [11] .... dans le monde de la musique classique. Elle n'en a pas pour autant [12] .... ses origines et elle a [13] .... les habitants des banlieues à [14] .... la musique classique. Elle a toujours [15] .... que la musique classique aidait les gens à se [16] .... Elle a [17] .... une école de danse et de musique qui [18] .... un nombre important de jeunes issus de [19] .... pays. Les parents de ces jeunes lui ont donné tout leur [20] ....

Théorie de la connaissance TdC

Selon l'écrivain algérien Yasmina Khadra, « La jeunesse africaine, américaine, asiatique, européenne danse au rythme d'une même musique. » De quelle « musique » Yasmina Khadra parle-t-il ? Cette affirmation implique l'utilisation de plusieurs modes de connaissance. Desquels ? (la langue / le langage ; la perception sensorielle ; l'émotion ; la raison ; l'imagination ; la foi ; l'intuition ; la mémoire)

Cahier 3.2
3 Activité écrite
Un courriel

Fiche 3.2.1
Travail oral en groupe
La musique classique en banlieue

13 Activité orale TdC

En petits groupes, répondez aux questions suivantes.

1   Que signifie l'expression « mener quelqu'un à la baguette » ? Vous pouvez vous aider d'un dictionnaire.

2   À quoi fait référence la baguette ?

3   Pourquoi le journaliste dit-il que Zahia Ziouani a dû faire face aux préjugés d'un point de vue personnel ? Quels sont ces préjugés d'après vous ?

4   Pourquoi est-il important que cet orchestre soit basé dans une banlieue multiculturelle de Paris ?

5   Qu'est-ce qui a permis la rencontre de ces jeunes d'horizons si différents ?

6   Pensez-vous que la rencontre de jeunes de divers horizons aurait pu avoir lieu dans un contexte différent, autre que dans un orchestre ? Pourquoi (pas) ? Donnez des exemples.

7   On dit que la musique est un langage universel. Selon vous, qu'est-ce que cela veut dire ? Êtes-vous d'accord ? Pourquoi (pas) ?

L'art pour dénoncer

14 Lecture

Dans le long poème *Tentative de description d'un dîner de têtes à Paris—France*, écrit en 1931, Jacques Prévert, poète engagé, dénonce les injustices et les inégalités de la société française. Dans ce poème, il commence par décrire ceux qui sont invités à un grand dîner – les riches et les puissants. Puis, dans les vers ci-dessous, il dresse le portrait de tous ceux qui ne sont pas invités à ce dîner, les pauvres et les exclus de la société.

Tentative de description d'un dîner de têtes à Paris–France

1   Le soleil brille pour tout le monde, il ne brille pas
    dans les prisons, il ne brille pas pour ceux qui travaillent
    dans la mine,
    ceux qui écaillent le poisson
5   ceux qui mangent la mauvaise viande
    ceux qui fabriquent les épingles à cheveux
    ceux qui soufflent vides les bouteilles que d'autres boiront pleines
    ceux qui coupent le pain avec leur couteau
    ceux qui passent leurs vacances dans les usines
10 ceux qui ne savent pas ce qu'il faut dire
    ceux qui traient les vaches et ne boivent pas le lait
    ceux qu'on n'endort pas chez le dentiste
    ceux qui crachent leurs poumons dans le métro
    ceux qui fabriquent dans les caves les stylos avec lesquels d'autres écriront
15   en plein air que tout va pour le mieux
    ceux qui en ont trop à dire pour pouvoir le dire
    ceux qui ont du travail
    ceux qui n'en ont pas
    ceux qui en cherchent
20 ceux qui n'en cherchent pas
    ceux qui donnent à boire aux chevaux
    ceux qui regardent leur chien mourir
    ceux qui ont le pain quotidien relativement hebdomadaire
    ceux qui l'hiver se chauffent dans les églises
25 ceux que le suisse[1] envoie se chauffer dehors
    ceux qui croupissent
    ceux qui voudraient manger pour vivre
    ceux qui voyagent sous les roues
    ceux qui regardent la Seine couler
30 ceux qu'on engage, qu'on remercie, qu'on augmente, qu'on diminue,
     qu'on manipule, qu'on fouille, qu'on assomme
    ceux dont on prend les empreintes
    ceux qu'on fait sortir des rangs au hasard et qu'on fusille
    ceux qu'on fait défiler devant l'Arc
35 ceux qui ne savent pas se tenir dans le monde entier

MÉMOIRE

Jacques Prévert (1900–1977) traite dans ses poèmes de thèmes sociaux qui restent d'actualité. Il porte un regard souvent acerbe sur la société et ses institutions. Si vous avez envie d'explorer la poésie de Jacques Prévert, vous pourrez la découvrir dans son recueil de poèmes *Paroles*. Les mémoires de la catégorie 3 sont consacrés à la littérature.

3

¹ **le suisse** : celui qui est chargé de la garde d'une église

² **ceux qui ne se sont pas baissés pour ramasser l'épingle** : ceux qui n'ont pas de travail
(Selon une légende, un certain Jacques Lafitte n'aurait obtenu du travail que parce qu'il avait ramassé une épingle sans valeur qui se trouvait par terre.)

ceux qui n'ont jamais vu la mer
ceux qui sentent le lin parce qu'ils travaillent le lin
ceux qui n'ont pas l'eau courante
ceux qui sont voués au bleu horizon
40 ceux qui jettent le sel sur la neige moyennant un salaire absolument
    dérisoire
ceux qui vieillissent plus vite que les autres
ceux qui ne se sont pas baissés pour ramasser l'épingle²
ceux qui crèvent d'ennui le dimanche après-midi
45   parce qu'ils voient venir le lundi
    et le mardi, et le mercredi, et le jeudi, et le vendredi,
    et le samedi
    et le dimanche après-midi.

Jacques Prévert, *Paroles* © Éditions Gallimard / © Fatras/Succession Jacques Prévert

15 Compréhension écrite

Répondez aux questions suivantes.

1 Le soleil ne brille pas dans les prisons ou dans les mines. Métaphoriquement, le soleil ne brille pas pour d'autres catégories de gens. Trouvez dans le poème **un** exemple de chacune des catégories suivantes. (Plusieurs réponses sont parfois possibles.)

Exemple : Ceux qui ont un travail pénible ou sans intérêt.

   Vers : ceux qui écaillent le poisson

a Ceux qui mangent mal.
Vers :

b Ceux qui ne se conduisent pas « comme il faut ».
Vers :

c Ceux qui travaillent tout le temps.
Vers :

d Ceux qui n'ont pas assez d'argent pour se faire soigner.
Vers :

e Ceux qui sont malades.
Vers :

f Ceux qui n'ont pas d'argent pour abréger la souffrance de leurs animaux.
Vers :

g Ceux qui n'ont pas assez à manger.
Vers :

h Ceux qui n'ont pas d'abri.
Vers :

i Ceux qu'on soupçonne de crimes.
Vers :

j Ceux qui doivent obéir.
Vers :

k Ceux qui n'ont jamais voyagé ou pris de vacances.
Vers :

Cahier 3.2
4 Grammaire en contexte
Les pronoms démonstratifs suivis d'un pronom relatif simple

2 Expliquez le vers « ceux qui vieillissent plus vite que les autres » (ligne 42). Pourquoi vieillissent-ils plus vite ? Donnez au moins trois raisons.

16 Toute réflexion faite

Le poème de Jacques Prévert date de 1931. Qui sont les laissés-pour-compte de nos jours ?

À votre tour de créer un poème sur le modèle de « Tentative de description d'un dîner de têtes à Paris–France ».

1 Choisissez d'abord la fonction ou les fonctions de votre poème. Cochez la case ou les cases correspondante(s).

A célébrer un lieu, un événement, un personnage ☐

B communiquer des idées ☐

C dénoncer ☐

D exprimer des sentiments ☐

E faire réfléchir : faire comprendre le monde ☐

F faire rêver ☐

G nous aider à nous détendre ☐

H rendre notre monde plus beau ☐

I témoigner ☐

J transformer la société ☐

2 Choisissez l'une des deux options suivantes.

Option A	Option B
Le soleil brille pour tout le monde, il brille dans…	Le soleil brille pour tout le monde, il ne brille pas dans…
il brille pour ceux qui…	il ne brille pas pour ceux qui…

3   Continuez votre poème.

> *ceux qui...*
>
> *ceux qui...*
>
> *ceux qui*
>
> *ceux qui*
>
> *ceux qui*
>
> *ceux qui*
>
> *ceux qui*
>
> *ceux qui*
>
> *ceux qu'on*
>
> *ceux qui*
>
> *ceux qui... le dimanche après-midi*
>
> *parce qu'ils... le lundi*
>
> *et le mardi, et le mercredi, et le jeudi, et le vendredi, et le samedi*
>
> *et le dimanche après-midi.*

4   Concours de slam

Récitez votre poème devant la classe.

Vous pouvez, comme les véritables slameurs, choisir une ambiance sonore et visuelle qui mettra votre poème en valeur.

Savez-vous...

Oui

- parler du rôle des arts dans la société ?   ☐
- utiliser les pronoms démonstratifs suivis d'un pronom relatif simple ?   ☐
- rédiger une interview ?   ☐
- rédiger un courriel ?   ☐
- présenter une photo sur le rôle des arts dans la société ?   ☐

3.3 Les arts, miroir des sociétés francophones

Comment les arts peuvent-ils nous aider à comprendre une culture ?

Objectifs d'apprentissage

Dans cette unité, vous allez apprendre à...

- parler de l'art comme miroir des cultures francophones
- accorder les adjectifs et les noms
- rédiger une critique de film
- présenter une photo sur l'art et la culture francophones

Des artistes francophones

1 Mise en route

1   Quels artistes francophones connaissez-vous et dans quel domaine exercent-ils leur art ? Faites un remue-méninges avec la classe.

Pierre Boulez

Yasmina Reza

Luc Besson

Ariane Moffatt

Gustave Courbet

Marion Cotillard

2 Voici une liste de personnalités faisant partie du patrimoine artistique francophone. Par groupes de deux, faites des recherches, puis associez chacune de ces personnalités à son domaine d'activité. Certaines activités peuvent s'appliquer à plusieurs personnalités.

Qui sont-ils ?		Que font-ils ?	
Bartabas	Jean-Luc Godard	bande dessinée	musique
Serge Gainsbourg	Yasmina Reza	chanson	peinture
Marion Cotillard	René Magritte	cinéma	photographie
Achille Zavatta	Jean-Paul Lemieux	cirque	spectacle
Enki Bilal	Vincent Cassel	littérature	théâtre
Henri Cartier-Bresson	Ariane Moffatt		
Pierre Boulez	Gustave Courbet		
Amadou et Mariam	Luc Besson		
Georges Bizet	Wajdi Mouawad		

3 Choisissez l'une de ces personnalités et, avec un(e) partenaire, imaginez cinq questions que vous lui poseriez dans le cadre d'une émission de télévision, de radio ou d'un festival. Ensuite, jouez l'interview devant une autre équipe.

Vous pouvez utiliser le vocabulaire dans l'encadré *Des mots pour le dire* pour vous aider à préparer votre interview.

DES MOTS POUR LE DIRE

l'acteur / l'actrice	J'ai fait mes débuts
le chanteur / la chanteuse	J'ai participé à
le / la chorégraphe	J'ai joué dans
le clown	J'ai mis en scène
le compositeur / la compositrice	J'ai créé
le dessinateur / la dessinatrice	J'ai fondé
l'écrivain / l'écrivaine	J'ai fait partie de
le metteur en scène	J'ai rencontré le succès
le musicien / la musicienne	J'ai gagné un prix
l'artiste peintre (*m / f*)	J'ai été influencé(e) par
le / la photographe	J'ai publié
le réalisateur / la réalisatrice	J'ai sorti mon premier album

Fiche 3.3.1
Travail oral en groupe
Quel art représente le mieux les cultures francophones ?

La musique

2 Compréhension orale 🔊 Piste 11

Les Français adorent la musique, si bien qu'ils lui consacrent toute une journée. À l'occasion de la Fête de la Musique, de nombreux musiciens, amateurs et professionnels, se produisent dans les rues et lieux publics. Célébrée pour la première fois en 1982 en France, cette fête s'est maintenant étendue à une centaine de pays sur les cinq continents.

Vous allez écouter deux opinions sur la Fête de la Musique. Choisissez la bonne réponse. Basez vos réponses sur ce que dit Jeanne, présidente d'une association culturelle.

1 Où la Fête de la Musique se passe-t-elle ?

    A dans une salle de la commune

    B à la mairie

    C dans un parc

2 Combien de personnes assistent à la Fête de la Musique ?

    A 3 000

    B 13 000

    C 30 000

3 Les musiciens sont pour la plupart …

    A des professionnels.

    B de la région.

    C à l'heure.

4 La présidente…

    A joue elle-même d'un instrument de musique.

    B chante dans une chorale.

    C fait la connaissance de gens qui apprécient tous la musique.

5 La présidente se rappelle avec le plus de plaisir…

    A un orchestre.

    B une chorale.

    C des musiciens locaux.

Basez vos réponses sur ce que dit Paul.

6 En quelle saison se passe la Fête de la Musique ?

    A au printemps

    B en été

    C en automne

7 Quel instrument musical gêne le plus Paul ? ☐

   A la batterie

   B la flûte

   C la guitare

8 Avec qui le beau-fils de Paul joue-t-il de la musique ? ☐

   A des spectateurs

   B des rockeurs

   C des amis

9 Le groupe du beau-fils de Paul veut surtout que le public… ☐

   A écoute la musique.

   B écoute les paroles.

   C s'amuse beaucoup.

10 Que mangent les gens à la Fête de la Musique ? ☐

   A des sandwichs

   B des saucisses-frites

   C des oreilles de cochon

Cahier 3.3
1 Grammaire en contexte
L'accord des adjectifs
qualificatifs

MÉMOIRE

Le cinéma vous
intéresse ? Vous
trouverez facilement
sur Internet une liste
de films français ou
francophones récents.
Vous pouvez aussi
trouver des films sur
un sujet ou un pays
qui vous intéressent
particulièrement ou
vous pencher sur un
film qui a obtenu
beaucoup de succès.
Pensez aussi à aller
voir ce qui se fait dans
d'autres pays que la
France : le cinéma
francophone est très
riche !

Cahier 3.3
2 Compréhension écrite
et Activité lexicale
Le cinéma

Le 7ᵉ art

3 Activité orale

Le 7ᵉ art (ou le cinéma) reflète et interprète le monde qui nous entoure. Ainsi nous permet-il de mieux comprendre notre propre culture et de mieux apprécier celles d'autrui.

Le cinéaste Jean-Luc Godard a dit : « Je ne veux parler que de cinéma, pourquoi parler d'autre chose ? Avec le cinéma, on parle de tout, on arrive à tout. »

Par groupes de deux, répondez aux questions suivantes.

1 « Avec le cinéma, on parle de tout. » Que veut dire Jean-Luc Godard ? Êtes-vous d'accord ?

2 Y a-t-il des choses dont on ne peut pas parler au cinéma ?

3 Y a-t-il des choses dont on ne doit pas parler au cinéma ?

4 Connaissez-vous des films francophones ? Lesquels ? De quel genre sont-ils ?

5 Qu'avez-vous appris sur les cultures francophones grâce à ces films ?

6 Les films francophones sont-ils différents des films de votre culture ? Pourquoi ?
   Donnez des exemples.

4 Activité écrite

Vous allez rédiger une critique positive ou négative au sujet d'un film qui vous a aidé à mieux comprendre un aspect d'une société francophone.

Vous devez inclure :

- le titre de votre critique
- le nom du film
- le nom du metteur en scène
- l'année de sortie de ce film
- l'intrigue

- le jeu des acteurs
- l'aspect de la société francophone qui vous a frappé(e)
- la bande sonore
- votre impression générale de ce film

Rédigez de 250 à 400 mots pour les élèves de niveau moyen et de 450 à 600 mots pour les élèves de niveau supérieur.

Une fois votre texte rédigé, servez-vous de la liste de vérification 5B au chapitre 6 du manuel pour vous assurer que vous avez utilisé tous les éléments nécessaires à la réalisation d'une critique.

Le folklore

5 Activité orale

1 Cochez les affirmations avec lesquelles vous êtes d'accord. Comparez ensuite vos réponses oralement avec un(e) partenaire et discutez-en.

A Grâce au folklore, on peut revenir à ses sources.

B Au XXIe siècle, qui peut croire les contes et légendes invraisemblables que nous racontent nos grands-parents et parents ?

C À l'école, il devrait y avoir une matière consacrée à l'enseignement des coutumes de son pays.

D Sans son folklore, mon pays ne serait pas le pays que je connais aujourd'hui.

E Grâce au folklore, je me sens appartenir à mon pays.

F Les traditions se perdent et il faut les rappeler et / ou les apprendre aux jeunes générations.

G Les danses folkloriques sont la seule activité où toutes les générations peuvent se rencontrer.

H Ça m'intéresse d'écouter des musiciens qui jouent des airs anciens avec des instruments traditionnels.

APPROCHES DE L'APPRENTISSAGE

Compétences de recherche

L'activité ci-contre vous demande de faire des recherches sur un pays francophone. Avant de commencer, réfléchissez aux questions suivantes :

Comment allez-vous procéder pour trouver l'information recherchée ?

Quels médias allez-vous privilégier ?

Comment allez-vous consigner les informations recueillies ?

Comment allez-vous les organiser ?

2   Qu'est-ce que le folklore selon vous ? Des danses, des légendes, des contes, des chansons, de la musique ? Quand vous avez regardé ce manuel pour la première fois, avez-vous reconnu ce qui est représenté sur la première de couverture ? Vous êtes-vous posé des questions sur la provenance de cette photo et sur ce qu'elle représente ? Avez-vous reconnu un rapport avec une culture francophone ?

Regardez de nouveau la première de couverture. Avec votre partenaire, décrivez-la.

Ensuite, faites des recherches pour identifier le pays francophone qui y est représenté.

Présentez les éléments de ces habits et de cette fête à la classe.

6 Lecture

Lisez ce texte.

- Le folklore -

1   Le vrai folklore n'a rien à voir avec la mode. Il en est le contraire. Le temps d'une vie ne suffit pas à l'établir. Sa démarche est parfois difficile à suivre. Mais il représente toujours une permanence de l'homme. Or, aujourd'hui, c'est l'humanité même qui joue son destin. Ce qui est montré, dans les fêtes folkloriques, ce sont les images d'une époque où la main prévalait sur
5   la machine, où l'on pouvait boire l'eau des rivières, où l'on n'abattait les arbres que pour le toit ou le feu, où l'on se distinguait des autres par le costume. De nos jours, on détruit froidement le milieu naturel, on n'a d'autre souci que de faire comme tout le monde, c'est-à-dire se rendre esclave des mêmes normes de vie imposées par la nouvelle civilisation. Au début de ce siècle, les fêtes folkloriques étaient des manifestations spontanées. Aujourd'hui, elles ne servent plus qu'à
10   représenter certaines valeurs que nous sommes en train de perdre et dont nous savons désormais qu'elles sont essentielles.

[...]

Aujourd'hui, on fait bien des reproches aux fêtes folkloriques. Certains les considèrent comme des divertissements de valeur artistique très médiocre, bons pour le menu peuple des HLM. Ils
15   n'y mettraient les pieds pour rien au monde, eux qui vont voir les ballets de Béjart[1], sans trop en comprendre l'argument, il est vrai, mais pour s'exclamer d'admiration, au retour, devant le whisky on ice : Ah ! *La Messe pour le temps présent* ! Ceux-là ne sentiront jamais qu'une fête folklorique est aussi présente que la Messe en question.

Pierre-Jakez Hélias, *Le cheval d'orgueil* © Plon, 1975

[1] **Maurice Béjart (1927–2007) :** danseur et chorégraphe français, a orchestré les chorégraphies de la Messe pour le temps présent composée par Pierre Henry en 1967

7 Compréhension écrite

Choisissez la bonne réponse.

1   Que veut dire l'auteur quand il affirme : « Le vrai folklore n'a rien à voir avec la mode » ? (ligne 1)

   A   Le folklore ne dure qu'un moment comme la mode.

   B   Le folklore est aujourd'hui à la mode.

   C   Le folklore ne suit pas la mode : il est intemporel.

   D   Le folklore n'a jamais été à la mode.

L'auteur oppose deux mondes : le passé et ses traditions, et le présent et son manque de traditions.

Remplissez le tableau en vous servant des détails du texte.

Le passé	Le présent
Le travail était fait à la main.	Exemple : Le travail est fait à la machine
2 On n'abattait les arbres que pour le toit ou le feu.	
3 On se distinguait des autres par le costume.	
4 Les fêtes folkloriques étaient des manifestations spontanées.	

Choisissez la bonne réponse.

5 Quelle comparaison Pierre-Jakez Hélias fait-il entre les fêtes folkloriques et la *Messe pour le temps présent* ?

   A La *Messe pour le temps présent* est inspirée des fêtes folkloriques.

   B La *Messe pour le temps présent* et les fêtes folkloriques ont tout autant de valeur.

   C La *Messe pour le temps présent* et les fêtes folkloriques ont le même public.

   D La *Messe pour le temps présent* sera présentée lors de prochaines fêtes folkloriques.

6 Quel est le ton de l'auteur ?

   A enthousiaste   C optimiste

   B cynique   D triste

Reliez chacun des mots du texte figurant dans la colonne de gauche avec son équivalent dans la colonne de droite.

Exemple : démarche (ligne 2)   [E]   A vente

7 prévalait (ligne 4)   [ ]   B était plus importante

8 abattait (ligne 5)   [ ]   C critiques

9 reproches (ligne 13)   [ ]   D tuait

10 menu (ligne 14)   [ ]   **E progression**

                                    F gourmand

                                    G gagnait de l'assurance

                                    H félicitations

                                    I coupait

                                    J modeste

3

8 Activité orale

Faites une présentation en classe sur un aspect du folklore de votre culture. Basez votre présentation sur les questions suivantes.

1 Quels aspects du folklore de votre culture sont les plus importants pour vous ? Pourquoi ?

2 En quoi cette tradition peut-elle aider à mieux faire comprendre votre culture ?

La procession dansante d'Echternach au Luxembourg

La littérature

Créativité, Activité, Service

Vous aimez lire ? La littérature francophone vous intéresse ? Pourquoi ne pas créer un club de lecture dans votre école ? Vous pouvez demander conseil à votre professeur de français pour qu'il vous aide à choisir les types de livres qui pourraient vous intéresser. Pourquoi ne pas commencer par la BD des *Misérables* ?

9 Activité orale

En petits groupes, discutez des questions suivantes.

1 Que pensez-vous du choix d'œuvres littéraires au programme de langue A (littérature ou langue et littérature) ?

2 À votre avis, qu'est-ce qui a dicté ce choix et pourquoi des œuvres traduites sont-elles imposées dans ce programme ?

3 Y a-t-il certaines œuvres que tout le monde devrait avoir lues ?

4 Lire des œuvres classiques dans le monde d'aujourd'hui, est-ce utile ?

5 Pensez-vous qu'on puisse comprendre la culture d'un pays grâce à sa littérature ? Pourquoi (pas) ?

10 Lecture Niveau supérieur

L'extrait suivant est issu du roman *Les Misérables* (1862), de Victor Hugo. Le romancier y retrace la vie de plusieurs personnes dans la misère à Paris et en province au XIXᵉ siècle.

Gavroche est l'un des nombreux personnages de ce roman. Fils des Thénardier, une famille de fourbes et de menteurs qui le rejette, il vit dans la rue. Il incarne l'enfant des rues débrouillard au grand cœur. Dans ce roman-fleuve, Victor nous aide aussi à mieux comprendre les aspects politiques, sociaux et culturels de la France sous l'insurrection républicaine à Paris en 1832.

Gavroche sur les barricades

1   La fumée était dans la rue comme un brouillard. Elle montait lentement et se renouvelait sans cesse ; de là un obscurcissement graduel qui blêmissait même le plein jour. C'est à peine si, d'un bout à l'autre de la rue, pourtant fort courte, les combattants s'apercevaient.

    Cet obscurcissement, probablement voulu et calculé par les chefs qui devaient diriger l'assaut de
5   la barricade, fut utile à Gavroche.

    Sous les plis de ce voile de fumée, et grâce à sa petitesse, il put s'avancer assez loin dans la rue sans être vu. Il dévalisa les sept ou huit premières gibernes[1] sans grand danger.

    Il rampait à plat ventre, galopait à quatre pattes, prenait son panier aux dents, se tordait, glissait, ondulait, serpentait d'un mort à l'autre, et vidait la giberne ou la cartouchière comme un singe
10 ouvre une noix.

    À force d'aller en avant, il parvint au point où le brouillard de la fusillade devenait transparent. Si bien que les tirailleurs de la ligne rangés et à l'affût derrière leur levée de pavés, et les tirailleurs de la banlieue massés à l'angle de la rue se montrèrent soudainement quelque chose qui remuait dans la fumée.

15 Au moment où Gavroche débarrassait de ses cartouches un sergent gisant près d'une borne, une balle frappa le cadavre.

    – Fichtre ! fit Gavroche. Voilà qu'on me tue mes morts.

    Une deuxième balle fit étinceler le pavé à côté de lui. Une troisième renversa son panier. Gavroche regarda, et vit que cela venait de la banlieue.
20 Il se dressa tout droit, debout, les cheveux au vent, les mains sur les hanches, l'œil fixé sur les gardes nationaux qui tiraient, et il chanta :

        On est laid à Nanterre,
        C'est la faute à Voltaire,
        Et bête à Palaiseau,
25   C'est la faute à Rousseau.

    Puis il ramassa son panier, y remit, sans en perdre une seule, les cartouches qui en étaient tombées, et, avançant vers la fusillade, alla dépouiller une autre giberne. Là, une quatrième balle le manqua encore. Gavroche chanta :

        Je ne suis pas notaire,
30   C'est la faute à Voltaire,
        Je suis petit oiseau,
        C'est la faute à Rousseau.

    Une cinquième balle ne réussit qu'à tirer de lui un troisième couplet :

        Joie est mon caractère,
35   C'est la faute à Voltaire,
        Misère est mon trousseau,
        C'est la faute à Rousseau.

    Cela continua ainsi quelque temps.

Le spectacle était épouvantable et charmant. Gavroche, fusillé, taquinait la fusillade. Il avait
40 l'air de s'amuser beaucoup. C'était le moineau becquetant les chasseurs. Il répondait à chaque
décharge par un couplet. On le visait sans cesse, on le manquait toujours. Les gardes nationaux
et les soldats riaient en l'ajustant. Il se couchait, puis se redressait, s'effaçait dans un coin de
porte, puis bondissait, disparaissait, reparaissait, se sauvait, revenait, ripostait à la mitraille par
des pieds de nez, et cependant pillait les cartouches, vidait les gibernes¹ et remplissait son panier.
45 Les insurgés, haletants d'anxiété, le suivaient des yeux. La barricade tremblait ; lui, il chantait. Ce
n'était pas un enfant, ce n'était pas un homme ; c'était un étrange gamin fée. Les balles couraient
après lui, il était plus leste qu'elles. Il jouait on ne sait quel effrayant jeu de cache-cache avec
la mort ; chaque fois que la face camarde² du spectre s'approchait, le gamin lui donnait une
pichenette.
50 Une balle pourtant, mieux ajustée ou plus traître que les autres, finit par atteindre l'enfant feu
follet. On vit Gavroche chanceler, puis il s'affaissa. Toute la barricade poussa un cri ; mais il
y avait de l'Antée³ dans ce pygmée ; pour le gamin toucher le pavé, c'est comme pour le géant
toucher la terre ; Gavroche n'était tombé que pour se redresser ; il resta assis sur son séant, un
long filet de sang rayait son visage, il éleva ses deux bras en l'air, regarda du côté d'où était venu le
55 coup, et se mit à chanter :

> Je suis tombé par terre,
> C'est la faute à Voltaire,
> Le nez dans le ruisseau,
> C'est la faute à…

60 Il n'acheva point. Une seconde balle du même tireur l'arrêta court. Cette fois il s'abattit la face
contre le pavé, et ne remua plus. Cette petite grande âme venait de s'envoler.

Victor Hugo, *Les Misérables*

¹ **une giberne** : boîte à
cartouches des soldats

² **la face camarde** :
littéralement, le visage
écrasé. Victor Hugo fait
référence au visage de
la mort, appelée aussi la
camarde

³ **Antée** : nom d'un Dieu
grec qui avait la particularité
d'être pratiquement
invincible tant qu'il restait
en contact avec le sol

11 Compréhension écrite Niveau supérieur

Répondez aux questions suivantes ou choisissez la bonne réponse.

1 Qu'est-ce qui empêche les combattants de bien voir ?

2 Que fait Gavroche pendant que la visibilité des combattants est mauvaise ?

3 Relevez les verbes qui décrivent la manière dont Gavroche se déplace dans les barricades.

4 Quel champ lexical Victor Hugo a-t-il employé ici ?

　A le champ lexical du jeu　　　　　C le champ lexical des animaux

　B le champ lexical de la mort　　　D le champ lexical de l'armée

5 À votre avis, quel effet Victor Hugo voulait-il produire en utilisant ce champ lexical ?

6 Quel trait de caractère de Gavroche découvre-t-on quand il dit : « Voilà qu'on
me tue mes morts » ? (ligne 17)

　A la peur　　　　　　　　　　　C la colère

　B l'humour　　　　　　　　　　D le courage

7 Quelle est l'attitude de Gavroche face aux gardes nationaux à la ligne 20
(« Il se dressa tout droit, debout, les cheveux au vent, les mains sur les hanches… ») ?

　A Il a peur des gardes nationaux.　　　　C Il veut aider les gardes nationaux.

　B Il fait signe aux gardes nationaux.　　D Il défie les gardes nationaux.

8 Comment riposte Gavroche aux balles qui lui sont adressées ?

9 À la ligne 39, (« Gavroche, fusillé, taquinait la fusillade »), quelle est l'autre réaction de Gavroche face aux balles ?

    A Il est amusé par la fusillade.   **C** Il prend part à la fusillade.

    B Il cherche à éviter les balles.   **D** Il veut se venger.

10 Expliquez les deux réactions de Gavroche face aux balles qui le mettent en danger.

11 Indiquez à quel temps sont conjugués les verbes aux lignes 42 à 44 (« Il se couchait […] son panier. »).

12 Pourquoi Victor Hugo a-t-il employé ce temps ? Quel effet cela crée-t-il sur le lecteur ?

13 Citez deux des êtres surnaturels auxquels Gavroche est assimilé.

14 Quel effet cela crée-t-il ?

15 Quelle est la réaction des camarades de Gavroche ?

16 À la dernière ligne, que signifie : « Cette petite grande âme venait de s'envoler » ?

    A Un oiseau vient de se poser sur l'épaule de Gavroche.

    B Gavroche vient de mourir.

    C Gavroche vient d'échapper aux gardes nationaux.

    D Les balles des fusils continuent à voler autour de Gavroche.

12 Activité orale Niveau supérieur

En petits groupes, discutez des questions suivantes.

1 À qui va la sympathie de Victor Hugo, à Gavroche ou aux gardes nationaux ? Qu'est-ce qui permet de l'affirmer ?

2 Aujourd'hui on se souvient de cet épisode de l'histoire française surtout grâce au succès du roman de Victor Hugo. Certains historiens ne voient pas cela d'un bon œil. Comprenez-vous pourquoi ?

> **Fiche 3.3.3**
> **Entraînement à l'oral individuel NM**
> La bibliothèque

3 Connaissez-vous d'autres exemples de littérature francophone ou d'ailleurs qui témoignent d'événements historiques ?

3

Les arts visuels

13 Activité orale

Quels éléments d'un tableau ou d'une photographie nous aident à mieux comprendre la culture d'un pays ?

1 Par groupes de deux, observez le tableau d'Eugène Delacroix et répondez aux questions suivantes.

    a   Où et quand se passe l'action ?

    b   Que fait la femme au centre du tableau ?

    c   Par qui est-elle entourée ?

    d   D'après vous, que revendique-t-elle ?

    e   D'après vous, quel est le but de ce tableau ?

    f   En quoi ce tableau est-il lié à la culture francophone ?

2 Par groupes de deux, observez la photo de Stéphane Mahé et répondez aux questions suivantes.

    a   Où et quand se passe l'action ?

    b   Que fait l'homme au centre de la photo ?

    c   Par qui est-il entouré ?

    d   D'après vous, que revendique-t-il ?

    e   D'après vous, quel est le but de cette photo ?

3 Ce tableau et cette photo ont souvent été assimilés. Expliquez pourquoi.

La Liberté guidant le peuple,
Eugène Delacroix, 1831

La Marianne de Charlie,
Stéphane Mahé, 11 janvier 2015

14 Toute réflexion faite

Par groupes de quatre, imaginez un musée dans un pays francophone. Dans ce musée, on peut voir quatre œuvres d'art qui reflètent la culture du pays. Quelles œuvres d'art choisiriez-vous d'y exposer ? Rédigez la brochure destinée aux visiteurs du musée dans laquelle vous expliquez la signification et l'importance de chacune de ces œuvres.

Présentez votre brochure à la classe.

Avant de commencer, il pourrait s'avérer utile de répondre aux questions suivantes.

COMPRÉHENSION CONCEPTUELLE

✓ Le destinataire : Pour qui écrivez-vous ?

✓ Le contexte : Quelle est la situation ?

✓ Le but : Quel est votre objectif ?

✓ Le sens : Quel message voulez-vous transmettre ? Quels moyens allez-vous employer pour le transmettre efficacement ?

✓ La variation : Quel registre allez-vous employer ?

Pour plus de détails, vous pouvez vous servir de la liste de vérification 3B au chapitre 6 du manuel.

Savez-vous...

	Oui
• parler de l'art comme miroir des cultures francophones ?	☐
• accorder les adjectifs et les noms ?	☐
• rédiger une critique de film ?	☐
• présenter une photo sur l'art et la culture francophones ?	☐

3.4 Le monde vu par les médias

Comment les médias influencent-ils nos rapports avec les autres ?

Objectifs d'apprentissage

Dans cette unité, vous allez apprendre à…

- parler des médias
- identifier les registres de langue
- utiliser la forme passive
- rédiger une lettre de protestation
- rédiger une brochure publicitaire
- présenter une photo sur les médias

Les médias et moi

1 Mise en route

Comment vous informez-vous sur ce qui se passe dans le monde ? Avec vos camarades de classe, discutez de la façon dont vous percevez et utilisez les médias.

1 Pour vous, les médias sont-ils plutôt une source d'information ou de divertissement ? Pourquoi (pas) ?

2 Quels médias consultez-vous pour vous renseigner sur ce qui se passe dans votre pays ou dans le monde ?

3 Vous sentez-vous bien informé(e) ? Pourquoi (pas) ?

4 Faites-vous confiance aux médias que vous utilisez ? Pourquoi (pas) ?

5 Quels sont ceux que vous ne consultez pratiquement jamais ? Pourquoi ?

6 Quels médias utilisez-vous pour communiquer avec vos amis ?

7 Vos amis utilisent-ils les mêmes médias que vous ?

8 Combien de temps par jour ou par semaine passez-vous à communiquer avec vos amis ?

Cahier 3.4

1 Activité lexicale
La presse écrite

2 Activité orale

Pourquoi choisissez-vous de lire un article plutôt qu'un autre ?

Lisez les phrases ci-dessous et cochez celles qui vous correspondent. Puis, en groupes de deux ou trois, comparez vos réponses à celles de vos camarades et discutez-en.

A   C'est à la une du journal.

B   J'ai été attiré(e) par la photo.

C   Le titre de l'article a piqué ma curiosité.

D   Le sujet me touche personnellement (je veux perdre du poids, je fume…).

E   C'est un sujet qui m'intéresse (un sujet people, le sport, la politique…).

F   Il s'agit de mauvaises nouvelles (les catastrophes naturelles, les faits divers, les attentats…).

G   Il s'agit de bonnes nouvelles (régionales, nationales ou internationales).

H   Je lis d'abord les articles de mes journalistes ou chroniqueurs préférés.

I   C'est un sujet dont tout le monde parle en ce moment.

J   L'article est apparu sur mon mur Facebook.

K   J'ai reçu une notification de mon quotidien préféré sur mon portable.

L   Un(e) ami(e) m'a conseillé de lire cet article.

M   Sur le web, je lis en priorité les articles « les plus partagés » ou « les plus commentés ».

N   Une autre raison ?

3

3 Compréhension orale 🔊 Piste 12

Vous allez écouter les témoignages de trois jeunes au sujet des médias.

1 Cochez les cases qui correspondent au témoignage de chacun.

	Yasmina	Damien	Sophie	Vous	Votre partenaire
Exemple : Je m'informe dès le début de la journée.	✓	✓	✓		
a J'écoute régulièrement la radio.					
b Pour être bien informé(e), je privilégie la presse écrite.					
c J'ai tendance à faire confiance aux médias.					
d Pour moi, la meilleure source d'information, c'est Internet.					
e Je m'informe essentiellement en regardant la télé.					
f Ce que je reproche aux journalistes, c'est leur manque d'objectivité.					
g Les médias traditionnels nous fournissent à peu près tous les mêmes informations.					

2 Cochez les cases qui reflètent votre propre opinion. Comparez vos réponses à celles de votre partenaire et discutez-en. N'oubliez pas de donner des exemples.

4 Compréhension écrite

Yasmina, Damien et Sophie évoquent quelques manières d'être bien informés.

1 Lisez maintenant la transcription du texte (qui vous sera fournie par votre professeur) et soulignez les parties du texte où ils justifient pourquoi ils font confiance (ou non) à certains médias.

2   S'assurer que les informations sont fiables, c'est bien sûr le devoir des journalistes, mais aussi celui du public. Parmi les énoncés suivants, identifiez ceux qui font référence aux obligations des journalistes et ceux qui font référence au public. Certains énoncés peuvent bien sûr concerner à la fois les journalistes et le public. Cochez les cases appropriées.

	Journalistes	Public
Exemple : apprendre à décoder les images	☐	✓
A avoir un peu de recul par rapport aux informations présentées	☐	☐
B comprendre le monde qui nous entoure	☐	☐
C déterminer ce qui fait l'actualité	☐	☐
D donner la parole aux experts	☐	☐
E faire preuve de neutralité	☐	☐
F multiplier les sources d'information	☐	☐
G poser un regard critique sur les informations	☐	☐
H recueillir des témoignages	☐	☐
I refléter fidèlement la réalité	☐	☐
J représenter une diversité d'opinions	☐	☐
K se forger une opinion	☐	☐
L se méfier des sources peu fiables comme les blogs ou les sites personnels	☐	☐
M situer les faits dans leur contexte	☐	☐

5 Activité écrite

Comme Yasmina, Damien et Sophie, vous allez être interrogé(e) dans le cadre d'une enquête sur le rapport entre les médias et les jeunes. Dans votre réponse vous devrez expliquer ce que vous faites pour être bien informé(e).

Préparez votre réponse en utilisant au moins trois expressions parmi les 13 énoncés ci-dessus.

COMPRÉHENSION CONCEPTUELLE

La variation

1 Dans la langue familière, on abrège souvent les mots. Vous avez sûrement remarqué les abréviations suivantes dans la transcription du texte « Faites-vous confiance aux médias ? ». Pouvez-vous trouver les mots de la langue courante auxquels elles se réfèrent ?

le petit-déj'   les infos   la télé   l'ordi

2 Voici d'autres abréviations fréquentes en français familier. Que veulent-elles dire ?

a   Les médias ne donnent pas assez la parole aux ados.

b   Mon appart est minuscule, mais j'adore le quartier !

c   Tu préfères qu'on se voie c't aprèm ou ce soir ?

d   Avant d'aller à l'université, il faut d'abord que je passe mon bac !

e   Et si on se faisait un ciné ce soir ? Il y a un bon film qui vient de sortir.

f   Quelle chaleur ! Si seulement on avait la clim…

g   C'est vrai qu'on n'a pas droit au dico pendant les examens de français ?

h   On s'est connu à la fac : lui, il était en 1ère année de droit et moi en seconde.

i   Après le cours d'anglais, il faut que j'aille au labo de physique.

j   Bon, un embouteillage… Ça doit encore être une manif qui bloque la circulation !

k   Tu peux lui faire confiance : c'est un vrai pro.

l   Dans mon lycée, les profs sont vraiment nuls !

m   Tu as vu la pub pour le nouveau portable Téléplus ? Géniale ! ! !

n   Pour notre premier rendez-vous, on est allé dans un petit resto thaïlandais près d'ici.

o   Luc est complètement accro à la nouvelle série sur TF1. Il ne rate pas un épisode !

p   Je n'achète pas de produits bio parce que c'est trop cher.

q   Manger à la cantine ? Jamais ! Les menus sont vraiment dégueu !

r   Il paraît que prendre un bain plutôt qu'une douche, ce n'est pas très écolo, car on gaspille trop d'eau.

s   Écoute, si tu veux un conseil perso : ne pense plus à ce garçon !

t   Tu as rencontré la nouvelle copine de Didier ? Elle est sympa, non ?

Cahier 3.4
2 Grammaire en contexte
La forme passive

Fiche 3.4.1
Travail oral en groupe
La liberté de la presse, pour quoi faire ?

Fiche 3.4.2
Entraînement à l'oral individuel NM
Des paparazzi

Fiche 3.4.3
Entraînement à l'oral individuel NM
Un kiosque à journaux

Le regard des médias

6 Activité écrite

Les médias nous aident-ils à nous informer de manière objective ?

1 Faites individuellement une liste de trois ou quatre images qui vous viennent spontanément à l'esprit lorsqu'on évoque :

a Haïti   d la Chine

b la France   e les États-Unis

c l'Afrique

2 Avez-vous eu du mal à trouver des images pour un pays en particulier ? Quelles raisons pourraient expliquer cela ?

3 En petits groupes, comparez vos réponses à celles de vos camarades. Y a-t-il des images qui reviennent sur plusieurs listes ? Si oui, faites-en une liste. Gardez les listes, qui serviront de nouveau après la lecture du texte « Le regard ».

7 Lecture

Lisez ce texte.

LE REGARD

1 Miami, un matin. Je travaillais à un roman. Le téléphone sonne. On voulait savoir si j'étais intéressé à participer à un

5 reportage sur Haïti – la télé. Haïti vu par moi. Ayant une certaine expérience des médias, j'ai vite deviné le piège. Vous voulez, je réponds,

10 que je sois le prétexte d'un reportage sur Haïti. Pas du tout, on veut votre regard.

Né à Port-au-Prince, Haïti, l'écrivain Dany Laferrière, de l'Académie française, vit à Montréal.

Alors il n'y aura pas d'interview avec Aristide (il était le président et on se dirigeait vers une campagne électorale). C'était donc beaucoup

15 demander. Impossible d'aller en Haïti sans rencontrer le président. Bon, alors ce ne sera pas « mon » Haïti. Je n'étais pas précisément contre le fait de rencontrer Aristide, mais pour moi les hommes passent, et le pays reste. C'est difficile pour la télé de filmer le non-événement. Alors que je n'espère que m'infiltrer dans les moindres interstices de la vie quotidienne

193

20 afin de comprendre cette femme en détresse qui sourit malgré tout. Bon, on va réfléchir à tout cela et on vous rappellera plus tard. Je retournai donc à mon roman.

Et, un mois plus tard, de nouveau les gens de la télé. C'est quoi alors votre regard ? Les gens ordinaires – ni les plus pauvres, ni les plus riches.
25 La classe moyenne alors ? Oui. Un long silence au bout du fil. C'est que la classe moyenne passe mal à la télé. On ne l'entend pas pleurer ni crier. Et ses revendications sont souvent modérées. Pas d'interview choc. Vous savez que la télé, c'est d'abord des images, alors comment voyez-vous cela concrètement ? Cela fait des années que la télé québécoise va
30 en Haïti, et jamais on ne voit une librairie, un étudiant en train de faire ses devoirs sous un lampadaire, une conférence sur autre chose que la politique, une petite ville de province calme, un homme qui retrousse son pantalon avant de traverser un ruisseau. De nouveau le silence. Je ne dois pas faire sérieux avec mes images poétiques. Oui, pourquoi aller en
35 Haïti si on peut voir ça aussi au Québec ? Ah, voilà, le chat est enfin sorti du sac. On veut du folklore, du différent, de l'exotique. Mais le différent à répétition devient le même. Que voit-on quand on regarde les autres toujours de la même manière ?

Et deux mois plus tard. C'est d'accord, on verra Haïti selon votre vision.
40 Je n'avais rien demandé, on m'a appelé pour me faire une proposition et, là, j'ai l'impression d'être un trouble-fête. C'est vrai qu'il y a quelques années, j'aurais joué le jeu, et on serait déjà en Haïti en train de filmer les mêmes clichés. Des politiciens en sueur, une vieille femme hurlant sa douleur en gros plan, un président rassurant, des étudiants en colère, des
45 pneus en train de brûler, et une cérémonie de vaudou qui se termine par un sacrifice d'animaux.

Dany Laferrière, *La Presse*

8 Compréhension écrite

Répondez aux questions suivantes ou choisissez la bonne réponse.

1 Les lignes 1 à 22 relatent une conversation téléphonique…

    A au sujet du dernier roman de Dany Laferrière.

    B à propos d'un futur reportage sur Haïti.

    C avec un politicien haïtien.

    D avec une équipe de télévision qui veut réaliser un documentaire sur Dany Laferrière.

2 À qui « on » fait-il référence dans « on voulait savoir » (ligne 3) ?

3 Quel « piège » Dany Laferrière devine-t-il ?

4 Quelle condition Dany Laferrière pose-t-il pour participer au reportage ?

5 Citez un exemple de « non-événement difficile à filmer » mentionné dans les lignes 1 à 22.

6 De quelle manière Dany Laferrière pense-t-il pouvoir arriver à comprendre Haïti ?

7 Parmi les cinq phrases interrogatives dans les lignes 23 à 38, trouvez celle qui n'est pas prononcée par les gens de la télévision.

8 Le « long silence au bout du fil » (ligne 25) laisse entendre que…

    A   la communication téléphonique a été coupée.

    B   les gens de la télévision sont sceptiques.

    C   Dany Laferrière a du mal à justifier ses idées.

    D   les gens de la télévision sont enthousiasmés par les propos de Dany Laferrière.

9 Citez **deux** exemples d'« images poétiques » évoquées par Dany Laferrière dans les lignes 29 à 33.

10 Pourquoi Dany Laferrière qualifie-t-il ces images de « poétiques » ?

    A   Parce qu'elles lui ont inspiré un poème.

    B   Parce qu'elles évoquent un poème célèbre sur Haïti.

    C   Parce qu'elles suscitent de l'émotion par leur beauté et leur délicatesse.

    D   Parce qu'elles sont complètement inventées.

11 Dans ce contexte, « le chat est enfin sorti du sac » (lignes 35 et 36) signifie que…

    A   la véritable intention a été dévoilée.

    B   un événement tout à fait inattendu a eu lieu.

    C   le résultat pour lequel on a tant travaillé a finalement été atteint.

    D   le coupable a été démasqué.

12 « J'ai l'impression d'être un trouble-fête » (ligne 41) signifie que Dany Laferrière…

    A   se trouve dans une situation vraiment critique.

    B   se réjouit que les gens de la télévision aient accepté sa proposition.

    C   aurait aimé en arriver plus rapidement à une entente.

    D   sent qu'il dérange les gens de la télévision avec ses idées.

13 « J'aurais joué le jeu » (ligne 42) signifie que Dany Laferrière…

    A   aurait pris toute cette affaire avec légèreté.

    B   se serait moqué des gens de la télé.

    C   aurait fait ce qu'on lui demandait.

    D   se serait beaucoup amusé.

14 Citez **deux** des clichés sur Haïti mentionnés par Dany Laferrière dans les lignes 43 à 46.

9 Activité orale TdC

Discutez des questions suivantes en petits groupes.

1   Reprenez les images d'Haïti dont vous avez fait la liste avant de lire le texte. Ressemblent-elles aux clichés cités par Dany Laferrière dans le dernier paragraphe du texte ? Ressemblent-elles aux « images poétiques » citées dans les lignes 29 à 33 ? Et les images des autres pays ?

2   D'où vous sont venues les images que vous avez citées avant de lire le texte ? De votre expérience personnelle ? De conversations avec vos amis ? De vos lectures ? Des médias ? D'après vous, représentent-elles bien la réalité de ces pays ? Pourquoi (pas) ?

3   Avez-vous l'impression que votre représentation d'Haïti (ou d'autres pays étrangers) est le fruit d'une manipulation des médias ? Justifiez votre réponse.

4   Pour chacune des affirmations suivantes tirées du texte, trouvez un argument pour et un argument contre.

Exemple :

« Impossible d'aller en Haïti sans rencontrer le président. »

Pour : Lorsqu'un pays se dirige vers une campagne électorale, une interview avec le président est fondamentale pour bien comprendre la situation politique.

Contre : Les reportages donnent toujours la parole aux mêmes personnes.

a   « C'est difficile pour la télé de filmer le non-événement. »

b   « C'est que la classe moyenne passe mal à la télé. »

c   « Vous savez que la télé, c'est d'abord des images. »

d   « On veut du folklore, du différent, de l'exotique. Mais le différent à répétition devient le même. »

5   Pensez-vous que Dany Laferrière a raison de poser la question suivante :
« Que voit-on quand on regarde les autres toujours de la même manière ? »
Quelle réponse apporteriez-vous à cette question ?

APPROCHES DE L'APPRENTISSAGE

Compétences de recherche

Lorsque vous vous servez des médias (réseaux sociaux, informations télévisées, presse écrite…), que faites-vous pour vous assurer que ces informations sont fiables ?

10 Activité écrite

Vous venez de regarder à la télévision un reportage sur un pays que vous connaissez bien. Selon vous, ce reportage n'était qu'une suite de clichés. Indigné(e), vous écrivez une lettre de protestation que vous faites parvenir à Jacqueline Joubert, directrice de la programmation.

Vous trouverez plus facile d'effectuer cette tâche si vous faites préalablement les activités de compréhension conceptuelle ci-dessous.

Ensuite, rédigez votre texte en suivant le modèle présenté dans votre cahier d'exercices (Cahier 3.4 – 3 Activité écrite).

Rédigez de 250 à 400 mots pour les élèves de niveau moyen et de 450 à 600 mots pour les élèves de niveau supérieur.

COMPRÉHENSION CONCEPTUELLE

Le destinataire et le sens

Laquelle des formulations suivantes serait la plus appropriée…

1 pour indiquer l'objet de votre lettre ?

   A Demande de remboursement

   B Programmation d'automne de Radio-Canada

   C Téléspectateur indigné ! ! !

   D Reportage sur Haïti diffusé le 20 septembre

2 comme formule d'appel ?

   A Madame la Directrice,   C Bonjour Madame,

   B Chère Madame,   D Salut Jacqueline !

3 pour rappeler la situation et exposer votre message principal ?

   A Suite à la diffusion de « Haïti, terre de misère » à votre antenne le 20 septembre dernier, j'aimerais exprimer mon indignation. En effet, je ne suis pas du tout favorable à la diffusion de reportages sur Haïti.

   B Après avoir vu « Haïti, terre de misère » à votre antenne le 20 septembre dernier, je tiens à féliciter votre journaliste Bertrand Masson pour la qualité exceptionnelle de son reportage.

   C J'ai été très touché(e) par votre reportage « Haïti, terre de misère » diffusé le 20 septembre et j'aimerais savoir comment je peux aider ces pauvres gens.

   D Le 20 septembre dernier, dans le cadre de l'émission « Le monde à la une » diffusée à votre antenne, j'ai eu l'occasion de voir le reportage « Haïti, terre de misère ». Ce reportage m'a profondément choqué(e).

4 pour conclure ?

   A J'espère que vous prendrez les mesures nécessaires pour que les reportages diffusés à votre antenne évitent ce genre de clichés à l'avenir.

   B Veuillez traiter ma demande dans les plus brefs délais.

   C Je me tiens à votre disposition pour un prochain rendez-vous.

   D Merci de nous avoir ouvert les yeux sur la triste réalité de ce pays.

5 comme formule de politesse ?

   A Je vous embrasse bien affectueusement,   C Amitiés,

   B Je vous prie d'agréer, Madame la Directrice,   D À bientôt !
     l'expression de mes sentiments les meilleurs,

COMPRÉHENSION CONCEPTUELLE

La variation

L'expéditeur d'une lettre de protestation s'exprime normalement sur un sujet qui lui tient à cœur. Même s'il est en désaccord avec la position adoptée par le destinataire, il doit respecter celui-ci en adoptant un ton courtois et un registre approprié.

Indiquez si les phrases ci-dessous sont appropriées ou non pour ce genre de lettre en cochant la case correspondante. Pour les phrases inappropriées, soulignez les éléments (vocabulaire, syntaxe, etc.) inadéquats.

	Appropriée	Inappropriée
Exemple : Ce reportage était vachement nul ! (vocabulaire familier)		✓
1 Comment peux-tu permettre la diffusion de tels reportages ?		
2 Je trouve consternant qu'une chaîne de télévision publique manque à ce point de rigueur journalistique.		
3 Il me semble qu'il serait possible de nous montrer autre chose que des images de misère.		
4 Qu'est-ce que j'en ai marre qu'on nous serve les mêmes clichés !		
5 Malheureusement, ce genre de reportage ne fait que perpétuer les préjugés à l'égard des pays en voie de développement.		
6 Il faudrait pas laisser ce journaliste traiter de questions internationales.		
7 Si vous pouviez montrer Haïti d'une manière plus positive, ça serait hyper-apprécié.		
8 En tant que télévision publique, vous avez le devoir de fournir des informations de qualité.		
9 Non mais, a-t-on idée de diffuser de telles stupidités ?		
10 Hier soir, j'ai vu le reportage « Haïti, terre de misère » et franchement, j'ai pas du tout aimé.		

Cahier 3.4

3 Activité écrite
Une lettre de protestation

11 Lecture Niveau supérieur

Nous regardons les autres qui nous regardent. Que voient–ils ? Quelle est la part de vérité dans ce regard ? Vous allez lire un extrait d'un roman d'Érik Orsenna qui vous permettra de réfléchir à ces questions.

Le village du bout du monde

La narratrice, Madame Bâ, inspectrice de l'éducation nationale au Mali, fait une tournée dans les villages isolés du nord de son pays. Florence Launay, jeune Française nouvellement débarquée en Afrique, l'accompagne.

1 La nuit tombait en même temps qu'une fatigue immense sur nos épaules et nos paupières de voyageuses au long cours. [...]

Une lueur bleue parut à l'horizon. Un phare timide comme la lampe d'une chambre d'enfant dans la maison déserte.

5 – Cette fois, nous arrivons peut-être au bout du monde.

Personne. Au contraire des autres villages, aucune petite troupe gesticulante n'était là pour nous accueillir. L'obscurité nous enveloppait. Nulle autre lumière que la lueur. Comment voulez-vous qu'au bout du monde on installe l'électricité ?

Nous avancions.

10 Toujours personne. Seulement guidées par la lueur qui tremblotait sur la façade d'une maison, là-bas, à l'extrémité de la ruelle principale. Une voix nasillarde résonnait dans l'air. On avait dû enfermer un gros insecte quelque part dans une boîte, et il protestait. Enfin, nous parvînmes à la source du reflet bleu. Le village le plus reculé du monde, dont plus tard j'apprendrais qu'il s'appelle Marasane, était là, tout entier réuni. Hypnotisé par un poste
15 de télévision posé sur l'estrade à palabres[1]. Les bambins allongés devant, presque collés à l'écran, comme si c'était une glace à lécher. Quel est ce fruit dont la couleur est bleue ? Les vieux avaient leur place habituelle au pied d'un arbre dont on ne devinait que le tronc, énorme. Et le reste de la population entassé, en désordre, les uns debout, les autres assis sur tous les sièges possibles, pneus, bassines, seaux ou licous d'animaux. Une voiture avait été
20 avancée contre l'estrade. Un drôle de véhicule inutile. Il lui manquait les roues. Son capot était levé. Un câble en sortait, branché sur les accus[2], et rejoignait l'appareil.

Au milieu du bleu, une dame à grand chapeau blanc pérorait devant un micro. Elle appelait : Miss Bretagne, Miss Picardie, Miss Pays basque. Chaque fois, une jeune fille s'avançait sur le devant de la scène. Applaudissements dans le poste et sur la place. Elle était demi nue. Elle ne
25 portait qu'une couronne et un maillot de bain.

– Mesdames et messieurs, et vous aussi chers téléspectateurs, je vous rappelle le numéro : 08 53 53 53 53 ; vous allez maintenant voter pour élire Miss France 2001.

L'image sautait sans cesse, comme si elle frissonnait. Ce frémissement me rappelait quelque chose. Je fouillai, fouillai dans ma mémoire comme dans un grenier. Un objet de mon enfance.
30 Il aurait bien voulu me faire plaisir, revenir jusqu'à moi. Mais c'était comme si une poussière nous séparait, la cendre de toutes ces années écoulées.

Soudain, le souvenir surgit, comme neuf, débarrassé de toute sa gangue[3] : le jouet scientifique qu'on m'avait offert pour mes dix ans. Cadeau à peine reçu aussitôt jeté dans le fleuve Sénégal, rappelez-vous.

35 La lueur tremblotait exactement comme l'aiguille de ma boussole. Tout devenait clair : la boussole et la télévision étaient de la même famille néfaste. Une machine à fabriquer de l'exil. Un piège qui vous force à regarder loin de vos racines, toujours vers le Nord, au-delà du bout du monde.

– Vous comprenez maintenant, mademoiselle, pourquoi tant de Maliens frappent à la porte de
40 la France ?

Érik Orsenna, *Madame Bâ*

---

[1] **estrade à palabres** : endroit où les anciens du village se réunissent pour discuter

[2] **accus** : accumulateurs ; dispositifs qui emmagasinent et restituent l'énergie électrique

[3] **gangue** : ce qui enveloppe, dissimule quelque chose

12 Compréhension écrite Niveau supérieur

Répondez aux questions suivantes ou choisissez la bonne réponse.

1 Qu'est-ce qui guide les voyageuses vers le village ?

2 En quoi l'accueil des habitants est-il différent de celui des autres villages ?

3 À quoi est comparée la voix que les voyageuses entendent en arrivant au village ?

4 Trouvez, entre les lignes 1 et 21, trois des images qui sont utilisées pour décrire le poste de télévision.

5 Pourquoi une voiture a-t-elle été avancée contre l'estrade ?

6 L'émission que les villageois regardent est…

    A un quiz.

    B une interview avec une dame à grand chapeau blanc.

    C un défilé de mode.

    D un concours de beauté.

Reliez chacun des mots du texte figurant dans la colonne de gauche avec son équivalent dans la colonne de droite. Indiquez les lettres correspondantes dans les cases.

Exemple : pérorait (ligne 22) [H]

7 frissonnait (ligne 28) [ ]

8 frémissement (ligne 28) [ ]

9 fouillai (ligne 29) [ ]

10 écoulées (ligne 31) [ ]

11 surgit (ligne 32) [ ]

12 débarrassé (ligne 32) [ ]

A apparut	I passées
B cherchai	J pensai
C compliment	K rêvées
D chantait	L souffrait
E dégagé	M tremblait
F disparut	N usé
G léger tremblement	
H parlait d'une manière prétentieuse	

Répondez aux questions suivantes.

13 Quel jouet scientifique Madame Bâ a-t-elle reçu pour ses 10 ans ?

14 Pourquoi Madame Bâ dit-elle que le jouet qu'elle a reçu pour ses 10 ans et la télévision sont « de la même famille néfaste » ?

15 À la fin de cet extrait, que sous-entend Madame Bâ lorsqu'elle demande à sa jeune compagne de voyage : « Vous comprenez maintenant, mademoiselle, pourquoi tant de Maliens frappent à la porte de la France » ?

La pub !

13 Activité orale

La publicité est omniprésente. Elle nous influence dans nos rapports avec autrui et avec le monde sans même que nous nous en rendions compte. Comment distinguer le vrai du moins vrai, voire du faux dans un texte publicitaire ?

Discutez avec un(e) partenaire.

1 Sous quelles formes la publicité apparaît-elle dans notre société ?

2 Quels sont les rôles de la publicité ?

3 Quels sont les avantages de la publicité ?

4 Quels sont les côtés néfastes de la publicité ?

5 Pourrait-on vivre sans publicité ? Pourquoi (pas) ?

Créativité, Activité, Service **CAS**

Les nouveaux élèves de 1ère année du programme du diplôme semblent un peu perdus et ne savent pas trop que faire comme service (CAS). Réalisez une vidéo promotionnelle pour votre service afin de recruter ces nouveaux élèves.

COMPRÉHENSION CONCEPTUELLE

Le sens

Afin d'inciter les consommateurs à acheter un produit, il est nécessaire de les attirer ou même de les allécher à l'aide d'une brochure publicitaire convaincante et efficace.

Imaginez que vous devez rédiger une brochure au sujet d'une boisson énergisante qui s'appellerait K42 et qui serait illustrée par la photo ci-contre. Pour chaque question, cochez les réponses appropriées.

1 Pour commencer, quel pourrait être le titre de cette brochure ? (Plusieurs réponses sont possibles.)

A Inscrivez-vous au nouveau centre de sports ! ☐

B Nouvelles lois gouvernementales contre le dopage. ☐

C Un petit coup de pompe ? ☐

D Arriverez-vous à franchir le dernier kilomètre qui vous mène à la victoire ? ☐

E Monsieur le Ministre des Sports, ☐

F Serez-vous sur la ligne de départ du prochain marathon ? ☐

2 Quels pourraient être les intertitres ? (Plusieurs réponses sont possibles.)

A Où peut-on se procurer K42 ? ☐

B Le marathon, un des plus vieux sports du monde. ☐

C Les effets sur l'organisme ☐

D Les bienfaits du sport ☐

E Quand faut-il boire du K42 ? ☐

F Qui peut boire du K42 ? ☐

3 Quelles expressions ou phrases pourraient inciter le lecteur à acheter ce produit ? (Plusieurs réponses sont possibles.)

A « Je ne sens plus la fatigue quand je fais du sport », dit Mélanie, élève au lycée Victor Hugo. ☐

B Achetez-en dès aujourd'hui ! ☐

C Manque d'énergie ? Fatigué ? Au bout du rouleau ? Avez-vous pensé à K42 ? ☐

D Il est conseillé de se procurer de bonnes chaussures de sport avant de s'inscrire au club. ☐

E La meilleure des boissons pour votre organisme. ☐

F Je voudrais dénoncer le fait que les jeunes mangent de moins en moins bien et ne font pas attention à leur santé. ☐

4 Quelles phrases pourrait-on lire dans les différents courts paragraphes de cette brochure publicitaire ? (Plusieurs réponses sont possibles.)

A Si vous lisez cette brochure, c'est que vous êtes encore une des rares personnes à ne pas boire nos produits. ☐

B Refusez de boire ces cochonneries ! Certains jeunes en deviennent dépendants. ☐

C Vous pouvez vous procurer cette boisson dans tous les supermarchés et dans tous les distributeurs automatiques des clubs de sport. ☐

D Grâce à cette boisson, vous ne ressentirez pas de fatigue pendant l'effort physique. ☐

E Ce n'est certainement pas grâce aux boissons énergisantes qu'on retrouve sa forme. Rien ne vaut une bonne nuit de sommeil ! ☐

F Savez-vous que tout bon sportif se doit d'avoir une bouteille de boisson énergisante dans son sac de sport ? ☐

5 Comment pourrait-on conclure cette brochure publicitaire ? (Plusieurs réponses sont possibles.)

A Veuillez agréer, Messieurs les lecteurs, mes sincères salutations. ☐

B Déconseillé aux femmes enceintes. Contient de la caféine. ☐

C Pour plus de renseignements, veuillez contacter le numéro vert : 0800 123 456 ☐

D Courez tous jusqu'à votre supermarché le plus proche et achetez K42 dès maintenant ! ☐

E Attention ! L'abus de sucre nuit à la santé. ☐

F Bisous de la part des sportifs. ☐

14 Activité écrite

Rédigez une brochure publicitaire soit commerciale soit sociétale dont l'illustration serait l'une de ces images. À vous de décider « le produit » dont cette brochure vante les mérites. Vous devez faire preuve d'imagination.

Rédigez de 250 à 400 mots pour les élèves de niveau moyen et de 450 à 600 mots pour les élèves de niveau supérieur.

Après avoir rédigé votre texte, servez-vous de la liste de vérification 3B au chapitre 6 du manuel pour vous assurer que vous avez utilisé tous les éléments nécessaires à la réalisation d'une brochure.

15 Toute réflexion faite

À la une !

1 Avec un(e) partenaire, observez la une d'un journal ou d'un magazine d'informations francophone et répondez aux questions suivantes :

> ✓ De quel type de journal ou de magazine s'agit-il ? (quotidien, hebdomadaire, régional, national, satirique, politique…)
>
> ✓ Quels sont les gros titres ? Que représentent les photos ou les dessins ?
>
> ✓ Quel(s) message(s) les journalistes ont-ils voulu faire passer ?
>
> ✓ D'après vous, qui sont les lecteurs de ce journal ? Justifiez votre réponse.
>
> ✓ Quel registre de langue est utilisé ?
>
> ✓ Pourquoi cette une vous a-t-elle particulièrement attiré(e) ?
>
> ✓ Que vous apprend cette une au sujet du pays d'où elle provient ?

2 Faites une présentation à la classe.

Savez-vous…

- parler des médias ?

- identifier les registres de langue ?

- utiliser la forme passive ?

- rédiger une lettre de protestation ?

- rédiger une brochure publicitaire ?

- présenter une photo sur les médias ?

Oui

☐
☐
☐
☐
☐
☐

MÉMOIRE

La publicité sous toutes ses formes est souvent source d'intérêt mais aussi de critique de la part du public. Pour votre mémoire, vous pourriez, par exemple, analyser une campagne publicitaire francophone (pub magazine, affichage, radio ou vidéo) pour une cause qui vous tient à cœur (l'anti-racisme, l'alcool au volant…), pour un produit que vous aimez ou pour un public particulier (les adolescents, les enfants, les parents…). Vous pouvez aussi vous intéressez à une campagne publicitaire qui a eu beaucoup de succès dans un pays francophone ou au contraire qui a été très critiquée.

4 Organisation sociale

4.1 Moi et mes proches

Quels sont nos liens avec les gens que nous côtoyons ?

Objectifs d'apprentissage

Dans cette unité, vous allez apprendre à...

- parler des rapports entre proches
- utiliser l'impératif
- utiliser le conditionnel présent et passé
- utiliser la phrase hypothétique
- distinguer le registre familier du registre courant
- rédiger une page de journal intime
- présenter une photo sur les rapports entre proches

Se saluer : gestes et paroles

1 Mise en route

1 Dans votre pays, quels gestes faites-vous pour saluer quelqu'un ? Expliquez à vos camarades de classe comment vous saluez les personnes suivantes. Les comportements décrits dans l'encadré *Des mots pour le dire* peuvent vous être utiles.

- Votre grand-mère
- Votre voisin(e)
- Votre copain / copine
- L'employé(e) au guichet de la gare
- Quelqu'un à qui on vient de vous présenter
- Le directeur / la directrice de votre école

DES MOTS POUR LE DIRE

en le / la regardant droit dans les yeux	en lui serrant la main
en le / la serrant dans vos bras	en lui souriant
en lui faisant la bise	en m'inclinant légèrement
en lui faisant un geste de la main	autrement

2 Avez-vous été surpris(e) par certaines réponses de vos camarades ? Partagez avec eux vos réflexions sur les questions suivantes.

- Embrasse-t-on sur la joue dans votre culture ? Si oui, est-ce un signe d'amitié ou d'intimité ?

- Avez-vous déjà ressenti un malaise ou de l'embarras au moment de saluer quelqu'un d'une autre culture ? Si oui, décrivez la situation. Pourquoi ce malaise existait-il, selon vous ? Y a-t-il moyen d'éviter ce genre de situation embarrassante ?

2 Lecture

Il y a plusieurs façons de saluer quelqu'un en France. Beaucoup de gens se disent : « Bonjour », « Bonjour Monsieur », « Bonjour Madame ». Les jeunes et les étudiants se disent le plus souvent : « Salut ». Il est nécessaire de choisir entre le tutoiement (emploi du pronom *tu*) et le vouvoiement (emploi du pronom *vous*). Ce choix dépend des rapports entre les personnes. S'agit-il, par exemple, d'un ami ou d'un collègue ? De quelqu'un de plus jeune ou de plus âgé ? De quelqu'un que vous rencontrez pour la première fois ? Ce choix est souvent délicat et varie d'un pays francophone à l'autre.

Dans la page de blog que vous allez lire, Adeline réfléchit à la façon dont elle s'adresse à ses collègues de travail. En effet, en France, savoir comment saluer quelqu'un n'est pas toujours facile !

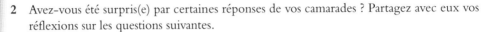

http://mesgoutsmescouleurs.blogspirit.com

Tutoiement ou vouvoiement

Quand on ne connaît pas une personne, on a plutôt tendance à la vouvoyer. Arrivée en stage, je me suis mise à vouvoyer tout le monde. Ne sachant pas comment m'adresser à eux, c'est vrai que j'ai préféré. J'ai été élevée comme ça, et je reconnais que j'ai un peu de mal à tutoyer facilement (exception faite aux personnes de mon âge quand même !).

Ça tournait bien comme ça depuis un petit mois, et je ne sais pas pourquoi, mais depuis quelques jours, tout le monde me fait la remarque : « Oh, tu sais, tu peux me tutoyer si ça te dérange pas, car ça me gêne un peu d'être vouvoyé/e ! » « Tu peux me tutoyer, je ne suis quand même pas si vieux / si vieille que ça ! » (Ah bon ?! Bah, fallait le dire tout de suite !!) Alors du coup, je me mets à tutoyer les responsables de service ! C'est drôle, ils se sont tous mis à me faire la remarque au même moment. Ça ne me déplaît pas, ça fait vraiment « collègues » !

Tutoiement, vouvoiement, chacun a sa position sur le sujet. Certains sont choqués de tutoyer tout le monde, d'autres tutoient les gens systématiquement. Personnellement, je pense qu'il faut l'entre-deux (pas très original, je sais). On n'est pas obligé de tutoyer tout le monde comme si on était tous potes mais il ne faut pas non plus rester trop coincé. Toutefois, le vouvoiement reste une marque de respect, tant au niveau hiérarchique que générationnel.

Mais ce qui me fait toujours le plus « bizarre », c'est quand on me vouvoie, surtout lorsque ce sont des enfants !! Il faut du temps pour passer de celle qui vouvoie à celle qui est vouvoyée !

Adeline, www.mesgoutsmescouleurs.blogspirit.com

COMPRÉHENSION CONCEPTUELLE

Le destinataire et la variation

Répondez aux questions suivantes.

1   Quelle expression de la première phrase indique que les gens préfèrent employer *vous* quand ils s'adressent à un inconnu ?

2   Quand Adeline commence à tutoyer ses chefs de service, quelle impression cela lui fait-elle ?

3   Dans le dernier paragraphe, Adeline est étonnée que les enfants la vouvoient. Pourquoi ? Que pourrait signifier ce vouvoiement ?

4   Dans les cas suivants, Adeline préfère-t-elle utiliser le tutoiement ou le vouvoiement ?

   Cochez la réponse qui convient. Attention : dans certains cas, la situation a évolué au cours de son stage et les deux sont possibles.

		Tutoiement	Vouvoiement
a	Quand elle rencontre quelqu'un pour la première fois		
b	Quand elle ne sait pas comment s'adresser à quelqu'un		
c	Quand elle a le même âge que son interlocuteur		
d	Quand elle travaille en équipe		
e	Quand elle s'adresse à ses amis		
f	Quand elle veut montrer du respect		
g	Quand elle s'adresse à son chef de bureau		
h	Quand elle s'adresse à quelqu'un de plus âgé		

5   Le texte *Tutoiement ou vouvoiement* est une page de blog. Il est écrit à la première personne, dans un registre familier. Transformez les expressions de registre familier, tirées du blog, en un registre courant. Indiquez dans la case appropriée ce qui vous permet de dire qu'il s'agit du registre familier.

Registre familier	Registre courant	Vocabulaire	Syntaxe
Exemple : Ça te dérange pas	Cela ne te dérange pas	ça (familier) : cela	négation incomplète
a Bah, fallait le dire			
b Comme si on était des potes			
c Trop coincé			

Théorie de la connaissance

Y a-t-il une façon de vous exprimer dans votre langue qui indique que vous connaissez bien une personne ou, au contraire, que vous venez de la rencontrer, ou que vous souhaitez lui témoigner votre respect ?

Vive la famille !

3 Compréhension orale 🔊 Piste 13

Vous allez écouter une dispute entre Émilie et son père. Répondez aux questions suivantes.

1   Selon son père, que doit faire Émilie l'année prochaine ?

2   Quel examen Émilie vient-elle de passer ?

3   Que veut faire Émilie l'année prochaine ?

4   Donnez **deux** raisons pour lesquelles le père d'Émilie n'est pas d'accord avec le projet de sa fille.

5   Selon Émilie, quel est **un** des avantages de ne pas s'inscrire tout de suite à l'université ?

6   Quelle carrière Émilie envisage-t-elle ?

7   Comment Émilie gagnera-t-elle de l'argent ?

8   À quoi servira cet argent ?

9   Émilie donne plusieurs raisons pour rassurer son père. Indiquez-en **une**.

4 Activité orale

En petits groupes, discutez des questions suivantes.

1   Selon vous, quel est l'âge idéal pour quitter le foyer familial ? Pourquoi ?

2   Y a-t-il des avantages à habiter chez ses parents une fois qu'on a atteint l'âge adulte ?

3   Y a-t-il des inconvénients ?

4   Vous venez de passer votre bac. Vous annoncez à vos parents que vous quittez le foyer familial. Comment réagissent-ils ?

5   Vous avez 25 ans, un emploi stable et vous habitez toujours chez vos parents. Comment réagit votre entourage ?

5 Lecture

Dans l'article qui suit, la journaliste s'interroge sur le comportement des « Tanguy », ces jeunes et ces moins jeunes qui ne sont pas du tout pressés d'être indépendants.

Tanguy, mode d'emploi

1 Habitez-vous chez vos parents ? Pour draguer, c'est un peu dépassé comme formule. Mais pour comprendre les relations intergénérationnelles, c'est la question de l'heure. En 20 ans, la proportion des jeunes adultes qui

5 habitent toujours le domicile familial a doublé, révélait Statistique Canada cette semaine. De 17 % des 25–34 ans qui créchaient toujours chez papa-maman, on est passé à 35 %.

Certains n'ont pas le choix. Mais pour beaucoup d'autres, c'est avant tout une question de qualité de vie. Comme

10 Tanguy, le héros du film d'Étienne Chatiliez, qui s'incruste dans le bel appartement parisien de ses géniteurs, ils volent de leurs propres ailes, mais n'ont aucune envie de quitter le nid. Rester chez leurs parents leur permet d'étudier sans s'endetter, de mettre de l'argent de côté ou de s'offrir des

15 petits luxes difficilement compatibles avec le paiement du loyer et de l'épicerie.

Logés, nourris, parfois blanchis, disposant souvent de beaucoup d'espace et d'un accès illimité pour leurs copains et conjoints, les Tanguy jouissent de conditions de vie dont leurs parents n'auraient jamais osé rêver. D'ailleurs, les jeunes qui font partie d'une famille monoparentale, recomposée

20 ou comptant plus de deux frères et sœurs sont moins susceptibles de s'éterniser, note Statistique Canada.

Les autres peuvent rester très longtemps : à 30 ans, 13 % des Canadiens n'ont jamais quitté la résidence familiale. Et près du quart des adultes qui ont fait le saut reviennent au bercail. Si la plupart des parents se disent heureux d'avoir leurs grands enfants près d'eux, plusieurs souhaiteraient des

25 améliorations à ce mode de cohabitation. Quelques conseils aux Tanguy s'imposent.

N'oubliez pas que vos parents sont aussi des adultes. Ils apprécient de pouvoir passer du temps en tête-à-tête à l'occasion. Et ils aimeraient, quand vous leur donnez l'impression que vous serez absent pour la soirée, que vous ne débarquiez pas avec vos amis à 22 h sans prévenir.

Traitez vos parents comme des colocataires ou des amis auxquels vous tenez. Respectez l'ordre et

30 la propreté des aires communes (salon, cuisine, etc.). Si vous faites à déjeuner à votre copine, ne laissez pas vos poêles graisseuses et vos assiettes engluées d'œufs sur le comptoir. Respectez aussi la propriété d'autrui : ne videz pas la meilleure bouteille de scotch de votre père en jouant au poker avec vos amis. Si vos parents vous invitent à souper le samedi soir avec votre conjoint, n'hésitez pas à apporter une bouteille de vin. Et si vous n'êtes pas sûr de pouvoir y être, n'attendez pas la dernière

35 minute pour donner une réponse.

Ne vous comportez pas comme le chat de la maison. C'est le seul être à qui on trouve normal d'offrir le gîte et le couvert sans rien espérer en échange, et qui peut même se permettre de manifester la plus souveraine indifférence. De tous les autres, on s'attend à un minimum d'égards et de considération.

Ariane Krol, © La Presse, Canada

6 Compréhension écrite

Créativité, Activité, Service

Si le thème vous intéresse, pourquoi ne pas organiser une soirée cinéma francophone à votre lycée ou chez vous pour visionner le film *Tanguy* ?

Et si le cinéma vous intéresse, pourquoi ne pas organiser des « séances de cinéma » dans votre lycée pour visionner des films : ceux qui ont remporté des prix à Cannes, ceux qui sont adaptés de livres, ceux qui racontent la vie de personnages francophones connus ?

En vous basant sur les lignes 1 à 7, choisissez la bonne réponse ou répondez aux questions.

1 L'article est au sujet de jeunes adultes qui…

    A aiment draguer.

    B mettent leurs enfants à la crèche.

    C vivent toujours chez leurs parents.

    D ont des relations difficiles avec leurs parents.

2 Que nous révèle l'étude faite par Statistique Canada ?

Basez vos réponses sur les lignes 8 à 16.

3 Dans la phrase « Certains n'ont pas le choix », à qui ou à quoi se réfère « Certains » ?

4 De quel « choix » s'agit-il ?

5 Pourquoi, à votre avis, n'ont-ils pas le choix ?

6 Quel mot signifie « parents » ?

7 D'où vient le mot « Tanguy » pour décrire ce groupe de jeunes adultes ?

8 D'après le contexte, que signifie « s'incruste » ?

9 Quel verbe a le même sens que « s'incruste » dans les lignes 17 à 21 ?

10 Dans la phrase : « Ils volent de leurs propres ailes mais n'ont aucune envie de quitter le nid. », à quoi les Tanguy sont-ils comparés ?

11 Expliquez cette phrase sans utiliser les mots du texte.

12 Quels avantages y a-t-il à rester chez ses parents ? Nommez-en deux.

13 Selon la journaliste, de quelles obligations faut-il s'acquitter avant de pouvoir s'offrir des petits luxes ?

En vous basant sur les lignes 17 à 21, choisissez la bonne réponse ou répondez aux questions.

14 Quel est le profil de la famille typique d'un Tanguy ?

    A deux frères ou sœurs, un parent

    B famille nombreuse, deux parents

    C enfant unique, deux parents

    D plusieurs frères et sœurs, famille recomposée

15 Dans la phrase : « Et près du quart des adultes qui ont fait le saut reviennent au bercail. », de quel « saut » s'agit-il ?

16 D'après le contexte, que signifie « bercail » ?

Les affirmations suivantes, basées sur les lignes 17 à 39, sont soit vraies, soit fausses. Cochez la bonne réponse et justifiez votre réponse par des mots du texte. Les deux parties de la réponse sont requises pour l'obtention d'un point.

	Vrai	Faux
Exemple : Certains Tanguy peuvent faire laver leur linge chez leurs parents	✓	

Justification : ***parfois blanchis*** ....

17 Les Tanguy vivent moins bien que leurs parents à leur âge.

Justification : ....

18 Les parents aiment passer du temps seuls.

Justification : ....

19 Il n'y a que le chat qui soit logé et nourri gratuitement.

Justification : ....

Choisissez la bonne réponse.

20 Le titre de l'article *Tanguy, mode d'emploi* signifie que…

    A les Tanguy sont à la mode.

    B les Tanguy devraient trouver un emploi.

    C les Tanguy travaillent dans la mode.

    D les Tanguy devraient suivre les conseils proposés dans l'article.

> **Cahier 4.1**
> **1 Grammaire en contexte**
> L'impératif

> **Fiche 4.1.2**
> **Entraînement à l'oral individuel NM**
> Un conflit de générations

4

L'amitié

7 Activité orale

Avec un(e) partenaire, répondez aux questions suivantes.

1 Vos amis sur les réseaux sociaux sont-ils de vrais amis ? Pourquoi (pas) ?

2 On dit que « Les vrais amis se comptent sur les doigts d'une seule main ». Qu'entendez-vous par les mots « amis » et « vrais amis » ?

3 Quelles sont les qualités que vous recherchez chez un(e) ami(e) ?

4 Connaissez-vous un exemple d'amitié tiré de la littérature, d'une BD ou d'un film ? Sur quoi cette amitié est-elle fondée ?

5 Quels sont les défauts que vous ne supportez pas chez un(e) ami(e) ?

6 Qu'est-ce qui peut mettre un terme à des liens d'amitié ?

7 Que peut-on ressentir quand on est en conflit avec un(e) ami(e) ?

8 Que peut-on faire pour résoudre un conflit ?

> **Cahier 4.1**
> **2 Activité lexicale**
> Accord et désaccord

8 Lecture

Lisez ce texte tiré du site web de Tel-jeunes.

1ère partie

Régler un conflit, ça s'apprend !

Il est tout à fait normal que les relations avec tes amis soient parfois tendues et que surviennent des désaccords ou des conflits. Deux personnes ne partagent pas nécessairement les mêmes goûts, les mêmes idées, les mêmes façons de voir ou de faire les choses.

Si tu es en désaccord avec un ami, il peut arriver que toi et ton ami n'arriviez pas à bien vous écouter et vous comprendre. Le désaccord peut dégénérer en conflit.

La méthode de résolution de problèmes. Il n'existe pas de formule magique pour régler un conflit. Cependant, il est possible d'apprendre à y faire face. Si tu sais faire face aux conflits de manière efficace, tu seras en mesure de conserver des relations plus solides avec les autres. Trop souvent, on attend que ce soit les autres qui viennent vers nous pour régler un problème.

Si tu vis un désaccord avec quelqu'un, n'hésite pas à aller lui en parler. Il peut s'agir d'un simple malentendu. L'important est de choisir le bon moment.

2e partie

Tu peux aussi utiliser une démarche comme la méthode de résolution de problèmes que nous te présentons ici.

T'engager. Il est important de démontrer de l'ouverture, de l'intérêt à connaître la position de l'autre et à vouloir travailler en collaboration avec l'autre. Ce n'est pas une course entre un gagnant et un perdant, c'est une démarche que vous faites ensemble.

« J'accuse ou pas ». Tout au long de la discussion, n'oublie pas de parler au « je », sans accuser, ni juger l'autre. En parlant de toi, l'autre risque moins d'être sur la défensive et cela favorise le fait qu'il te traite aussi respectueusement en retour. Après tout, il y a toute une différence entre « Tu es juste une menteuse ! » et « J'ai de la difficulté à te croire. »

Décrire le problème. Dès le départ, identifie la situation qui te pose problème et ce que tu aimerais changer (« Je préfère qu'on me parle doucement plutôt que sur ce ton… »).

Nommer tes émotions. Dis à l'autre personne ce que tu ressens par rapport à ce problème (« … cela me rend très en colère »).

Rechercher les solutions. Cherche des solutions avec l'autre. Vous pouvez même les écrire sur une feuille de papier. À ce stade-ci, toutes les idées sont bonnes, on les écrit toutes !

Évaluer les solutions. Soupèse chacune des solutions avec l'autre. La solution est-elle réaliste ? Est-ce qu'elle vous satisfait tous les deux ? Est-ce qu'elle pourra régler le problème efficacement ?

Établir une entente. Ensemble, choisissez la solution que vous préférez et faites une entente que chacun s'engage à respecter.

Réévaluer. Vérifie, quelque temps plus tard, si l'entente a été respectée et si le problème est réglé. Prends le temps d'en parler avec l'autre et de faire un bilan. Si la solution choisie n'a pas fonctionné, vous pouvez en essayer une autre.

partie
QUELQUES ÉLÉMENTS À GARDER EN TÊTE

Respecte les différences d'opinions de l'autre personne. L'important n'est pas que tout le monde ait les mêmes idées et les mêmes goûts, mais plutôt que chacun ait la place pour les dire et se sente respecté.

Exprime ce que tu ressens au cours de la discussion quand tu vis un malaise.

Remets en question tes attitudes et tes comportements. Cela aide que ce ne soit pas toujours la faute de l'autre ! Avouer qu'on a ses torts favorise souvent l'écoute de la part de l'autre.

Et si le conflit est teinté de violence ou s'il ressemble à de l'intimidation (tu es victime de harcèlement, tu as peur) n'hésite pas à demander de l'aide pour que cette situation cesse. Tes enseignants, tes parents ou Tel-jeunes peuvent t'aider.

> **Quelle que soit ta situation, peu importe l'heure, Tel-jeunes est là pour toi. Pour parler à un intervenant, appelle au 1 800 263–2266 ou texte au 514 600–1002.**

www.teljeunes.com

9 Compréhension écrite

En vous basant sur la 1ère partie du texte, répondez aux questions suivantes ou choisissez la bonne réponse.

1   Citez **une** des causes des conflits entre amis.

APPROCHES DE
L'APPRENTISSAGE

Compétences sociales

Dans votre cours
de français, tout
comme dans les
autres matières du
diplôme et dans votre
programme CAS,
vous serez souvent
appelés à collaborer.
Il est inévitable que
des conflits – petits ou
grands – surgissent.
Lorsque cela se
produira, saurez-vous
mettre en pratique
les conseils que vous
venez de lire ? Avez-
vous d'autres moyens
de résoudre ces
conflits ?

Cahier 4.1

3 Activité écrite
Une page de journal
intime

Fiche 4.1.1
Travail oral en groupe
Désaccord entre amis

Fiche 4.1.3
Entraînement à l'oral
individuel NM
L'amitié

2 La première chose à faire quand on a un conflit avec un ami est…

  A d'éviter tout contact avec cet ami.

  B d'en parler à ses parents.

  C de consulter un psychologue.

  D de trouver un moment pour discuter avec cet ami.

Reliez chacun des mots ou expressions de la 2ᵉ partie du texte figurant dans la colonne de gauche avec son équivalent dans la colonne de droite.

Exemple : course   **E**

3 tout au long de

4 menteuse

5 cela me rend très en colère

6 s'engage à

7 entente

8 réglé

A accord   H leçon
B avant   I pendant
C cela me fâche   J personne qui ne dit pas la vérité
D cela me met de bonne humeur   K personne honnête
E **compétition**   L refuse de
F promet de   M résolu
G important

En vous basant sur la 3ᵉ partie du texte, répondez à la question suivante ou choisissez la bonne réponse.

9 Citez **deux** des cas où il est important de demander de l'aide.

10 Le but de ce texte est …

  A d'expliquer comment se faire des amis.

  B de conseiller les jeunes qui ont un conflit avec un ami.

  C de raconter un conflit entre amis.

  D de dénoncer les conflits entre jeunes.

L'amour ?

10 Activité orale

Avec vos camarades de classe, discutez des questions suivantes.

1 Qu'est-ce que l'amour pour vous : la Saint-Valentin, le mariage, un bouquet de roses… ?

2 En quoi l'amitié et l'amour se ressemblent-ils ?

3 Quelle est la différence entre l'amitié et l'amour ?

4   Qu'est-ce que le coup de foudre ?

5   Quelle est la différence entre « Je t'aime » et « Je t'aime bien » ?

6   Dans plusieurs pays francophones, on célèbre la Saint-Valentin ; ce jour-là, on offre des fleurs, des chocolats à celui ou à celle qu'on aime. Dans votre pays, cette fête existe-t-elle ? Comment la célébrez-vous ?

11 Lecture Niveau supérieur

Vous allez lire un extrait du roman *Kiffe kiffe demain*, de Faïza Guène, écrivain née à Paris d'une famille d'origine algérienne. La narratrice, Doria, a 15 ans. Depuis quelques semaines, Nabil, un adolescent boutonneux, vient l'aider à faire ses devoirs.

Premier baiser

1   Bref, ce soir-là, Nabil, au lieu de partir dès qu'on a eu fini et de rentrer chez sa mère, il restait là, il parlait, tout en finissant le paquet de crackers qui était sur la table. Je croyais qu'ils allaient faire la semaine mes crackers mais tant pis… Quand enfin ce nullard s'est décidé à dégager, je l'ai raccompagné, et à la porte d'entrée, il a soudainement changé d'expression. Il a pris sa tête sérieuse, s'est avancé vers moi et m'a fait une bise sur la bouche. En vrai.

2   Non seulement il bouffe tous mes crackers mais en plus, il ose m'embrasser sans me demander mon avis ! Le pire, c'est que comme une mule, je n'ai rien trouvé à dire. Je suis juste devenue toute rouge comme les poivrons que ma mère prépare en sauce et j'ai bafouillé un « salut ! » à peine audible en refermant la porte. Après ça, j'ai couru boire un grand verre de sirop de menthe et je me suis brossé les dents deux fois pour faire partir le goût de Nabil.

3   Qu'est-ce que je vais faire maintenant ? Je pourrais peut-être essayer de faire croire à tout le monde qu'après une chute de vélo, j'ai perdu connaissance et me suis réveillée amnésique, que je ne me souviens plus de rien, mais alors de rien du tout… Le problème c'est que ça va pas être très crédible. Tout le monde sait que j'ai pas de vélo et pas les moyens de m'en acheter un. Ou alors je pourrais faire de la chirurgie esthétique et devenir quelqu'un d'autre pour qu'il ne me reconnaisse pas et qu'il ne recommence jamais à coller ses grosses lèvres gercées sur les miennes. Beurk.

4   Ça ressemble vraiment pas à ce que j'avais imaginé pour mon premier baiser. Non, moi, je voyais plutôt ça dans un décor de rêve, au bord d'un lac, en forêt, au soleil couchant avec un super type qui ressemblerait un peu au mec qui joue dans la pub pour les vitamines, celui qui fait un demi-tour sur sa chaise, se met bien face à la caméra avec son sourire dentifrice et fait : « Si juvabien, c'est Juvamine ! » Le mec, il serait en train de m'expliquer comment on fait du feu avec une lime à ongles et un caillou quand, au milieu de notre entretien philosophique, on irait l'un vers l'autre, tout doucement, et on s'embrasserait, naturellement, comme si on le faisait depuis toujours. Bien sûr, quand j'imagine cette scène, moi, je suis bien coiffée, bien habillée et j'ai un peu plus de poitrine.

5   L'histoire de la bouche de Nabil, personne n'est au courant. Trop l'affiche. Même pas Mme Burlaud et surtout pas Maman. Si elle apprend ça, elle me tue. Je lui en veux à Nabil de m'avoir volé mon premier baiser et d'avoir descendu mon paquet de biscuits salés, mais pas autant que je croyais que je lui en voudrais. Enfin, je me comprends.

Faïza Guène, Kiffe kiffe demain

MÉMOIRE

On a comparé Faïza Guène, l'auteur de *Kiffe Kiffe demain*, à Françoise Sagan dont le roman *Bonjour Tristesse* a été publié en 1954 alors qu'elle n'avait que dix-huit ans. Les deux romans décrivent avec beaucoup de sensibilité le monde vu par une jeune fille et ses rapports avec ses proches. Ce thème vous intéresse ? Vous pourriez vous en inspirer pour un sujet de mémoire. La catégorie 3 du mémoire porte sur la littérature.

4

12 Compréhension écrite

En vous basant sur le paragraphe 1, répondez aux questions suivantes ou choisissez la bonne réponse.

1 Au lieu de partir tout de suite comme d'habitude, qu'a fait Nabil ce soir-là ?

2 Doria appelle Nabil « un nullard ». En vous basant sur la racine du mot
(nul / nulle), « nullard » signifie…

    A le petit Nabil.

    B quelqu'un qui mange trop.

    C quelqu'un qui n'y connaît rien.

    D quelqu'un qui sait faire les devoirs.

Basez vos réponses sur le paragraphe 2.

3 Doria se compare à une mule. Quelle caractéristique attribue-t-elle à cet animal ?

4 En français, savez-vous quelles caractéristiques ces animaux représentent ?

l'âne	le cheval	l'agneau	le loir	la marmotte
le renard	le paon	l'éléphant	la vache espagnole	

5 Dans votre langue, quels animaux représentent ces caractéristiques ?

6 Beaucoup de comparaisons portent sur une couleur.

    a Doria compare la couleur de son visage à celle des poivrons en sauce. Connaissez-vous une autre expression qui veut dire la même chose ?

       Elle est rouge comme…

    b Que dit-on en français pour évoquer la couleur blanche ?

       Il / Elle est blanc / blanche comme…

    c Quelle comparaison feriez-vous dans votre langue pour évoquer la couleur rouge et la couleur blanche ?

7 « Le pire, c'est que comme une mule, je n'ai rien trouvé à dire. » Si Doria avait trouvé les mots, qu'est-ce qu'elle aurait dit ? Justifiez votre réponse.

    A Je te prie de me laisser tranquille !

    B Dégage !

    C Aurais-tu l'amabilité de bien vouloir quitter les lieux ?

    D Je voudrais que tu t'en ailles !

8 Comment Doria a-t-elle essayé de se débarrasser du goût du baiser ?

Basez vos réponses sur le paragraphe 3.

9 Quelle histoire Doria pense-t-elle devoir inventer pour que ce premier baiser de Nabil soit aussi le dernier ?

10 Quelle émotion traduit le mot « Beurk » ?

    A la surprise

    B la colère

    C le regret

    D le dégoût

Cahier 4.1
4 Activité lexicale
Les registres de langue

Basez vos réponses sur le paragraphe 4.

11 Comment Doria se réfère-t-elle à « l'homme de ses rêves » ? À quel registre de langue ces deux mots appartiennent-ils ?

Basez vos réponses sur le paragraphe 5.

12 La narratrice déclare : « Je lui en veux à Nabil… mais pas autant que je croyais que je lui en voudrais. » Qu'est-ce que cette phrase laisse entendre ?

    A Elle n'est pas aussi fâchée avec Nabil qu'elle aurait dû l'être.

    B Elle n'arrive pas du tout à pardonner Nabil pour ce baiser volé.

    C Elle veut que Nabil revienne vite.

    D Elle voudrait que Nabil croie qu'elle est fâchée avec lui.

> **Cahier 4.1**
> **5 Grammaire en contexte**
> Le conditionnel présent

> **Cahier 4.1**
> **6 Grammaire en contexte**
> Le conditionnel passé et la phrase hypothétique

13 Toute réflexion faite **TdC**

Par groupes de trois ou quatre, discutez des questions suivantes.

1   Comment interprétez-vous l'affirmation : « Plus on est proche, mieux on se comprend » ?

2   Que signifie pour vous « être proche » de quelqu'un ? Est-ce…

- connaître tous ses petits secrets ?
- partager ses soucis ?
- partir en vacances ensemble ?
- se voir tous les jours ?
- autre… ?

3   Qu'est-ce que « se comprendre » ? Est-ce…

- cultiver le silence ?
- terminer la phrase de l'autre ?
- être sur la même longueur d'ondes ?
- être toujours d'accord ?
- ne jamais se disputer ?
- parler la même langue ?
- partager les mêmes valeurs ?
- savoir ce que l'autre pense sans qu'il le dise ?
- autre… ?

4   De qui êtes-vous proche et pourquoi ?

5   Peut-on être loin et quand même se comprendre ?

6   Le rapprochement engendre-t-il toujours une meilleure compréhension ?

Savez-vous…

Oui

- parler des rapports entre proches ?
- utiliser l'impératif ?
- utiliser le conditionnel présent et passé ?
- utiliser la phrase hypothétique ?
- distinguer le registre familier du registre courant ?
- rédiger une page de journal intime ?
- présenter une photo sur les rapports entre proches ?

217

4.2 Moi et les autres

> S'engager pour les autres, comment faire ?

Objectifs d'apprentissage

Dans cette unité, vous allez apprendre à…

- parler de l'engagement pour les autres
- utiliser le comparatif et le superlatif
- utiliser la négation
- rédiger une brochure
- rédiger une lettre officielle
- rédiger un courriel
- présenter une photo sur l'engagement pour les autres

Place aux jeunes : le bénévolat

APPROCHES DE L'APPRENTISSAGE

Compétences de communication

Dans cette unité, quatre activités orales vous sont proposées. Lors de ces activités, vous devrez discuter en petits groupes. Comment allez-vous vous assurer que tous les membres du groupe participeront à ces discussions de manière équitable ? Comment les tours de parole seront-ils gérés ? Mettez-vous d'accord sur une façon de procéder.

1 Mise en route CAS

Par groupes de trois ou quatre, discutez des questions suivantes. Utilisez le vocabulaire dans l'encadré *Des mots pour le dire* pour vous aider.

1 Êtes-vous impliqué(e) dans la vie de votre quartier ou ville (dans le cadre du programme CAS par exemple) ?

2 Si oui, que faites-vous et quand ? À quoi cela sert-il ?

3 Avez-vous connu des difficultés particulières en vous impliquant dans ce domaine ?

4 Vous sentez-vous prêt(e) à prendre plus de responsabilités dans la vie de votre quartier ou ville ? Sinon, qu'est-ce qui est nécessaire pour que vous en preniez ? (Des informations, du temps libre, de l'expérience, un savoir-faire, des encouragements…)

5 Appartenez-vous à une association ? Si oui, laquelle ? Pourquoi avez-vous choisi celle-là plutôt qu'une autre ?

6 Faut-il développer un service national civil (social, humanitaire, environnemental) ? Devrait-il être obligatoire pour tous les jeunes ? Combien de temps seriez-vous prêt(e) à consacrer à ce service et à quel moment de votre vie ?

DES MOTS POUR LE DIRE

l'action humanitaire	les aînés ; les seniors	accueillir	recycler
l'association (à but non lucratif)	les défavorisés	améliorer	rendre service
l'engagement *(m)*	les écologistes	donner un coup de main	s'engager
l'ONG : organisation *(f)* non gouvernementale	les exclus de la société	être impliqué(e)	s'occuper
le bénévolat ; le / la bénévole	les plus démunis	intervenir	se consacrer
le besoin / subvenir aux besoins	les réfugiés	participer	se sentir utile
le service social	les sans-abris	protéger	soutenir
le volontariat ; le / la volontaire	les sans-papiers	récolter des fonds	venir en aide

> **Cahier 4.2** **CAS**
> **1 Activité lexicale**
> **L'engagement**

2 Lecture CAS

Lisez ce texte.

Un camp de jeunes, c'est quoi ?

1 L'OUVERTURE AUX AUTRES

Tous les ans, durant l'été, des communautés Emmaüs en France accueillent des jeunes volontaires français ou étrangers. Nourri et logé, tu vivras au rythme de la communauté en t'intégrant dans les ateliers ainsi qu'aux activités quotidiennes. Pendant le temps libre, les communautés organisent des activités afin de te faire découvrir la région. Elles organisent des rencontres afin de débattre sur des sujets d'actualité.

2 L'ENGAGEMENT SOLIDAIRE

- Découvrir les valeurs (politiques, économiques, sociales, culturelles) et le quotidien d'une communauté Emmaüs.

- Découvrir un engagement fort et développer ses propres initiatives.

- Rencontrer des compagnons et des jeunes du monde entier.

3 AU JOUR LE JOUR

Tu travailleras en fonction de tes capacités. Le travail principal des communautés consiste à la récupération, au tri et à la vente d'objets. Tu pourras participer aux ramassages, aux ateliers et à la vente. Des équipes de deux à trois personnes récupèrent avec des camions chez les particuliers ou entreprises les dons, meubles, objets divers, vêtements, etc. Des ateliers sont aménagés afin de revaloriser et de mettre en état ce qui a été récupéré. Les articles sont vendus dans les magasins appelés bric-à-brac.

Les recettes de vente permettent de faire vivre la communauté et d'organiser des actions de solidarité au niveau local, national et international.

4 INFORMATIONS PRATIQUES

STATUT – ÂGE : Le travail est bénévole et il faut avoir 18 ans.

LOGEMENT – REPAS : Tu es nourri et logé par la communauté d'accueil. Les frais de transport sont à ta charge.

APPORTER : sac de couchage, affaires de toilette, vêtements de travail, autres (instruments de musique…).

RÈGLES : Respecter les autres et leurs différences, le rythme d'activité de la communauté, les tâches et les gestes quotidiens (travaux, repas…).

ASSURANCE : Une assurance couvre les volontaires contre le risque d'accidents. Si tu es français, viens avec ta carte vitale et ta carte de mutuelle. Si tu n'es pas ressortissant français, apporte ta carte européenne d'assurance maladie (délivrée par ta caisse d'assurance maladie) ou une attestation d'assurance maladie valable sur la durée du séjour. En cas de maladie, les frais médicaux ne sont pas couverts.

INSCRIPTION : Tu peux t'inscrire directement en ligne ou en remplissant le bulletin d'inscription qui est dans la brochure. Pas de limite d'inscription. Une confirmation de ton inscription te sera envoyée, indiquant le lieu et les dates de participation. La durée minimum d'inscription est d'une semaine.

www.volontariat-emmaus.com

3 Compréhension écrite

Répondez aux questions suivantes.

1 Vous êtes volontaire dans un camp de jeunes organisé par Emmaüs. Parmi les activités suivantes, auxquelles allez-vous participer ?

A accueil de volontaires	☐	H sélection d'objets à vendre	☐
B recherche de logement	☐	I achat de meubles	☐
C visite de la région	☐	J recyclage	☐
D discussions	☐	K réparation d'objets	☐
E animation d'ateliers	☐	L travail dans un centre de distribution	☐
F collectes	☐	M cuisine	☐
G équipes sportives	☐	N tâches ménagères	☐

Reliez chacun des mots du texte figurant dans la colonne de gauche avec son équivalent qui se trouve dans la colonne de droite. Les mots se trouvent dans la 2ᵉ et la 3ᵉ parties du texte.

Exemple: afin de [H]

2 le quotidien [ ]	A réparer	I remettre en place
3 en fonction de [ ]	B les coûts	J à la fin
4 au tri [ ]	C les individus	K les bénéfices
5 les particuliers [ ]	D les spécialistes	L selon
6 aménagés [ ]	E à la sélection	M arranges
7 mettre en état [ ]	F les plats	
8 les recettes de vente [ ]	G la vie de tous les jours	
	H **pour**	

Les affirmations suivantes, basées sur la 4ᵉ partie du texte, sont soit vraies, soit fausses. Cochez la bonne réponse et justifiez votre réponse par des mots du texte.

	Vrai	Faux
Exemple : Le travail n'est pas rémunéré.	✓	

Justification : ***le travail est bénévole*** ....

	Vrai	Faux
9 Il faut payer les repas.	[ ]	[ ]

Justification : ....

	Vrai	Faux
10 Il faut aider à entretenir la communauté.	[ ]	[ ]

Justification : ....

	Vrai	Faux
11 Si le / la participant(e) tombe malade, il / elle ne paie pas les médicaments.	[ ]	[ ]

Justification : ....

	Vrai	Faux
12 Il est possible de s'inscrire par Internet.	[ ]	[ ]

Justification : ....

	Vrai	Faux
13 Il faut rester au moins huit jours dans un camp de jeunes.	[ ]	[ ]

Justification : ....

Fiche 4.2.1
Travail oral en groupe (CAS)
Un camp de jeunes

4 Compréhension orale 🔊 Piste 14

Vous allez écouter un reportage sur la famine en Somalie. Choisissez les **cinq** affirmations vraies.

A Jérôme Jarre a fait livrer plus de cent tonnes de nourriture en Somalie.

B Beaucoup de gens suivent Jérôme Jarre sur Internet.

C Jérôme Jarre a déjà participé à des actions humanitaires.

D Suite à l'appel aux dons de Jérôme Jarre, les internautes ont contribué 8 millions d'euros.

E Jérôme Jarre connaissait des gens qui mouraient de faim en Somalie.

F Les enfants reçoivent une nourriture spéciale.

G Les adultes doivent acheter la nourriture.

H Selon Jérôme Jarre, le projet a réussi grâce à une forte mobilisation.

I Jérôme Jarre n'a pas dû payer le transport de la nourriture.

J À long terme, il faut continuer à distribuer de la nourriture aux gens qui meurent de faim.

> **Fiche 4.2.2**
> **Entraînement à l'oral individuel NM**
> **Les Restos du Cœur**

Ceux que nous côtoyons

5 Lecture

Aujourd'hui, la solidarité entre voisins se manifeste à travers des associations diverses. Lisez ce texte pour découvrir comment fonctionne le projet « Voisins solidaires ».

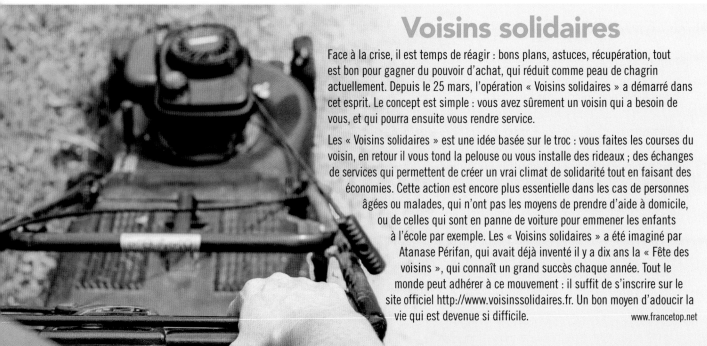

Voisins solidaires

Face à la crise, il est temps de réagir : bons plans, astuces, récupération, tout est bon pour gagner du pouvoir d'achat, qui réduit comme peau de chagrin actuellement. Depuis le 25 mars, l'opération « Voisins solidaires » a démarré dans cet esprit. Le concept est simple : vous avez sûrement un voisin qui a besoin de vous, et qui pourra ensuite vous rendre service.

Les « Voisins solidaires » est une idée basée sur le troc : vous faites les courses du voisin, en retour il vous tond la pelouse ou vous installe des rideaux ; des échanges de services qui permettent de créer un vrai climat de solidarité tout en faisant des économies. Cette action est encore plus essentielle dans les cas de personnes âgées ou malades, qui n'ont pas les moyens de prendre d'aide à domicile, ou de celles qui sont en panne de voiture pour emmener les enfants à l'école par exemple. Les « Voisins solidaires » a été imaginé par Atanase Périfan, qui avait déjà inventé il y a dix ans la « Fête des voisins », qui connaît un grand succès chaque année. Tout le monde peut adhérer à ce mouvement : il suffit de s'inscrire sur le site officiel http://www.voisinssolidaires.fr. Un bon moyen d'adoucir la vie qui est devenue si difficile.

www.francetop.net

6 Activité écrite

En vous basant sur le texte « Voisins solidaires », rédigez une brochure qui explique et vante les mérites de cette association. Vous pouvez aussi inventer des renseignements.

Rédigez de 250 à 400 mots pour les élèves de niveau moyen et de 450 à 600 mots pour les élèves de niveau supérieur.

Après avoir rédigé votre texte, servez-vous de la liste de vérification 3B au chapitre 6 du manuel pour vous assurer que vous avez utilisé tous les éléments nécessaires à la réalisation d'une brochure.

> **Fiche 4.2.3**
> **Entraînement à l'oral individuel NM**
> La Fête des voisins

Le commerce équitable, qu'est-ce que c'est ?

7 Activité orale

Observez l'image ci-contre. Répondez oralement aux questions suivantes.

1 Quels sont les deux éléments qui composent l'image ?

2 Selon vous, quelle est la meilleure légende pour cette image parmi celles proposées ci-après ?

A Les produits exotiques à la portée de tous

B Des goûts d'ailleurs

C La disparition des produits locaux

D La baisse des prix

E Mondialisation, consommation, exploitation

F Le commerce international

G Notre empreinte carbone

H Vive la concurrence !

I Qu'y a-t-il dans nos assiettes ?

3 Discutez des questions suivantes en petits groupes.

a Pourquoi avez-vous choisi cette légende ?

b Quand vous achetez un produit, sa provenance influence-t-elle votre choix ?

c Connaissez-vous des produits (articles ou nourriture) dont on dit que le prix payé au producteur n'est pas juste ou que les conditions de travail pour les produire sont inhumaines ?

d Quand vous achetez un produit, vous demandez-vous si le producteur a reçu une rémunération qui lui permet de vivre en subvenant à ses besoins ? Vous demandez-vous si vous accepteriez de travailler dans les mêmes conditions (hygiène, sécurité, nombre d'heures, chaleur, droit au repos quotidien ou hebdomadaire, congés payés…) ?

> **Cahier 4.2**
> **2 Activité lexicale**
> Le commerce équitable

4

8 Lecture

Il y a de nombreuses façons de s'engager pour les autres. Connaissez-vous le commerce équitable ?

Lisez l'entretien ci-dessous avec Victor Ferreira, dans lequel il explique ce que sont le commerce équitable et la signification du label Max Havelaar. Attention : certaines questions ont été supprimées dans le texte.

Entretien avec Victor Ferreira, directeur de Max Havelaar France

1 **74 % des Français ont déjà entendu parler du commerce équitable. Un Français sur deux a déjà acheté des produits labellisés Max Havelaar. Max Havelaar est un label de Fair Trade créé en 1988. C'est en France le principal signe de reconnaissance des produits issus du commerce**
5 **équitable.**

Quelle est la différence entre le commerce équitable et le développement durable ?

Le commerce équitable permet à des producteurs de prendre en charge leur développement. Un réel développement, c'est un développement
10 économique, social et intégrant la protection de l'environnement. On parle alors de développement durable. Mais ce terme est employé à toutes les sauces et beaucoup y mettent tout et n'importe quoi.

Et la différence entre le commerce équitable et le commerce éthique ?

Le commerce éthique vise à éviter les abus chez des salariés (esclavage, travail
15 d'enfants…), notamment dans le domaine du jouet, du textile, des chaussures… Le commerce équitable va bien plus loin qu'éviter les abus, il s'agit de permettre à des gens de vivre debout.

[– X –]

20 Pour les pays consommateurs, il y a une vingtaine de pays. Il y a 14 pays d'Europe, Canada, USA, Mexique, Japon, Australie. Pour les producteurs : la plupart se trouvent dans des pays du Sud : 49 en Afrique, Asie, Amérique latine.

[– 5 –]

Aider les producteurs à vendre leurs produits, les informer sur les demandes du marché français (l'importance de la qualité, le bio qui se développe…), les aider
25 à améliorer leurs compétences, leur qualité, par la présence sur le terrain de coordinateurs locaux. Puis des actions de sensibilisation des consommateurs, et un suivi des débats au plan international (Organisation Mondiale du Commerce).

[– 6 –]

30 Parce que la création de nouvelles filières demande des moyens. Nous avons encore beaucoup de producteurs qui voudraient entrer dans le système, mais qui attendent à la porte. L'évolution dépend des magasins qui accepteront de proposer davantage de produits, et donc tout dépend des consommateurs. On a un pouvoir que l'on ne soupçonne pas !

35 [– 7 –]

En achetant des produits du commerce équitable. Si vous n'en trouvez pas dans votre magasin habituel, demandez-le au responsable. Parlez-en autour de vous, demandez à ce que l'on boive du café ou du thé labellisé Max Havelaar dans votre entreprise, votre université…

40 [– 8 –]

Les produits sont payés plus cher au producteur. La contrepartie : faire de la qualité. Le mieux, c'est de les tester !

[– 9 –]

45 Les contrôles sont effectués par 40 inspecteurs qui vont voir les organisations en général une fois par an. Les contrôles s'effectuent également sur l'ensemble de la filière, notamment à travers l'analyse de déclarations de ventes trimestrielles.

Si le commerce équitable permet de supprimer certains intermédiaires entre producteurs et distributeurs, comment se fait-il que les prix soient
50 **généralement plus élevés ?**

Quand un producteur de café touche le double de ce qu'il touche habituellement, c'est normal que cette différence se répercute sur le reste de la chaîne. Mais au final, pour le consommateur, la différence est minime (environ un demi-centime
55 d'euro par tasse de café !) Quant aux intermédiaires du Sud supprimés, ceux qui en profitent, ce sont les producteurs.

© Clotilde Chenevoy / L'Internaute / ccm Benchmark

9 Compréhension écrite

Répondez aux questions suivantes.

1 Parmi les phrases suivantes, **deux** sont conformes aux idées exprimées dans les lignes 1 à 17. Indiquez les lettres correspondantes dans les cases.

☐
☐

A Le commerce équitable permet aux producteurs de prendre en main leurs conditions de vie.

B Le développement durable tient peu compte de l'environnement.

C Le commerce éthique a pour but de combattre les mauvais traitements des travailleurs.

D Le commerce éthique se bat contre les gens qui travaillent dans l'industrie de la chaussure.

E Le commerce équitable ne concerne que la nourriture.

Répondez aux questions suivantes ou choisissez la bonne réponse.

2 Dans la phrase « Mais ce terme est employé à toutes les sauces » (ligne 10), à qui ou à quoi se réfère le mot « terme » ?

3 Que signifie « employé à toutes les sauces » dans la phrase « Mais ce terme est employé à toutes les sauces » ? (ligne 11) Ce terme…

　A　est utilisé avec excès.

　B　veut dire que les producteurs peuvent bien manger.

　C　s'applique uniquement au développement durable.

　D　peut s'appliquer à un régime alimentaire.

4 Que signifie « vivre debout » dans la phrase : « […] il s'agit de permettre à des gens de vivre debout » ? (lignes 16 et 17)

　A　ne pas dormir

　B　vivre avec difficulté

　C　vivre dignement

　D　travailler

Certaines questions de l'interview ont été supprimées. Retrouvez dans la colonne de droite la question correspondant à chacune des réponses de Victor Ferreira.

Exemple : [- X -]　　F

5　Question [- 5 -]

6　Question [- 6 -]

7　Question [- 7 -]

8　Question [- 8 -]

9　Question [- 9 -]

A Au niveau de la qualité, qu'est-ce qui me dit que les produits équitables sont aussi bons ?

B Qui travaille pour Max Havelaar France ?

C Qui vérifie les conditions de production ?

D Quelles sont les actions menées dans le monde par Max Havelaar France ?

E Le commerce équitable coûte-t-il plus cher que les filières traditionnelles ?

F **Quels pays sont les plus concernés par le commerce équitable ?**

G Pourquoi la gamme de produits est-elle si restreinte ?

H Comment participer quotidiennement au commerce équitable ?

I Combien de supermarchés participent aujourd'hui à la vente de produits équitables ?

Cahier 4.2
3 Activité écrite
Une lettre officielle

Cahier 4.2
4 Grammaire en contexte
Les comparatifs

Cahier 4.2
5 Grammaire en contexte
Les superlatifs

Avez-vous compris qui sont les acteurs du commerce équitable ? Complétez les phrases suivantes.

Au début de la chaîne, il y a le [10] .... qui fournit la récolte ou fabrique la marchandise. Ensuite l'importateur vend le produit au [11] .... sans passer par un [12] ....

10 Activité écrite

Membre de « Paris équitable », Myriam est partie au Rwanda pour voir de ses propres yeux comment le commerce équitable affecte la vie des producteurs de café. Rédigez le courriel qu'elle envoie à sa copine Claire dans lequel elle exprime son enthousiasme pour tout ce qu'elle a vu et vécu au Rwanda. Rédigez le texte en tenant compte de ses liens d'amitié avec Claire.

1   Quelle est la formule d'appel appropriée ?

2   Comment commencer le courriel de façon naturelle ?

3   Comment finir le courriel de manière naturelle ?

4   Quelle est la formule finale appropriée ?

Rédigez de 250 à 400 mots pour les élèves de niveau moyen et de 450 à 600 mots pour les élèves de niveau supérieur.

COMPRÉHENSION CONCEPTUELLE

La variation, le destinataire

Quand on écrit à un copain ou à une copine, on le / la tutoie et on s'exprime souvent comme si on était en train de parler. On fait référence à des personnes ou à des événements que l'on connaît tous les deux. On exprime souvent des émotions ; on exagère peut-être un peu.

L'étranger : mon semblable, mon frère ?

---

11 Activité orale

Avec un(e) partenaire, discutez des questions suivantes.

1   On vous dit « C'est un étranger. » Que comprenez-vous par cette phrase ? Quels sont les éléments qui font que quelqu'un est un étranger, à vos yeux ?

2   Parmi les éléments que vous avez nommés, certains sont-ils, selon vous, plus importants que d'autres ? Lesquels ?

3   Que partageons-nous avec les étrangers ? Selon vous, y a-t-il des éléments qui nous lient à tout le monde, y compris les étrangers ?

4   Rencontrez-vous souvent des étrangers ? Dans quel contexte ? Quels sentiments vous inspirent-ils ?

5   Épouser un étranger / une étrangère : comment cela serait-il accepté dans votre famille ? Et dans votre société ?

6   Vous adoptez un enfant venant d'un pays étranger. Comment celui-ci serait-il accepté dans votre famille ? Et dans votre société ?

MÉMOIRE

On parle de plus en plus du commerce équitable, cependant ce type de commerce ne représente toujours qu'une petite partie du marché. C'est pourquoi des associations produisent différents outils afin de sensibiliser le public aux avantages du commerce équitable : brochures, bandes dessinées, vidéos… Si vous vous intéressez aux enjeux du commerce équitable, vous pouvez analyser certains de ces documents dans le cadre de votre mémoire de français B : Quelles stratégies emploient-ils pour convaincre leur public ? Quel portrait brossent-ils des consommateurs et / ou des producteurs ?

Organisation sociale

APPROCHES DE L'APPRENTISSAGE

Compétences de communication

Vous avez maintenant complété la dernière activité orale de cette unité.

Comment les discussions se sont-elles déroulées?

Chaque élève a-t-il / elle eu l'occasion de s'exprimer ?

La méthode choisie pour attribuer les tours de parole a-t-elle bien fonctionné ?

Sinon, que pourriez-vous encore améliorer ?

Avec votre partenaire, retrouvez dans la colonne de droite la définition correspondant à chacun des mots dans la colonne de gauche.

Mot		Définition
7 nationaliste	☐	A personne qui déteste les étrangers
8 patriote	☐	B personne qui a une admiration exagérée pour son pays
9 fanatique	☐	C partisan de l'indépendance de son pays ; personne qui a un attachement passionné à la nation
10 raciste	☐	D personne qui démontre un zèle excessif, un attachement aveugle à une idée
11 xénophobe	☐	E personne qui aime son pays
12 chauvin	☐	F personne qui croit qu'une race doit être développée au détriment des autres

12 Lecture Niveau supérieur

Vous allez lire un extrait du roman *L'Autre* par Andrée Chedid. Née en 1920 en Égypte d'une famille venue du Liban, elle est poète, romancière et nouvelliste.

Le vieux Simm vient de voir un jeune étranger à la fenêtre d'un hôtel. Soudain, il y a un tremblement de terre. En dépit des protestations de sa femme Jaïs, le vieil homme refuse d'abandonner l'autre enseveli sous les ruines.

L'Autre

1
– Je ne peux pas partir, Jaïs. Pas avant de l'avoir sorti de là.

– Tu n'y arriveras jamais. Tu ferais mieux de rentrer avec moi à la maison. C'est la troisième fois que je reviens, que je trompe la surveillance des autorités. Demain, ils doublent leurs effectifs, personne ne pourra traverser le cordon sanitaire, comment ferai-je pour te rejoindre ? Allons, tu viens ?… Mais réponds, Simm. Parle. Enfin, qui est cet homme ? Tu ne le connais même pas !

– Je le connais. Donne-moi un crayon et je te dessinerai chaque trait de son visage.

– Laisse-moi rire, Simm. Tu es une passoire, tu oublies tout !

– Pas tout.

– Vous ne vous êtes même pas parlé !

– Je n'ai pas dit ça.

– Vous vous êtes parlé ?… Mais en quelle langue ? Ce n'est pas parce que tu amasses des mots par-ci par-là, que tu peux prétendre…

– On ne s'est presque rien dit.

– Presque rien ?… Tu veux dire : rien.

– Rien, si tu veux ! Mais ce ne sont pas toujours les mots qui parlent.

– Tu deviens fou, Simm !

2
– Essaie de comprendre. Le jour se levait. Je m'en allais… quand soudain, une fenêtre s'est ouverte.

– Eh bien quoi ? Continue… Qu'est-ce qu'il faisait à sa fenêtre ?

– Il regardait… la colline, le ciel, la mer, les toits…

– Et alors ?

– Chaque grain du paysage lui entrait dans la peau… Alors j'ai vu, moi aussi ! J'ai senti cette terre, la mienne, qui battait dans ma poitrine. J'ai vu la vie, comme si c'était une première fois. Elle était à moi, à lui, à tous, en même temps, partout… C'est difficile à expliquer. C'était comme si, ensemble…

– Ensemble ?!

– Oui, ensemble.

3
– Comment ça ensemble ?… Lui, à sa fenêtre ; toi dans la rue ! Lui, on ne sait d'où ; toi, un paysan, né ici, qui a vécu ici, qui mourra ici ! Lui, un jeune homme ; toi, un vieillard ! Lui, du blond d'au-delà les mers. Toi, de père en fils, tanné au soleil !… Tu appelles ça ensemble ?… Toi et moi, on est *ensemble*.

– J'ai dit *ensemble* pas *à côté*, Jaïs.

– Je te répète : c'est un étranger. Ces gens-là nous prennent pour des ignorants. Quant à nous, même leurs habitudes on n'y comprend rien ! L'été, quand ils accourent, je tremble pour nos filles !

– Tes filles ?… Je ne t'ai donné que des garçons !

[…]

– Rentre au village, Jaïs.

– Tu restes ?… Alors, c'est que tu l'aimes plus que nous !

– Ce n'est pas ça ! C'est comme si je dormais depuis des siècles, blotti dans ma propre poitrine… Comme si… Quelque chose m'avait mis debout… Comme si… Il ne faut pas laisser la vie se perdre, Jaïs… c'est… tellement… tellement important ! Si ce jeune homme est vivant, personne d'autre ne le sait que moi. Je ne peux pas le quitter. Ce serait comme si…

– Tu ne vas jamais au bout de tes phrases… C'est toujours des « comme si… ». Ensuite, tu te plantes là, les bras ballants ! Comment veux-tu que je te comprenne ?… Adieu, je te laisse, je pars.

Andrée Chedid, *L'Autre* © Flammarion

Théorie de la connaissance

Pourquoi Simm croit-il que le jeune homme est encore en vie ?

Le cours de TdC recense huit modes de la connaissance :

- la langue / le langage
- la perception sensorielle
- l'émotion
- la raison
- l'imagination
- la foi
- l'intuition
- la mémoire

Quels sont les modes de la connaissance dont Simm fait preuve ici ? Identifiez-les.

---

13 Compréhension écrite Niveau supérieur

En vous basant sur la 1ère partie du texte, répondez aux questions suivantes.

1 Pourquoi Jaïs ne va-t-elle plus pouvoir revenir ?

2 Pourquoi, à votre avis, établit-on un cordon sanitaire après un désastre naturel ?

Organisation sociale

3 Comment Simm cherche-t-il à convaincre sa femme qu'il connaît l'autre ?

4 À quoi Jaïs compare-t-elle la mémoire de son mari ? À quoi sert cet ustensile ? Expliquez cette comparaison.

5 Simm et l'autre se sont-ils parlé un peu ou pas du tout ?

6 « Ce ne sont pas toujours les mots qui parlent. » Selon vous, que veut dire Simm par cette phrase ?

Basez vos réponses sur la 2ᵉ partie du texte.

7 Que faisait l'autre quand Simm l'a vu pour la première fois ?

8 Dans la phrase « elle était à moi, à lui, à tous en même temps, partout », à qui ou à quoi se réfère le mot « elle » ?

9 Selon vous que veut dire Simm par cette affirmation ?

10 Le mot « ensemble » est répété plusieurs fois. Quel est le message que l'auteur veut faire passer au lecteur ?

Dans la 1ᵉʳᵉ partie du texte, Jaïs dit que la langue ne permet pas à son mari et au jeune homme de communiquer. Selon Jaïs, quels sont les autres facteurs qui font que l'autre et ceux qui lui ressemblent sont des étrangers ? Cochez les bonnes réponses.

Caractéristiques d'un étranger

11 âge ☐

12 nationalité ☐

13 pays d'origine ☐

14 religion ☐

15 couleur de peau ☐

16 race / ethnie ☐

17 couleur de cheveux ☐

18 éducation ☐

19 classe sociale ☐

20 mépris de l'autre ☐

21 comportement menaçant ☐

22 méconnaissance ☐

Basez vos réponses sur la 3ᵉ partie du texte.

23 Que ressent Jaïs à l'égard des étrangers ? Plusieurs réponses sont possibles : curiosité, indifférence, fraternité, hostilité, crainte, étonnement, méfiance…

24 La réaction de Jaïs vis-à-vis des étrangers est-elle basée sur sa propre expérience ? Justifiez votre réponse.

25 Que ressent Simm à l'égard de cet étranger ? Plusieurs réponses sont possibles : curiosité, indifférence, fraternité, hostilité, crainte, étonnement, émerveillement, méfiance…

26 Pourquoi Simm refuse-t-il de partir ?

27 Terminez la phrase de Simm : « Je ne peux pas le quitter. Ce serait comme si… »

> **Cahier 4.2**
> **6 Grammaire en contexte**
> La négation

14 Toute réflexion faite

Dans le cadre de la Semaine de la Solidarité, votre école organise un concours de poésie. Inspiré(e) par la lecture de *L'Autre*, vous écrivez un poème en suivant **l'un** des modèles suivants.

Toi, l'étranger	**Toi, l'étranger**
Tu…	Toi, l'étranger
Tu…	Tu…
Tu…	Et moi je…
Tu…	Tu…
Tu…	Et moi je…
Et pourtant…	Tu…
	Et moi je…
	Mais nous…

Savez-vous…

Oui

- parler de l'engagement pour les autres ? ☐

- utiliser le comparatif et le superlatif ? ☐

- utiliser la négation ? ☐

- rédiger une brochure ? ☐

- rédiger une lettre officielle ? ☐

- rédiger un courriel ? ☐

- présenter une photo sur l'engagement pour les autres ? ☐

4.3 Études et emploi

Comment faire face aux défis du XXIe siècle ?

Objectifs d'apprentissage

Dans cette unité, vous allez apprendre à…

- parler de l'école et du travail
- utiliser les adverbes en -ment
- utiliser le futur antérieur
- rédiger une proposition
- rédiger une page de blog
- rédiger une lettre de candidature
- présenter une photo sur l'école et le travail

À quoi sert l'école ?

Théorie de la connaissance

Quel(s) type(s) de connaissances l'école permet-elle d'acquérir ? Y a-t-il d'autres types de connaissances qui ne s'acquièrent pas à l'école ? Si oui, lesquelles ? Où et comment les acquiert-on alors ?

1 Mise en route

Avec un(e) partenaire, choisissez cinq des questions ci-dessous dont vous aimeriez parler. Ensuite discutez-en !

A   Qu'est-ce que vous appréciez le plus à l'école ? Qu'est-ce que vous appréciez le moins à l'école ?

B   Quelles sont les qualités d'un professeur idéal ?

C   A-t-on besoin d'un professeur pour apprendre ? Pourquoi (pas) ?

D   L'école jusqu'à 16 ans, est-ce bien nécessaire ? Pourquoi (pas) ?

E   L'école vous prépare-t-elle à la vie active ? Si oui, comment ? Sinon, pourquoi pas ?

F   Tous les élèves devraient-ils étudier une des matières proposées dans le groupe 6 « Arts » dans le programme du diplôme (danse, musique, littérature et représentation théâtrale, théâtre, arts visuels, cinéma) ?

G   À quoi servent les devoirs ? Tout le travail scolaire devrait-il être fait à l'école ?

H   À quoi servent les examens, les interrogations et les contrôles ?

I   Si un élève trichait ou commettait un plagiat, quelles devraient être les conséquences ?

J   Les élèves ont-ils des droits ? Lesquels ?

K   L'école réussit-elle à faire disparaître les différences sociales ?

L   L'école réussit-elle à faire disparaître les préjugés ?

M   À la rentrée, allez-vous à l'école de gaieté de cœur ? Expliquez ce que vous ressentez et pourquoi.

N   Quel règlement de votre école aimeriez-vous changer ? Pourquoi ?

O   Quel règlement faudrait-il introduire dans votre école ? Pourquoi ?

2 Lecture

Il existe de grandes inégalités dans le monde. En France, où le principe d'égalité fait partie de la devise (*Liberté, Égalité, Fraternité*), l'instruction est ouverte à tous. Mais il y a des pays où tous les enfants ne sont pas scolarisés. Voici des données et des statistiques sur l'éducation des jeunes dans le monde.

●●●   UNICEF France

Éducation / Égalité

Depuis 25 ans, la scolarisation des enfants a connu une hausse considérable avec plus de 30 % de jeunes enfants scolarisés dans le monde… mais elle stagne actuellement.

Trop d'enfants dans le monde sont encore exclus du système éducatif :

- 9 % des enfants en âge d'aller à l'école primaire, soit 58 millions d'enfants non scolarisés

- 17 % des adolescents en âge d'aller au collège, soit 63 millions d'adolescents non scolarisés

Environ un milliard d'enfants sont en âge d'être scolarisés en primaire ou au collège. Il est de **notre responsabilité à tous** que chaque enfant ait droit d'aller à l'école, sans le moindre obstacle.

D'ici 2030, l'objectif est de scolariser 619 millions d'enfants (de 3 à 18 ans), soit une augmentation de 57 % par rapport à aujourd'hui.

www.unicef.fr

3 Compréhension écrite

En vous basant sur le texte, répondez aux questions ou choisissez la bonne réponse.

1   Quels mots du texte nous disent que le pourcentage d'enfants scolarisés « a augmenté » au cours du dernier quart de siècle ?

2   À qui ou à quoi se réfère « elle » dans la phrase « mais elle stagne actuellement » ?

3 Que signifie « elle stagne » ?

A   elle n'évolue plus   C   elle augmente lentement

B   elle évolue rapidement   D   elle baisse

4 Quel mot du texte signifie « c'est-à-dire » ?

5 Écrivez « un milliard » en chiffres.

6 Quel est le but de l'UNICEF dans les quinze prochaines années ?

MÉMOIRE

Vous aimeriez explorer davantage le thème de l'école ? De nombreux films francophones traitent de ce sujet, par exemple :

- *Entre les murs*, de Laurent Cantet

- *Monsieur Lazhar*, de Philippe Falardeau

- *Le péril jeune*, de Cédric Klapisch

- *La cour de Babel*, de Julie Bertuccelli

- *La journée de la jupe*, de Jean-Paul Lilienfeld

Vous pourriez vous en inspirer pour rédiger un mémoire de la catégorie 2(b) Culture et société.

4 Activité orale

En petits groupes, discutez des questions suivantes.

1   Quel chiffre ou quelle statistique dans le texte vous étonne le plus ? Pourquoi ?

2   À votre avis, le but de l'UNICEF est-il réalisable ? Que faut-il faire pour le réaliser ?

3   À votre avis, pour quelles raisons tous les enfants doivent-ils être scolarisés ?

4   L'éducation est-elle ouverte à tous les enfants dans votre pays ? Sinon, pourquoi pas ?

5   De quel âge à quel âge l'éducation devrait-elle être obligatoire selon vous ?

6   L'éducation est-elle la même pour tous les enfants dans votre pays ? Sinon, quelles sont les différences et comment s'expliquent-elles ?

5 Lecture

Lisez ce texte.

L'école de demain

Horaires, cours… à quoi ressemblerait l'école idéale ?
Voici les étonnantes réponses des élèves belges.

Plusieurs centaines d'élèves francophones de l'enseignement secondaire ont donné leur vision de l'école idéale. D'après eux, l'école devrait offrir des journées plus courtes et des cours plus en phase avec le monde qui entoure les jeunes.

Pour les élèves interrogés, la journée d'école idéale devrait commencer à 9h00 du matin et se terminer à 14h35, rapporte notre journaliste Olivier Pierre. L'heure de cours ne devrait durer, selon leurs préférences, que 40 minutes et non 50, comme c'est le cas actuellement. Aussi, les jeunes souhaiteraient des congés d'automne (Toussaint) et de détente (Carnaval) deux fois plus long.

Pas touche au mercredi après-midi, ni au samedi matin !

Mais alors comment compenser ? Ni le samedi, ni le mercredi selon les élèves, qui considèrent ces jours ou demi-journées de repos comme intouchables. « Ah non, pas le mercredi, c'est le nôtre », rétorque Charlotte Dandoy, élève de 4e année et ambassadrice du comité des élèves francophones. « C'est une question d'organisation et d'activités : on va voir nos grands-parents, etc. » Quant au samedi matin, « Quand même pas, c'est le week-end ! », répond-elle.

Les élèves proposent une autre manière de rattraper le temps économisé sur la semaine

Alors comment faire ? Les élèves ont leur propre réponse à cette question. Pour être plus efficaces en moins de temps, les élèves suggèrent des cours théoriques le matin, pratiques l'après-midi. Les devoirs, eux, se feraient à la maison. Ils souhaitent aussi que les cours, comme ceux de géographie ou d'histoire, leur permettent de comprendre l'actualité et de mieux les préparer au monde qui les attend à la sortie.

Ils proposent aussi de mieux encadrer les élèves en difficulté et d'éviter la stigmatisation. « Ils sont souvent laissés de côté », estime Charlotte Dandoy. « Certains élèves qui doivent aller en séances de rattrapage voient cela comme une punition ». Les jeunes voudraient que le rattrapage ait un sens plus positif aux yeux de tous.

« Ce ne sont pas des dires irréalistes »

Ce sondage, effectué auprès de plusieurs milliers d'élèves du secondaire, met surtout en lumière leur volonté d'être entendus. « Ce n'est pas vraiment irréaliste », considère Catherine Lemaître, coordinatrice du comité des élèves francophones. « Je pense que les élèves ont exprimé leur réalité et leur façon de voir l'école. Ils y sont la plus grande partie de leur temps, ils y vivent. Je pense qu'il faut prendre en compte l'avis des élèves quand on prend des décisions qui les concernent ».

www.rtl.be

Créativité, Activité, Service

Y a-t-il des élèves en difficulté scolaire dans votre école ? Y a-t-il des élèves qui ne parlent pas couramment la langue d'enseignement de l'école ? Y en a-t-il qui pourraient profiter de conseils pour faire leurs devoirs ? Pourquoi ne pas créer avec vos camarades de classe un club de soutien scolaire ?

6 Compréhension écrite et activité orale

Répondez aux questions en vous basant sur le texte. Ensuite donnez votre propre avis. Puis, en petits groupes, discutez des réponses.

	Réponse des élèves francophones interrogés	Êtes-vous d'accord ? Sinon, que proposez-vous ?
Exemple : quelles devraient être les deux priorités de l'école de demain ?	Offrir des journées plus courtes et des cours plus en phase avec le monde qui entoure les jeunes.	D'accord pour des cours plus adaptés à notre vie mais les examens de fin d'année devraient être supprimés et remplacés par le contrôle continu.
1 À quelle heure les cours devraient-ils commencer et se terminer ?		
2 Combien de temps un cours devrait-il durer ?		
3 Quels jours les cours ne devraient-ils pas avoir lieu ?		
4 Comment alors assurer le temps nécessaire aux études ?		
5 Comment les cours pourraient-ils préparer les élèves à entrer dans le monde « qui les attend à la sortie ? »		
6 Comment aider et soutenir les élèves en difficulté scolaire ?		
7 Quel est le désir le plus cher des élèves interrogés ?		

4

APPROCHES DE L'APPRENTISSAGE

Compétences de pensée critique

Faire preuve de pensée critique, c'est notamment être capable :

- d'identifier des problèmes et d'imaginer des solutions
- d'identifier des tendances et de prévoir des possibilités.

Saurez-vous démontrer ces compétences en faisant l'activité ci-contre ?

7 Activité orale

Regardez les photos ci-dessous qui montrent l'école d'aujourd'hui. Identifiez au moins deux aspects sur chaque photo et imaginez comment ceux-ci auront changé dans 30 ans. Comparez ensuite votre vision de l'avenir avec celle d'un partenaire. Donnez libre cours à votre imagination !

Exemple : En route pour le lycée

Aujourd'hui…

A Les élèves portent des sacs et de grands cartables.

B Les élèves vont à pied au lycée.

Dans 30 ans…

A Les élèves n'auront plus de livres et de sacs mais des tablettes miniaturisées.

B Ils n'iront plus à pied au lycée parce qu'il n'y aura plus de bâtiment « école ». Ils travailleront chez eux ou n'importe où puisqu'ils seront interconnectés.

Exemple : En route pour le lycée

1   La bibliothèque

Fiche 4.3.2
Entraînement à l'oral individuel NM
Les rythmes scolaires

Cahier 4.3
1 Grammaire en contexte
Les adverbes en -ment

Cahier 4.3
2 Activité écrite
Une proposition

Fiche 4.3.1
Travail oral en groupe
La robotisation

2   La salle de classe

3   Les examens

4   Le laboratoire de sciences

5   La cantine scolaire

6   L'établissement scolaire

Une année de pause

8 Lecture

Comment être sûr(e) de son choix d'études et de carrière ? Comment vivre de manière plus indépendante ? Comment acquérir de nouvelles compétences et élargir ses horizons ? Comment se préparer pour sa vie professionnelle et pour relever les défis du monde du travail ? À la fin du lycée et avant d'aller à la faculté, de plus en plus de jeunes prennent une année de pause pour découvrir le monde et eux-mêmes. Lisez le témoignage d'Étienne sur son séjour en Inde.

Six mois en Inde pour Étienne, 23 ans

J'avais besoin de me perdre pour me trouver

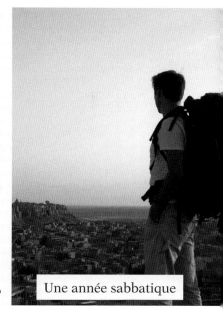

Une année sabbatique

1 Au lycée, j'avais un projet professionnel, m'orienter vers l'orthophonie, mais j'avais aussi un rêve, partir à l'étranger, très loin. Après le bac, c'était l'occasion ou jamais. Mon plan était structuré : j'ai contacté une association et trouvé ma destination. Je suis parti six mois en Inde, auprès d'enfants de
5 4 à 18 ans atteints du sida, vers Pondichéry. Cette envie, je l'ai eue dès l'âge de 6 ans, lors d'un voyage au Maroc où des petits garçons et filles de mon âge me demandaient un stylo, un cahier. Ma première « claque » sociale ! Plus grand, j'ai toujours fait du bénévolat. Aller en Inde, à la rencontre d'une autre culture, c'était une façon de rompre avec ce que je connaissais. J'avais
10 besoin de perdre mes repères pour me trouver, me découvrir. Ces six mois ont conforté mes choix. Aujourd'hui, je suis en deuxième année d'école d'orthophonie. Être sûr de ce que l'on veut entreprendre et savoir qui on est, ce n'est pas au lycée qu'on le découvre !

© Anne Lamy/Version Femina Sud Ouest/Scoop

COMPRÉHENSION CONCEPTUELLE

Le but, le sens, le destinataire

1 Quel est le but du texte ? ☐

    A encourager les jeunes à voyager en Inde

    B raconter de belles aventures de jeunes

    C faire réfléchir les jeunes sur comment se préparer pour l'avenir

    D conseiller les jeunes sur leur choix d'études

2 Quelle est l'idée principale du texte ? ☐

    A vivre une expérience nouvelle vous permet de mieux vous connaître

    B il faut beaucoup voyager avant de choisir sa carrière

    C faire du bénévolat vous permet de rencontrer des enfants

    D il faut faire des études

3 À qui ce texte s'adresse-t-il ?

  A aux jeunes et à leurs parents

  B aux enfants de la rue

  C à Étienne

  D aux orthophonistes

9 Compréhension écrite

Choisissez la bonne réponse ou répondez aux questions.

1 « Cette envie, je l'ai eue dès l'âge de 6 ans » (lignes 5 et 6). De quelle envie s'agit-il ?

  A passer le bac

  B aider les enfants

  C aller en Inde

  D être orthophoniste

2 Que signifie la phrase : « J'avais besoin de perdre mes repères pour me trouver, me découvrir. » (lignes 9 et 10) ?

  A J'ai dû changer de milieu pour savoir ce que je voulais faire dans la vie.

  B Je me suis trompé de route au cours de mon voyage en Inde.

  C J'ai découvert l'Inde grâce à mon année sabbatique.

  D J'ai perdu toutes mes affaires lors de mon voyage en Inde.

3 Que signifie la phrase : « Ces six mois ont conforté mes choix. » (lignes 10 et 11) ?

  A Ce séjour a confirmé ma décision de devenir orthophoniste.

  B J'étais parfois malheureux et les enfants m'ont conforté.

  C Je cherchais avant tout le confort après mon séjour en Inde.

  D J'ai choisi une carrière intéressante après six mois en Inde.

4 À quoi se réfère « le » dans la phrase : « ce n'est pas au lycée qu'on le découvre ! » (ligne 13) ?

10 Activité orale

Une année sabbatique, oui ou non ?

Vous voulez faire une pause dans vos études et reporter d'une année votre entrée à l'université. Votre père ou votre mère s'y oppose. Vous avez pris rendez-vous avec le conseiller / la conseillère pédagogique du lycée et votre parent pour en discuter. Vous espérez ainsi convaincre votre père ou votre mère de changer d'avis.

Rôles :

- l'élève qui veut prendre une année sabbatique
- le parent de l'élève
- le / la conseiller / conseillère pédagogique du lycée

Par groupes de trois, vous devez choisir un de ces rôles.

Préparez ce que vous allez dire pour convaincre le reste du groupe en notant les opinions que vous allez défendre lors du rendez-vous.

Vous pouvez utiliser les mots dans l'encadré pour vous aider. N'oubliez pas de justifier vos opinions. Jouez la scène devant la classe.

> **Cahier 4.3**
> **3 Activité lexicale**
> Les connecteurs logiques

> **Cahier 4.3**
> **4 Grammaire en contexte**
> L'expression du futur

DES MOTS POUR LE DIRE

apprendre une langue	réaliser un projet personnel	l'autonomie ; autonome
apprendre à résoudre des problèmes	réfléchir à ce qu'on veut faire	l'indépendance ; indépendant(e)
découvrir d'autres pays, d'autres habitudes de vie, d'autres cultures	retarder l'entrée dans le marché du travail	la maturité ; mûr(e)
décrocher	s'engager pour une cause	un coût élevé
faire du bénévolat	se donner du temps (pour)	une année blanche
gagner de l'argent	se remettre (d'un programme chargé, d'études difficiles…)	une année de césure
gérer un budget		une année de pause
perdre de vue ses amis	se remettre dans le bain des études / reprendre ses études	une année sabbatique
perfectionner une langue à l'étranger	suivre un stage ou une formation	une expérience enrichissante, valorisante
prendre du recul	travailler pour l'expérience du métier	une perte de temps
	voyager	

Le monde du travail

11 Lecture

Les études, les stages, la formation sont terminés. C'est le moment d'entrer dans le monde du travail. Quel métier choisir ? Qui n'a pas rêvé d'être danseur ou danseuse, pompier, pilote de chasse, médecin ou vétérinaire ? Pour certains, ce choix relève plutôt du hasard, alors que pour d'autres, il s'agit d'un projet longuement mûri. Thomas Pesquet a choisi le métier d'astronaute.

4

Lisez ce texte.

Que devient Thomas Pesquet, le 10ᵉ astronaute français à être parti dans l'espace ?

1 Thomas Pesquet est le 10ᵉ astronaute français à être parti dans l'espace. Le Normand est resté dans la Station spatiale internationale du 17 novembre 2016 au 2 juin 2017.

Au cours de son séjour dans l'espace, le Français a réalisé une soixantaine d'expériences et réalisé deux sorties pour des opérations de maintenance. Thomas Pesquet vient de vivre, comme il le dit lui-même, « l'aventure la plus intense de [sa] vie ». Cette aventure se prolonge depuis son retour sur Terre.

L'astronaute dit sa joie de retrouver la terre ferme. « La vie dans l'espace, c'est formidable, mais il y a beaucoup de choses qui m'ont manqué. Sur la Terre, beaucoup de beautés s'observent de près. »

À son retour sur Terre, Thomas Pesquet a retrouvé quelques plaisirs simples, comme prendre une douche, par exemple. « Dans la station, on se lave avec des lingettes, ce n'est pas très plaisant », raconte-t-il. Il a également eu le bonheur de retrouver une alimentation normale, composée « de choses fraîches, de fruits et de légumes ». La liberté a aussi été un des grands changements après son voyage dans l'espace. « La nature, marcher, avoir le vent dans le visage » sont des plaisirs qu'il a retrouvés. Il a également renoué avec un de ses sens : l'odorat.

Mais l'espace, dit-il, reste un endroit addictif. Pourquoi ? Grâce à « la sensation de liberté », d'après lui. « On peut évoluer en trois dimensions, le corps ne pèse plus rien. C'est hyper facile ! On peut soulever facilement des charges de plusieurs centaines de kilos. » Le Normand a eu l'impression d'avoir des super pouvoirs. « C'est le côté magique de la mission, on a l'impression d'être Superman, on peut voler. Quand on rentre sur Terre, on perd ces superpouvoirs donc évidemment, on a envie de les retrouver un jour. »

2 Cohabiter avec cinq autres astronautes

Pendant plusieurs semaines, Thomas Pesquet a partagé la Station spatiale internationale avec cinq autres astronautes. Il explique que la cohabitation n'a pas été trop difficile à vivre, même dans un espace réduit et confiné. « Il faut prendre des gens qui sont compatibles, qui sont faciles à vivre, qui sont patients, qui ne s'énervent pas. Ça fait partie de la sélection parce que mettre six personnes dans un espace très confiné, c'est la recette miracle pour avoir des problèmes », détaille l'astronaute français. Il raconte également qu'il n'est pas possible de s'isoler en cas de tensions. « Il n'y a pas d'échappatoire : la seule partie privée, c'est la petite couchette dans laquelle on dort qui fait un mètre carré au sol. »

Pendant ses 196 jours passés dans l'espace, Thomas Pesquet a posté des milliers de photos de la Terre, sous toutes ses facettes. Ce qui a marqué le plus l'astronaute ? La beauté de la Terre. « Je me rappelle qu'en arrivant, quand on voit la Terre défiler sous nos yeux, c'est vraiment impressionnant. Le bleu de la Terre luit parce que l'éclairage du soleil se reflète sur la planète. Les nuages, le blanc, la mer, le bleu, c'est absolument magnifique ! » Il se rappelle aussi avoir vu l'atmosphère, « ridiculement mince ». « C'est pourtant la seule chose qui nous protège des radiations, du vide, de l'absence d'oxygène et des températures extrêmes de l'espace que nous subissons dans la station spatiale. » Conséquence : Thomas Pesquet prend conscience « qu'en proportion, sur la Terre on est beaucoup moins protégés que dans la Station spatiale ». Il fait un parallèle : « La Terre, c'est un vaisseau spatial avec une protection très mince. Il faut en prendre soin parce que sinon le voyage va mal se passer ».

www.francetvinfo.fr

12 Compréhension écrite

En vous basant sur la 1ère partie du texte, répondez aux questions suivantes.

1 Quels sont les « plaisirs simples » sur la Terre qui ont manqué à Thomas Pesquet dans l'espace ?

2 Et pour vous, quels sont les plaisirs simples sur la Terre qui vous manqueraient dans l'espace ?

3 De retour sur Terre, qu'est-ce qui manque à Thomas Pesquet ?

En vous basant sur la 2e partie du texte, répondez aux questions suivantes.

4 Comment l'intérieur de la Station spatiale internationale est-il décrit ?

5 Quelles sont les qualités requises d'un astronaute afin de rendre la cohabitation dans la Station spatiale internationale tolérable ?

6 Qu'est-ce qui a le plus frappé Thomas Pesquet au cours de son voyage ?

7 Pourquoi Thomas Pesquet dit-il que l'atmosphère est « ridiculement mince » ?

8 De quel « voyage » Thomas Pesquet parle-t-il dans la phrase : « sinon le voyage va mal se passer » ?

13 Compréhension orale 🔊 Piste 15

Vous allez écouter l'interview d'une candidate pour une mission à destination de Mars. Répondez aux questions suivantes.

1 Quelle profession la candidate exerce-t-elle en ce moment ?

2 Comment la candidate a-t-elle pu payer ses études ?

3 Quel est le trait de caractère le plus prononcé chez la candidate ?

4 Comment la candidate reste-t-elle en bonne forme physique ?

5 Indiquez une des spécificités de l'atmosphère de Mars.

Choisissez la bonne réponse.

6 Le père de la candidate est mort…

A il y a deux ans   B il y a cinq ans   C quand la candidate avait cinq ans

Répondez aux questions suivantes.

7 Précisez **deux** des traits de caractère qui vont aider la candidate à supporter la cohabitation.

8 Qu'est-ce qui manquera à la candidate dans l'espace ?

9 Selon la candidate, qu'est-ce qu'il faut faire pour les autres ?

> **Cahier 4.3**
> **5 Activité écrite**
> Une lettre de candidature

14 Activité écrite

Vous êtes astronaute à bord d'une Station spatiale. Chaque jour vous tenez un blog. Vous y racontez ce que vous faites, ce que vous voyez par le hublot et ce que vous ressentez. En vous basant uniquement sur les renseignements donnés dans le texte de l'activité 11, rédigez une page de ce blog. Servez-vous des mots dans l'encadré *Des mots pour le dire*.

Rédigez de 250 à 400 mots pour les élèves de niveau moyen et de 450 à 600 mots pour les élèves de niveau supérieur.

Après avoir rédigé votre texte, servez-vous de la liste de vérification 2B au chapitre 6 du manuel pour vous assurer que vous avez utilisé tous les éléments nécessaires à la réalisation d'un blog.

DES MOTS POUR LE DIRE

l'atterrissage *(m)*	la pesanteur ; l'impesanteur ; l'apesanteur	atterrir
l'équilibre *(m)*	la sortie extravéhiculaire	décoller
l'espace *(m)*	la station spatiale	flotter
l'expédition *(f)*	le décollage	réaliser des expériences scientifiques
l'explorateur / l'exploratrice	le hublot	s'adapter
la fusée	le vertige	se déplacer
la gravité	le vide	séjourner
la mission	le / la spationaute ; le / la cosmonaute ; l'astronaute	voler

Le monde du travail de demain

15 Lecture Niveau supérieur

Lisez ce texte.

La désobéissante

Bulle travaille comme *chief editor* dans un bureau à Paris en 2050. Ce monde, toujours reconnaissable, est loin d'être rassurant.

Dans le long couloir qui mène à son bureau, elle ne rencontre pas une âme. Il est assez rare que les humains se croisent dans les dédales de l'immeuble. Obnubilés par l'impératif de performance, en dehors des heures de départ et d'arrivée, les salariés quittent rarement leur poste. Avoir un travail est un privilège pervers qui justifie tous les sacrifices. Bulle progresse au pas de charge, et arrive enfin à son bureau. Un petit cube de verre côtoyé par cinq autres. Chacun est à son poste. Bulle ne connaît pas ces gens qui pourtant partagent son lieu de travail depuis parfois plusieurs années, et qui font a priori à peu près le même boulot qu'elle, pour d'autres infomédias. Elle pénètre dans son cube et prend place sur une chaise. Sa détermination l'anesthésie. Ses doigts galopent sur le clavier virtuel, puis s'élancent dans les airs pour cliquer là où il faut sur la projection produite par l'holordi. Voilà. C'est programmé. Les épaules basses, Bulle ne bouge plus d'un cil. L'holordi a ravalé sa projection. Pour quelques secondes seulement car déjà les mails surgissent dans l'air les uns à la suite des autres.

[...]

Les journalistes n'existent plus. Et aux « producteurs de contenus » qui leur ont succédé, on demande rigoureusement le contraire. Bulle en tant que *chief editor* a pour mission de coder les algorithmes qui pondront eux-mêmes des articles de nature à ne pas fâcher les actionnaires qui détiennent l'infomédia, simple vitrine des divers produits qu'ils ont à vendre. « L'information » est le support de la publicité. Et Bulle honnit cette mission à laquelle elle n'ose pas renoncer.

Jennifer Murzeau, *La désobéissante*

16 Activité orale Niveau supérieur

Au niveau supérieur, l'examen oral individuel est basé sur un extrait d'une des œuvres littéraires étudiées en classe. Vous devez présenter l'extrait et montrer votre compréhension de ce passage. Afin de vous entraîner à cet examen, préparez une courte présentation dans laquelle vous résumerez cet extrait de *La désobéissante* et en exposerez les aspects les plus importants. Puis, à l'aide de vos notes, présentez l'extrait à un(e) camarade de classe.

Afin de bien structurer votre présentation, aidez-vous des questions suivantes :

1 De quelle œuvre littéraire vient cet extrait ?

2 Qui en est l'auteur ?

3 Où se passe la scène ?

4 Proposez deux adjectifs pour décrire le lieu de travail.

5 Selon le texte, quel est le rôle de l'information dans la société de 2050 ?

6 Cette vision du monde du travail de 2050 vous semble-t-elle réaliste ? Pourquoi (pas) ?

7 Qu'est-ce qui vous a le plus frappé(e) dans cet extrait et pourquoi ?

8 Cet extrait vous a-t-il donné envie de poursuivre la lecture de l'œuvre ? Pourquoi (pas) ?

> Fiche 4.3.3
> **Entraînement à l'oral individuel NM**
> Le travail du futur

17 Toute réflexion faite

Jeu de rôle : comment faire face aux défis du XXIᵉ siècle ?

Dans 30 ans, ferons-nous les mêmes métiers qu'aujourd'hui ? Le travail existera-t-il ? Vous faites partie d'un panel qui va discuter du futur du travail. Choisissez votre rôle.

sociologue

syndicaliste

patron(ne)

professeur(e) d'économie

philosophe

étudiant(e)

En petits groupes, vous allez discuter des questions suivantes. Prenez des notes avant de commencer. Pour vous aider, vous pouvez utiliser les opinions exprimées dans l'encadré *Des mots pour le dire.*

1 Le travail manuel existera-t-il encore en 2050 ? Pourquoi (pas) ?

2 Quels seront les emplois les plus recherchés demain ?

3 Dans quelle(s) langue(s) travaillera-t-on ?

4 Quelles seront les compétences requises pour exercer ces emplois ? Comment les acquérir ?

5 Le lieu de travail, les bureaux, les usines auront-ils changé ? Si oui, comment auront-ils changé ?

6 Le monde du travail de demain sera-t-il préférable à celui d'aujourd'hui ?

DES MOTS POUR LE DIRE

L'espérance de vie continuera à augmenter.

On travaillera plus longtemps qu'aujourd'hui mais probablement pour des plus périodes courtes.

La retraite ne sera pas imposée à un âge précis.

Il n'y aura plus de travail pénible puisque les robots auront remplacé les humains.

Les nouvelles technologies (le e-travail : Internet mobile, la technologie cloud, l'intelligence artificielle…) transformeront notre façon de travailler.

Pour avoir un emploi, il faudra maîtriser les nouvelles technologies.

La fracture numérique menacera le tissu social.

On ne se rendra pas au bureau ; grâce aux nouvelles technologies on pourra travailler à son domicile, ou de n'importe où.

Il est probable qu'on n'aura pas une seule carrière mais plusieurs.

Le travail sera moins pénible grâce aux robots.

Les robots nous priveront de notre travail et nous nous ennuierons.

Savez-vous…

Oui

- parler de l'école et du travail ?

- utiliser les adverbes en *-ment* ?

- utiliser le futur antérieur ?

- rédiger une proposition ?

- rédiger une page de blog ?

- rédiger une lettre de candidature ?

- présenter une photo sur l'école et le travail ?

4.4 L'ordre public

Les lois et règlements nous permettent-ils de mieux vivre ensemble ?

Objectifs d'apprentissage

Dans cette unité, vous allez apprendre à…

- parler de la loi et de l'ordre public
- utiliser le subjonctif pour exprimer l'incertitude
- rédiger un rapport
- rédiger une lettre officielle
- présenter une photo sur la loi et l'ordre public

Gestes inciviques et délits

1 Mise en route

Pour vivre harmonieusement en société, il faut respecter ses règles. Mais parfois, il n'y a pas de règles ou celles-ci ne sont pas imposées et la conduite est dictée par le civisme.

Qu'est-ce que le civisme ? Ce terme désigne le respect du citoyen pour ses concitoyens comme pour la collectivité dans laquelle il vit. Mais, malheureusement, on est souvent témoin de gestes et d'actions qui font preuve d'un manque de civisme.

1 Quelles sont vos réactions aux incivilités dans la vie quotidienne ? Considérons, par exemple, les cas suivants. Comment réagiriez-vous ?

A Ça vous choque. Vous ne le feriez pas vous-même.	B Ça ne vous choque pas, mais vous ne le feriez pas vous-même.	C Ce n'est pas bien mais tout le monde le fait. Alors vous le faites vous-même.

1 cracher par terre ☐

2 traverser la rue sans emprunter un passage piéton ☐

3 jeter des papiers, du popcorn, par terre dans une salle de cinéma ☐

4 uriner en public ☐

5 ne pas respecter une file d'attente ☐

6 parler fort sur son portable dans le métro ou dans les transports en commun ☐

7 garer sa voiture sur une place de stationnement réservée aux personnes handicapées ☐

8 jeter des mégots ou des papiers par terre dans la rue ☐

9 laisser son chien faire ses besoins sans les ramasser ☐

10 ne pas recycler ou faire le tri ☐

11 vapoter à l'école ☐

12 ne pas tenir la porte ouverte pour la personne qui est derrière soi ☐

13 lire les messages sur le portable de ses amis ☐

14 autre… ☐

Créativité, Activité, Service CAS

Avez-vous été témoin d'incivilités dans votre école ? Pourquoi ne pas proposer un cours de civisme obligatoire d'une heure lors de la semaine d'orientation et d'intégration au début de l'année scolaire ? Avec vos camarades de classe, dressez la liste des incivilités dont ce cours pourrait traiter.

Cahier 4.4
1 Activité lexicale
Crimes et délits

À trois ou quatre, comparez vos réponses. Ensuite, répondez aux questions suivantes.

2 De tous ces gestes inciviques, lequel vous choque le moins ? Pourquoi ?

3 Lequel vous choque le plus ? Pourquoi ?

4 Avez-vous observé des gestes inciviques dans votre école ? Dans la rue ? Sur le terrain de sport ? Lesquels ?

5 Que faudrait-il faire pour rendre les citoyens plus civiques ? Par exemple, faudrait-il…

A rendre un cours de civisme obligatoire pour les collégiens et les lycéens ?

B imposer des amendes ?

C imposer un service d'intérêt général ?

D s'adresser directement à ceux qui ne font pas preuve de civisme ?

E autre…

2 Lecture

Lisez ce texte.

Les voleurs à l'étalage pris la main dans le sac

Ils continuent néanmoins de sévir

1 **CRIME Le vol à l'étalage est une plaie, c'est bien documenté. Plus étonnant, toutefois, c'est que les voleurs, qui ont toutes les chances de se faire prendre avec les systèmes de caméras sophistiqués, continuent de**
5 **sévir avec autant de fréquence.**

Toutes les semaines, l'actionnaire de l'épicerie Marché Jovi de Mont-Tremblant, Chloé Labelle, note des vols et souvent le service de police est contacté. Le malfaiteur a peu de chances de s'en tirer puisque toutes les preuves ont été filmées.

10 « C'est difficile d'imaginer que les voleurs puissent penser qu'ils ne se feront pas attraper », souligne la commerçante. Elle nous a montré la douzaine de caméras à des endroits stratégiques à l'intérieur et à l'extérieur de l'épicerie de la rue Labelle.

Elle nous a également fait voir un vol des plus inusités dans les heures précédentes. Une préposée qui offrait une dégustation de bière a subtilisé toute la
15 journée des tablettes de chocolat, des paquets de gommes à mâcher et d'autres friandises qu'elle camouflait dans son sac à main.

« Elle est même sortie à quelques reprises durant la journée pour aller vider le sac dans son auto », relate Chloé Labelle avant d'ajouter qu'à la fin de la journée la voleuse est repartie avec la bière.

20 La commerçante veut alerter l'opinion publique sur le fléau des vols à l'étalage. En ce moment, dit-elle, elle croit déceler une augmentation du phénomène. « Avril semble toujours pire. Je ne sais pas [- X -], peut-être que les gens ont moins d'argent », suggère-t-elle.

[- 11 -], un homme est venu demander s'il pouvait « faire marquer¹ ». Lorsqu'on
25 lui a répondu que non, il est reparti pour revenir quelques heures plus tard et dérober de la bière et d'autres articles. Tout était sur enregistrement et la police n'a eu qu'à aller le cueillir chez lui.

[- 12 -], la marchandise volée avait disparu, une perte nette pour le commerce.

« Il faut aussi considérer le temps pour la plainte aux policiers et
30 parfois il faut [- 13 -] se présenter au tribunal », souligne-t-elle.

Souvent, elle connaît les voleurs pour les avoir vus comme clients. [- 14 -] ce sont de plus jeunes clients, la direction peut se contenter de leur servir un seul avertissement. Ça suffira souvent pour prévenir toute récidive. Toutefois, l'entreprise ne
35 peut tolérer de se faire voler à tous les vents, mentionne Chloé Labelle, et elle n'a [- 15 -] pas le choix de porter plainte.

L'Information du Nord Mont-Tremblant

¹ Faire marquer : expression québécoise familière qui signifie « payer plus tard »

3 Compréhension écrite

En vous basant sur les lignes 1 à 9, répondez aux questions suivantes.

1 À quoi le vol à l'étalage est-il comparé ?

2 Quel mot qui signifie un « voleur » ?

3 Pourquoi les voleurs ne peuvent-ils pas nier les faits ?

Reliez chacune des expressions du texte figurant dans la colonne de gauche avec son équivalent dans la colonne de droite.

4 la main dans le sac (titre) ☐

5 avec autant de fréquence (ligne 5) ☐

6 s'en tirer (ligne 8) ☐

7 des plus inusités (ligne 13) ☐

8 à quelques reprises (ligne 17) ☐

A	plusieurs fois	F	à la fin de la journée
B	peu de chances	G	en flagrant délit
C	aussi souvent	H	s'en faire
D	s'en sortir	I	des plus ordinaires
E	très peu ordinaire	J	l'achat

En vous basant sur les lignes 20 à 23, répondez aux questions suivantes.

9 Pourquoi la commerçante parle-t-elle au journaliste ?

10 Pourquoi le phénomène s'aggraverait-il selon la commerçante ?

Ajoutez les mots qui manquent aux lignes 20 à 36 en les choisissant dans la liste proposée ci-dessous.

D'ABORD	DERNIÈREMENT	LORSQUE	PLUS	PUIS
DÉJÀ	DONC	MÊME	POURQUOI	TOUTEFOIS

Exemple : [- X -] pourquoi

11 [– 11 –] .... 13 [– 13 –] .... 15 [– 15 –] ....

12 [– 12 –] .... 14 [– 14 –] ....

Fiche 4.4.1

Travail oral en groupe
Vidéosurveillance ou vidéoprotection ?

Fiche 4.4.2

Entraînement à l'oral individuel NM
La vidéosurveillance

4 Lecture Niveau supérieur

L'extrait suivant vient d'une courte nouvelle de Léonora Miano qui s'intitule *Filles du bord de ligne*. Elle met en scène des jeunes filles de milieu défavorisé connaissant des épisodes de délinquance.

Jeunes filles délinquantes

Quand elles n'avaient pas le cœur à danser et qu'il leur fallait tout de même dépenser cette énergie qu'elles ne maîtrisaient pas, il leur arrivait de quitter leur territoire. Elles grimpaient dans un bus sans payer, s'asseyaient au coin d'une autre rue. Tapies derrière une vieille voiture maculée de tags et de fiente de pigeons, elles guettaient. D'autres filles. Celles qui avaient tout ce dont elles étaient privées. Un grand appartement, une famille non élargie, des vacances à

Léonora Miano

la mer, des séjours à l'étranger. Des filles aux cheveux longs, naturellement lisses. Se jetant sur elles, elles leur assénaient des coups, leur taillaient le visage à l'aide de morceaux de sucre qu'elles gardaient par-devers elles. Ils étaient aussi redoutables qu'une lame. Elles emportaient des trophées : un blouson, une paire de baskets dernier cri, le souvenir, surtout, de l'effroi dans les yeux bleus.

Elles ne conservaient pas longtemps leur butin, le revendant à des fripiers, pour avoir un peu d'argent. Elles déplaçaient leur champ de bataille. Prenaient parfois le métro pour aller sévir plus loin, ne pas se faire repérer. Sur le chemin de retour, elles riaient fort. Se racontaient leurs hauts faits, comment elles avaient *latté* [1] *cette fille, un truc de ouf* [2], ce qu'elle avait *pris dans la gueule*. Elles parlaient du jour où elles s'arracheraient de ces rues misérables. Elles iraient à New York. Elles vivraient comme dans les séries télé, des vies de consommatrices effrénées, des vies de femmes de basketteurs, de groupies ayant mis la corde au cou à un rappeur connu. Elles seraient riches. Elles auraient de belles voitures. Elles passeraient des heures en soins relaxants, auraient une manucure privée. Elles ne voulaient pas changer le monde, juste en mordre un bout. Pour que ce ne soit pas toujours les autres qui profitent de la vie.

Léonora Miano, « Filles du bord de ligne »,

Afropean Soul et autres nouvelles © Flammarion

[1] **latté** : frappé (familier)

[2] **de ouf** : de fou (en verlan, qui est le fait d'inverser les syllabes d'un mot, ou, comme ici, les sonorités d'une syllabe)

5 Activité orale Niveau supérieur

Au niveau supérieur, l'examen oral individuel est basé sur un extrait d'une des œuvres littéraires étudiées en classe. Vous devez présenter l'extrait et montrer votre compréhension de ce passage. Afin de vous entraîner à cet examen, préparez une courte présentation dans laquelle vous résumerez cet extrait et en exposerez les aspects les plus importants. Puis, à l'aide de vos notes, présentez l'extrait à un(e) camarade de classe.

Afin de bien structurer votre présentation, aidez-vous des questions suivantes :

1   De quelle œuvre littéraire vient cet extrait ? Qui en est l'auteur ?

2   Où se situe l'action de l'extrait ?

3   Que se passe-t-il ?

4   Voici le portrait des filles qui se faisaient agresser par celles du bord de ligne :

« D'autres filles. Celles qui avaient tout ce dont elles étaient privées. Un grand appartement, une famille non élargie, des vacances à la mer, des séjours à l'étranger. Des filles aux cheveux longs, naturellement lisses. »

Faites maintenant le portrait des filles du bord de ligne. « Celles qui… »

MÉMOIRE

Vous avez envie d'écrire votre mémoire sur un roman qui traite de crimes ou de délits ?

Voici quelques suggestions :

- *L'Étranger*, d'Albert Camus

- *Pars vite et reviens tard*, de Fred Vargas

- *Fleur de béton*, de Wilfried N'Sondé

- *Kamouraska*, d'Anne Hébert

- L'une des enquêtes du commissaire Maigret, de Georges Simenon (il en a écrit plus de 100 !).

Comment les filles du bord de ligne se comportaient-elles ? Reliez les mots du texte dans la colonne de gauche avec leurs équivalents qui se trouvent dans la colonne de droite.

5 Elles guettaient ☐

6 Elles leur assénaient des coups ☐

7 [Elles] leur taillaient le visage ☐

8 Elles emportaient des trophées ☐

9 Elles déplaçaient leur champ de bataille ☐

A Elles allaient à la campagne

B Elles vendaient les objets volés

C Elles leur donnaient un coup de main

D Elles les frappaient

E Elles observaient

F Elles leur volaient des affaires

G Elles gagnaient de l'argent

H Elles dansaient

I Elles les blessaient à la figure

J Elles allaient ailleurs

10 Quel est le temps des verbes cités dans la question 5 ? Que peut-on en déduire sur la vie des filles du bord de ligne ?

11 À votre avis, qu'est-ce qui pourrait provoquer la délinquance ?

12 Quel est le mode des verbes dans les phrases suivantes ? Pourquoi l'auteur utilise-t-il ce mode ici ?

« Elles vivraient comme dans les séries télé […]. Elles seraient riches. Elles auraient de belles voitures. Elles passeraient des heures en soins relaxants… »

13 Que pensez-vous de leurs rêves, de leurs espoirs ?

14 Comment la société peut-elle aider les jeunes de milieu défavorisé à s'épanouir ?

Les réseaux sociaux, formidables ou effroyables ?

6 Activité orale

1 Quelles données partageriez-vous avec un(e) inconnu(e) en ligne ?

Remplissez le tableau à la page suivante. Cochez les informations que vous partageriez seulement avec un(e) ami(e) ou même avec un(e) inconnu(e) en ligne.

Puis discutez de vos réponses avec vos camarades de classe.

Informations	Partagées seulement avec un(e) ami(e)	Partagées avec un(e) inconnu(e)
1 Votre nom		
2 Votre prénom		
3 Votre sexe		
4 Votre âge		
5 Votre date de naissance		
6 Votre adresse de domicile		
7 Votre adresse électronique		
8 Votre numéro de téléphone		
9 Votre établissement scolaire		
10 Vos photos : de vous-même, de votre famille, de vos amis, de vos vacances, de vos soirées…		
11 Vos vidéos : de vous-même, de vos amis, de votre famille, de vos vacances…		
12 Vos loisirs		
13 Vos idées politiques ou religieuses		
14 Où vous vous trouvez / votre géolocalisation		
15 Autre…		

2 Quels sont les risques liés à l'utilisation d'Internet ? Comment les prévenir ?

Discutez-en avec vos camarades de classe. Pour vous aider à exprimer vos opinions, vous pouvez utiliser les expressions dans l'encadré *Des mots pour le dire.*

> **Cahier 4.4**
> **2 Activité écrite**
> Un rapport

DES MOTS POUR LE DIRE

accro à

l'agression sexuelle

l'arnaque *(f)*

l'atteinte *(f)* à la vie privée

l'insulte *(f)* ; insulter

l'intimidation *(f)* ; intimider

l'utilisation frauduleuse de données

la calomnie

la cybercriminalité

la dépendance ; la cyberdépendance

la fracture numérique

la manipulation

le chantage

le harcèlement ; le cyberharcèlement

le piratage

les « pourriels »

les dangers du numérique

les dérives d'Internet

les fausses informations

les images trafiquées

7 Lecture

Lisez ce texte.

Dangers d'Internet et des réseaux sociaux : les collégiens sont prévenus

1 Le chiffre fait froid dans le dos, mais chaque année, 700 à 1 000 jeunes de 15 à 24 ans mettent fin à leurs jours à cause d'un lynchage sur les réseaux « sociaux ». L'action sur les dangers du numérique entreprise par la police, dans les établissements scolaires vise à prévenir les risques liés à l'utilisation d'Internet.

2 Dans cette classe de quatrième du collège communautaire de Villeneuve-d'Ascq, l'attention est grande. L'émotion aussi lorsqu'à l'écran défilent les portraits et les prénoms de jeunes de leur âge, morts de n'avoir pas supporté le carcan du harcèlement sur les réseaux sociaux.

Mesurer les conséquences

3 Ici, pas de cours magistral. Le policier en uniforme laisse la parole se libérer et amène les élèves eux-mêmes à mettre les mots sur des pratiques qu'ils connaissent mais dont ils ne mesuraient pas toujours la portée.

4 Oui, le harcèlement peut conduire au suicide. Oui, les peines de prison ainsi que les amendes peuvent être très lourdes pour les auteurs de calomnies, de « happy slapping »[1], ou de toutes autres formes de dénigrements, publiés à l'abri (supposé) d'un écran.

5 À la différence d'une insulte ou d'une diffamation commises dans la rue, celles qui sont véhiculées par les réseaux sociaux laissent des traces et constituent donc des preuves. Et la justice ne badine généralement pas avec ce genre de délit.

6 Une infraction au droit à l'image[2] peut valoir un an de prison et 45 000 euros d'amende. Une insulte à caractère sexiste, raciste ou homophobe publiée en ligne peut se solder par une peine de 6 mois ferme et 22 500 euros d'amende.

Briser la loi du silence

7 La méthode très pédagogique utilisée par les intervenants facilite l'appropriation de cette information préventive. Les « oh » et les « ah » ponctuant les explications les plus percutantes de l'animateur laissent à penser que le message est bien passé. Ils ont compris qu'il n'existe qu'une solution face à ce fléau : briser la loi du silence et s'adresser aux adultes. Le réseau Pharos[3] sur Internet ou le 3020, numéro de téléphone gratuit, sont justement faits pour ça.

La Voix du Nord

[1] Le **« happy slapping »** est une pratique consistant à filmer l'agression physique d'une personne à l'aide d'un téléphone portable. Le terme s'applique à une simple vexation mais aussi aux violences, y compris sexuelles.

[2] La loi interdit la reproduction, l'exposition ou la publication d'une photo sans le consentement de la personne.

[3] www.internet-signalement.gouv.fr/PortailWeb/planets/Accueil!input.action

> **COMPRÉHENSION CONCEPTUELLE**
>
> **Le but et le sens**
>
> Le journaliste n'a pas rédigé un article objectif. En effet, il essaie de convaincre ses lecteurs que l'action menée par les policiers est un succès. Trouvez-en au moins trois preuves dans l'article.

8 Compréhension écrite

En vous basant sur le paragraphe 1, répondez aux questions suivantes ou choisissez la bonne réponse.

1   À quoi se réfère « le chiffre » dans l'expression « le chiffre fait froid dans le dos » ?

2   Quel mot signifie « des accusations blessantes sans preuves » ?

3   Quelle expression signifie « a pour objectif » ?

En vous basant sur le paragraphe 2, répondez à la question suivante.

4   Qu'est-ce qui émeut tout particulièrement les collégiens ?

En vous basant sur les paragraphes 3, 4 et 5, répondez aux questions suivantes ou choisissez la bonne réponse.

5   Quelle réponse **ne convient pas** ? L'expression « mettre les mots sur » signifie…

   A   expliquer

   B   décrire

   C   nommer

   D   éviter

6   Trouvez les trois mots qui signifient « accusation(s) mensongère(s) ».

7   Complétez la phrase suivante : Les insultes transmises par les réseaux sociaux…

8   « La justice ne badine généralement pas avec ce genre de délit » signifie que la justice…

   A   ne condamne pas ce genre de délit

   B   ne plaisante pas avec ce genre de délit

   C   ne critique pas ce genre de délit

   D   ne s'intéresse pas à ce genre de délit

En vous basant sur les paragraphes 6 et 7, répondez aux questions suivantes.

9   Quelle est la peine encourue si on publie une photo sans l'autorisation de la personne sur la photo ?

10   Comment faut-il réagir si on est victime de harcèlement ?

9 Activité orale

Avez-vous déjà utilisé des sources illégales pour obtenir des articles ? Quels sont les produits que vous pourriez vous procurer : manuels de classe, guides de révision, épreuves d'examen, films, séries, musique, jeux, vêtements… ? (Plusieurs réponses sont possibles.) En petits groupes, discutez de vos réponses aux questions suivantes.

1   Comment justifiez-vous ou justifieriez-vous d'utiliser une source illégale ?

   A   Pour un usage personnel, « ça va ».   ☐

   B   Tous mes amis le font.   ☐

   C   La gamme de produits numériques illégaux est plus large que celle de produits légaux.   ☐

   D   Les sources illégales sont plus faciles d'accès.   ☐

   E   Les prix de produits légaux ou authentiques sont trop élevés.   ☐

   F   Je ne savais pas que c'était illégal.   ☐

   G   Autre…   ☐

2   Vous n'avez pas acheté un produit d'une source illégale en ligne parce que…

   A   vous ne savez pas comment le faire.   ☐

   B   vos parents vous l'interdisent.   ☐

   C   vous avez peur de contaminer votre ordinateur.   ☐

   D   vous avez peur de devoir payer une amende.   ☐

   E   vous pensez que priver quelqu'un de ses droits d'auteur est malhonnête. Vous avez des principes : simplement, c'est illégal.   ☐

   F   vous ne faites pas confiance à ces sites.   ☐

   G   vous avez peur que le site utilise vos données personnelles.   ☐

   H   vous n'avez pas confiance en la qualité du produit.   ☐

   I   Autre…   ☐

Le bizutage

10 Lecture

À la rentrée, dans certains établissements et universités, les étudiants participent à des activités censées les aider à s'intégrer dans leur nouveau milieu. Ces activités peuvent prendre des formes diverses et peuvent mener dans certains cas à des excès. Lisez ce texte pour en savoir plus.

Ce qu'il faut savoir sur le bizutage avant de faire sa rentrée

1   Le phénomène, bien qu'il ait globalement régressé, continue d'inquiéter nombre de familles et de jeunes entrant dans le supérieur. *Le Figaro Étudiant* fait le point pour savoir comment réagir face à de tels débordements.

5   [- X -]

Que ce soit à l'université, en école de commerce, d'ingénieur, ou dans les institutions militaires, l'entrée dans l'enseignement supérieur est souvent marquée par une ou plusieurs journées d'intégration. Si, dans la grande majorité des établissements, ces événements se déroulent aujourd'hui
10   dans un esprit bienveillant, les jeunes et leurs parents sont encore nombreux à craindre d'être confrontés à des faits de bizutage. Cadre légal, numéros à contacter en cas de débordements… *Le Figaro Étudiant* vous dit tout pour pouvoir aborder la rentrée en toute sérénité.

[- 7 -]

15   La loi ne dresse pas de liste explicite des faits considérés comme des actes de bizutage, les définissant simplement comme des « actes humiliants ou dégradants » commis « lors de manifestations ou de réunions liées aux milieux scolaires et socio-éducatifs ». Les faits pouvant être condamnés sont donc nombreux. Par exemple, « souiller » des personnes avec des
20   œufs, de la farine ou autres produits salissants ; obliger quelqu'un à se déshabiller ; inciter des jeunes à simuler des actes sexuels ; forcer quelqu'un à faire quelque chose, que ce soit en public ou non… Par ailleurs, il n'est pas nécessaire qu'une plainte soit déposée pour que ces agissements soient poursuivis. En effet, la notion de consentement des victimes n'est
25   théoriquement pas prise en compte par la justice. En clair, peu importe que les bizutés soient d'accord ou non pour participer, seuls les faits seront jugés.

[- 8 -]

La loi Royal, votée en 1998, est très dure envers les bizuteurs. En cas de délit, le code pénal prévoit jusqu'à six mois de prison et 7 500 euros
30   d'amende. Ces peines peuvent même être doublées si les actes de bizutage sont commis à l'encontre de personnes fragiles physiquement ou mentalement en raison de leur âge, d'une maladie, ou d'une infirmité. Les représentants et les dirigeants d'un établissement peuvent également être inquiétés s'ils ont apporté leur aide ou leur caution à ces événements.

35 [- 9 -]

C'est souvent la grande crainte des
personnes victimes de bizutage. Souhaitant
absolument s'intégrer au groupe, elles
préfèrent encaisser en silence plutôt
40 que de signaler les faits. Les séquelles
psychologiques peuvent pourtant être
lourdes. En cas de doute, ne pas hésiter à
contacter une association dédiée ou un
des numéros verts mis en place par le
45 ministère de l'Enseignement supérieur
qui peuvent aider à y voir plus clair et
garantissent l'anonymat.

Quentin Blanc / Figaro Etudiant

11 Compréhension écrite

En vous basant sur les lignes 1 à 4, répondez aux questions suivantes.

1   Quel mot signifie que le bizutage est « en déclin » ?

2   Quel mot se réfère aux actions et aux activités excessives du bizutage ?

Les affirmations suivantes, basées sur les lignes 5 à 13, sont soit vraies, soit fausses. Cochez la
bonne réponse et justifiez votre réponse par des mots du texte.

		Vrai	Faux
3	Le bizutage se passe dans plusieurs types d'établissements.	☐	☐

Justification : ....

| 4 | Le bizutage se passe au début de la première année de faculté. | ☐ | ☐ |

Justification : ....

| 5 | Dans de nombreux établissements, le bizutage tourne mal. | ☐ | ☐ |

Justification : ....

| 6 | Certains jeunes ont peur de leurs parents. | ☐ | ☐ |

Justification : ....

Parmi les questions de la colonne de droite, choisissez celle qui correspond le mieux à chacun des paragraphes (lignes 14 à 47).

Question [- X -] | G |

7 Question [- 7 -] | |

8 Question [- 8 -] | |

9 Question [- 9 -] | |

A Ne risque-t-on pas d'être marginalisé si l'on dénonce un bizutage ?

B Les jeunes n'ont-ils pas consenti à participer au bizutage ?

C Les actes de bizutage sont-ils toujours commis contre des personnes fragiles ?

D Quels types d'actions sont considérés comme du bizutage ?

E Que risquent les bizuteurs s'ils sont condamnés ?

F Quelles pourraient être les séquelles psychologiques du bizutage ?

G À quel moment les jeunes pourraient-ils être confrontés à des faits de bizutage ?

En vous basant sur les lignes 14 à 34, reliez chaque début de phrase à la fin correspondante.

10 La loi ne précise pas ce que sont… | |

11 Même si les victimes du bizutage y participent volontairement,… | |

12 Si le bizutage vise une personne fragile,… | |

13 Le directeur qui a autorisé le bizutage… | |

A la peine est moins sévère.

B peut être tenu responsable de tout dérapage.

C les bizuteurs peuvent être poursuivis en justice.

D la peine est plus sévère.

E n'est pas un acte de bizutage.

F peut être considéré comme un acte de bizutage.

G les divers actes de bizutage.

H au cours d'une réunion d'étudiants.

> **Cahier 4.4**
> **3 Grammaire en contexte**
> L'expression du doute et de la certitude

Complétez la phrase suivante. Basez votre réponse sur les lignes 35 à 47.

14 Les personnes victimes de bizutage se taisent parce qu'elles veulent avant tout…

12 Compréhension orale 🔊 Piste 16

Vous allez écouter un reportage sur le bizutage. Choisissez la réponse correcte.

1 Combien d'étudiants viennent d'être mis en examen pour des actes de bizutage ?

   A quarante   B quatorze   C quatre | |

2 Qui est intervenu pour faire arrêter le bizutage ?

   A le président de l'université   C les témoins du bizutage

   B des étudiants | |

3 Quel est l'objectif du bizutage ?

   A entraîner les étudiants à des jeux

   B remonter le moral des étudiants

   C intégrer les nouveaux étudiants dans une faculté | |

4 Selon ses défenseurs, le bizutage aide les jeunes à se préparer…

   A à leurs études   C à une école de commerce | |

   B au monde du travail

5   La loi sur le bizutage date d'il y a…

A   21 ans   B   80 ans   C   20 ans

Répondez aux questions.

6   Quel est le mot qu'on utilise aujourd'hui au lieu de « bizutage » ?

7   Pourquoi un étudiant a-t-il été hospitalisé ?

8   Pourquoi l'étudiant a-t-il accepté de participer au bizutage ?

9   Nommez **deux** exemples d'actes de bizutage.

13 Activité écrite

C'est la rentrée et vous venez d'entrer en première année de faculté. La semaine dernière, vous avez participé à un bizutage. Au cours des activités auxquelles tout le monde a dû participer, vous vous êtes senti(e) humilié(e) et ridiculisé(e). Par conséquent, vous vous sentez blessé(e) et très mal à l'aise avec les autres étudiants.

Vous décidez de rédiger une lettre au recteur / à la rectrice de la faculté pour dénoncer les faits et lui demander de faire le nécessaire pour abolir le bizutage à la faculté. Décrivez ce qui s'est passé, et expliquez comment vous vous êtes senti(e). Proposez d'autres façons moins agressives pour permettre aux étudiants de faire connaissance et de s'intégrer à un groupe.

Rédigez de 250 à 400 mots pour les élèves de niveau moyen et de 450 à 600 mots pour les élèves de niveau supérieur.

Après avoir rédigé votre texte, servez-vous de la liste de vérification 13B au chapitre 6 du manuel pour vous assurer que vous avez utilisé tous les éléments nécessaires à la réalisation d'une lettre officielle.

> **Fiche 4.4.3**
> **Entraînement à l'oral individuel NM**
> Le bizutage

14 Toute réflexion faite

Comparez les délits et leurs conséquences en France et dans un autre pays.

Le délit	Amende et / ou peine	
	En France	En… / Au… (le pays où vous vous trouvez ou dans un pays de votre choix)
infraction au droit à l'image	45 000 euros un an de prison	
injure publique	12 000 euros	
bizutage	7 500 euros 6 mois de prison peine doublée si le bizutage est à l'encontre de personnes fragiles	

usage du téléphone au volant	135 euros réduction de 3 points au permis de conduire (sur 12 points)	
ne pas respecter l'interdiction de vapoter	35 à 150 euros	
insulte à caractère sexiste, raciste ou homophobe en ligne	22 500 euros 6 mois	
autre…		

Avec un(e) partenaire…

1 Faites des recherches sur les conséquences légales de deux autres types de délits en France.

2 Faites des recherches sur les conséquences des délits dans un autre pays (là où vous vous trouvez actuellement ou dans un pays de votre choix).

3 Discutez des résultats de vos recherches avec votre partenaire.

- Quelles sont les différences des peines et des amendes d'un pays à l'autre ?

- À quoi ces différences sont-elles dues ?

- Quel délit entraîne les conséquences les plus sévères ? Êtes-vous d'accord avec cette peine ?

- Quel délit entraîne les conséquences les moins sévères d'après la loi ? Êtes-vous d'accord avec cette peine ?

- Qu'est-ce qui vous a le plus étonné(e) dans la comparaison des délits et des conséquences légales dans les deux pays ?

4 Présentez la comparaison des peines et des conséquences légales dans les deux pays au reste de la classe.

Savez-vous…

Oui

- parler de la loi et de l'ordre public ? ☐

- utiliser le subjonctif pour exprimer l'incertitude ? ☐

- rédiger un rapport ? ☐

- rédiger une lettre officielle ? ☐

- présenter une photo sur la loi et l'ordre public ? ☐

APPROCHES DE L'APPRENTISSAGE

Compétences de recherche

Comment allez-vous trouver les informations que vous cherchez ?

Quels termes allez-vous utiliser dans votre moteur de recherche ?

Savez-vous utiliser des opérateurs booléens et des délimiteurs pour affiner vos recherches ?
Sinon, demandez de l'aide à votre professeur ou au / à la bibliothécaire de votre établissement scolaire.

5 | # Partage de la planète

5.1 Planète bleue, planète verte

À quels enjeux environnementaux faisons-nous face ?

Objectifs d'apprentissage

Dans cette unité, vous allez apprendre à...

• parler des enjeux environnementaux

• faire l'accord du participe passé

• identifier et exprimer l'opposition et la concession

• rédiger un article

• rédiger un discours

• présenter une photo sur l'environnement

Planète en danger

1 Mise en route

Monsieur et Madame ....

....

....

....

Objet : Résiliation du contrat de location

le 1er juillet 20...

Madame, Monsieur,

Par la présente, je vous informe que je ne souhaite pas renouveler le contrat de location que nous avons conclu il y a 3,5 millions d'années.

Selon les termes de ce contrat, vous deviez jouir paisiblement des lieux loués et les maintenir en bon état. Or, j'ai remarqué que vous aviez violé cette obligation à plus d'une reprise.

J'ai mis à votre disposition un habitat sain, mais aujourd'hui je ne peux que constater les innombrables et irréversibles dégâts que vous avez causés :

1 l'air, vous l'avez pollué avec les rejets de vos usines et de vos voitures ;

2 les océans, vous les avez vidés avec la surpêche, souillés avec vos marées noires ;

3 les rivières, vous les avez polluées, détournées, asséchées, bétonnées ;

4 les forêts, vous les avez rasées ;

5 la terre, vous l'avez contaminée avec vos produits chimiques et vos déchets nucléaires ;

6 les habitats naturels, vous les avez détruits, entraînant ainsi la disparition de nombreuses espèces ;

7 les plantes, vous les avez aspergées de pesticides et d'herbicides et vous les avez génétiquement modifiées ;

8 les animaux, vous les avez maltraités, soumis à l'élevage industriel et même, pour certains, chassés jusqu'à l'extinction ;

9 les déchets, vous les avez accumulés dans votre course effrénée à la surconsommation et vous les avez incinérés ;

10 le climat, vous l'avez déréglé, provoquant des catastrophes naturelles d'une ampleur inégalée et le bouleversement des écosystèmes.

Comme les nombreux avertissements que je vous ai adressés sont restés sans réponse, je me vois dans l'obligation de mettre fin à notre contrat dans les délais prescrits par la loi. Cette lettre signifie donc votre congé pour le 1er octobre prochain. À cette date, vous devrez avoir libéré le logement et m'avoir rendu les clés.

Vous souhaitant bonne réception du présent courrier, je vous prie d'agréer, Madame, Monsieur, l'expression de mes salutations distinguées.

COMPRÉHENSION CONCEPTUELLE

Le destinataire et le but

Choisissez la bonne réponse ou répondez aux questions suivantes.

1 De quel type de texte s'agit-il ? □

   A D'une lettre au courrier des lecteurs

   B D'une lettre de candidature

   C D'une lettre amicale

   D D'une lettre officielle

2 Le destinataire de la lettre n'est pas précisé. Selon vous, à qui celle-ci est-elle adressée ?

3 L'expéditeur de la lettre n'est pas clairement identifié. Selon vous, de qui s'agit-il ?

4 L'objet de la lettre est énoncé de deux manières différentes. Relevez-les.

2 Compréhension écrite

Répondez aux questions suivantes.

1 Citez les deux obligations que les locataires devaient remplir selon le contrat.

2 L'expéditeur évoque deux raisons pour ne pas renouveler le contrat. Citez-les.

3 Associez les problèmes environnementaux ci-dessous aux dégâts mentionnés dans la lettre. Inscrivez le numéro correspondant à chaque dégât.

   Exemple : les organismes génétiquement modifiés   7

   a   les changements climatiques   □

   b   les nappes de pétrole qui arrivent sur les rivages   □

   c   la déforestation   □

   d   le traitement des déchets   □

   e   les risques posés par le nucléaire   □

   f   les émissions de gaz polluants   □

   g   le déclin de la biodiversité   □

   h   l'accès à l'eau   □

   i   l'agriculture industrielle   □

4 Que devra faire le destinataire de la lettre le 1er octobre ?

5 Comment pourrait-on interpréter cet ultimatum ?

**Créativité,
Activité, Service** CAS

Un des objectifs du
programme CAS
est de « démontrer
son engagement
dans des questions
d'importance mondiale ».
L'environnement et le
développement durable
comptent certainement
parmi ces questions.
Votre programme CAS
vous offre-t-il déjà
la possibilité de vous
engager pour ces causes,
que ce soit grâce à des
expériences à court terme
ou des projets à long
terme ? Si oui, lesquelles
et comment ? Sinon, que
diriez-vous de mettre sur
pied ce type de projet ?
Il y a certainement une
cause pour laquelle vous
pouvez vous engager !

**Cahier 5.1
1 Grammaire en contexte**
L'accord du participe
passé

**Cahier 5.1
2 Activité lexicale**
Problèmes
environnementaux

**Fiche 5.1.1
Travail oral en groupe**
Conférence « Sauvons la
planète »

**Fiche 5.1.2
Entraînement à l'oral
individuel NM**
Catastrophes naturelles
et réchauffement
climatique

3 Activité orale

Discutez des questions suivantes en petits groupes.

1   Parmi les phrases suivantes, laquelle correspond le plus à votre opinion ?

    A   C'est une lettre parfaitement justifiée. Le destinataire a ce qu'il mérite.

    B   C'est une lettre inutilement alarmiste. La situation n'est pas si catastrophique !

    C   C'est une lettre fantaisiste. Il est bien évident que tout ça est complètement inventé !

    D   C'est une lettre qui manque d'originalité. J'en ai marre d'entendre parler d'environnement, surtout quand on essaie de nous culpabiliser comme ça !

    E   Autre… (précisez)

2   Parmi les problèmes écologiques évoqués dans la lettre…

    a   lequel est le plus important selon vous ?

    b   lequel vous semble le moins grave ?

    c   quels sont ceux qui sont régulièrement abordés dans les médias ?

    d   quels sont ceux dont on entend rarement parler dans les médias ?

    e   y en a-t-il un qui affecte particulièrement votre pays ou votre région ?

    f   y a-t-il une cause environnementale pour laquelle vous vous engagez personnellement (en vous impliquant dans une association ou en faisant des dons, par exemple) ? Si oui, pourquoi avez-vous choisi de vous engager pour cette cause en particulier ? Sinon, pourquoi ne vous sentez-vous pas concerné(e) ?

Quels gestes faites-vous pour la planète ?

4 Activité orale

La protection de la planète, c'est l'affaire de chacun d'entre nous. Alors… vous, que faites-vous exactement pour protéger la planète ? Remplissez la 1ère section du tableau ci-dessous, puis interrogez votre partenaire et notez ses réponses dans la 2e section.

	1 Vous			2 Votre partenaire		
	Je le fais déjà	J'y songe	Ah ! Ça non !	Je le fais déjà	J'y songe	Ah ! Ça non !
1 Je me sers de sacs réutilisables lorsque je fais mes achats.						
2 J'achète des produits locaux, de saison.						
3 Je prends une courte douche au lieu d'un bain.						
4 Pour aller à l'école ou au travail, je marche, je prends mon vélo ou j'emprunte les transports en commun.						
5 Je suis végétarien(ne).						
6 Je recycle.						
7 Je composte les matières organiques.						
8 Je m'habille dans les friperies.						
9 J'imprime le papier recto-verso.						
10 Je donne mes vieux vêtements et chaussures à des associations au lieu de les jeter.						
11 Je change rarement de téléphone portable.						
12 Je choisis des loisirs et des sports non motorisés.						
13 Je pars en vacances près de chez moi.						
14 Lorsque je prends l'avion, je compense mes émissions de CO_2.						
15 Je milite au sein d'une association écologiste.						

En équipes de deux, comparez oralement vos réponses à celles de votre partenaire. Justifiez vos réponses :

a Pourquoi faites-vous certains gestes et non pas d'autres ?

b Faites-vous ces gestes en tout temps ou seulement à l'occasion ?

c En quoi ces gestes contribuent-ils à protéger la planète ?

5 Compréhension orale 🔊 Piste 17

Vous allez écouter un dialogue entre deux amis, Alice et Romain, qui ont rendez-vous dans un restaurant. Romain vient d'arriver, il est en retard. Choisissez la réponse correcte.

1 Romain est venu au rendez-vous…

   A à vélo.

   B en bus.

   C en voiture.

2 Alice préfère se déplacer en voiture car…

   A c'est plus rapide.

   B elle adore conduire.

   C c'est plus sûr.

3 Le réchauffement climatique…

   A préoccupe Alice.

   B indiffère Alice.

   C met Alice en colère.

4 Selon Alice, les écologistes…

   A voient toujours le côté négatif des choses.

   B sont des utopistes.

   C sont des hippies qui ne se lavent pas assez souvent.

5 Romain pense…

   A qu'il ne fait pas assez d'efforts pour protéger l'environnement.

   B qu'il faut alterner les douches et les bains.

   C qu'Alice caricature les écologistes.

Répondez aux questions suivantes.

6 Selon Alice, qu'est-ce qui est mal organisé ?

7 Selon Alice, quelle image souvent montrée à la télévision ne sert à rien pour régler les problèmes environnementaux ?

8 Selon Alice, qui doit avant tout faire des efforts pour régler les problèmes environnementaux ?

9 Selon Alice, qu'est-ce qui ne devrait pas être chauffé en plein hiver ?

10 Qu'est-ce qu'Alice avait envie de manger à midi ?

6 Lecture Niveau supérieur

Lisez ce texte.

L'écologie en bas de chez moi

En rentrant chez lui un soir, le narrateur trouve un tract affiché sur le panneau d'affichage dans le hall de son immeuble. Le tract encourage les voisins à regarder le documentaire « Home », qui passera bientôt à la télé, en faisant valoir l'argument suivant : « Nous avons tous une responsabilité à l'égard de la planète. Ensemble, nous pouvons faire la différence. »

Je me sens importuné, presque blessé. Un marchand de soupe a mis son pied dans mon pas-de-porte. On veut m'imposer quelque chose. Une inquiétude, comme un réflexe, moi qui suis né dans un pays de l'Est. On aimerait bien penser à ma place.

Je ne réfléchis pas longtemps. Le hall est vide. J'enlève les punaises.

L'instant d'après, je suis chez moi, en sécurité. Je pose le tract sur le bureau. Je le relis. « Ensemble, nous pouvons faire la différence. » On y entend le brouhaha de la populace. La dynamique de la meute. La collectivité grogne. Elle est venue me chercher. Elle me demande des comptes, réclame un engagement. Je pourrais les ignorer, mais pour combien de temps ?... Le tic-tac du monde a changé d'intonation.

Soyons honnête, je n'ai pas été pris au dépourvu, enfin pas entièrement. Depuis quelques années, j'avais remarqué la pandémie, l'encombrement de vélos en bas de chez moi, les poubelles de tri sélectif et leurs mollahs, la dame du 3, escalier C, et le généraliste crétin, toujours aux avant-postes de la surveillance, du contrôle, et bientôt de la rééducation forcée des récalcitrants – nous y viendrons.

Mon œil distrait a maintes fois souri aux slogans infantilisants que l'on a vu fleurir aux caisses des supermarchés, dans les boutiques huppées du VIᵉ ¹, sur les factures de gaz. Bah, la mode finira par passer, me disais-je. Le vélo, à Paris, c'est dangereux et pénible. Trier les déchets est lassant et ingrat. Le prurit se calmera², et on ne le retrouvera plus qu'à la marge chez quelques illuminés. N'a-t-on pas vu retomber le hula hoop et le ska punk ? Pour se sentir vivre, le bobo³ passera à autre chose. On laissera le vert aux martiens.

En relisant pour la troisième fois le petit tract, je réalise à quel point je me suis trompé. Le phénomène s'est amplifié sans que je m'en rende compte. Pendant que je rêvassais il est devenu planétaire.

Iegor Gran, *L'écologie en bas de chez moi* © P.O.L. Editeur, 2011

L'environnement vous passionne et vous aimeriez y consacrer votre mémoire ? Pourquoi ne pas le faire en étudiant une œuvre littéraire qui traite de ce sujet ? Voici quelques suggestions :

- *Céleste, ma planète*, de Timothée de Fombelle
- *L'homme qui plantait des arbres*, de Jean Giono
- *Le parfum d'Adam*, de Jean-Christophe Rufin
- *Les racines du ciel*, de Romain Gary
- *Le règne du vivant*, d'Alice Ferney

---

¹ **VIᵉ** : quartier aisé de Paris

² **le prurit se calmera** : les démangeaisons disparaîtront, métaphore signifiant que les comportements écologiques ne seront plus aussi fréquents

³ **bobo** : (terme souvent péjoratif) bourgeois bohème = personne appartenant à un groupe socio-économique plutôt aisé, ayant fait des études et votant à gauche

7 Compréhension écrite Niveau supérieur

Lequel des énoncés suivants **ne correspond pas** à ce que dit le texte ?
Choisissez la bonne réponse.

1 Le narrateur…

   A est un homme.

   B est originaire d'un pays de l'Est.

   C habite Paris.

   D se passionne pour l'écologie.

2 Le narrateur est…

   A idéaliste.

   B individualiste.

   C râleur.

   D critique.

3 Dans cet extrait, le narrateur…

   A se dispute avec son voisin.

   B lit un tract dans le hall de son immeuble.

   C emporte le tract chez lui.

   D lit le tract trois fois.

4 Les voisins du narrateur…

   A font du vélo.

   B organisent souvent des fêtes.

   C trient consciencieusement leurs déchets.

   D aiment bien rappeler aux habitants de l'immeuble comment se comporter.

5 Cet extrait traite…

   A des relations entre voisins.

   B des gens qui se préoccupent de l'environnement.

   C de la pensée unique.

   D de la pauvreté.

8 Activité orale Niveau supérieur

Au niveau supérieur, l'examen oral individuel est basé sur un extrait d'une des œuvres littéraires étudiées en classe. Vous devez présenter le texte et montrer votre compréhension de ce passage. Afin de vous entraîner à cet examen, préparez une courte présentation dans laquelle vous résumerez l'extrait de *L'écologie en bas de chez moi* et en exposerez les aspects les plus importants à l'aide des questions ci-dessous. Puis, à l'aide de vos notes, présentez l'extrait à un(e) camarade de classe.

1 Relevez trois phrases qui vous semblent importantes. Justifiez vos choix.

   Exemple : « On aimerait bien penser à ma place. »

   Le narrateur est énervé par la bien-pensance ambiante en matière d'environnement et il tient absolument à préserver son indépendance d'esprit.

2 Êtes-vous d'accord avec les opinions exprimées par le narrateur ? Pourquoi (pas) ?

3 Cet extrait contient beaucoup de vocabulaire dépréciatif, par exemple :

   « La pandémie », « leurs mollahs », le « généraliste crétin », « les slogans infantilisants », « le prurit », « le bobo »… Dans quel but le narrateur emploie-t-il ce type de vocabulaire ?

4 Où se situe l'humour dans cet extrait ?

5 Ce passage vous a-t-il donné envie de poursuivre la lecture de l'œuvre littéraire et pourquoi (pas) ?

Agir pour l'environnement

9 Lecture

Lisez ce texte.

Éveiller les consciences environnementales

1 **Il scrute et investigue les questions environnementales depuis près de 30 ans. Au Canada, il est le doyen des journalistes dans le domaine et l'un des plus anciens en Amérique du Nord. Entrevue avec Louis-Gilles Francœur, journaliste en environnement au quotidien *Le Devoir*.**

2 Depuis que vous vous intéressez à ce secteur, trouvez-vous que les préoccupations environnementales ont évolué au fil des années ?

Dans les années 1980, on parlait des pluies acides, de la pollution des cours d'eau et des BPC (biphényles polychlorés). Les préoccupations étaient davantage « locales ». À l'époque, on ne savait même pas que la couche d'ozone était menacée. Le premier colloque sur les changements climatiques s'est tenu en 1987 à Toronto. On tombait des nues. Nous sommes maintenant au courant de ces mégaphénomènes, de l'effet cumulatif de la pollution. Nous en connaissons les enjeux. Nous avons aussi des repères pour juger de la valeur des gestes qui sont faits à l'échelle de la planète. Ce n'était pas le cas il y a 30 ans. Nous n'avons certainement plus l'excuse de l'ignorance.

3 Cette connaissance plus fine des problèmes environnementaux est-elle suffisante pour modifier nos comportements ?

À ce chapitre, il faut distinguer l'action de nos politiciens de celle du public en général. À degrés divers, les consommateurs font des efforts pour préserver l'environnement. Nous recyclons, nous isolons mieux nos maisons, nous achetons des électroménagers moins énergivores, des automobiles plus vertes, etc. Mais la part polluante des industries et de l'agriculture est nettement plus significative que celle des consommateurs. Malheureusement, la méconnaissance des enjeux politiques fait en sorte qu'on renvoie le problème au consommateur et qu'on le culpabilise.

4 Doit-on comprendre que les efforts des consommateurs ne servent pas à grand-chose ?

Au contraire, le consommateur doit continuer à changer ses comportements. Il doit aussi travailler sur un élément essentiel : faire pression sur les politiciens, exiger qu'ils fassent des gestes significatifs en matière d'environnement.

5 Quels sont les principaux enjeux auxquels nous devons faire face ?

L'essentiel de nos efforts doit porter sur la protection de la biodiversité. Notre survie en dépend. Étrangement, on n'en parle pas, ou si peu. Les médias n'en ont que pour les changements climatiques. Des rapports de l'Organisation des Nations Unies indiquent pourtant que 60 % des espèces sont trop exploitées ou en déclin prononcé, une situation que vient aggraver la menace des changements climatiques.

La consommation actuelle épuise les ressources. Malgré cela, nous consommons au-delà de nos besoins réels et de la capacité de la planète à y répondre. Nous continuons à nous créer de faux besoins. Nous sommes face à un mur et, au lieu de ralentir, nous pesons sur l'accélérateur.

6 Vous semblez accorder aux politiciens une grande part de responsabilité en matière d'environnement…

La protection de l'environnement est essentiellement un choix politique et social. Permettre la culture d'organismes génétiquement modifiés (OGM), favoriser la production d'éthanol à partir du maïs, ne pas instaurer de programme d'inspection obligatoire des véhicules, ce sont des choix politiques. Ce ne sont pas juste les comportements des consommateurs et le bon vouloir des entreprises qui sont en cause.

Les politiciens ont la responsabilité de faire avancer la société avec de vraies solutions touchant la biodiversité, le climat, etc. Cela exige une vision à long terme, ce dont nous manquons cruellement.

7 Avec votre connaissance de l'environnement, comment envisagez-vous l'avenir ?

Je ne suis pas défaitiste, mais plutôt cynique. Il ne faut pas être naïf et penser que la technologie va nous sauver. Il ne faut pas faire peur au monde non plus. Nous avons encore la possibilité de changer les choses. La pression que nous mettrons sur nos politiciens sera déterminante.

Madeleine Huberdeau, *Espace D*

Théorie de la connaissance

- Selon Louis-Gilles Francœur, l'ignorance peut excuser une certaine inaction. Cela signifie-t-il que la connaissance entraîne automatiquement une responsabilité ?

- À quoi reconnaît-on une étude fiable sur les problèmes environnementaux ?

- Comment évaluer la responsabilité de l'industrie et celle des consommateurs dans la dégradation de l'environnement ?

- L'action politique serait-elle plus efficace que les choix des consommateurs pour lutter contre des problèmes environnementaux ? Comment le savoir ?

10 Compréhension écrite

En vous basant sur la 1ère partie du texte, répondez aux questions suivantes ou choisissez la bonne réponse.

1   Quelle est la profession de Louis-Gilles Francœur ?

2   Dans ce contexte, « il est le doyen » signifie que Louis-Gilles Francœur est le plus…

A   connu.   C   conservateur.

B   expérimenté.   D   indépendant.

Basez vos réponses sur la 2e partie du texte.

3   L'idée principale de cette partie est que / qu'…

A   à l'heure actuelle, il n'est plus nécessaire de se préoccuper des pluies acides, de la pollution des cours d'eau et des BPC.

B   les préoccupations environnementales sont passées des questions locales aux questions globales.

C   il y a 30 ans, on ne valorisait pas les gestes faits pour protéger l'environnement.

D   nous ignorons encore comment régler les problèmes environnementaux.

4   L'expression « on tombait des nues » signifie qu'…

A   on était heureux d'apprendre la nouvelle.

B   on se sentait coupable.

C   on avait très chaud.

D   on était très surpris d'entendre parler de cela.

5   Quels sont les deux « mégaphénomènes » auxquels Louis-Gilles Francœur fait référence ?

6   La phrase « nous en connaissons les enjeux » signifie que…

A   nous comprenons bien ces problèmes.

B   nous connaissons personnellement les responsables de ces problèmes.

C   nous savons que nous avons commis des erreurs.

D   nous connaissons des gens qui peuvent nous aider à régler ces problèmes.

Basez vos réponses sur la 3e partie du texte.

7   Citez deux exemples d'efforts faits par les consommateurs pour préserver l'environnement.

8   Que déplore Louis-Gilles Francœur ?

Basez vos réponses sur la 4e partie du texte.

9   L'idée principale de cette partie est que…

A   les consommateurs doivent d'abord changer leurs comportements avant de faire pression sur les politiciens.

B   changer les comportements des consommateurs est inutile : c'est faire pression sur les politiciens qui est important.

C   changer les comportements des consommateurs ne suffit pas : il faut également faire pression sur les politiciens.

D   quand les politiciens feront des gestes significatifs en faveur de l'environnement, les consommateurs devront aussi changer leurs comportements.

LE SAVIEZ-VOUS ?

Quelques statistiques sur la biodiversité :

Pays où les espèces disparaissent le plus vite : Équateur, États-Unis, Malaisie, Indonésie, Mexique, Chine, Brésil, Australie, Colombie, France

Rythme de disparition des espèces vivantes : 1 toutes les 20 minutes

Pourcentage des espèces végétales ou animales qui risquent de disparaître d'ici 2050 : environ 25 %

Nombre d'espèces animales menacées d'extinction : 16 306 (sur 41 415 espèces recensées)

Pourcentage des calories fournies par le riz, le maïs et le blé dans l'alimentation mondiale : 60 %

Hectares de forêt détruits chaque année dans le monde : 13 millions (ce qui équivaut à 36 terrains de football par minute !)

Pourcentage des médicaments qui proviennent de la nature : 50 %

Partage de la planète

Basez vos réponses sur la 5ᵉ partie du texte.

10 Dans la phrase « on n'en parle pas, ou si peu », à qui ou à quoi se réfère « en » ?

11 « Les médias n'en ont que pour les changements climatiques » signifie que les médias… ☐

    A ne parlent pas assez des changements climatiques.

    B parlent seulement des changements climatiques.

    C ignorent tout des changements climatiques.

    D informent mal le public au sujet des changements climatiques.

12 Selon Louis-Gilles Francœur, les changements climatiques… ☐

    A sont une des causes du déclin de la biodiversité.

    B sont une des conséquences du déclin de la biodiversité.

    C sont une des solutions au déclin de la biodiversité.

    D ne sont pas liés au déclin de la biodiversité.

13 À qui ou à quoi se réfère « y » dans « la capacité de la planète à y répondre » ?

14 Quelle image Louis-Gilles Francœur emploie-t-il pour décrire le comportement des consommateurs ? ☐

    A L'image d'une machine dont on a perdu le contrôle.

    B L'image d'une fusée prête à décoller.

    C L'image d'une échelle qui n'atteint pas le haut du mur.

    D L'image d'une automobile qui fonce sur un mur.

Basez vos réponses sur la 6ᵉ partie du texte.

15 Citez deux exemples de choix politiques qui affectent l'environnement.

16 Selon Louis-Gilles Francœur, que manque-t-il actuellement aux politiciens ?

Basez vos réponses sur la 7ᵉ partie du texte.

17 Parmi les phrases suivantes, **deux** sont conformes aux idées exprimées dans cette partie. ☐ ☐
Choisissez les bonnes réponses.

    A Louis-Gilles Francœur a perdu tout espoir de sauver la planète.

    B Il est naïf de croire que les problèmes environnementaux seront résolus grâce à la technologie.

    C Alarmer les gens est la meilleure manière de régler les problèmes environnementaux.

    D Il est encore temps d'agir pour protéger l'environnement.

    E L'avenir de la planète repose entièrement sur les politiciens.

> **Cahier 5.1**
> **3 Grammaire en contexte**
> L'expression de l'opposition et de la concession

> **Cahier 5.1**
> **4 Activité écrite**
> Un article

Les écoguerriers

11 Lecture

Dans le cadre de la Semaine de l'environnement, votre école organise un débat sur le thème suivant : « Les actions des écoguerriers sont-elles justifiées ? »

Voici le document d'information qui a été distribué aux participants.

Qui sont les écoguerriers ?

Les écoguerriers sont des militants écologistes qui privilégient les actions spectaculaires et les méthodes musclées pour faire avancer la cause de l'environnement.

Quelques exemples d'actions menées par des écoguerriers :

- faire irruption dans les réunions politiques et manifester dans les villes où se tiennent les grandes réunions nationales ou internationales
- détruire des récoltes d'organismes génétiquement modifiés
- couler des baleiniers
- vandaliser des magasins de fourrure
- s'enchaîner à des arbres pour empêcher que ceux-ci ne soient abattus
- détruire du matériel de construction (pour empêcher la construction d'une route ou d'un barrage)
- libérer des animaux de laboratoire
- mettre des clous dans des arbres pour bloquer les tronçonneuses

12 Activité écrite

Passionné(e) d'environnement, vous avez décidé de participer à ce débat afin de défendre votre point de vue sur les actions des écoguerriers. Vous allez rédiger le texte de votre discours.

Avant d'accomplir la tâche prescrite, faites les activités suivantes. Elles vous aideront à rédiger un discours convaincant.

COMPRÉHENSION CONCEPTUELLE

Le sens

Avec un(e) partenaire, vous allez d'abord comparer deux discours : chaque discours consiste en une introduction, un paragraphe extrait du développement et une conclusion. Pour vous aider à évaluer les discours, vous pouvez vous référer à la section « Comment rédiger un plan » de l'unité 1.4 *Langues et langages*.

1 Vous trouverez ci-dessous deux introductions. Laquelle est la meilleure ? Justifiez oralement votre réponse. Attention ! Il ne s'agit pas de dire avec quel point de vue vous êtes d'accord, mais bien d'évaluer la qualité de l'introduction.

Introduction n° 1

Mesdames et Messieurs, je vous remercie d'être venus assister à ce débat. Je suis ici pour débattre de la question suivante : « Les actions des écoguerriers sont-elles justifiées ? » Étant moi-même une écoguerrière, je suis tout à fait pour les actions formidables de mes collègues qui ne reculent devant rien pour sauver la planète.

Introduction n° 2

Chers lycéens, j'aimerais vous parler des enjeux environnementaux auxquels nous faisons face. Il est urgent que nous combattions le réchauffement climatique, mais les gouvernements du monde entier semblent ignorer ce problème. Je suis membre d'une organisation caritative qui s'appelle « Les arbres verts ». Cette organisation n'utilise pas la violence pour faire avancer la cause de l'environnement.

2 Vous trouverez ci-après deux paragraphes faisant partie du développement. Lequel est le plus convaincant ? Justifiez oralement votre réponse.

Développement n° 1

Les écoguerriers libèrent les animaux de laboratoire pour arrêter la cruauté envers les animaux. Nous autres écoguerriers pensons qu'il est immoral d'utiliser des animaux pour des raisons égoïstes comme la fabrication de produits de maquillage. Les scientifiques se servent d'animaux innocents afin de fabriquer des produits utiles pour les humains.

Développement n° 2

Les écoguerriers ne vous disent pas la vérité quand ils prônent la libération des animaux de laboratoire ! L'année dernière, des écoguerriers se sont introduits illégalement dans un laboratoire pour libérer des animaux. Cela a été un véritable cauchemar : les animaux étaient porteurs de maladies car ils servaient de cobayes pour des essais médicaux. Ils ont contaminé des gens et sont morts faute de soins après avoir été « libérés ». Ce geste irresponsable et irréfléchi a entaché la réputation des écoguerriers. Protégeons les animaux par des méthodes légales et par des campagnes qui nous valent le soutien du gouvernement et du public !

3 Vous trouverez ci-dessous deux conclusions. Laquelle est la meilleure ? Justifiez oralement votre réponse.

Conclusion n° 1

En gros, les écoguerriers pensent qu'il n'est pas trop tard pour sauver la planète. Économisons l'eau ! Plantons des arbres ! Ne construisons pas de centrales nucléaires ! N'utilisons pas d'animaux pour fabriquer nos vêtements ni pour effectuer des essais médicaux ! Ensemble, nous pourrons sauver la planète !

Conclusion n° 2

J'espère vous avoir démontré que les actions extrémistes menées par les écoguerriers ne font pas avancer la cause de l'environnement. La violence et le vandalisme ne leur apportent ni le soutien du public ni celui des gouvernements. De plus, en agissant ainsi, c'est tout le mouvement écologiste qu'ils discréditent. Or, maintenant plus que jamais, il est important que la population, les militants, les politiciens soient tous unis dans un même but : sauver notre planète, la seule que nous ayons. En serons-nous capables ? J'ose croire que oui.

4 Vous allez maintenant examiner certains arguments que vous pourriez utiliser dans votre discours. Parmi les phrases suivantes, indiquez celles qui soutiennent les actions des écoguerriers et celles qui s'y opposent.

	Pour	Contre
1 Nous sommes prêts à tout pour sauver la planète.	☐	☐
2 Si on utilise la violence, on ne résoudra rien !	☐	☐
3 Les méthodes utilisées par les écoguerriers découragent les gens ordinaires de changer leurs comportements.	☐	☐
4 Allons-nous rester les bras croisés à attendre poliment que les politiciens décident de notre sort ? Non, il faut agir !	☐	☐
5 Les actes de vandalisme ne font rien pour faire avancer notre cause, bien au contraire.	☐	☐
6 Aux grands maux, les grands remèdes !	☐	☐
7 Lorsqu'il est question de la survie des humains sur Terre, la fin justifie les moyens.	☐	☐
8 Certains actes commis par les écoguerriers sont absolument contraires aux idéaux de la plupart des écologistes.	☐	☐
9 À mon avis, l'activisme traditionnel est très efficace.	☐	☐

Vous devriez maintenant vous sentir mieux préparé(e) à rédiger votre discours. Rédigez de 250 à 400 mots pour les élèves de niveau moyen et de 450 à 600 mots pour les élèves de niveau supérieur. Allez-y !

Fiche 5.1.3
Entraînement à l'oral individuel NM
Un écoguerrier

13 Toute réflexion faite

Pour faire bouger les choses en matière d'environnement, on a l'embarras du choix.
On peut par exemple :

A choisir un mode de vie zéro déchet

B choisir une carrière scientifique pour trouver des solutions technologiques aux problèmes environnementaux

C devenir journaliste spécialisé en environnement

D devenir végane

E écrire des lettres au courrier des lecteurs du journal local

F créer un blog ou un site web consacré à l'environnement

G créer une association écologiste à l'école pour sensibiliser les autres élèves

H distribuer des tracts dans la rue

I donner de l'argent à des associations écologistes

J faire pression sur les industries, par exemple en choisissant d'acheter certains produits ou d'en boycotter d'autres

K faire pression sur les politiciens, par exemple en faisant circuler des pétitions

L ne manger que ce qu'on produit soi-même

M participer à des manifestations déguisé en dauphin, tortue ou ours polaire

N renoncer à prendre l'avion

O s'attacher à un arbre pour éviter la déforestation et la construction de nouvelles routes ou habitations

P se tenir informé, par exemple connaître des faits, des statistiques, des politiques gouvernementales

Q vendre sa voiture

R vérifier dans les poubelles de ses voisins si leurs déchets ont été triés correctement pour le recyclage

S vivre dans une cabane en bois dans la forêt sans eau ni électricité

Parmi les différents moyens cités dans la liste A à S…

1   Quels sont, selon vous, les deux moyens les **plus** efficaces ? Pourquoi ?

2   Quels sont, selon vous, les deux moyens les **moins** efficaces ? Pourquoi ?

3   Comparez vos réponses à celles du reste de la classe, puis discutez-en. Pourrez-vous arriver à vous mettre d'accord ?

Savez-vous…

Oui

•   parler des enjeux environnementaux ?   ☐

•   faire l'accord du participe passé ?   ☐

•   identifier et exprimer l'opposition et la concession ?   ☐

•   rédiger un article ?   ☐

•   rédiger un discours ?   ☐

•   présenter une photo sur l'environnement ?   ☐

5.2 Nos droits à tous

Qu'est-ce qu'une société équitable ?

Objectifs d'apprentissage

Dans cette unité, vous allez apprendre à...

- parler de vos droits et de vos responsabilités
- utiliser les expressions de temps
- utiliser le futur simple
- rédiger une lettre officielle
- rédiger un rapport
- rédiger un discours
- présenter une photo sur les droits et les responsabilités

Quels sont vos droits ?

1 Mise en route

Dans votre pays, qu'avez-vous le droit de faire ?
Cochez les affirmations qui correspondent à ce qui
se passe dans votre pays et discutez-en avec un(e)
partenaire. Utilisez le vocabulaire dans l'encadré
Des mots pour le dire pour vous aider.

Dans mon pays, j'ai le droit de…

A conduire une voiture sans posséder le permis ☐

B travailler pour financer mes études ☐

C prendre les transports en commun gratuitement ☐

D boire de l'alcool dès 16 ans ☐

E me marier avec la personne de mon choix ☐

F tricher aux examens ☐

G voter dès 18 ans ☐

H fumer dans les lieux publics ☐

I publier mes idées dans un journal ☐

J télécharger de la musique ou des films ☐

K sortir seul(e) le soir après 21 heures ☐

L me servir du vélo de mon voisin sans son autorisation ☐

M écouter la musique que je veux ☐

N recevoir une éducation gratuite ☐

O conduire un deux-roues ☐

P parler à une personne du sexe opposé ☐

Q jouer à des jeux d'argent ☐

R quitter ma maison sans l'autorisation de mes parents ☐

S faire la grève ☐

T me faire soigner gratuitement ☐

U frapper une personne qui me manque de respect ☐

V porter les vêtements que je veux ☐

W ne pas avoir de papiers d'identité ☐

X regarder les films que je veux ☐

Y prendre une boisson dans un café ou un pub avec mes amis ☐

Z manifester dans la rue ☐

DES MOTS POUR LE DIRE

la non-discrimination	bénéficier
la violation	exercer ses droits
les droits inaliénables	garantir
les valeurs	promouvoir
sur un pied d'égalité	protéger
un préjugé	subir (la discrimination)

2 Activité orale

Par groupes de trois ou quatre, discutez des questions suivantes.

1 Qu'est-ce qu'un droit ?

2 Comment avons-nous obtenu nos droits ?

3 Avons-nous tous les mêmes droits ?

4 Certains droits vous paraissent-ils être des privilèges ? Si oui, donnez des exemples.

5 Quels droits sont nécessaires pour que tout le monde puisse vivre de façon équitable ?

5

3 Lecture

La *Déclaration universelle des droits de l'homme* a été signée par 50 pays membres de l'Organisation des Nations Unies en 1948 à Paris. Elle précise les droits fondamentaux de l'homme.

Lisez les articles 1 à 6 de la *Déclaration universelle des droits de l'homme* et reliez chaque article du texte officiel à gauche avec son équivalent en version simplifiée à droite. Indiquez dans la case la lettre qui correspond à la réponse correcte.

Déclaration universelle des droits de l'homme

Texte officiel	Version simplifiée

Article premier

Tous les êtres humains naissent libres et égaux en dignité et en droits. Ils sont doués de raison et de conscience et doivent agir les uns envers les autres dans un esprit de fraternité. ☐

A Tu as le droit de vivre, et de vivre libre et en sécurité.

B Personne n'a le droit de te torturer, c'est-à-dire de te faire du mal.

Article 2

1 Chacun peut se prévaloir de tous les droits et de toutes les libertés proclamés dans la présente Déclaration, sans distinction aucune, notamment de race, de couleur, de sexe, de langue, de religion, d'opinion politique ou de toute autre opinion, d'origine nationale ou sociale, de fortune, de naissance ou de toute autre situation. ☐

2 De plus, il ne sera fait aucune distinction fondée sur le statut politique, juridique ou international du pays ou du territoire dont une personne est ressortissante, que ce pays ou territoire soit indépendant, sous tutelle, non autonome ou soumis à une limitation quelconque de souveraineté.

C Quand les enfants naissent, ils sont libres et tous doivent être traités de la même manière. Ils sont doués de raison et de conscience, et doivent agir les uns envers les autres de façon amicale.

D Personne n'a le droit de te prendre comme esclave et tu ne peux prendre personne comme esclave.

E Tu dois être protégé par la loi de la même manière, partout et comme tout le monde.

Article 3

Tout individu a droit à la vie, à la liberté et à la sûreté de sa personne. ☐

F Les droits énoncés dans la Déclaration sont reconnus à tout le monde :

- homme ou femme
- quelle que soit la couleur de la peau
- quelle que soit la langue
- quelle que soit la religion
- quelle que soit la fortune
- quel que soit le milieu social
- quel que soit le pays d'origine
- peu importe aussi que le pays soit indépendant ou non.

Article 4

Nul ne sera tenu en esclavage ni en servitude ; l'esclavage et la traite des esclaves sont interdits sous toutes leurs formes. ☐

Article 5

Nul ne sera soumis à la torture, ni à des peines ou traitements cruels, inhumains ou dégradants. ☐

Article 6

Chacun a le droit à la reconnaissance en tous lieux de sa personnalité juridique. ☐

4 Activité orale

Avec l'ensemble de la classe, répondez aux questions suivantes.

1 Donnez des exemples concrets qui démontrent que les principes énoncés dans les articles sont bien appliqués de nos jours.

2 Donnez des exemples concrets qui démontrent que ces principes ne sont pas toujours bien appliqués de nos jours.

3 Donnez des exemples de personnes ou d'organismes qui ont pour but de protéger les droits de la personne et d'empêcher des violations de se produire.

Les droits des jeunes

5 Lecture

Lisez ce texte sur les lois qui s'appliquent aux jeunes en France.

À quel âge peut-on… ?

Ce que l'on peut faire à moins de 15 ans :
Avoir un passeport (pas d'âge minimal), passer son bac (pas d'âge minimal), s'inscrire sur les réseaux sociaux (à partir de 13 ans), conduire un cyclomoteur (à partir de 14 ans).

Ce que l'on peut faire à 15 ans :
Commencer la conduite accompagnée, acquérir la majorité sexuelle.

Ce que l'on peut faire à 16 ans :
Travailler, fonder une association, créer son entreprise, avoir une carte Vitale[1], être émancipé, quitter l'école.

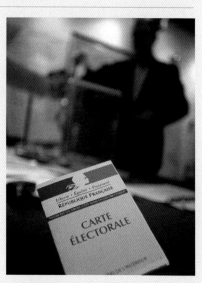

Ce que l'on peut faire à 17 ans et demi :
Conduire, s'engager dans l'armée.

Ce que l'on peut faire à 18 ans :
Acheter / boire de l'alcool, voter, acheter des cigarettes, aller sur des sites pornographiques, donner son sang, se faire tatouer / piercer (sans l'autorisation des parents), être élu député ou président de la République, aller en discothèque (non accompagné d'un adulte).

www.leparisien.fr

Théorie de la connaissance TdC

Les droits énoncés dans la Déclaration sont-ils universels ou varient-ils selon le pays, l'époque, la culture, la géographie et la langue ? Parmi les six droits définis dans les textes de l'activité 3, y en a-t-il, selon vous, qui ne seraient pas universels ?

Fiche 5.2.1
Travail oral en groupe
Nos droits

[1] **carte Vitale :** une carte d'assurance maladie

6 Activité orale

Avec l'ensemble de la classe, répondez aux questions suivantes.

1   Dans votre pays, ces droits sont-ils acquis à des âges très différents ? Par exemple, en France, on a le droit de vote à 18 ans, et chez vous ? Aimeriez-vous avoir le droit de vote maintenant ? Selon vous, quel est l'âge idéal pour avoir le droit de vote ?

2   Que signifient ces expressions ?

   a   Acquérir la majorité sexuelle

   b   Être émancipé(e)

3   Pour vous, « Acquérir la majorité sexuelle » à 15 ans, est-ce trop tôt ou trop tard ? « Être émancipé(e) » à 16 ans, est-ce trop tôt ou trop tard ?

Cahier 5.2
1 Grammaire en contexte
Les expressions de temps

7 Lecture

Lisez ce texte.

QUESTION DU JOUR
Faut-il abaisser l'âge du droit de vote à 16 ans ?

1   **POUR** « La jeunesse doit peser davantage dans les urnes »

Giuseppe Aviges, 18 ans, est vice-président d'une association lycéenne et élève en terminale.

Pourquoi vouloir abaisser l'âge de la majorité électorale ?

GA :   Pour être acteurs de la société, et pas seulement des consommateurs. À 16 ans, les jeunes
5   peuvent être pénalement responsables, travailler et payer des cotisations sociales… Pourquoi
            ils n'auraient pas aussi le droit de s'exprimer sur ce qui est leur avenir ? C'est nous qui allons
            vivre dans la société qui se dessine maintenant.

À 16 ans, a-t-on la culture politique nécessaire ?

GA :   Il y a des choses à revoir dans l'enseignement moral et civique. Mais notre génération aime
10   débattre et elle est très informée, sans doute plus que les personnes âgées qui, elles, votent.

Les résultats électoraux ne montrent pas un fort appétit des 18–25 ans pour
la démocratie…

GA :   Il faut prendre le problème dans l'autre sens. Aujourd'hui, la catégorie des seniors est
            surreprésentée dans les élections et, par conséquent, les politiques s'adressent d'abord à
15   elle. Si on veut que la jeunesse prenne part au débat, il faut qu'elle pèse davantage dans les
            urnes : faire entrer 1,5 million de votants supplémentaires rééquilibrerait la vie publique.

Pourquoi pensez-vous que les politiques ne s'intéressent pas aux jeunes ?

GA :   Parce que ces slogans ne sont que de belles paroles, quand les discours ne tapent pas à
            côté de la plaque, avec des propositions à mille lieues de nos vraies préoccupations, comme
20   l'uniforme à l'école. Les politiques ont une responsabilité dans l'abstention des jeunes : ils
            ne leur parlent pas, et ne les incitent pas à s'engager. La preuve, l'inscription sur les listes
            électorales se termine dans moins d'un mois, et aucune campagne ne nous informe là-dessus.

CONTRE « Ce n'est pas une question de maturité, mais d'information »

Hassan Benhsain, 18 ans, est président d'une association lycéenne et élève en terminale.

25 Pourquoi votre syndicat, qui mobilise souvent les lycéens dans des manifestations, est-il hostile au droit de vote à 16 ans ?

HB : Parce qu'à 16 ans, on est encore en train de se former, en tant que citoyen, et pas encore capable de choisir en connaissance de cause un candidat plutôt qu'un autre. Sur des sujets particuliers, comme la loi Travail l'an dernier, les jeunes peuvent se sentir concernés
30 et s'opposer en conséquence. Mais participer à une élection nécessite une réflexion plus globale.

Considérez-vous qu'on n'est pas assez mûr à 16 ans ?

HB : Ce n'est pas une question de maturité, mais plutôt d'information. Au lycée, on ne nous explique pas ce que sont les partis, à quoi ils servent. L'enseignement moral et civique passe
35 souvent à la trappe, surtout en terminale.

Les organisations politiques ou associatives ont pourtant dans leurs rangs des mineurs. Ont-ils leur place dans ces mouvements ?

HB : Oui, bien sûr. Il y a des jeunes qui, à 16 ans, sont capables de faire leur choix et ont des convictions solides. Mais ce n'est pas une majorité. Moi-même, à 16 ans, je ne me sentais
40 pas en mesure de voter. Aujourd'hui, à 18 ans, je m'informe plus, j'assiste à des débats, et j'ai fait mon choix pour la présidentielle.

Pensez-vous qu'abaisser l'âge du droit de vote ferait encore monter l'abstention chez les jeunes ?

HB : Ce qui est certain, à mon avis, c'est que cette mesure ne permettrait pas d'impliquer
45 davantage les jeunes dans les scrutins. Les lycéens sont préoccupés par leurs études, par leur bac et leur avenir professionnel, avant de s'intéresser au reste. Pour lutter contre l'abstention, la solution passe plutôt, d'après moi, par davantage d'information sur la vie politique.

Propos recueillis par Ch. B.

www.leparisien.fr

8 Compréhension écrite

Reliez chacune des expressions figurant dans la colonne de gauche à la définition dans la colonne de droite. Indiquez dans la case la lettre qui correspond à la réponse correcte.

1 peser davantage dans les urnes (ligne 1) ☐	**A** ces promesses ne seront jamais tenues
2 abaisser l'âge de la majorité électorale (ligne 3) ☐	**B** les propos ne sont pas hors sujet
3 la société qui se dessine maintenant (ligne 7) ☐	**C** ils ne manifestent pas un grand désir
4 Les résultats électoraux ne montrent pas un fort appétit (ligne 11) ☐	**D** réduire l'âge minimum pour pouvoir participer à une élection
5 prendre le problème dans l'autre sens (ligne 13) ☐	**E** le monde qui est en train de se construire
6 la catégorie des seniors est surreprésentée (ligne 13) ☐	**F** aborder la question d'une autre façon
7 ces slogans ne sont que de belles paroles (ligne 18) ☐	**G** il y a trop de personnes âgées par rapport aux autres catégories d'âge
8 quand les discours ne tapent pas à côté de la plaque (lignes 18 et 19) ☐	**H** faire un choix en sachant bien de quoi il s'agit
9 choisir en connaissance de cause (ligne 29) ☐	**I** est oublié
10 L'enseignement moral et civique passe souvent à la trappe (lignes 34 et 35) ☐	**J** exercer plus d'influence aux élections

Complétez le tableau suivant en indiquant à qui ou à quoi se réfèrent les mots soulignés.

Dans la phrase...	le mot / les mots...	se réfère / se réfèrent à / aux...
11 ils n'auraient pas aussi le droit (ligne 6)	« ils »	
12 C'est nous qui allons vivre (lignes 6 et 7)	« nous »	
13 les personnes âgées qui, elles, votent (ligne 10)	« elles »	
14 s'adressent d'abord à elle (lignes 14 et 15)	« elle »	
15 ils ne leur parlent pas (lignes 20 et 21)	« leur »	
16 aucune campagne ne nous informe là-dessus (ligne 22)	« nous »	
17 qui mobilise (ligne 25)	« qui »	
18 est-il hostile (ligne 26)	« il »	
19 à quoi ils servent (ligne 34)	« ils »	
20 Moi-même (ligne 39)	« Moi-même »	
21 Ont-ils leur place (ligne 37)	« ils »	
22 cette mesure ne permettrait pas (ligne 44)	« cette mesure »	

9 Compréhension orale 🔊 Piste 18

Vous allez écouter un discours sur le droit de vote à 16 ans. Choisissez les **cinq** affirmations correctes.

☐	A Actuellement, les jeunes peuvent voter à partir de 17 ans.
☐	B Frank veut que les jeunes puissent voter à 16 ans.
☐	C Certains jeunes sont des réfugiés.
☐	D Les jeunes s'intéressent à la société et au monde.
☐	E Les gens âgés décident de l'avenir des jeunes.

F Les politiques représenteraient mieux les jeunes si ceux-ci étaient plus nombreux à voter.

G Les 18 à 22 ans sont aussi nombreux à voter que les 35 à 45 ans.

H 67 % de la population participe aux élections.

I Les jeunes ne s'intéressent pas à la politique et aux élections.

J Avoir le droit de vote à 16 ans est une question de justice.

10 Activité orale

1 Les lois sont aussi faites pour protéger les individus les plus vulnérables de la société.

Lisez l'extrait d'un tract politique dans lequel le parti *La France d'en bas* dresse la liste de ses objectifs. Discutez ensuite des questions qui suivent avec vos camarades de classe.

Notre programme électoral

Nous sommes tous concernés. Nous voulons :

- Permettre à toute personne handicapée l'accès à la scolarité, aux loisirs et aux activités professionnelles selon ses possibilités
- Aménager les lieux publics, l'habitat, les transports en commun afin qu'ils soient accessibles à tous
- Régulariser les aides en fonction du handicap pour permettre à chacun de bénéficier d'une réelle autonomie
- Augmenter le nombre des auxiliaires de vie afin que toute personne dépendante ait la possibilité d'être aidée
- Généraliser l'utilisation du braille dans le domaine public

2 Parmi ces promesses électorales, lesquelles sont une réalité dans votre ville ?
Lesquelles ne le sont pas ?

3   Dans votre école, tous les locaux sont-ils accessibles en fauteuil roulant ?

4   Quelles installations et quelles dispositions existent déjà dans votre école ? Lesquelles manquent ?

5   Un(e) malvoyant(e) pourrait-il / elle s'adapter à la vie quotidienne de l'école sans problème ou faudrait-il envisager de modifier certains locaux, voire même certains comportements ? Si oui, lesquels ?

APPROCHES DE L'APPRENTISSAGE

Compétences de collaboration

Ce texte illustre les compétences suivantes chez les différents intervenants :

- Respecter et accepter les différences
- Faire preuve d'empathie
- Aider les autres et faciliter leur réussite
- Prendre des décisions justes et équitables

Pouvez-vous trouver des exemples où, en tant qu'élève, vous avez aussi fait preuve de ces compétences ?

---

11 Lecture

Vous allez maintenant lire un texte racontant les défis auxquels une jeune malvoyante doit faire face pour pouvoir poursuivre sa scolarité.

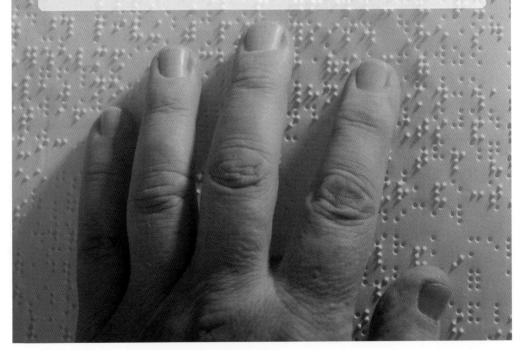

Un ordinaire encore trop rare

[– X –]

Refuser un adolescent en situation de handicap dans un lycée ordinaire est désormais banni par la loi. Pourtant, même si la loi de 2005 véhicule ce message, les passerelles entre milieu ordinaire et spécialisé ne sont pas encore tout à fait rodées. Résultat : accueillir un adolescent en situation de handicap reste un micro-événement au sein d'un établissement scolaire et ce, même si on ne veut pas « en faire toute une montagne ».

[– 1 –]

Après 9 années d'une scolarité dans un établissement spécialisé pour les enfants déficients visuels, Océanie, 15 ans, intègre le lycée Ledoux. Un lycée ordinaire pour une adolescente qui a soif d'apprendre. « Avec cette inscription, nous franchissons un grand pas », témoigne Maria, sa maman.

[– 2 –]

« En amont de cette inscription, il a fallu mener des démarches, tenir bon et convaincre », […] déclare Maria. « Mais, ça y est, nous y sommes et c'est une grande victoire. C'est la preuve que notre ténacité était fondée, que nous avions raison d'y croire. Mais surtout, surtout, c'est la preuve qu'Océanie, malgré sa déficience visuelle et auditive, est capable d'être au contact des autres comme n'importe quelle adolescente et de se mesurer à eux dans les mêmes disciplines. Je trouve terrible de couper un enfant de cet âge des autres adolescents du même âge et de ne pas laisser la chance aux capacités de se développer. J'espère qu'avec Océanie au lycée Ledoux s'ouvre un chemin qui va devenir une route, voir même une autoroute. Il faut sortir les enfants handicapés de chez eux. À 16 ans, on a besoin de se frotter aux autres et pas toujours d'être orienté vers des filières spécialisées… » […]

[– 3 –]

À la différence des autres élèves de la classe, Océanie prend des notes sur un clavier d'ordinateur portable adapté. Pour imprimer ou rendre ses devoirs, elle a besoin d'un local spécifique fermant à clef et situé, de préférence, à proximité de la salle de classe. Dans ce local, deux imprimantes doivent être prévues : une qui éditera les documents en braille suite à ses prises de notes et une autre, plus classique, pour l'impression des devoirs à rendre aux enseignants. Quant aux enseignants, certains devront revoir leurs habitudes de langage et donner des précisions supplémentaires à leurs descriptions, car il ne va pas de soi par exemple que les feuilles sont posées « là »… De quel « là » parle-t-on quand on ne voit pas le geste qui accompagne la parole ? À revoir également, les supports pédagogiques à prévoir en braille pour chaque cours et chaque matière. « Sur ce point tout n'est pas résolu », admet Marc Jaillet, le proviseur, mais « les outils se mettent en place avec l'aide de transcripteurs ». […] Il y a fort à parier que, pour les premières interrogations, tout sera au point.

[– 4 –]

Toutes ces différences, l'équipe enseignante semble les avoir assimilées. Quant aux transferts d'une classe à l'autre, le proviseur a souhaité qu'ils soient limités au maximum. D'un commun accord, dans la classe d'Océanie ce seront donc les professeurs qui se déplaceront et non les élèves.

[– 5 –]

Pour l'aider dans les actes de la vie ordinaire, Océanie bénéficiera de l'accompagnement de Chléo, son AVS[1] de formation. Pour ses déplacements, elle sera accompagnée de Phlox, son chien-guide. Grâce à l'animal, Maria en est persuadée, Océanie s'intégrera plus facilement à son nouvel environnement. Pour la première fois, elle marche seule en tête dans la rue et les témoignages de sympathie se sont multipliés par dix, « tout ça grâce à ce beau gros nounours de Phlox ». D'après un professeur, « il fait bon enseigner dans des classes où il y a un chien-guide. Les élèves y sont moins dissipés et plus respectueux ». Comme quoi nos grands ados sont capables d'éviter la spirale de la déconcentration. Les bienfaits dans une salle de classe de la présence d'enfants en situation de handicap auprès d'enfants dits ordinaires ne sont plus à démontrer. Quant à la présence de chiens-guides, cela peut se traduire comme un effet secondaire bénéfique de plus. À quand plus d'enfants handicapés dans les classes ordinaires et à quand des chiens-guides confiés plus facilement à des enfants qui en ont besoin ?

Florence Martin Batoz, article extrait d'*HANDI-Actu*
journal en ligne de la Ville de Besançon dédié au handicap

[1] **AVS :** auxiliaire de vie scolaire. Personne qui accompagne un(e) élève handicapé(e) à l'école, l'aide à se déplacer, à communiquer et à s'intégrer au rythme scolaire

12 Compréhension écrite

Créativité, Activité, Service CAS

Pas besoin de toujours chercher loin pour mettre sur pied un projet de service ! Sans doute y a-t-il au sein même de votre établissement des élèves qui auraient besoin d'aide, que ce soit parce qu'ils souffrent d'un handicap ou ne maîtrisent pas encore la langue d'enseignement. D'autres ont peut-être du mal à suivre certains cours ou à organiser leur travail. Votre école leur offre sans doute déjà du soutien. Mais que pourriez-vous faire pour faciliter leur apprentissage ou pour les aider à être pleinement intégrés à la vie de l'école ?

Parmi les titres de la colonne de droite, choisissez celui qui résume les paragraphes indiqués. Indiquez les lettres correspondantes dans les cases.

Exemple : [- X -] **C**

1 Titre [- 1 -] ☐

2 Titre [- 2 -] ☐

3 Titre [- 3 -] ☐

4 Titre [- 4 -] ☐

5 Titre [- 5 -] ☐

A Les portes du lycée s'ouvrent à Océanie

B Des défis à relever

C **La loi et sa pratique en milieu scolaire**

D Des aides humaines et animalières

E Pour faire taire la différence, quelques moyens matériels suffisent

F Le soutien des professeurs

En vous basant sur le texte, reliez chaque début de phrase à la fin correspondante.

Exemple : D'après la loi, tout adolescent qui souffre d'un handicap… **G**

6 L'accueil d'un élève handicapé peut… ☐

7 Océanie, malvoyante et malentendante,… ☐

8 Océanie sert d'exemple… ☐

9 Grâce à cette expérience,… ☐

10 Le lycée a dû… ☐

11 Afin de limiter les transferts d'une classe à l'autre, ce sont les professeurs qui vont… ☐

12 Le chien-guide exerce… ☐

A une influence positive sur les autres élèves.

B est inscrite dans le lycée de son choix.

C être aménagé.

D changer de salle de classe.

E poser problème au sein d'un lycée.

F Océanie va pouvoir s'épanouir.

G **a le droit d'intégrer un lycée ordinaire.**

H aux autres adolescents handicapés.

Cahier 5.2
2 Activité écrite
Un rapport

Répondez à la question suivante.

13 Expliquez le titre de l'article « Un ordinaire encore trop rare ».

L'égalité homme–femme

13 Activité orale

Avec l'ensemble de la classe, répondez aux questions suivantes.

1 Toutes les professions sont-elles accessibles aux femmes dans votre pays ?

2 Dans votre pays, y a-t-il autant de femmes politiques que d'hommes politiques ?

3 Une femme a-t-elle déjà été nommée présidente ou premier ministre de votre pays ?

4 Dans votre pays les femmes gagnent-elles autant que les hommes ?

5 Quelles solutions pourriez-vous proposer pour contrer la violation des droits des femmes ?

14 Lecture

Lisez ce texte sur le projet de l'organisation non gouvernementale (ONG) Plan International pour promouvoir l'éducation des filles.

Éducation des filles

1 Alors que dans le monde une fille sur cinq est privée d'éducation, Plan International a choisi durant quatre ans d'axer sa campagne *Because I am a Girl*[1] sur l'éducation des filles.

Scolarisation des filles : des chiffres alarmants

5 Si des millions d'enfants n'ont pas accès à l'éducation – ou dans de mauvaises conditions – dans de trop nombreux pays en développement la situation des filles est encore plus préoccupante. 62 millions de filles en âge d'être scolarisées n'ont pas accès à l'éducation.

Les obstacles à l'éducation des filles

- les mariages précoces et forcés (10 millions de filles chaque année) ;
10 - les grossesses précoces, qui contraignent les adolescentes à quitter l'école ;
- la pauvreté et la ruralité ;
- les violences (150 millions de filles de moins de 18 ans ont subi un viol ou toute autre forme de violence sexuelle) ;
- le nombre d'heures consacrées aux tâches ménagères, nettement plus élevé en moyenne
15 pour les filles que pour les garçons.

Ces obstacles doivent être combattus non seulement pour favoriser la scolarisation des filles, mais aussi pour qu'elles étudient dans de bonnes conditions. L'accès à l'école n'est donc pas l'unique objectif, la qualité de l'éducation et la protection des filles à l'école sont essentiels.

20 ### L'éducation des filles : un moyen efficace pour lutter contre la pauvreté

« Il n'existe aucun instrument de développement plus efficace que l'éducation des filles. » Kofi Annan, ex-Secrétaire des Nations Unies.

Une fille éduquée met au monde moins d'enfants ; est plus armée pour protéger ses enfants de la malnutrition et de la maladie ; elle veillera à scolariser ses enfants ; elle aura
25 plus facilement accès à une activité génératrice de revenus pour elle et sa famille.

www.plan-international.fr

[1] *Because I am a Girl* : parce que je suis une fille

15 Compréhension écrite

Les affirmations suivantes, basées sur les lignes 1 à 7, sont soit vraies, soit fausses. Cochez la bonne réponse et justifiez votre réponse par des mots du texte. Les deux parties de la réponse sont requises pour l'obtention d'un point.

	Vrai	Faux

1 Tous les garçons ont accès à l'école. ☐ ☐

Justification : ....

2 La situation des filles est plus difficile que celle des garçons. ☐ ☐

Justification : ....

Répondez aux questions suivantes.

3 À quoi se réfèrent « ces obstacles » dans la phrase « Ces obstacles doivent être combattus… » ? (ligne 16)

4 Quel est le moyen le plus efficace pour encourager le développement d'un pays ?

5 Citez les mots du texte qui signifient qu'une fille éduquée :

    a trouvera plus facilement un travail rémunéré

    b n'aura pas une famille nombreuse

    c saura mieux s'occuper de la santé de ses enfants

    d saura mieux nourrir ses enfants

    e enverra ses enfants à l'école

16 Lecture Niveau supérieur

Cet extrait vient du roman *Une si longue lettre* écrit par l'écrivain sénégalais Mariama Bâ. La narratrice, Ramatoulaye Fall, vient de perdre son mari Modou. Pendant les 40 jours de deuil que la tradition sénégalaise lui impose, elle écrit une lettre à sa meilleure amie Aïssatou, exilée aux États-Unis.

Dans cet extrait, la narratrice, Ramatoulaye, revient sur ses années dans une école de filles au Sénégal et montre l'influence que cette éducation a eue sur sa vie.

Choisir son destin

Nous étions de véritables sœurs destinées à la même mission émancipatrice.

Nous sortir de l'enlisement des traditions, superstitions et mœurs ; nous faire apprécier de multiples civilisations sans reniement de la nôtre ; élever notre vision du monde, cultiver notre personnalité, renforcer nos qualités, mater nos défauts, faire fructifier en nous les valeurs de la morale universelle ; voilà la tâche que s'était assignée l'admirable directrice. Le mot « aimer » avait une résonance particulière en elle. Elle nous aima sans paternalisme, avec nos tresses debout ou pliées, avec nos camisoles, nos pagnes. Elle sut découvrir et apprécier nos qualités.

Comme je pense à elle ! Si son souvenir résiste victorieusement à l'ingratitude du temps, à présent que les fleurs n'encensent plus aussi puissamment qu'autrefois, que le mûrissement et la réflexion dégarnissent les rêves du merveilleux, c'est que la voie choisie pour notre formation et notre épanouissement ne fut point hasard. Elle concorde avec les options profondes de l'Afrique nouvelle, pour promouvoir la femme noire.

Libérée donc des tabous qui frustrent, apte à l'analyse, pourquoi devrais-je suivre l'index de ma mère pointé sur Daouda Dieng, célibataire encore, mais trop mûr pour mes dix-huit hivernages. Exerçant la profession de médecin africain à la Polyclinique, il était nanti et savait en tirer profit. Sa villa, juchée sur un rocher de la Corniche, face à la mer, était le lieu de rencontre de l'élite jeune. Rien n'y manquait depuis le réfrigérateur où attendaient des boissons agréables jusqu'au phonographe, qui distillait tantôt de la musique langoureuse tantôt des airs endiablés.

Daouda Dieng savait aussi forcer les cœurs. Cadeaux utiles pour ma mère, allant du sac de riz, appréciable en cette période de pénurie de guerre, jusqu'au don futile pour moi, enveloppé avec préciosité, dans du papier enrubanné. Mais je préférais l'homme à l'éternel complet kaki[1]. Notre mariage se fit sans dot, sans faste, sous les regards désapprobateurs de mon père, devant l'indignation douloureuse de ma mère frustrée, sous les sarcasmes de mes sœurs surprises, dans notre ville muette d'étonnement.

Mariama Bâ, *Une si longue lettre*

[1] **Je préférais l'homme à l'éternel complet kaki :** Ramatoulaye épousa l'homme à l'éternel complet kaki

5

La littérature féminine africaine vous intéresse ? Vous aimeriez mieux la connaître ou découvrir de nouveaux textes en prose ou en vers ? Quelques pistes :

- Fatou Diome
- Leonora Miano (voir un de ses textes dans l'unité 4.4)
- Aminata Sow Fall
- Marguerite Abouet
- Scholastique Mukasonga
- Véronique Tadjo

17 Activité orale Niveau supérieur

Au niveau supérieur, l'examen oral individuel est basé sur un extrait d'une des œuvres littéraires étudiées en classe. Vous devez présenter l'extrait et montrer votre compréhension de ce passage. Afin de vous entraîner à cet examen, préparez une courte présentation orale (4 minutes maximum) dans laquelle vous résumerez cet extrait d'*Une si longue lettre* de Mariama Bâ et en exposerez les aspects les plus importants. Puis, à l'aide de vos notes, présentez l'extrait à un(e) camarade de classe.

Afin de bien structurer votre présentation, aidez-vous des questions suivantes.

1 Cochez les bonnes réponses.

Dans cet extrait la narratrice se rappelle…

A sa vie de famille ☐

B sa vie à l'école ☐

C ses copines de classe ☐

D les villageois ☐

E la directrice ☐

F ses professeurs ☐

G sa scolarité ☐

H celui qu'elle n'a pas voulu épouser ☐

I celui qui deviendra son mari ☐

2 Vous trouverez ci-dessous les objectifs de l'éducation (a à e) qu'ont connue les élèves. Associez chaque objectif à l'une des caractéristiques du profil de l'apprenant (dans l'encadré). Plusieurs réponses sont parfois possibles.

ALTRUISTES	CHERCHEURS	ÉQUILIBRÉS	INTÈGRES	RÉFLÉCHIS
AUDACIEUX	COMMUNICATIFS	INFORMÉS	OUVERTS D'ESPRIT	SENSÉS

a nous sortir de l'enlisement des traditions, superstitions et mœurs

b nous faire apprécier de multiples civilisations sans reniement de la nôtre

c élever notre vision du monde

d cultiver notre personnalité, renforcer nos qualités, mater nos défauts

e faire fructifier en nous les valeurs de la morale universelle

3 À votre avis, pourquoi l'éducation des filles est-elle importante ?

4 Qu'est-ce qui vous a le plus frappé(e) dans cet extrait et pourquoi ?

5 Cet extrait vous a-t-il donné envie de poursuivre la lecture de l'œuvre littéraire et pourquoi (pas) ?

Maintenant, présentez l'extrait à un(e) camarade de classe.

Fiche 5.2.2

Entraînement à l'oral individuel NM
L'égalité des droits pour les garçons et les filles

Comment faire entendre sa voix

18 Toute réflexion faite

Discutez des questions suivantes avec l'ensemble de la classe.

L'ancien Premier ministre français Édouard Balladur décrit le rapport entre les jeunes et la société de la façon suivante : « Nous avons des devoirs envers vous comme vous avez des devoirs envers votre pays. »

a   Qu'entendez-vous par « les devoirs que la société a envers vous » ?

b   Quels sont les devoirs que vous avez à l'égard de la société / de l'État ?

Lisez maintenant les deux énoncés ci-dessous et remplissez le tableau.

1   On vient de changer la loi afin d'étendre le droit de vote aux jeunes de 16 ans. Vous êtes le ministre de la Jeunesse qui avait proposé cette loi. Rédigez le texte du discours que vous allez prononcer devant des lycéens pour les encourager à exercer ce nouveau droit et pour leur rappeler les devoirs du citoyen. Le titre de votre discours est « Les droits et les devoirs de chacun ».

2   On vient de changer la loi afin d'étendre le droit de vote aux jeunes de 16 ans. Vous êtes le ministre de la Jeunesse qui avait proposé cette loi. Rédigez le texte du discours que vous allez prononcer devant le grand public pour expliquer ce qui a motivé cette nouvelle loi. Le titre de votre discours est « Les droits et les devoirs de chacun ».

COMPRÉHENSION CONCEPTUELLE

Comment le discours différerait-il selon que le ministre s'adresse à des lycéens ou au grand public ?

Le destinataire	Les lycéens	Le grand public
Le contexte		
Le but		
Les arguments		
Les procédés rhétoriques		
Le registre de langue		

Cahier 5.2
3 Grammaire en contexte
Le futur simple

Fiche 5.2.3
Entraînement à l'oral
individuel NM
Une manifestation

Cahier 5.2
4 Activité écrite
Une lettre de
protestation

293

Savez-vous...

Oui

- parler de vos droits et de vos responsabilités ? ☐
- utiliser les expressions de temps ? ☐
- utiliser le futur simple ? ☐
- rédiger une lettre officielle ? ☐
- rédiger un rapport ? ☐
- rédiger un discours ? ☐
- présenter une photo sur les droits et les responsabilités ? ☐

5.3 Conflits et paix

Quel est l'impact des guerres sur les jeunes ?

Objectifs d'apprentissage

Dans cette unité, vous allez apprendre à…

- parler de l'impact des guerres sur les jeunes
- utiliser les pronoms relatifs composés
- rédiger une interview
- rédiger un article
- présenter une photo sur les jeunes et la guerre

Enfants dans la guerre

1 Mise en route

Entre 2000 et 2010, on estime que pendant les guerres :

- 2 millions de jeunes de moins de 18 ans sont morts.
- Au moins 10 millions d'enfants ont vécu des scènes de guerre ou ont été témoins d'atrocités.
- Plus de 6 millions d'enfants ont été blessés.
- Plus de 14 millions sont devenus des sans-abri.
- Plus de 5 millions ont été obligés de se réfugier dans des camps.
- Plus de 1 million d'enfants ont été séparés de leur famille.

Dans le monde entier, il y a environ 250 000 enfants recrutés illégalement pour participer à des conflits armés en tant que soldats, messagers, espions, porteurs et cuisiniers.

www.unicef.fr

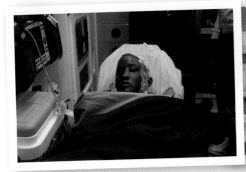

Comme vous venez de le lire, la guerre affecte des millions d'enfants dans le monde. Selon vous, quelles sont les conséquences de la guerre sur ces jeunes ? À deux, remplissez le tableau suivant. Vous pouvez faire des recherches si nécessaire.

	Conséquences
Famille	Exemple : Ils sont parfois séparés de leur famille. Certains deviennent aussi orphelins.
Domicile / Lieu de résidence	
Éducation	
Accès à la nourriture / à l'eau potable	
Santé physique	
Santé mentale	
Perspectives d'avenir	
Autres	

Cahier 5.3
1 Activité lexicale
La guerre et la paix

---

2 Compréhension orale 🔊 Piste 19

Vous allez écouter un bulletin de nouvelles. Complétez les phrases suivantes avec un maximum de **trois** mots par phrase.

1 Selon un rapport de l'Unicef, 25 millions d'enfants dans le monde ne vont pas à [– 1 –] à cause de la guerre.

2 Le pays le plus affecté est le [– 2 –].

3 En Afghanistan, le problème touche [– 3 –] % des enfants.

4 Le Niger et la République centrafricaine connaissent des [– 4 –] qui mettent en danger l'accès à l'éducation.

5 Selon la représentante de l'Unicef, la [– 5 –] doit absolument réagir.

Choisissez la réponse correcte.

6 La Pyramide de chaussures…

   A était organisée pour la première fois hier à Montréal.

   B a eu lieu pour la première fois en 1985.

   C est un événement annuel.

7 Le but de cet événement est de…

   A récolter des chaussures qui seront ensuite distribuées à des personnes handicapées.

   B mobiliser les citoyens contre l'utilisation des mines anti-personnel.

   C dénoncer les ventes d'armements.

8 Selon Handicap international,…

   A 4 000 enfants ont été tués dans des conflits armés cette année.

   B les enfants-soldats sont les premières victimes des ventes d'armements.

   C la majorité des victimes des mines anti-personnel sont des civils.

9 Les participants à l'événement ont aussi…

   A signé une pétition.

   B récolté des fonds.

   C manifesté dans les rues de Montréal.

10 Choisissez les **cinq** affirmations correctes.

   A Un bateau transportant des migrants a coulé en Méditerranée.

   B Un bateau italien a eu un accident en Méditerranée.

   C 140 passagers sont morts.

   D Environ 60 passagers ont pu être sauvés.

   E Le bateau était parti de Lybie.

   F La plupart des victimes sont des femmes et des enfants.

   G La majorité des victimes venaient de Somalie.

   H Les passagers fuyaient la guerre dans leur pays.

   I Les survivants ont été déportés dans leur pays d'origine.

   J Des tragédies similaires ont déjà fait 3 000 victimes cette année.

Créativité, Activité, Service CAS

La situation des enfants dans le monde vous préoccupe ? Pourquoi ne pas mettre sur pied une expérience ou un projet CAS vous donnant l'occasion de vous engager pour cette cause ? Vous pourriez par exemple faire du bénévolat auprès de jeunes réfugiés, participer aux activités d'une organisation établie comme l'Unicef ou Handicap international, projeter un documentaire sur cette question, organiser un concert-bénéfice… Les projets valables sont nombreux !

5

Fiche 5.3.2
Entraînement à l'oral individuel NM
Un enfant victime de la guerre

Les enfants-soldats

Cahier 5.3
2 Grammaire en contexte
Les pronoms relatifs composés

3 Lecture Niveau supérieur

Lisez ce texte.

Enfant-soldat au Liberia

Le narrateur, Birahima, un orphelin d'une douzaine d'années, a dû quitter son pays, la Côte d'Ivoire, pour chercher refuge chez sa tante au Liberia. En chemin, il devient enfant-soldat.

Quand on dit qu'il y a guerre tribale dans un pays, ça signifie que des bandits de grand chemin se sont partagé le pays. Ils se sont partagé la richesse ; ils se sont partagé le territoire ; ils se sont partagé les hommes. Ils se sont partagé tout et tout et le monde entier les laisse faire. Tout le monde les laisse tuer librement les innocents, les enfants et les femmes. Et ce n'est pas tout ! Le plus marrant, chacun défend avec l'énergie du désespoir son gain et, en même temps, chacun veut agrandir son domaine. (L'énergie du désespoir signifie d'après Larousse la force physique, la vitalité.)

Il y avait au Liberia quatre bandits de grand chemin : Doe, Taylor, Johnson, El Hadji Koroma, et d'autres fretins de petits bandits. Les fretins bandits cherchaient à devenir grands. Et ça s'était partagé tout. C'est pourquoi on dit qu'il y avait guerre tribale au Liberia. Et c'est là où j'allais. Et c'est là où vivait ma tante. Walahé (au nom d'Allah !) c'est vrai.

Dans toutes les guerres tribales et au Liberia, les enfants-soldats, les small-soldiers ou children-soldiers ne sont pas payés. Ils tuent les habitants et emportent tout ce qui est bon à prendre. Dans toutes les guerres tribales et au Liberia, les soldats ne sont pas payés. Ils massacrent les habitants et gardent tout ce qui est bon à garder. Les soldats-enfants et les soldats, pour se nourrir et satisfaire leurs besoins naturels, vendent au prix cadeau tout ce qu'ils ont pris et ont gardé.

[...]

Et puis, quand il y a guerre tribale dans un pays, on entre dans ce pays par convoi. On entrait au Liberia par convoi. (Il y a convoi lorsque plusieurs gbakas[1] vont ensemble.) Le convoi est précédé et suivi de motos. Sur les motos, des hommes armés jusqu'aux dents pour défendre le convoi. Parce que, en plus des quatre grands bandits, il y a de nombreux petits bandits qui coupent la route et rançonnent. (Rançonner, c'est exiger de force ce qui n'est pas dû, d'après mon Larousse.)

C'est par convoi on va au Liberia et, pour ne pas se faire rançonner, nous avions une moto devant nous et c'est ainsi nous sommes partis. Faforo (cul du père) !

Le petit, un vrai kid (signifie d'après mon Harrap's gamin, gosse), un vrai bout d'homme, juste au tournant, juste et juste. La moto chargée de notre protection circulait devant, n'a pas pu stopper net au signal du bout d'homme. Les gars qui étaient sur la moto avaient cru que c'étaient des coupeurs de route. Ils ont tiré. Et voilà le gosse, l'enfant-soldat fauché, couché, mort, complètement mort. Walahé ! Faforo !

Ahmadou Kourouma, *Allah n'est pas obligé* © Éditions du Seuil

[1] **Gbaka** : voiture

4 Activité orale Niveau supérieur

Au niveau supérieur, l'examen oral individuel est basé sur un extrait d'une des œuvres littéraires étudiées en classe. Vous devez présenter l'extrait et montrer votre compréhension de ce passage. Afin de vous entraîner à cet examen, préparez une courte présentation orale (4 minutes maximum) dans laquelle vous résumerez cet extrait d'*Allah n'est pas obligé* d'Ahmadou Kourouma et en exposerez les aspects les plus importants. Puis, à l'aide de vos notes, présentez l'extrait à un(e) camarade de classe.

Afin de bien structurer votre présentation, aidez-vous des questions suivantes.

1 Qu'apprend-on dans cet extrait sur la situation des enfants-soldats ?

2 Comment voit-on que le narrateur est un enfant ?

3 Quel est l'intérêt de décrire la situation à travers les yeux d'un enfant ?

4 Dans l'interview que vous avez lue (Cahier 5.3 – 3 Activité écrite), Ahmadou Kourouma dit que l'innocence de ces enfants est « le sentiment le plus difficile à traduire ». Y parvient-il, selon vous ?

5 Quel effet produisent les nombreuses références aux définitions du dictionnaire ?

Maintenant, présentez l'extrait à un(e) camarade de classe.

> **Cahier 5.3**
> **3 Activité écrite**
> Une interview

> **Fiche 5.3.1**
> **Travail oral en groupe**
> Une décision pour les Nations Unies ?

> **Fiche 5.3.3**
> **Entraînement à l'oral individuel NM**
> Un enfant-soldat

La Résistance

La guerre n'est pas un phénomène récent. Le XXe siècle, par exemple, a été particulièrement meurtrier : on estime à environ 231 millions le nombre de morts provoquées par les guerres et les conflits entre 1900 et 2000. À elle seule, la Deuxième Guerre mondiale aurait fait jusqu'à 75 millions de victimes.

Pendant la Deuxième Guerre mondiale, en mai 1940, la France est occupée par les troupes allemandes. Suite à cette invasion, certains Français forment des groupes de résistance clandestins.

5

5 Activité orale

Que savez-vous au sujet de la Résistance en France pendant la Deuxième Guerre mondiale ? Par groupes de deux, répondez aux questions suivantes. Plusieurs réponses sont possibles.

1 D'après vous, qui faisait partie de la Résistance ?

    A Des militaires   ☐

    B Des civils   ☐

    C Des hommes   ☐

    D Des femmes   ☐

    E Des jeunes   ☐

    F Des hommes ou des femmes de pouvoir   ☐

    G D'autres personnes non mentionnées dans cette liste (précisez)   ☐

2 Pourquoi participaient-ils à la Résistance ?

    A Ils luttaient contre les idées nazies.   ☐

    B Ils refusaient d'accepter l'occupation de la France par l'Allemagne.   ☐

    C Un membre de leur famille ou un(e) ami(e) en faisait déjà partie.   ☐

    D Ils avaient perdu leur emploi à cause de la guerre et ne savaient pas quoi faire.   ☐

    E Ils pensaient qu'il était normal de s'entraider entre Français.   ☐

    F On les a forcés.   ☐

    G Ils avaient le goût du risque.   ☐

    H Autre raison non mentionnée dans cette liste (précisez)   ☐

3 Par quel(s) moyen(s) résistaient-ils ?

    A Ils rédigeaient des articles pour des journaux clandestins.   ☐

    B Ils attaquaient les convois allemands et sabotaient leur matériel.   ☐

    C Ils restaient très discrets.   ☐

    D Ils se faisaient beaucoup d'amis dans les principales villes de France.   ☐

    E Ils diffusaient des tracts contre les Allemands.   ☐

    F Ils s'infiltraient dans les réseaux allemands pour obtenir des renseignements.   ☐

    G Ils assassinaient les dirigeants allemands.   ☐

    H Autres moyens non mentionnés dans cette liste (précisez)   ☐

4 Que risquaient-ils ?

A La condamnation à mort ☐

B La torture ☐

C Les camps de concentration ☐

D L'arrestation par les Allemands ☐

E La prison ☐

F Le rejet des autres résistants ☐

G Autre type de représailles non mentionné dans cette liste (précisez) ☐

5 Pensez-vous que la Résistance soit toujours d'actualité ? Pourquoi (pas) ?

A C'est un exemple de courage pour les nouvelles générations. ☐

B C'est une page de l'Histoire qui a eu lieu il y a longtemps : pensons à l'avenir et non pas au passé. ☐

C J'admire ces personnes qui se sont battues pour leur pays : je ne pense pas que je serais capable d'en faire autant. ☐

D Il existe encore des pays aujourd'hui où les hommes se battent pour leurs idées. ☐

E Dans mon pays où règne la démocratie, la résistance n'est pas vraiment pertinente. ☐

F Dans la vie, il faut avoir le courage de dire « non » et de défendre ses idées. ☐

G Les plus forts ont toujours raison : ça ne sert à rien de résister. ☐

H Autre raison non mentionnée dans cette liste (précisez) ☐

6 Lecture

Pendant l'été 1942, Henri Fertet, élève intelligent et appliqué, décide d'intégrer un réseau de résistance près de Besançon. Il participe à de nombreuses opérations clandestines mais il est arrêté par les Allemands le 3 juillet 1943. Après 87 jours d'emprisonnement et de torture, il est exécuté le 26 septembre 1943. Il avait 16 ans. Voici la lettre qu'il a écrite à ses parents avant son exécution.

1   Chers Parents,
    Ma lettre va vous causer une grande peine, mais je vous ai vus si pleins de courage que, je n'en doute pas, vous voudrez encore le garder, ne serait-ce que par amour pour moi.
    Vous ne pouvez savoir ce que moralement j'ai souffert dans ma cellule, ce que j'ai souffert de ne
5   plus vous voir, de ne plus sentir peser sur moi votre tendre sollicitude que de loin. Pendant ces 87 jours de cellule, votre amour m'a manqué plus que vos colis, et souvent je vous ai demandé de me pardonner le mal que je vous ai fait, tout le mal que je vous ai fait.
    Vous ne pouvez vous douter de ce que je vous aime aujourd'hui car, avant, je vous aimais plutôt par routine, mais maintenant je comprends tout ce que vous avez fait pour moi et je crois être
10 arrivé à l'amour filial véritable, au vrai amour filial. Peut-être après la guerre, un camarade vous parlera-t-il de moi, de cet amour que je lui ai communiqué. J'espère qu'il ne faillira pas à cette mission sacrée.

Remerciez toutes les personnes qui se sont intéressées à moi, et particulièrement nos plus proches parents et amis ; dites-leur ma confiance en la France éternelle. Embrassez très fort
15 mes grands-parents, mes oncles, tantes et cousins, Henriette. Donnez une bonne poignée de main chez M. Duvernet ; dites un petit mot à chacun. Dites à M. le Curé que je pense aussi particulièrement à lui et aux siens. Je remercie Monseigneur du grand honneur qu'il m'a fait, honneur dont, je crois, je me suis montré digne. Je salue aussi en tombant, mes camarades de lycée. À ce propos, Hennemann me doit un paquet de cigarettes, Jacquin mon livre sur
20 les hommes préhistoriques. Rendez « Le Comte de Monte-Cristo » à Émourgeon, 3 chemin Français, derrière la gare. Donnez à Maurice André, de la Maltournée, 40 grammes de tabac que je lui dois.

Je lègue ma petite bibliothèque à Pierre, mes livres de classe à mon petit papa, mes collections à ma chère petite maman, mais qu'elle se méfie de la hache préhistorique et
25 du fourreau d'épée gaulois.

Je meurs pour ma Patrie. Je veux une France libre et des Français heureux. Non pas une France orgueilleuse, première nation du monde, mais une France travailleuse, laborieuse et honnête. Que les Français soient heureux, voilà l'essentiel. Dans la vie, il faut savoir cueillir le bonheur.
30 Pour moi, ne vous faites pas de soucis. Je garde mon courage et ma belle humeur jusqu'au bout, et je chanterai « Sambre et Meuse »[1] parce que c'est toi, ma chère petite maman, qui me l'as apprise.

Avec Pierre, soyez sévères et tendres. Vérifiez son travail et forcez-le à travailler. N'admettez pas de négligence. Il doit se montrer digne de moi. Sur trois enfants, il en reste un. Il doit réussir.
35 Les soldats viennent me chercher. Je hâte le pas. Mon écriture est peut-être tremblée ; mais c'est parce que j'ai un petit crayon. Je n'ai pas peur de la mort ; j'ai la conscience tellement tranquille. Papa, je t'en supplie, prie. Songe que, si je meurs, c'est pour mon bien. Quelle mort sera plus honorable pour moi que celle-là ? Je meurs volontairement pour ma Patrie. Nous nous retrouverons tous les quatre, bientôt au Ciel.
40 « Qu'est-ce que cent ans ? »[2]

Maman, rappelle-toi :

« Et ces vengeurs auront de nouveaux défenseurs qui, après leur mort, auront des successeurs. » Adieu, la mort m'appelle. Je ne veux ni bandeau, ni être attaché. Je vous embrasse tous. C'est dur quand même de mourir.
45 Mille baisers. Vive la France.

Un condamné à mort de 16 ans

H Fertet

Excusez les fautes d'orthographe, pas le temps de relire.

Expéditeur : Henri Fertet
50 Au Ciel, près de Dieu.

[1] **« Sambre et Meuse » :** air militaire français à la mémoire des combats de 1792

[2] **« Qu'est-ce que cent ans ? »** : allusion à un sermon de Bossuet (1627–1704), homme d'Église et écrivain français

7 Compréhension écrite

Choisissez la bonne réponse ou répondez aux questions suivantes.

1 De quelle sorte de lettre s'agit-il ?

    A une lettre contre les Nazis

    B une lettre d'adieu à ses parents

    C une lettre incitant ses parents à intégrer la Résistance

    D une lettre de remerciements

2 D'après Henri Fertet, que vont ressentir ses parents à la lecture de sa lettre ?

   A des doutes   C de l'amour pour lui

   B de la haine   D de la tristesse

3 À quoi se réfère « le » dans « vous voudrez encore le garder » (ligne 3) ?

   A au doute   C à l'amour

   B au courage   D à la tristesse

4 Qu'est-ce qui lui a le plus manqué lorsqu'il était en prison ?

5 De quoi veut-il se faire pardonner ?

6 Que signifie : « je vous aimais plutôt par routine » (lignes 8 et 9) ?

   A Je vous aimais par intérêt.

   B Je ne vous aimais pas tout le temps.

   C Je ne vous aimais que quand j'étais auprès de vous.

   D Je vous aimais par habitude.

7 En quoi consiste la « mission sacrée » qu'il a donnée à l'un de ses camarades et dont il parle à la ligne 12 ?

   A demander à ses parents d'entrer dans la Résistance

   B dire à ses parents combien il les aimait

   C aller à la messe tous les dimanches

   D donner un colis de nourriture à ses parents

8 Que signifie « en tombant » (ligne 18) ?

   A en mourant   C en glissant

   B en m'inclinant   D en m'excusant

9 Quel trait de caractère de Henri Fertet est révélé dans les lignes 19 à 25 (« À ce propos [...] gaulois. ») ?

   A l'honnêteté   C l'opportunisme

   B l'égoïsme   D la discrétion

10 Quel sentiment exprime-t-il en disant : « Je meurs pour ma Patrie » (ligne 26) ?

   A la lâcheté   C la jalousie

   B le patriotisme   D la tolérance

11 Comment voit-il l'avenir de la France ? Citez les quatre adjectifs du texte qu'il emploie pour définir la France de ses rêves.

12 Quels sentiments l'aident à ne pas se soucier de son avenir ?

13 Qui est Pierre ?

   A son frère   C son cousin

   B son ami   D son fils

14 Quels conseils donne-t-il à ses parents au sujet de Pierre ? Donnez **deux** exemples.

15 Que signifie : « j'ai la conscience tellement tranquille » (ligne 36) ?

    A Je suis très calme.

    B Il n'y a aucun bruit en prison.

    C Je n'ai aucun reproche à me faire.

    D Je ne comprends pas très bien la situation.

16 Que signifie : « si je meurs, c'est pour mon bien » (ligne 37) ?

    Si je meurs,…

    A c'est pour gagner le respect des autres.

    B c'est dans mon intérêt.

    C c'est pour m'empêcher de souffrir.

    D c'est pour ne pas faire souffrir ma famille.

17 Que veut dire Henri Fertet quand il écrit :« Je ne veux ni bandeau, ni être attaché » (ligne 43) ?

    A Il veut mettre ses plus beaux habits avant d'être fusillé.

    B Il veut s'échapper de prison.

    C Il veut être courageux jusqu'au bout.

    D Il veut libérer ses camarades de prison.

18 Quel est le ton de la lettre ?

    A haineux   **C** vengeur

    B rassurant   **D** insouciant

8 Activité orale

Par groupes de deux, répondez aux questions suivantes.

1 D'après vous, quelle a été la réaction des parents de Henri Fertet à la lecture de cette lettre ? Plusieurs réponses sont possibles.

    A Ils ont été émus.

    B Ils étaient fiers de leur fils.

    C Ils étaient désespérés.

    D Ils étaient en colère contre leur fils.

    E Autre réaction non mentionnée dans cette liste (précisez)

2 Quelle a été votre réaction en lisant cette lettre ? Justifiez vos réponses.
Plusieurs réponses sont possibles.

    A J'ai pensé que la vie était parfois injuste.

    B À mon avis, Henri Fertet était une tête brûlée.

    C J'ai ressenti du respect pour Henri Fertet.

    D J'ai été étonné(e).

    E J'ai été ému(e).

    F Je n'ai pas compris l'attitude de Henri Fertet.

    G J'ai pensé que j'avais de la chance de ne pas vivre à la même époque que lui.

    H Autre réaction non mentionnée dans cette liste (précisez)

3 Quelles phrases dans la lettre de Henri Fertet avez-vous trouvées les plus émouvantes ?
Quelles phrases vous ont le plus frappé(e) ?

4 Selon vous, qu'est-ce qu'une « mort honorable » ?

5 Que feriez-vous aujourd'hui si votre pays était envahi ? Choisissez la réponse
qui vous convient le mieux et expliquez la raison de votre choix.

    A Je ferais comme Henri Fertet, je prendrais les armes contre l'ennemi.

    B Les temps ont changé. Si je devais me battre, ce serait avec d'autres moyens.

    C J'attendrais que la situation s'améliore.

    D Je m'exilerais.

6 Seriez-vous prêt(e) à faire don de votre vie pour sauver votre pays ? Pourquoi (pas) ?

L'indépendance algérienne

9 Lecture

Les héros de la Résistance sont bien connus des Français : certains sont entrés au Panthéon, ont vu des lycées ou des stations de métro nommés en leur honneur, ou ont fait l'objet de timbres commémoratifs, de films ou de poèmes. Mais certains épisodes de l'histoire ne sont pas aussi connus, comme en témoigne l'article qui suit.

De 1830 à 1962, l'Algérie a été l'une des colonies de la France. La guerre d'Algérie a débuté en 1954 et a opposé les forces armées françaises aux anticolonialistes algériens. L'indépendance algérienne a été proclamée le 5 juillet 1962.

Lors des manifestations du 11 décembre 1960, ce ne sont pas seulement les adultes qui crient leur refus du colonialisme mais aussi des enfants. Par amour pour leur pays, ils ont abandonné leurs jeux pour se joindre aux manifestants. Certains, âgés d'à peine une dizaine d'années, pleins d'espoir et en quête de liberté, ont défié mains nues les soldats armés. Certains en sont morts.

5

La révolte des enfants algériens le 11 décembre 1960

Des mains nues contre des troupes coloniales armées jusqu'aux dents

1 Farid Maghraoui avait 10 ans. Ce 11 décembre, l'effervescence de la veille reprend tôt le matin. Un millier de manifestants défilent dans les rues de la cité.
Une jeune fille était à la tête du cortège et arborait le drapeau. Au niveau du grand dispositif de sécurité précédé par des parachutistes, la percée que tentent les
5 manifestants échoue et dans ce moment de confusion, un officier arrache le drapeau des mains de la jeune fille. Farid réalise que cet acte est grave, il saute sur l'officier, reprend l'étendard de la révolte et s'envole avec ce symbole. Un parachutiste stoppe sa course vers la liberté d'une longue rafale de mitraillette.

Le corps criblé de balles, Farid tournoie, s'enveloppant de « son drapeau » et tombe,
10 martyr à dix ans !

Saliha Ouatiki est une fillette âgée d'à peine 12 ans. À Belcourt[1], ce 11 décembre, les manifestations continuent. Le peuple, ivre de liberté, crie son refus d'être le colonisé, l'être inférieur. Il crie son refus d'être français tout simplement après 130 ans d'occupation coloniale, de répression, de génocides, de spoliation de ses terres,
15 d'humiliation, de déni de ses racines. Le peuple ne rêve plus, il se bat, il dit non à la colonisation, mains nues, poitrines nues.

Saliha joue ce matin-là devant chez elle. Elle a participé aux manifestations de la veille criant son désir de liberté, son amour de la patrie, chants patriotiques chantés par des voix fluettes et des poings fermés qui défiaient les armes et les uniformes.
20 Ce jour-là comme la veille, elle se joint au cortège et se laisse emporter derrière le drapeau algérien tenu par un jeune homme. Elle se mêle au défilé et se place en tête du cortège. Elle crie comme les adultes « Tahia Djazair », « Vive l'Algérie », « Algérie algérienne ». Devant un barrage de CRS[2], Saliha fait partie de ceux qui ont forcé le barrage et poursuivent leur marche. Elle est heureuse d'être en tête du cortège et
25 juste au-dessus d'elle flotte le drapeau comme une récompense à son courage. Le jeune homme qui le tient lui propose de grimper sur ses épaules pour avoir l'honneur de tenir le drapeau. Elle accepte immédiatement. Le drapeau flotte et le cortège avance. En arrivant au quartier européen, la vue du drapeau est insupportable aux pieds-noirs[3] armés. Du balcon, des coups de feu qui visent Saliha sont tirés. Des
30 coups de feu mortels.

Ayant constaté sa disparition, sa famille s'inquiète. Son père court à sa recherche. Il la trouve agonisante. La foule fuyant sous les balles l'avait déposée près d'un kiosque.

Le 11 décembre, Place des Armes, des milliers de manifestants hurlent leur ras-le-bol et crient leur soif de liberté face à des parachutistes armés et déterminés à tuer. Une
35 jeune fille d'une quinzaine d'années, aidée par les manifestants, se hisse sur la statue du Duc d'Orléans. Elle s'accroche à la tête de la statue et, de sa main libre, elle tire ce merveilleux drapeau algérien caché dans son corsage et elle le laisse flotter sur ces cœurs pleins d'amour pour leur pays. Fiers d'être algériens, tous lancent des « Vive l'Algérie libre et indépendante ». La joie est brisée par des fusils mitrailleurs. La jeune
40 fille est la première à tomber, criblée de balles.

Durant trois jours, les manifestations ont fait trembler les colonisateurs qui avaient cru que le peuple algérien était français. Le peuple a dit non et il a payé très cher son refus d'être colonisé. On dénombra officiellement 112 morts. Beaucoup d'enfants furent arrêtés et parqués avec des adultes dans des stades. Certains moururent de froid.

45 Qui osera raconter dans les manuels scolaires l'histoire de Farid et Saliha et les autres ?

Mme Abida Z, www.planetenonviolence.org

[1] **Belcourt :** quartier d'Alger

[2] **un CRS :** un policier affecté dans une Compagnie Républicaine de Sécurité

[3] **les pieds-noirs :** les habitants de souche française installés en Algérie au moment de la colonisation

10 Compréhension écrite

Les affirmations suivantes, basées sur les lignes 1 à 6, sont soit vraies, soit fausses. Cochez la bonne réponse et justifiez votre réponse par des mots du texte. Les deux parties de la réponse sont requises pour l'obtention d'un point.

	Vrai	Faux

1 En ce matin du 11 décembre, tout est calme dans la ville.

Justification : ....

2 Une jeune fille marchait à l'avant des manifestants.

Justification : ....

3 La jeune fille a donné son drapeau à un officier.

Justification : ....

Choisissez la bonne réponse ou répondez aux questions suivantes.

4 Qu'est-ce que « l'étendard de la révolte » (ligne 7) ?

　A　Le drapeau noir

　B　Le drapeau français

　C　Le drapeau algérien

　D　Le drapeau rouge

5 Comment meurt Farid ?

　A　Il est tué par balles.

　B　Il reçoit un coup de couteau.

　C　Il se suicide.

　D　Il tombe du haut d'un immeuble.

6 Contre quelles idées manifestent les Algériens ? Donnez deux exemples.

7 Quelle expression du texte nous montre que les Algériens n'ont pas d'armes ?

8 À qui ou à quoi se réfère « le » dans « qui le tient » ? (ligne 26)

9 À qui ou à quoi se réfère « la » dans « il la trouve agonisante » ? (lignes 31 et 32)

10 Qui sont « ces cœurs pleins d'amour pour leur pays » ? (lignes 37 et 38)

　A　Les hommes politiques

　B　Les enfants

　C　Les Français

　D　Les Algériens

11 Quelle a été la réaction des colonisateurs face à ces manifestations ?

12 Que sous-entend le mot « officiellement » à la ligne 43 ?

APPROCHES DE
L'APPRENTISSAGE

Compétences de recherche

L'article que vous venez de lire laisse entendre que des événements peuvent être interprétés différemment, que ce soit dans les manuels scolaires ou dans les médias. Pouvez-vous trouver des exemples similaires dans l'actualité récente ? Dans ces cas, comment évaluer l'information ?

Citez les mots du texte qui signifient :

13 élevait

14 l'intrusion

15 transporté par un sentiment

16 délicates

17 bouge au vent

18 monte

19 cassée

20 faire peur

11 Activité orale TdC

Par groupes de deux, répondez aux questions suivantes.

1 « Qui osera raconter dans les manuels scolaires l'histoire de Farid et Saliha et les autres ? » D'après vous, pourquoi l'article se termine-t-il par cette phrase ?

2 À votre avis, pourquoi cette histoire ne se trouve-t-elle pas dans les manuels scolaires ?

3 Connaissez-vous d'autres événements qui sont passés sous silence dans les manuels d'histoire ? Si oui, lesquels ?

4 Selon vous, ce texte a-t-il été écrit par un(e) Algérien(ne) ou par un(e) Français(e) ? Donnez cinq exemples tirés du texte pour justifier votre réponse.

5 Est-il possible de raconter cet événement d'un point de vue objectif ?

6 Pouvez-vous citer d'autres événements historiques controversés et dont la représentation peut diverger selon les manuels scolaires ?

7 Dans un entretien au magazine *L'Obs*, le professeur Benoît Falaize explique ainsi la difficulté de représenter la guerre d'Algérie dans les manuels scolaires français : « C'est la difficulté de dire la réalité coloniale alors qu'on est en République. On doit quand même former des futurs citoyens français. Il faut expliquer aux élèves que la France a été, pendant la colonisation et la guerre d'Algérie, en contradiction totale et directe avec ses principes les plus fondamentaux, tout en veillant à ne pas leur faire détester la France : rude et subtil équilibre. »

   a Expliquez en vos mots les deux « missions contradictoires » auxquelles sont confrontés les auteurs de manuels scolaires français.

   b Que pensez-vous de cette approche ?

8 Peut-on faire confiance aux différents textes historiques ? Sont-ils fiables ? Peuvent-ils être neutres ? Doivent-ils obligatoirement prendre parti ?

MÉMOIRE

Vous vous intéressez à l'histoire ? Vous pouvez examiner comment la guerre d'Algérie ou la colonisation sont représentées dans des manuels scolaires français de différentes époques. Comment cette représentation a-t-elle évolué ? Cela pourrait faire un bon sujet de mémoire pour la catégorie 2 (b).

12 Activité écrite

Vous venez de lire les textes sur les enfants-soldats et l'indépendance algérienne ainsi que la lettre de Henri Fertet et le fait que des enfants aient pris part à des guerres vous a frappé(e). Vous rédigez un article pour le journal de votre école, dans lequel vous discutez du rôle des enfants dans les conflits mondiaux.

Rédigez de 250 à 400 mots pour les élèves de niveau moyen et de 450 à 600 mots pour les élèves de niveau supérieur.

Après avoir rédigé votre texte, servez-vous de la liste de vérification 1B au chapitre 6 du manuel pour vous assurer que vous avez utilisé tous les éléments nécessaires à la réalisation d'un article.

13 Toute réflexion faite

Dans le cadre de la Journée internationale des droits de l'enfant, le 20 novembre, votre école a organisé une matinée au sujet des différentes manières de venir en aide à des jeunes victimes de conflits. Les élèves peuvent assister à une courte présentation de la part d'organisations qui œuvrent à aider ces jeunes.

Voici le programme de la matinée :

> **9 h :** Mot de bienvenue par le comité des élèves
>
> **9 h 05 :** Association *Clowns sans frontières*
>
> **9 h 25 :** Projet d'art-thérapie dans un camp de réfugiés
>
> **9 h 45 :** Réinsertion par le sport pour d'anciens enfants-soldats
>
> **10 h 05 :** Pause : fruits et friandises équitables à la cantine
>
> **10 h 30 :** Projet de musique avec des enfants victimes de la guerre
>
> **10 h 50 :** Invités surprise !
>
> **11 h 30 :** Vote

Chaque projet est présenté par deux ou trois bénévoles qui y ont participé. Le but de chaque présentation est de faire connaître le projet et ses réalisations. À la fin de la journée, les élèves voteront pour le projet que l'école soutiendra financièrement. (Vous souhaiterez certainement décider ensemble selon quels critères les projets seront évalués…)

Par groupes de deux ou trois, imaginez que vous êtes les bénévoles venant présenter leur projet aux élèves :

1 Choisissez le projet que vous allez présenter. (Vous pouvez aussi présenter un autre projet et ainsi devenir les « invités surprise » !)

2 Faites des recherches sur Internet afin de vous documenter sur ce type de projet.

3 Préparez-vous à répondre aux questions du public.

4   Soyez créatifs !

   a   Imaginez votre rôle. (Vous pouvez vous créer un personnage.)

   b   Utilisez les moyens audio-visuels à votre disposition.

5   **Important** : Pendant la présentation vous pouvez consulter vos notes, mais vous ne devez pas les lire.

Bonne *Journée Internationale des droits de l'enfant* à tous !

COMPRÉHENSION CONCEPTUELLE

Le but

Un seul des projets présentés aura la chance d'être soutenu financièrement par votre école. Si le projet que vous présentez vous tient vraiment à cœur, il est important que vous choisissiez la meilleure stratégie argumentative.

On distingue deux stratégies principales :

1   Convaincre

- Cette stratégie fait appel aux facultés d'analyse et de raisonnement du public.
- Elle a surtout recours à des faits, des exemples concrets, des statistiques.
- Le raisonnement est bien organisé. Les liens logiques entre les arguments sont clairs.

2   Persuader

- Cette stratégie agit sur la sensibilité du public pour remporter son adhésion spontanée.
- Elle fait surtout appel aux émotions et aux images.
- Le public est souvent directement interpellé.

Laquelle de ces stratégies choisirez-vous pour atteindre votre but ?

Savez-vous...

                                                                    Oui

	Oui
parler de l'impact des guerres sur les jeunes ?	☐
utiliser les pronoms relatifs composés ?	☐
rédiger une interview ?	☐
rédiger un article ?	☐
présenter une photo sur les jeunes et la guerre ?	☐

5.4 Quel dilemme !

> Quels sont les enjeux éthiques d'aujourd'hui ? Comment les résoudre ?

Objectifs d'apprentissage

Dans cette unité, vous allez apprendre à…

- parler d'enjeux éthiques
- utiliser la mise en relief
- rédiger une page de journal intime
- rédiger une dissertation
- présenter une photo sur un enjeu éthique

Enjeux éthiques

1 Mise en route

1   Voici quelques titres d'articles de journaux. Lisez-les puis, en équipes, discutez des questions suivantes.

   a   Selon vous, de quoi est-il question dans chaque article ? Résumez brièvement la situation.

   b   Quels problèmes éthiques sont soulevés par ces situations ?

   c   Quelle est votre opinion sur chacune de ces questions ?

Pour vous aider, vous pouvez utiliser le vocabulaire proposé dans l'encadré *Des mots pour le dire*.

Innocenté par un test ADN après 27 ans de prison

« L'accès universel aux soins de santé ne doit pas être compromis par la crise économique », selon un député européen

Après le décès de son mari
Elle veut une insémination post-mortem

QUÉBEC : VERS UN DÉPISTAGE GÉNÉRALISÉ DE LA TRISOMIE 21 ?

On peut réparer l'humain pour le faire vivre jusqu'à 150 ans, affirme une scientifique belge

DES MOTS POUR LE DIRE

les avancées de la médecine	un gène défectueux	avoir un impact direct sur la santé de la population
un avortement	la guérison	donner son consentement
une cellule souche	une maladie héréditaire / génétique	être au stade expérimental
le désir d'enfant	un médicament	payer des services de sa poche
l'espérance de vie	une pratique controversée	réduire les inégalités sociales
l'eugénisme (m)	le secret de la longévité	réparer une injustice
un exploit scientifique		soigner

2 Activité orale

Voici quelques exemples de ce que l'on peut faire pour sauver des vies. Mais jusqu'où faut-il aller ?

1   Écrivez le symbole correspondant à chacun des énoncés.

a   Choix individuels

1   suivre des cours de premiers soins

2   donner du sang régulièrement

3   signer sa carte de donneur d'organes

4   faire des dons à des organismes subventionnant la recherche médicale

5   devenir médecin ou chercheur médical

b   Choix de société

1   garantir un système universel d'assurance maladie et d'assurance médicaments

2   maintenir en vie les grands prématurés

3   opérer les patients quel que soit leur âge

4   investir dans la recherche médicale

5   criminaliser l'euthanasie

> Selon vous, chacun de ces choix est-il :
> ++   très important
> +   important
> +/− plus ou moins important
> −   pas très important ?

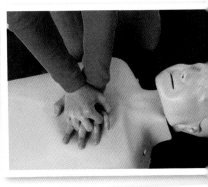

2   Quels sont les avantages et les inconvénients de chacun de ces choix ? Discutez de ces choix en petits groupes. Utilisez les expressions dans l'encadré *Des mots pour le dire* pour bien exposer votre point de vue.

DES MOTS POUR LE DIRE

Ce qui m'inquiète, c'est…

Ce qui est le plus important, c'est…

Ce qui me dérange, c'est…

Ce qui est grave, c'est…

Ce qui pose problème, c'est…

Ce que je redoute, c'est…

Ce que chacun peut faire, c'est…

Ce que j'aimerais, c'est…

Ce que je trouve inacceptable, c'est…

Ce que la société doit faire, c'est…

Ce dont j'ai peur, c'est…

Ce dont je suis sûr(e), c'est…

Ce dont je doute, c'est…

Ce dont on doit discuter, c'est…

Ce dont on doit se rendre compte, c'est…

Ce dont il faut se méfier, c'est…

Cahier 5.4
1 Grammaire en contexte
La mise en relief

Cahier 5.4
2 Activité lexicale
Bioéthique

Cahier 5.4
3 Activité écrite
Une page de journal intime

Fiche 5.4.1
Travail oral en groupe
Bioéthique : Deux cas problématiques

Fiche 5.4.2
Entraînement à l'oral individuel NM
Le clonage humain

Le plus beau cadeau que l'on puisse faire

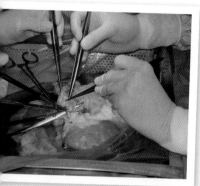

3 Activité écrite

Pour pouvoir parler du don d'organes, il faut connaître certains mots clés. Reliez chacun des mots figurant dans la colonne de gauche avec son équivalent qui se trouve dans la colonne de droite.

Exemple : un receveur	C	A	le cœur en est un
1 le décès		B	la personne à laquelle on prend un organe
2 le donneur		C	**la personne qui reçoit un organe**
3 la greffe		D	la mort
4 le prélèvement		E	intervention chirurgicale pour recevoir un organe
5 un organe		F	intervention chirurgicale pour prendre un organe

LE SAVIEZ-VOUS ?

- Chaque année ce sont plus de 5 000 personnes qui donnent un organe permettant de réaliser une greffe en France, soit un nombre en constante augmentation.

- On estime qu'environ 40 000 personnes vivent grâce à un organe greffé en France.

- Plus de 16 000 malades qui chaque année ont besoin et attendent une greffe d'organe.

- Le principal obstacle à la greffe est le manque persistant d'organes disponibles, malgré la hausse des prélèvements. Le pourcentage de « refus de prélèvement » reste toujours à un niveau très haut : 33,7 %.

www.planetoscope.com

4 Activité orale

Discutez des questions suivantes en petits groupes.

1 Avez-vous déjà songé à faire don de vos organes en cas de décès ?

2 Si oui, que faut-il faire dans votre pays pour le faire savoir et pour vous assurer que votre volonté soit respectée après votre mort ?

3 Sinon, pourquoi ne l'avez-vous pas fait : manque de renseignements, indifférence à la question ou opposition à cette idée ?

4 Connaissez-vous ou avez-vous déjà entendu parler d'un individu qui a bénéficié d'un don d'organes ?

5 Lecture

Lisez ce texte pour connaître les enjeux d'une telle décision.

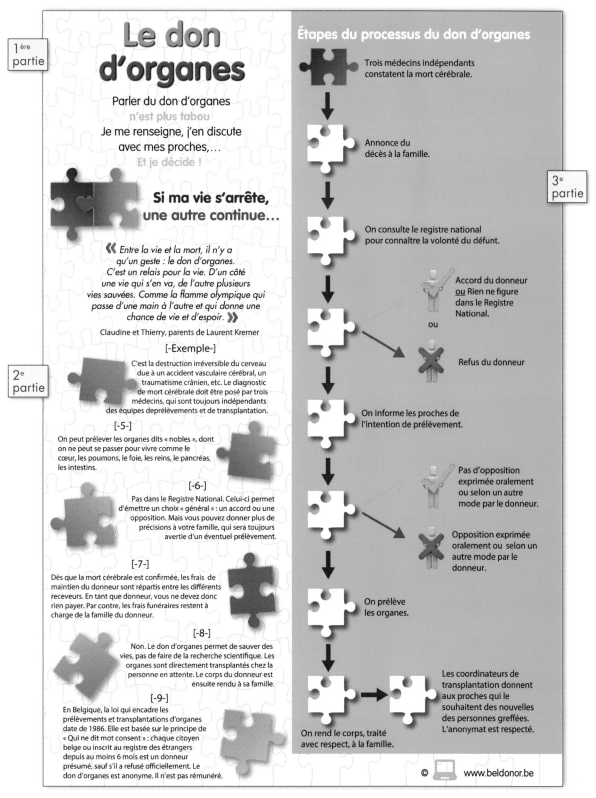

Le don d'organes

1ère partie

Parler du don d'organes n'est plus tabou Je me renseigne, j'en discute avec mes proches,… Et je décide !

Si ma vie s'arrête, une autre continue…

« *Entre la vie et la mort, il n'y a qu'un geste : le don d'organes. C'est un relais pour la vie. D'un côté une vie qui s'en va, de l'autre plusieurs vies sauvées. Comme la flamme olympique qui passe d'une main à l'autre et qui donne une chance de vie et d'espoir.* »

Claudine et Thierry, parents de Laurent Kremer

2e partie

[-Exemple-]
C'est la destruction irréversible du cerveau due à un accident vasculaire cérébral, un traumatisme crânien, etc. Le diagnostic de mort cérébrale doit être posé par trois médecins, qui sont toujours indépendants des équipes deprélèvements et de transplantation.

[-5-]
On peut prélever les organes dits « nobles », dont on ne peut se passer pour vivre comme le cœur, les poumons, le foie, les reins, le pancréas, les intestins.

[-6-]
Pas dans le Registre National. Celui-ci permet d'émettre un choix « général » : un accord ou une opposition. Mais vous pouvez donner plus de précisions à votre famille, qui sera toujours avertie d'un éventuel prélèvement.

[-7-]
Dès que la mort cérébrale est confirmée, les frais de maintien du donneur sont répartis entre les différents receveurs. En tant que donneur, vous ne devez donc rien payer. Par contre, les frais funéraires restent à charge de la famille du donneur.

[-8-]
Non. Le don d'organes permet de sauver des vies, pas de faire de la recherche scientifique. Les organes sont directement transplantés chez la personne en attente. Le corps du donneur est ensuite rendu à sa famille.

[-9-]
En Belgique, la loi qui encadre les prélèvements et transplantations d'organes date de 1986. Elle est basée sur le principe de « Qui ne dit mot consent » : chaque citoyen belge ou inscrit au registre des étrangers depuis au moins 6 mois est un donneur présumé, sauf s'il a refusé officiellement. Le don d'organes est anonyme. Il n'est pas rémunéré.

Étapes du processus du don d'organes

3e partie

Trois médecins indépendants constatent la mort cérébrale.

Annonce du décès à la famille.

On consulte le registre national pour connaître la volonté du défunt.

Accord du donneur ou Rien ne figure dans le Registre National.

ou

Refus du donneur

On informe les proches de l'intention de prélèvement.

Pas d'opposition exprimée oralement ou selon un autre mode par le donneur.

Opposition exprimée oralement ou selon un autre mode par le donneur.

On prélève les organes.

Les coordinateurs de transplantation donnent aux proches qui le souhaitent des nouvelles des personnes greffées. L'anonymat est respecté.

On rend le corps, traité avec respect, à la famille.

© www.beldonor.be

Brochure pour le don d'organes, www.beldonor.be. Service public fédéral Santé publique, Sécurité de la Chaîne alimentaire et Environnement (Belgique)

6 Compréhension écrite

En vous basant sur la 1ère partie du texte, choisissez la bonne réponse ou répondez aux questions suivantes.

1   « Parler du don d'organes n'est plus tabou. » Cette phrase signifie que parler du don d'organes…

    A n'est plus permis.

    C n'est plus d'actualité.

    B n'est plus toléré.

    D n'est plus interdit.

2   Complétez la phrase suivante : Si ma vie s'arrête, une autre continue grâce…

3   Quel mot de la 1ère partie signifie « course à pied dans laquelle les coureurs d'une même équipe se succèdent » ?

4   Complétez la phrase : Le don d'organes est comparé au passage…

Pour chaque paragraphe, retrouvez la question correspondante.

Basez vos réponses sur la 2e partie.

Exemple : | D |

5   paragraphe [- 5 -] | |

6   paragraphe [- 6 -] | |

7   paragraphe [- 7 -] | |

8   paragraphe [- 8 -] | |

9   paragraphe [- 9 -] | |

A   Que dit la loi ?

B   Y a-t-il un âge limite pour donner ses organes ?

C   Qui paie les différents frais ?

D   La mort cérébrale, c'est quoi ?

E   Qui informe la famille du donneur de son décès ?

F   Donner mes organes, c'est comme donner mon corps à la science ?

G   Qui peut bénéficier d'un don d'organes ?

H   Quels organes peut-on prélever ?

I   Puis-je choisir les organes que je veux donner ?

J   Le receveur peut-il connaître l'identité du donneur ?

Les affirmations suivantes, basées sur la 2ᵉ partie du texte, sont soit vraies soit fausses. Cochez la bonne réponse et justifiez votre réponse par des mots du texte. Les deux parties de la réponse sont requises pour l'obtention d'un point.

	Vrai	Faux

10 Les médecins qui vont effectuer le prélèvement déclarent la mort cérébrale.   ☐ ☐

   Justification : ....

11 On prélève les organes dont on a besoin pour vivre.   ☐ ☐

   Justification : ....

12 La famille du donneur paie l'enterrement.   ☐ ☐

   Justification : ....

13 La loi belge présume que chacun veut donner ses organes, sauf preuve du contraire.   ☐ ☐

   Justification : ....

14 Le receveur d'un organe rencontre le donneur.   ☐ ☐

   Justification : ....

15 Quand on fait un don d'organes, on reçoit de l'argent.   ☐ ☐

   Justification : ....

16 Sans relire le texte, remettez ces actions dans l'ordre chronologique en les numérotant de 1 à 6.

   A Prélever l'organe   ☐

   B Informer la famille du décès   ☐

   C Déclarer la mort cérébrale   ☐

   D Faire part à la famille de la décision de prélever des organes   ☐

   E Greffer l'organe   ☐

   F S'informer sur le consentement du donneur   ☐

COMPRÉHENSION CONCEPTUELLE

Le destinataire et le but

Répondez aux questions suivantes.

1 À qui s'adresse la brochure sur le don d'organes ? Comment le savez-vous ?

2 Quels sont les deux buts communicatifs de cette brochure ?

3 Pour retenir notre intérêt et mieux atteindre les buts communicatifs, divers procédés rhétoriques sont utilisés. En citant la brochure, donnez un exemple de :

   a phrase interrogative

   b phrase exclamative

   c citation

   d phrase qui se termine par des points de suspension

4 La typographie attire aussi et retient notre intérêt. Donnez-en deux exemples.

5 Sous quelle forme apparaissent les renseignements dans la brochure ?

---

7 Activité orale

Les opinions ci-dessous sont contre le don d'organes. Y en a-t-il que vous partagez ? Discutez-en en petits groupes.

A Je crois en quelque chose après la mort, je ne veux pas qu'on touche à mon corps.

B Être pour, c'est encourager le trafic d'organes et l'exploitation des plus démunis.

C Donner mes organes à une personne irresponsable, qui continue à fumer et à boire car on l'a maintenue en vie ? Non merci !

D Je crois que cela ouvre la porte à trop de dérives éthiques.

E Les médecins feront-ils vraiment tout ce qu'il faut pour maintenir quelqu'un en vie s'ils savent qu'ils peuvent récupérer un ou plusieurs organes ?

F C'est vraiment trop dur pour les proches de voir quelqu'un qu'ils aiment découpé en rondelles dès qu'il a poussé son dernier soupir.

G Mon corps m'appartient.

H Ma religion me l'interdit.

Mon bébé a grandi dans le ventre d'une autre

Qu'est-ce qu'une mère porteuse ?

Quand une femme ne peut pas être enceinte (elle souffre de stérilité utérine ou n'a pas d'utérus ou quand deux hommes homosexuels veulent avoir un bébé), le couple s'adresse parfois à une autre femme pour porter son enfant : ceci s'appelle « la gestation pour autrui ». On appelle la femme qui porte le bébé d'autrui une « mère porteuse ».

Que dit la loi française sur la gestation pour autrui ?

En France, les lois de bioéthique datant de 1994 interdisent la pratique de la gestation pour autrui. Faire porter un enfant par une personne qui n'en sera pas la mère est illégal et sanctionné par une amende ou l'emprisonnement.

Cahier 5.4
4 Activité lexicale
La gestation pour autrui

8 Activité orale et écrite

1 Lisez les affirmations ci-dessous. Indiquez celles qui sont en faveur de la légalisation de la gestation pour autrui et celles qui sont contre.

	Pour	Contre
Exemple : Il n'y a pas de solution médicale à la défaillance de l'utérus.	✓	☐
a Seuls les couples qui ont les moyens financiers de se rendre dans un pays où la gestation pour autrui est légale (par exemple aux États-Unis) peuvent en bénéficier.	☐	☐
b Un lien affectif existe entre le bébé dans l'utérus et la mère porteuse. Que va ressentir l'enfant par la suite ?	☐	☐
c La gestation pour autrui est un procédé de consommation. L'enfant est un produit.	☐	☐
d Pour payer moins, un couple stérile pourrait s'adresser à des trafiquants, ce qui augmente les risques (santé, chantage…)	☐	☐
e Il y a déjà eu beaucoup de cas de bébés nés de mères porteuses : on ne peut plus faire marche arrière et interdire cette pratique.	☐	☐
f Les parents peuvent refuser de payer la mère porteuse s'ils ne sont pas contents du « produit ». Un enfant né handicapé, par exemple, sera-t-il rejeté par tous ?	☐	☐
g On ne peut pas empêcher un couple de partir à l'étranger à la recherche d'une mère porteuse.	☐	☐
h On peut opter pour une légalisation de gestation pour autrui très encadrée.	☐	☐
i La mère porteuse risque des ennuis de santé – des problèmes, par exemple, lors de l'accouchement.	☐	☐

LE SAVIEZ-VOUS ?

La législation dans les autres pays

La maternité pour autrui est interdite dans une majorité d'États européens, notamment la Suisse.

Elle est tolérée en Belgique (aucun texte de loi).

Elle prospère dans certaines provinces du Canada (Alberta, Nouvelle-Écosse), où des agences mettent légalement en relation les parents demandeurs et les mères de substitution candidates.

j Une femme peut accepter d'être une mère porteuse uniquement pour gagner de l'argent : la porte est donc ouverte à toutes les dérives, à des chantages. Cela peut par exemple conduire à l'exploitation des femmes en difficulté ou pauvres. ☐ ☐

k Il s'agit d'un geste altruiste, pas marchand. ☐ ☐

l La mère porteuse risque de s'attacher à l'enfant qu'elle porte et de ne pas vouloir le céder par la suite. ☐ ☐

2 Comparez vos réponses à celles de vos camarades de classe et discutez-en.

9 Compréhension orale 🔊 Piste 20

Vous allez écouter une interview avec une femme politique française au sujet de la GPA, c'est-à-dire la gestation pour autrui. Choisissez la bonne réponse.

1 Selon la personne interviewée… ☐

   A la France a raison d'interdire la GPA.

   B une légalisation de la GPA est souhaitable, mais à certaines conditions.

   C les médecins et les juges devraient arrêter de se mêler de la GPA.

2 La femme qui porterait l'enfant devrait… ☐

   A avoir au moins 30 ans.

   B déjà être mère.

   C s'engager à porter tous les enfants du couple.

3 La loi devrait interdire que… ☐

   A la mère porteuse soit aussi la mère génétique du bébé.

   B la mère porteuse connaisse l'identité de la mère génétique.

   C la mère génétique contacte la mère porteuse pendant la grossesse.

4 La mère porteuse… ☐

   A recevrait un salaire de 15 000 €.

   B fixerait elle-même le prix de ses services.

   C recevrait seulement une compensation pour les frais engendrés par la grossesse.

5   La mère porteuse…

   A   aurait le droit de garder l'enfant.

   B   aurait l'obligation de remettre l'enfant à la naissance.

   C   devrait prendre soin de l'enfant pendant les six premières semaines.

Complétez les phrases suivantes avec un maximum de **trois** mots par phrase.

Notes sur la GPA

- Les femmes qui acceptent de porter un bébé pour un couple qui ne peut pas avoir d'enfants font un geste [– 6 –].

- Au Canada, ceux qui enfreignent la loi s'exposent à une amende pouvant aller jusqu'à [– 7 –] dollars.

- Le danger, c'est que des [– 8 –] parallèles illégaux se développent pour les parents qui seront prêts à payer.

- Légaliser la GPA serait une démarche [– 9 –] : en effet, la GPA ne serait plus réservée aux Français qui ont les moyens d'aller à l'étranger pour trouver une mère porteuse.

- La légalisation de la GPA entraînerait des changements au [– 10 –]. Celui-ci devrait maintenant faire état de trois types de mères et non plus d'un seul comme c'est le cas actuellement.

6   [– 6 –]

7   [– 7 –]

8   [– 8 –]

9   [– 9 –]

10 [– 10 –]

10 Activité orale

En équipes de trois ou quatre, choisissez un des scénarios ci-dessous. Jouez la scène.

Votre conjoint(e) et vous ne pouvez avoir d'enfant. Après avoir mûrement réfléchi à la question, vous décidez d'avoir recours à une mère porteuse. (À vous de décider dans quel pays francophone vous habitez.)

A   Vous annoncez votre décision à vos parents, qui comprennent mal votre décision.

B   Vous rencontrez la mère porteuse pour la première fois.

C   Après la naissance, la mère porteuse vous « remet » votre enfant.

D   Après la naissance de votre enfant, vous participez à une émission de radio pendant laquelle vous partagez votre expérience.

Fiche 5.4.3
Entraînement à l'oral individuel NM
La gestation pour autrui

5

La fin de vie

---

11 Lecture Niveau supérieur

Lisez ce texte. Un homme explique ce qui lui est arrivé un vendredi 8 décembre et décrit la situation dans laquelle il se trouve.

Le scaphandre et le papillon

 1 Derrière le rideau de toile mitée, une clarté laiteuse annonce l'approche du petit matin. J'ai mal aux talons, la tête comme une enclume, et une sorte de scaphandre qui m'enserre tout le corps. Ma chambre sort doucement de la pénombre. Je regarde en détail les photos des êtres chers, les dessins d'enfants, les affiches, le petit cycliste en fer-blanc envoyé par un copain la veille de Paris-Roubaix, et la potence qui surplombe le lit où je suis incrusté depuis six mois comme un bernard-l'ermite sur son rocher.

2 Pas besoin de réfléchir longtemps pour savoir où je suis et me rappeler que ma vie a basculé le vendredi 8 décembre de l'an passé.

3 Jusqu'alors, je n'avais jamais entendu parler du tronc cérébral. Ce jour-là, j'ai découvert de plein fouet cette pièce maîtresse de notre ordinateur de bord, passage obligé entre le cerveau et les terminaisons nerveuses, quand un accident cardiovasculaire a mis ledit tronc hors circuit. Autrefois, on appelait cela « transport au cerveau » et on en mourait en toute simplicité. Le progrès des techniques de réanimation a sophistiqué la punition. On en réchappe mais flanqué de ce que la médecine anglo-saxonne a justement baptisé le locked-in syndrome : paralysé de la tête aux pieds, le patient est enfermé à l'intérieur de lui-même avec l'esprit intact et les battements de sa paupière gauche pour tout moyen de communication.

4 Bien sûr, le principal intéressé est le dernier mis au courant de ces gracieusetés. Pour ma part, j'ai eu droit à vingt jours de coma et quelques semaines de brouillard avant de réaliser vraiment l'étendue des dégâts. Je n'ai tout à fait émergé que fin janvier dans cette chambre 119 de l'hôpital maritime de Berck où pénètrent maintenant les premières lueurs de l'aube.

 5 C'est une matinée ordinaire. À sept heures, le carillon de la chapelle recommence à ponctuer la fuite du temps, quart d'heure par quart d'heure. Après la trêve de la nuit, mes bronches encombrées se remettent à ronfler bruyamment. Crispées sur le drap jaune, mes mains me font souffrir sans que j'arrive à déterminer si elles sont brûlantes ou glacées. Pour lutter contre l'ankylose je déclenche un mouvement réflexe d'étirement qui fait bouger bras et jambes de quelques millimètres. Cela suffit souvent à soulager un membre endolori.

6 Le scaphandre devient moins oppressant, et l'esprit peut vagabonder comme un papillon. Il y a tant à faire. On peut s'envoler dans l'espace ou dans le temps, partir pour la Terre de Feu ou la cour du roi Midas.

7 On peut rendre visite à la femme aimée, se glisser auprès d'elle et caresser son visage encore endormi. On peut bâtir des châteaux en Espagne, conquérir la Toison d'or, découvrir l'Atlantide, réaliser ses rêves d'enfant et ses songes d'adulte.

8 Trêve de dispersion. Il faut surtout que je compose le début de ces carnets de voyage immobile pour être prêt quand l'envoyé de mon éditeur viendra le prendre en dictée, lettre par lettre. Dans ma tête, je malaxe dix fois chaque phrase, retranche un mot, ajoute un adjectif et apprends mon texte par cœur, un paragraphe après l'autre.

9 Sept heures trente. L'infirmière de service interrompt le cours de mes pensées. Selon un rituel bien au point, elle ouvre le rideau, vérifie trachéotomie et goutte-à-goutte, et allume la télé en vue des informations. Pour l'instant, un dessin animé raconte l'histoire du crapaud le plus rapide de l'Ouest. Et si je faisais un vœu pour être changé en crapaud ?

Jean-Dominique Bauby, *Le scaphandre et le papillon*, Éditions Robert Laffont

12 Compréhension écrite Niveau supérieur

En vous basant sur la 1ère partie du texte, répondez aux questions suivantes ou choisissez la bonne réponse.

1   Où se trouve le narrateur ?

2   À quel moment de la journée se situe la scène ?

3   Dans le paragraphe 1, quels sont les deux mots qui appartiennent au champ lexical de la lumière ?

4   Depuis combien de temps le narrateur se trouve-t-il là ?

5   Le narrateur dit : « Ma vie a basculé ». Que lui est-il arrivé ?

6   Qu'est-ce que le narrateur est encore capable de faire ?

   A   voir

   B   entendre

   C   parler

   D   écrire

   E   se déplacer

   F   comprendre

7   Que se passait-il auparavant quand quelqu'un avait un accident cardio-vasculaire ?

8   « Le progrès des techniques de réanimation a sophistiqué la punition ».
    Quelle est l'opinion du narrateur sur « le progrès des techniques de réanimation » ?

   A   Les nouvelles techniques ne constituent pas un progrès véritable et ne font que prolonger la souffrance.

   B   La réanimation est une technique sophistiquée.

   C   La sophistication des techniques de réanimation est un progrès.

   D   Le progrès réalisé dans les techniques de réanimation soulage le malade.

9   Qui est « le principal intéressé » ?

10 « Le dernier mis au courant de ces gracieusetés ». Le ton de cette phrase exprime…

   A   l'ironie.

   B   la plaisanterie.

   C   la colère.

   D   l'affection.

Basez vos réponses sur la 2e partie.

11 Comment le narrateur mesure-t-il le temps ?

12 Le mot « trêve » signifie interruption / pause : « Après la trêve de la nuit » (paragraphe 5), « Trêve de dispersion » (paragraphe 8).

    D'après le contexte, « une trêve » est-elle une pause agréable ou désagréable ?

13 Comment le narrateur passe-t-il le temps avant l'arrivée de l'infirmière ? Nommez deux activités.

14 Dans le paragraphe 8, l'auteur parle d'un « voyage immobile ». Cette expression peut surprendre. Quelle est la caractéristique essentielle d'un voyage ? Qu'est-ce qu'un « voyage immobile », à votre avis ?

15 Comment le narrateur va-t-il communiquer ses carnets de voyage à l'envoyé de l'éditeur ? Terminez la phrase suivante :
Il doit d'abord… et ensuite…

16 Quel mot du paragraphe 9 nous indique que l'infirmière fait les mêmes gestes chaque jour ?

MÉMOIRE

Vous avez apprécié ce texte ? Vous aimeriez en savoir davantage sur le destin hors du commun de Jean-Dominique Bauby ? Pourquoi ne pas lire le livre en entier ou encore regarder l'excellent film que le réalisateur Julian Schnabel a tiré de ce récit et peut-être même y consacrer un mémoire ?

13 Activité écrite Niveau supérieur

La comparaison et la métaphore sont des procédés rhétoriques qui nous permettent de mieux comprendre le monde tel qu'il est perçu par le narrateur. En voici quelques exemples tirés du texte.

1 Dans la 2ᵉ phrase du texte le narrateur compare la sensation qu'il éprouve à la tête à une enclume. Il dit : « J'ai… la tête comme une enclume ».

(Une enclume est morceau de fer sur lequel on bat les métaux.) Quelle sensation physique ressent-il ?

2 Dans la même phrase le narrateur dit : « J'ai… une sorte de scaphandre qui m'enserre tout le corps ».

(Un scaphandre est un appareil de plongée, c'est-à-dire un vêtement étanche pourvu d'une bouteille d'air comprimé.)

Quelle sensation physique ressent-il ?

3 À la fin du paragraphe 1, le narrateur se compare à un bernard-l'ermite : « le lit où je suis incrusté depuis six mois comme un bernard-l'ermite sur son rocher ».

(Un bernard-l'ermite est un crustacé qui loge dans des coquilles abandonnées.)

Quel sentiment éprouve-t-il sur ce lit d'hôpital ?

4 Dans le paragraphe 6, le narrateur compare l'esprit à un papillon : « l'esprit peut vagabonder comme un papillon ».

(Vagabonder signifie marcher sans but, à l'aventure, se déplacer sans cesse.)

Que veut dire le narrateur quand il affirme que son esprit vagabonde ?

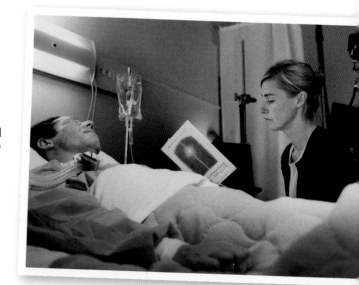

14 Activité orale Niveau supérieur

Discutez des questions suivantes avec vos camarades de classe.

1   Le narrateur écrit ironiquement : « Le progrès des techniques de réanimation a sophistiqué la punition. » D'après vous, est-il éthique de « sauver » un patient si par la suite celui-ci souffre du « locked-in syndrome » ?

2   On est de plus en plus en mesure de sauver les très grands prématurés (c'est-à-dire les bébés nés avant la 28ᵉ semaine de grossesse). Toutefois, environ 40 % de ceux-ci souffrent par la suite de séquelles neurologiques (par exemple un retard mental, une infirmité motrice ou une surdité). Selon vous, est-il éthique de les maintenir en vie ?

3   Connaissez-vous d'autres exemples où le « progrès médical » est discutable ?

15 Activité orale (TdC)

Cahier 5.4
5 Activité lexicale
L'euthanasie

Euthanasie : « usage de procédés qui permettent d'anticiper ou de provoquer la mort, pour abréger l'agonie d'un malade incurable, ou lui épargner des souffrances extrêmes. L'euthanasie est un problème de bioéthique. »

Le Robert Quotidien

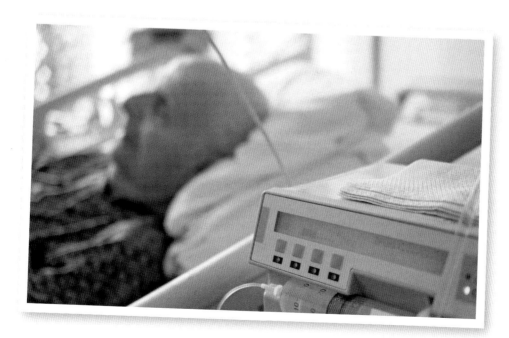

Partage de la planète

L'euthanasie suscite des polémiques. Elle est interdite par la loi dans beaucoup de pays, même si dans certains, il y a un seuil de tolérance de la part des médecins qui permettent aux malades de mourir sans acharnement thérapeutique. En Europe, seuls les Pays-Bas et la Belgique ont formellement légalisé l'euthanasie, sous de strictes conditions. La Suisse, pour sa part, interdit l'euthanasie active, mais autorise le suicide assisté.

1   Les mots et expressions ci-dessous ont un rapport avec le thème de l'euthanasie. Selon vous, quels sont ceux qui ont une connotation positive et ceux qui ont une connotation négative ? Certains mots et expressions peuvent avoir une connotation aussi bien positive que négative.

		Positif	Négatif
a	laisser mourir	☐	☐
b	abréger l'existence	☐	☐
c	abréger la souffrance	☐	☐
d	accélérer la fin d'une vie	☐	☐
e	mettre fin aux souffrances	☐	☐
f	soulager la douleur	☐	☐
g	soigner la douleur	☐	☐
h	maintenir en vie	☐	☐
i	mourir dans la dignité	☐	☐
j	acharnement thérapeutique	☐	☐
k	soins palliatifs	☐	☐
l	compassion	☐	☐
m	lente agonie	☐	☐
n	atteinte à la dignité humaine	☐	☐

2   Comparez vos réponses à celles de vos camarades de classe. Y a-t-il des divergences d'opinion ? Pourquoi ?

16 Lecture

Lisez ce texte qui propose des arguments contre l'euthanasie.

Contre l'euthanasie

Les religions le disent mais sans elles, on peut en avoir la conviction, la vie est un don. Si nous sommes vivants, nous ne savons pas pourquoi mais il y a probablement des raisons qui nous dépassent, il n'est donc pas de notre ressort d'y mettre fin. De même que nous ne décidons pas d'être vivant, nous n'avons à décider d'être mort. On peut penser que la maladie est une épreuve qu'un « Dieu » nous envoie afin de la surmonter pour devenir plus fort.

Le patient doit décider s'il veut mourir ? Peut-on vraiment considérer que, étant donné l'état dans lequel se trouve le patient, il est apte à prendre des décisions raisonnées concernant la vie ? Quelle décision prendre dans le cas d'un patient inconscient ? Il est à craindre que dans un grand nombre de cas, ce soit quelqu'un d'autre qui prenne la décision à sa place.

Bien souvent, la souffrance du patient se confond avec celle de l'entourage. L'entourage pourrait ainsi prendre la décision de l'euthanasie pour abréger les souffrances du patient sans avoir conscience que c'est avant tout sa propre souffrance qu'il cherche à abréger (un individu dans le coma n'a, par exemple, pas de douleur contrairement à son entourage).

Une partie des médecins considère que les progrès en matière d'antidouleurs et de soins palliatifs tranquillisants rendent l'euthanasie inutile.

La mort est toujours un échec et aussi choquant que cela puisse paraître, dans le cas de l'euthanasie, on peut considérer que c'est une « solution de facilité » de la part du patient qui refuse de surmonter les douleurs que la vie lui inflige, de la part de l'entourage qui veut cesser sa propre douleur de voir un proche souffrir ou encore de la part d'un médecin qui ne sait que faire d'autre et pour lui éviter d'avoir à chercher d'autres solutions. Dans ce cas, l'euthanasie peut être envisagée comme le moyen d'évacuer, parfois égoïstement, un « problème ».

Autoriser l'euthanasie, c'est légaliser un empoisonnement, un meurtre, un suicide. Pire, c'est l'encourager car si on autorise le suicide contre la souffrance physique par l'euthanasie, pourquoi condamner les suicides contre la souffrance morale des gens en bonne santé physique ?

Accepter l'euthanasie c'est ouvrir la porte aux plus grands dérapages :

- les meurtres maquillés en euthanasie par l'entourage ou le médecin (on peut imaginer un médecin qui utilise l'euthanasie pour cacher une erreur médicale).

- le meurtre pour accélérer un héritage.

- l'exercice de pressions morales de la part des proches qui rendrait les dernières heures du malade particulièrement tristes.

- l'apparition de pressions financières sur le malade à cause du coût élevé des soins (les malades chercheraient à mourir rapidement, pour ne pas exercer de pression financière sur les proches, particulièrement dans le cas de familles pauvres).

- le développement du « jeunisme » : si les jeunes décident que « votre heure est venue »…

- le développement de l'eugénisme (sélection des humains en fonction de caractéristiques « bonnes » ou « mauvaises ») : si les équipes médicales considèrent qu'une tare (défaut pouvant être d'origine génétique) ne vaut pas la peine qu'on maintienne la vie de son porteur.

Faut-il le rappeler ? L'euthanasie est une décision irréversible : imaginez qu'un remède soit trouvé un mois après que la personne eut été euthanasiée. À l'inverse, imaginez une personne qui n'a pas subi d'euthanasie et se trouve guérie d'une maladie et qu'elle vous dise : « Heureusement que je ne suis pas mort car maintenant je suis heureux : je sais à quel point ma vie a de la valeur ».

Jiby, http://millefaces.free.fr

Créativité,
Activité, Service

L'objectif d'apprentissage n° 7 du programme CAS est le suivant : reconnaître et réfléchir à l'éthique des choix et des actions. Les différentes questions soulevées dans cette unité vous ont offert quelques exemples de dilemmes éthiques liés à des questions de société. Pouvez-vous maintenant fournir une réflexion similaire dans d'autres contextes ? Par exemple, si vous songez à votre programme CAS, êtes-vous capable :

- de reconnaître des questions éthiques liées à vos activités ?
- d'identifier ce qu'il faut savoir afin de prendre une décision éthique ?
- de faire preuve de responsabilité dans vos choix et vos actions ?
- d'intégrer le processus de réflexion lorsque vous êtes confronté(e) à une décision éthique ?

17 Activité écrite

1. En vous basant sur le texte *Contre l'euthanasie*, dressez la liste de raisons données par le rédacteur contre l'euthanasie. Exprimez-les sans réutiliser les mots du texte.

2. Y a-t-il d'autres raisons qu'on pourrait avancer pour s'opposer à l'euthanasie ? Notez-les.

3. Pour chacune des raisons, trouvez une raison qu'on pourrait avancer pour contrer ces arguments et justifier l'euthanasie.

4. Par groupes de trois ou quatre, comparez votre liste de raisons pour et contre l'euthanasie à celles de vos camarades.

18 Toute réflexion faite

Dans cette unité, vous avez réfléchi à certains enjeux éthiques auxquels nous faisons face dans le monde actuel. Le moment est maintenant venu de mettre vos réflexions par écrit. Un des types de textes possibles pour exposer une opinion de manière raisonnée est la dissertation.

Qu'est-ce qu'une dissertation ? C'est une rédaction scolaire qui porte habituellement sur un sujet complexe ou controversé tel que le don d'organes, la gestation pour autrui ou l'euthanasie. Dans ce type d'exercice, il vous faut :

- montrer que vous avez bien compris les enjeux soulevés par la question posée ou le sujet à discuter
- examiner plusieurs aspects de cette question
- développer un raisonnement logique
- convaincre le lecteur de la logique de votre raisonnement

Vous avez certainement une opinion sur l'un des sujets suivants :

1 « Quand le gouvernement fait de chaque citoyen un donneur d'organes présumé (comme c'est le cas par exemple en France), il s'approprie le corps des gens. » Discutez.

2 « Il est temps de légaliser la gestation pour autrui. » Discutez.

3 « Permettre l'euthanasie, c'est ouvrir la porte à toutes les dérives. » Discutez.

Choisissez l'un de ces sujets et écrivez de 250 à 400 mots pour les élèves de niveau moyen et de 450 à 600 mots pour les élèves de niveau supérieur.

Après avoir rédigé votre texte, servez-vous de la liste de vérification 7B au chapitre 6 du manuel pour vous assurer que vous avez utilisé tous les éléments nécessaires à la réalisation d'une dissertation.

Savez-vous...

Oui

- parler d'enjeux éthiques ? ☐

- utiliser la mise en relief ? ☐

- rédiger une page de journal intime ? ☐

- rédiger une dissertation ? ☐

- présenter une photo sur un enjeu éthique ? ☐

6 | Types de textes

Lors de l'épreuve de production écrite du Baccalauréat International (Épreuve 1), il vous sera demandé de rédiger un texte de 250 à 400 mots au niveau moyen ou de 450 à 600 mots au niveau supérieur. Ce texte sera basé sur un des cinq thèmes du programme :

- Identités
- Expériences
- Ingéniosité humaine
- Organisation sociale
- Partage de la planète

Trois sujets vous seront proposés. Pour chacun de ces sujets, vous aurez le choix parmi trois types de textes. Il vous appartiendra de choisir le type de texte le plus approprié à la situation de communication.

La liste ci-dessous indique certains des types de textes qu'on peut vous demander de rédiger.

- Article
- Blog
- Brochure / Dépliant
- Courriel
- Critique
- Discours
- Dissertation
- Éditorial
- Guide de recommandations / Instructions
- Interview / Entretien
- Journal intime
- Lettre au courrier des lecteurs
- Lettre officielle
- Proposition
- Rapport
- Tract

Dans ce chapitre, vous trouverez des exemples pour chacun de ces types de textes ainsi que les listes de vérification qui y correspondent.

COMPRÉHENSION CONCEPTUELLE

Comment choisir un type de texte ?

Pour choisir le type de texte le plus approprié, il faut tenir compte de la situation de communication décrite dans l'énoncé, c'est-à-dire :

✓ Le destinataire : À qui écrivez-vous ?

✓ Le contexte : Quelle est la situation ?

✓ Le but : Quel est votre objectif ?

- Votre intention varie d'un texte à l'autre : vous voulez informer, critiquer, raconter, faire agir, émouvoir…

✓ Le sens : Quel message voulez-vous transmettre ? Quels moyens emploierez-vous pour le transmettre efficacement ?

- Vous pouvez vous servir de procédés rhétoriques qui frappent l'imagination du lecteur et font ressortir les arguments : par exemple, vous pouvez utiliser des phrases exclamatives, impératives ou interrogatives.

- La mise en page et la typographie peuvent aussi mettre en valeur le message et mettre l'accent sur ce qui est le plus important. C'est le cas, par exemple, de la brochure ou de l'article de presse.

✓ La variation : Quel registre emploierez-vous ?

- Vous choisirez le registre du texte en fonction du but communicatif proposé et du public visé. Vous ne vous exprimerez pas de la même façon si vous vous adressez, par exemple, à des camarades de classe ou à Monsieur le Maire.

Analyser un type de texte

Les questions qui suivent vous aideront à analyser différents types de textes afin de :

- mieux en comprendre le(s) message(s).
- rédiger vous-même des textes qui respectent les conventions relatives aux types de textes choisis.

1 Mise en page du texte

Avant de lire le texte, observez-le. Quels sont les éléments qui le composent ?

- adresse de l'expéditeur
- adresse du destinataire
- chapeau explicatif
- coordonnées
- date
- disposition aérée
- en-tête
- format questions-réponses
- formules d'appel et de politesse

- listes / listes numérotées
- nom ou initiales du / de la journaliste / du rédacteur / de la rédactrice
- objet du document
- paragraphes
- signature
- photo légendée / encadré informatif

- signature
- sous-titres / intertitres
- surtitre
- texte en colonnes
- titre
- titre de rubrique
- typographie variée
- autre (précisez)

Maintenant, lisez le texte et répondez aux questions suivantes.

2 À qui s'adresse l'auteur ?

- au grand public
- à un public précis :
  - adolescents / jeunes
  - autorités
  - citadins
  - électeurs
  - lecteurs d'un journal
  - lycéens, camarades de classe
  - professeurs

  - supérieur hiérarchique
  - autre (précisez)
- à quelqu'un qu'il connaît :
  - amis ou collègues
  - famille ou proches
  - autre (précisez)
- à quelqu'un qu'il ne connaît pas ou qu'il ne connaît pas bien :
  - autre auteur
  - employeur potentiel

  - rédacteur ou équipe rédactionnelle d'un journal ou d'un magazine
  - autre (précisez)
- à lui-même
- autre (précisez)

3 Le texte a quel but communicatif ?

- analyser
- approuver

- argumenter
- conseiller

- demander des nouvelles
- dissuader

- divertir
- émouvoir
- expliquer
- juger : défendre ou critiquer
- persuader
- postuler

- exprimer des sentiments
- faire agir
- faire réfléchir sur l'actualité

- protester
- raconter une anecdote

- informer

- autre (précisez)

4 Comment le texte est-il structuré ?

- Introduction
- Développement
- Conclusion

5 Quelles sont les caractéristiques de la langue employée ?

Sélectionnez les éléments pertinents.

champs lexicaux	loisirs, environnement, sentiments, autre (précisez)
connecteurs logiques	chronologie, conséquence, opposition, autre (précisez)
registre	familier, courant, soutenu ; tutoiement, vouvoiement
temps des verbes	présent, futur, passé
ton	objectif, ironique, courtois, agressif, bienveillant, autre (précisez)
types de phrases	simples, complexes ; phrases exclamatives, interrogatives, impératives

6 Comment l'auteur accroche-t-il le lecteur ?

- appel direct au lecteur / à l'auditeur
- appel aux spécialistes ou aux témoins
- anecdote, cas vécu, exemple tiré de la vie quotidienne
- citations
- humour

- faits, statistiques
- procédés rhétoriques
  - comparaisons ; métaphores
  - emphase
  - exagérations ; hyperboles ; superlatifs

- exclamations
- impératifs ; exhortations
- phrases en suspens
- questions rhétoriques
- répétitions
- autre (précisez)

Commencez par lire un des types de textes proposés (à partir du texte 1A). Ensuite analysez-le en vous basant sur les questions précédentes. Inscrivez vos réponses sur la feuille prévue à cet effet qui vous sera fournie par votre professeur.

6

1A Article

Une centaine de personnes s'attelle au nettoyage du littoral de Faa'a

La commune de Faa'a (côte ouest de Tahiti) a organisé, samedi, une opération de nettoyage de son littoral et du lagon adjacent. Bénévoles et employés de la mairie se sont retroussé les manches pour extraire plusieurs tonnes de déchets.

Membres d'associations de quartiers, bénévoles, ou encore employés de la mairie se sont retrouvés sur la route de ceinture de l'aéroport de Tahiti-Faa'a pour entamer cette journée placée sous le signe de l'environnement.

La commune a mis les bouchées doubles pour refaire une beauté à son littoral souillé par des bouteilles en plastique, des pneus et autres déchets que la houle ramène sans cesse sur le trait de côte.

Huit bateaux, plusieurs camions-bennes, mais aussi des appareils de type « Case » ont été mobilisés en plus de la centaine de personnes présente sur le terrain : une nécessité au vu du travail à effectuer bien que les choses semblent aller en s'améliorant.

« Quelques générations pour que les gestes écocitoyens rentrent dans les mentalités ».

« Il y a deux ans, nous avions récolté 50 tonnes de déchets, l'an dernier 40 tonnes, mais cette année, vu le volume que l'on a commencé à ramener aujourd'hui, je pense que l'on en aura nettement moins », a expliqué Mareva Shau, chef du service environnement et espaces verts à la mairie de Faa'a.

La multiplication des campagnes de communication sur le respect de l'environnement commencerait donc à avoir un impact sur le public même si, comme le souligne Mareva Shau, « il faudra quelques générations pour que les gestes écocitoyens rentrent dans les mentalités ».

Bien qu'une « journée ne suffise pas » pour réparer les dégâts causés par l'Homme, celle de samedi a eu le mérite d'améliorer, au moins visuellement, le littoral de la commune la plus importante de Polynésie en nombre d'habitants.

JBC, www.tahitipresse.pf

1B Liste de vérification pour la réalisation d'un article

	Oui
1 J'ai respecté les conventions relatives à ce type de texte :	
• Il y a un titre.	☐
• J'ai indiqué le nom du / de la journaliste.	☐
• J'ai inclus un ou des élément(s) caractéristique(s) d'un article (nom du journal, nom de la rubrique, date de publication, texte en colonnes, photo légendée…).	☐
2 J'ai utilisé le registre approprié et j'ai maintenu ce registre.	
• Je m'adresse au grand public :	
• Je n'ai pas employé le pronom personnel *je*.	☐
• J'ai utilisé des expressions impersonnelles telles que : *il faut le dire ; les uns… les autres ; il est temps ; ce qui suppose*	☐
• Le vocabulaire est courant ou soutenu.	☐
• Je m'adresse à mes camarades.	
Le style peut être plus personnel :	
• Je peux utiliser le pronom personnel *je*.	☐
• Le vocabulaire est courant voire parfois familier.	☐
3 Mon texte est logique :	
• J'ai rédigé une introduction situant les principaux éléments de l'article (qui, quoi, où, quand, comment, pourquoi…).	☐
• J'ai divisé mon texte en sections claires et distinctes (paragraphes, intertitres).	☐
• J'ai fourni une conclusion.	☐
4 Pour rendre mon texte plus cohérent, j'ai utilisé au moins trois connecteurs logiques, par exemple :	
• *de plus ; en effet ; c'est pourquoi*	☐
5 Pour rendre mon texte plus intéressant et convaincant :	
• j'ai choisi un titre accrocheur (qui donne envie de lire l'article).	☐
• j'ai donné des exemples concrets ou j'ai raconté une anecdote.	☐
• j'ai inclus des faits ou des statistiques.	☐
• j'ai incorporé des citations, des témoignages ou l'avis d'un expert.	☐

2A Blog

ACCUEIL | BLOG VOYAGE | PHILOSOPHIE DU VOYAGE

CES PETITES RENCONTRES QUI CHANGENT LE VOYAGE

Ceux qui ont déjà voyagé connaissent ça… Vous savez, quand on sort d'une gare ou d'un aéroport et qu'on se fait alpaguer par les locaux qui essaient de nous vendre tout et n'importe quoi.

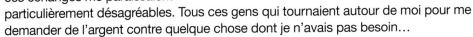

MA RÉACTION LORSQUE J'AI COMMENCÉ À VOYAGER

Lors de mes tout premiers voyages, je dois bien vous avouer que ces échanges me paraissaient particulièrement désagréables. Tous ces gens qui tournaient autour de moi pour me demander de l'argent contre quelque chose dont je n'avais pas besoin…

À la longue, c'était vraiment fatigant. Du coup, j'ai adopté une technique simple : dès lors qu'on me proposait quelque chose, je baissais la tête et ignorais totalement la demande.

ET PUIS J'AI RÉFLÉCHI… ET J'AI CHANGÉ MA FAÇON DE VOIR LES CHOSES

À force de réflexion, j'ai finalement pris la décision de faire l'inverse de ce que je faisais jusqu'alors : **répondre individuellement à chacun plutôt que de les ignorer, les regarder dans les yeux plutôt que de regarder mes pieds.** Après tout, en quoi un « non merci » accompagné d'un sourire serait-il plus fatiguant que d'ignorer tout le monde ? Bien sûr je ne dis pas par là que je vais dire « oui » à toutes les demandes. En à peine une journée, toutes mes économies seraient passées à la trappe. Mais un peu de reconnaissance ne fait de mal à personne.

Quand on y réfléchit, ne voyage-t-on pas pour rencontrer de nouvelles personnes ? Et tous ces gens qui veulent nous vendre des trucs dans la rue ne sont-ils pas justement de nouvelles personnes ? ! Autant en profiter pour faire connaissance !

MA RÉACTION QUAND JE VOYAGE AUJOURD'HUI

Aujourd'hui, que je voyage ou non, je fais mon maximum pour rester respectueux en toute occasion.

J'adore voir les sourires illuminer les visages, j'adore prendre les gens dans mes bras, j'adore serrer des mains… Des gestes simples qui peuvent pourtant faire toute la différence.

Au fil de ces rencontres, on se rend compte que chaque peuple, chaque ethnie vit au final pour la même chose : être heureux. Accepter que chacun se bat pour vivre – voire survivre – donne une toute autre dimension au voyage. Vraiment.

À VOUS D'ESSAYER !

Et vous, comment avez-vous l'habitude de réagir ? Que pensez-vous de ma technique ?

COMMENTAIRES

www.lesacados.com

2B Liste de vérification pour la réalisation d'un blog

	Oui
1 J'ai respecté les conventions relatives à ce type de texte :	
• J'ai donné un titre à ma page de blog.	☐
• J'ai donné un titre accrocheur à mon billet.	☐
• J'ai indiqué la date et l'heure de publication.	☐
• Mon texte est écrit à la première personne.	☐
• J'ai ajouté des photos.	☐
• J'ai ajouté des hyperliens vers d'autres sites ou d'autres pages du blog.	☐
• J'ai ajouté un espace pour les commentaires des lecteurs.	☐
2 J'ai utilisé le registre approprié et j'ai maintenu ce registre :	
• Le vocabulaire est courant ou familier.	☐
3 Mon texte est logique. Il est divisé en parties ou en paragraphes :	
• J'ai commencé par expliquer la raison pour laquelle j'écris ce blog.	☐
• J'ai clairement exposé mon point de vue.	☐
• J'ai donné des exemples pour illustrer mes propos.	☐
4 Pour rendre mon texte plus cohérent, j'ai utilisé au moins trois connecteurs logiques simples, par exemple :	
• *tout d'abord* ; *cependant* ; *néanmoins*	☐
5 Pour rendre mon texte plus vivant, j'ai utilisé :	
• une phrase interrogative : *Comment cela est-il encore possible ?*	☐
• une phrase exclamative : *Quel casse-tête !*	☐
• une phrase impérative : *Agissez vite !*	☐
• une répétition : *Non, non et encore non !*	☐
• des points de suspension : *Je sens que j'ai besoin de voir du pays…*	☐
• le discours direct : *Il m'a dit : « Moi, les éoliennes dans mon jardin, non merci ! »*	☐

3A Brochure / Dépliant

LES ASTUCES DU TRI SÉLECTIF

LES EMBALLAGES À DÉPOSER DANS VOTRE POUBELLE JAUNE

LES BOUTEILLES D'HUILE ALIMENTAIRE SONT RECYCLABLES

Vous pouvez désormais déposer vos bouteilles d'huile alimentaire dans le bac jaune. *Attention* : seules les bouteilles d'huile alimentaire sont recyclables. Les huiles de vidange, quant à elles, ne sont pas concernées. Elles doivent être déposées en déchetterie.

DES EMBALLAGES À NE PAS NETTOYER

Avant de jeter votre emballage dans le bac jaune, assurez-vous qu'il a bien été vidé de son contenu. Il n'est pas nécessaire cependant de laver les emballages. Il vaut mieux éviter de gaspiller l'eau inutilement.

LES ERREURS "CLASSIQUES"

Parmi les méprises les plus fréquentes, celles qui concernent les emballages en plastique : seules les bouteilles et les flacons se recyclent. Pas les sacs de supermarché, ni les films qui enveloppent les emballages et les revues. De même, les pots de yaourts vides sont jetés avec les ordures ménagères.

UNE ERREUR QUI COÛTE CHER

Ces consignes ne sont pas à prendre à la légère : chaque erreur de tri a un coût pour la collectivité et donc pour vous au travers de la redevance. Les agents du centre de tri rectifient les erreurs puis réacheminent les déchets jusqu'au centre d'enfouissement. Ces opérations représentent du temps et des coûts supplémentaires, notamment en termes de transport et main-d'œuvre.

LES ENVELOPPES AVEC LES PAPIERS

Toutes les enveloppes, à l'exception des enveloppes "Kraft" (enveloppes marron) sont à jeter dans la colonne à papiers située sur votre commune.

Colonne à papiers

3B Liste de vérification pour la réalisation d'une brochure ou d'un dépliant

	Oui
1 J'ai respecté les conventions relatives à ce type de texte :	
• Un titre qui annonce le contenu	☐
• Des intertitres	☐
• Une liste	☐
• Une image légendée	☐
• Un texte rédigé en colonnes	☐
2 J'ai utilisé le registre approprié et j'ai maintenu ce registre :	
• Le ton est enthousiaste (si je veux convaincre) ou factuel (si je veux informer).	☐
• Le vocabulaire est courant.	☐
3 Mon texte est logique. Il est divisé en sections :	
• J'ai précisé le but de la brochure.	☐
• Ensuite, j'ai informé les lecteurs, exemples à l'appui.	☐
• En fin de texte, j'ai donné les coordonnées nécessaires pour en savoir plus.	☐
4 Pour rendre mon texte plus cohérent, j'ai utilisé au moins trois connecteurs logiques, par exemple :	
• *d'abord ; puis ; alors*	☐
5 Pour rendre mon texte plus intéressant et convaincant, j'ai utilisé :	
• des illustrations	☐
• des dates, des chiffres, des pourcentages	☐
• deux témoignages (des citations)	☐
• des adjectifs valorisants	☐
• une phrase interrogative	☐
• une phrase exclamative	☐
• une phrase impérative	☐
• une répétition.	☐

4A Courriel

De : aurelie@hotmail.com
À : emeline@kos.net
Copie :
Objet : Faut que je te dise   Message du 19/02 15 h 51

Chère Émeline,

J'étais super contente d'avoir de tes nouvelles. Je suis désolée de ne pas t'avoir répondu plus tôt mais en ce moment je croule sous les devoirs !

Si je te réponds aujourd'hui c'est que je me fais du souci pour toi. Excuse-moi mais ton nouvel ami Paul, ce n'est pas un cadeau et je m'inquiète pour ton avenir. Oui je sais, je t'énerve, mais je vais t'expliquer pourquoi Paul a une mauvaise influence sur toi.

Primo, côté école, qu'est-ce qui t'arrive ? Tu as séché plein de cours récemment et tes notes, vaut mieux ne pas en parler ! Je sais que Paul ne va plus à la fac mais lui, c'est une chose, pour toi l'école c'est ton avenir. Ça ne te ressemble plus. Tu as toujours dit que tu voulais être médecin, mais là tu es mal barrée à moins de faire un effort CONSIDÉRABLE ! Pas d'études pas de diplôme, pas de diplôme pas de boulot… ou tout au moins tu auras un boulot crevant. Et tu seras payée des cacahuètes !

J'ai entendu dire que chez toi c'est plutôt galère en ce moment : tes parents ne s'entendent plus bien. Pourquoi tu n'as rien dit ? Si j'avais su, j'aurais compris pourquoi tu avais besoin de quelqu'un. C'est vrai que Paul est plus âgé que toi, alors il t'apporte du soutien mais franchement tu sais bien qu'il se comporte comme un gamin ! Tu sais que mes parents ont divorcé il y a cinq ans. La vie ne s'est pas arrêtée pour autant ! Pourquoi tu ne m'as pas demandé conseil ?

Ne me dis pas que tu es tombée amoureuse de Paul. Si c'est vrai, moi, j'en tomberai dans les pommes ! Il y a trop d'autres garçons…

Émeline, pour ton éducation, ta santé, ton amour-propre et notre amitié, laisse tomber Paul ! Il n'est pas le type de garçon pour une belle fille aussi intelligente et honnête que toi !

Pense à ton avenir !

On se voit à la fin de la semaine, non ? Mais, s'il te plaît, envoie-moi un mot pour me rassurer quand même.

Bisous, bisous

Aurélie

4B Liste de vérification pour la réalisation d'un courriel à un(e) ami(e)

	Oui
1 J'ai respecté les conventions relatives à ce type de texte :	
• Il y a une formule d'appel et une formule finale appropriées.	☐
• Il y a une signature à la fin (prénom seulement).	☐
2 J'ai utilisé le registre approprié et j'ai maintenu ce registre :	
• Je tutoie mon ami(e).	☐
• Le ton est chaleureux, enthousiaste : j'ai exprimé mes émotions, mes sentiments.	☐
• Le vocabulaire est courant. Il y a peut-être quelques mots familiers.	☐
3 Mon texte est logique. Il est divisé en paragraphes :	
• J'ai commencé par remercier mon ami(e) pour son dernier courriel.	☐
• J'ai expliqué pourquoi j'écris (raconter, donner des conseils, demander quelque chose…)	☐
• J'ai développé mes idées.	☐
• J'ai conclu en m'adressant directement à mon ami(e) (demande de réponse, souhaits…)	☐
4 Pour rendre mon texte plus cohérent, j'ai utilisé au moins trois connecteurs logiques simples, par exemple :	
• *d'abord* ; *ensuite* ; *de plus*	☐
5 Pour rendre mon texte plus intéressant et exprimer mon enthousiasme, j'ai utilisé au moins :	
• une phrase interrogative	☐
• une phrase impérative	☐
• quatre phrases exclamatives.	☐

5A Critique de film

Note : Nous vous proposons ici une critique de film, mais plusieurs autres types de critiques sont aussi possibles : critique d'un livre, d'un restaurant, d'un spectacle, d'un concert, d'une exposition… La liste de vérification qui suit peut facilement être adaptée à un autre type de critique.

Titre :
LES COMBATTANTS

Pays d'origine : France

Réalisateur : Thomas Cailley

Distribution : Adèle Haenel, Kévin Azais

Durée : 1 h 38

Note : ★ ★ ★ ★ ☆

« Les combattants », survivre coûte que coûte

CORINNE RENOU-NATIVEL, le 20/08/2014 à 11h24

Dans ce film à l'humour décalé, deux jeunes gens se préparent à survivre à une catastrophe mondiale.

Arnaud a accueilli la nouvelle de la mort de son père comme il aborde la vie : en s'adaptant. Pour que l'entreprise paternelle de menuiserie puisse continuer ses activités, il y rejoint son frère aîné et apprend le métier. Mais près de la plage où il retrouve ses copains, le camion de recrutement de l'armée l'attire – prendre des renseignements ne coûte rien…

Il rencontre Madeleine, jeune femme de son âge qui nourrit avec plus de détermination l'ambition d'entrer chez les paras.

Madeleine, c'est tout un poème : convaincue que la fin du monde approche à grands pas, quelle que soit sa forme (épidémie, sécheresse, émeutes de la faim, pollution chimique…), elle veut s'exercer à devenir la parfaite survivante. Elle ne lésine pas sur l'entraînement : elle nage dans la piscine familiale avec un sac à dos lesté de tuiles, ingère du maquereau cru mixé, etc.

Rien ne lui fait plus plaisir que de découvrir l'utilité d'uriner sur soi-même lorsqu'on est enseveli sous la neige après une avalanche, ou d'apprendre la double visualisation qui permet de cogner dur et efficace.

Madeleine, personnage inédit

Le premier long métrage de Thomas Cailley impose un ton singulier et réjouissant. Personnage inédit, Madeleine en devient rapidement le moteur. Elle vit son obsession à fond et n'admet aucune demi-mesure – l'enjeu ne le permet pas.

La nuance et le faux-semblant n'ont pas de sens pour elle. Elle frappe pour exprimer son désaccord, elle offre des poussins congelés pour se faire pardonner. L'autre n'entre dans son champ d'intérêt que s'il la fait progresser dans l'apprentissage de la survie post-apocalyptique qu'elle prépare avec le plus grand sérieux.

Peu résolu, le tranquille Arnaud l'observe, apprend à la connaître, avant d'être peu à peu contaminé par son regard sur le monde. À la suivre, il prend de l'assurance, grandit auprès d'elle et lui apportera la clé de sa monomanie : l'entraide.

Drôlerie et décalage

La drôlerie est partout : dans les dialogues et les haussements de sourcils, dans les comportements inappropriés de Madeleine et les réactions perplexes d'Arnaud, dans les conseils que dispensent des militaires devant une boîte de nuit et le décalage entre des stagiaires paras et les officiers qui les encadrent. Le sourire rapproche le spectateur des personnages, de leurs actions et de leurs émotions.

Le rôle de Madeleine, touchant bloc de muscles et de visions catastrophistes, semble avoir été écrit pour Adèle Haenel. Kévin Azaïs compose un Arnaud flottant et un peu falot au début qui se révèle au fil du récit.

Dans la nature foisonnante de la région Aquitaine, chère à Thomas Cailley, la réalisation soignée évolue au gré du parcours initiatique d'Arnaud et Madeleine, et passe avec fluidité d'un genre à l'autre (film de troufion, « robinsonnade », etc.) jusqu'à une chute inattendue tout à fait réussie.

www.lacroix.com

5B Liste de vérification pour la réalisation d'une critique de film

	Oui
1 J'ai respecté les conventions relatives à ce type de texte :	
• J'ai fourni un titre.	☐
• J'ai indiqué le nom du / de la journaliste.	☐
• J'ai inclus un ou des élément(s) caractéristique(s) d'une critique (nom du journal, nom de la rubrique, date de publication, texte en colonnes, photo légendée, note ou cote attribuée…).	☐
2 J'ai utilisé le registre approprié et j'ai maintenu ce registre :	
• Le vocabulaire est courant ou soutenu.	☐
3 Mon texte est logique. Il est divisé en paragraphes :	
• J'ai fourni des informations sur le film (titre, nom du réalisateur, pays d'origine, noms des acteurs, durée…).	☐
• J'ai fourni un **bref** résumé de l'intrigue sans dévoiler la fin.	☐
• J'ai fourni une appréciation (points positifs, points négatifs).	☐
• J'ai fourni une recommandation.	☐
• J'ai employé des adjectifs qualificatifs évocateurs et je les ai bien accordés.	☐
4 Pour rendre mon texte plus cohérent, j'ai employé au moins trois connecteurs logiques, par exemple :	
• *mais ; or ; finalement*	☐
5 Pour rendre mon texte plus convaincant, j'ai utilisé au moins :	
• une phrase interrogative	☐
• une phrase impérative	☐
• une phrase exclamative.	☐

6A Discours

Discours de Paul Jardin lors de la remise du *Prix international de la diversité culturelle*

Mesdames, Messieurs,

Tout d'abord, il est important que vous sachiez que c'est la première fois que je parle devant un public aussi nombreux. Sachez aussi que la raison pour laquelle j'ai le plaisir d'être ici ce soir porte un nom, Monsieur Luc Carbon, à qui nous remettons le *Prix international de la diversité culturelle*. Je suis fier d'avoir le privilège de vous le présenter lors de cette cérémonie parce que, sans lui, ma vie serait tout autre. Permettez-moi donc de vous en dire un peu plus au sujet de Monsieur Carbon, et aussi au sujet d'un petit village comme tant d'autres en Normandie.

Mon nom est Paul Jardin, j'ai 17 ans et toute ma vie j'ai habité à St-Michel-de-Tartas. Vous ne savez pas où cela se trouve ? Peu de gens le savent ! Seulement 4 000 personnes y vivent. En somme, il s'agit d'un village français typique : on connaît le nom de tous ses voisins, voire même de tous les habitants ; on connaît les soucis et la vie de de tout un chacun. Cela a changé le 20 mars dernier 2015 quand l'État a décidé d'envoyer 85 migrants à St-Michel-de-Tartas. La réaction de la part des habitants était [*pause*] plutôt hésitante. Non, pour vous dire la vérité, les gens étaient inquiets, certains même fort inquiets. Ils avaient peur que leur façon de vivre ne soit changée à tout jamais par l'arrivée de migrants dont la culture était si différente de la leur. Je ne suis pas fier de l'admettre mais moi, Paul Jardin, j'étais l'un d'entre eux. Et c'est grâce à Monsieur Carbon que beaucoup d'autres et moi sommes devenus plus ouverts d'esprit, plus tolérants.

Au début, quand les migrants sont arrivés à St-Michel-de-Tartas, la situation était tendue. D'après un sondage, 77 % – plus des trois quarts des villageois – étaient contre l'accueil des migrants.

Monsieur Carbon est professeur de français dans notre lycée. Il a su nous montrer, à nous, ses élèves, les qualités d'un être humain bon et généreux. Deux semaines après l'arrivée des migrants, Monsieur Carbon a lancé un projet dont les buts étaient le vivre-ensemble, la tolérance, le partage avec l'autre. Il a créé un club pour jeunes dans un bâtiment désaffecté et nous a invités, nous les jeunes du village, à passer du temps ensemble, avec ces migrants que nous avions du mal à accepter dans notre communauté. Nous avons cuisiné ensemble, joué au foot ensemble, étudié ensemble, bref nous avons fait des activités de tous les jours mais ensemble. D'emblée, les jeunes migrants ont apprécié son projet, mais nous [*pause*], ben nous, au début, nous avons participé à contrecœur. Mépriser quelqu'un est plus facile si on ne le connaît pas.

Mais peu à peu on a commencé à vouloir passer plus de temps ensemble. Peu à peu on a participé de notre plein gré à des projets en commun. Peu à peu Monsieur Carbon a changé notre façon de penser et d'agir. Il nous a montré que la haine et les jugements hâtifs n'ont pas de place dans une communauté. Apprendre à connaître l'autre est comme un apprentissage. Il faut vouloir apprendre et accepter d'y consacrer du temps pour réussir.

Le *Prix international de la diversité culturelle* veut récompenser ceux qui contribuent à bâtir une société plus diverse. En l'attribuant à Monsieur Carbon, on montre à St-Michel-de-Tartas, à la France, au monde entier que se battre contre la xénophobie nous enrichit tous. Je peux vous l'affirmer, c'est le chemin à suivre.

Je ne connais personne qui mérite ce prix plus que mon professeur. Une dernière anecdote : mon ami Jean est allé poursuivre ses études à Paris. Hier, il m'a envoyé un message pour dire qu'il avait lancé dans sa résidence universitaire un projet qui s'appelle « Oui à l'accueil ». Les efforts de Monsieur Carbon dépassent désormais le cadre de St-Michel-de-Tartas. Son initiative et surtout sa manière de voir le monde vont nous inspirer pour toujours.

Je vous laisse sur ces mots pleins d'espoir et d'optimisme. Passez une bonne soirée et pourquoi ne pas apporter dès demain votre soutien au projet « Oui à l'accueil » ?

Merci de votre attention.

(Applaudissements)

D'après un texte de Judith Benk, élève de l'IB

6B Liste de vérification pour la réalisation d'un discours

	Oui
1 J'ai respecté les conventions relatives à ce type de texte :	
• J'ai utilisé une formule d'appel appropriée pour commencer mon discours.	☐
• J'ai utilisé une formule appropriée pour clore mon discours.	☐
2 J'ai utilisé le registre approprié et j'ai maintenu ce registre :	
• J'ai employé un vocabulaire précis et varié.	☐
• J'ai évité les expressions familières.	☐
• J'ai respecté les règles grammaticales.	☐
3 Mon texte est logique :	
• J'ai clairement exposé le but de mon discours ou le point de vue que je voulais défendre.	☐
• J'ai fourni des arguments pour soutenir mon point de vue.	☐
• J'ai présenté mes arguments dans un ordre logique.	☐
• J'ai formulé une conclusion logique.	☐
4 Pour rendre mon texte plus cohérent, j'ai utilisé au moins trois connecteurs logiques, par exemple :	
• *de plus* ; *bien que* ; *finalement*	☐
5 Pour rendre mon texte plus intéressant et convaincant, j'ai utilisé au moins trois procédés différents, par exemple :	
• question rhétorique	☐
• comparaison	☐
• phrase emphatique	☐
• citation	☐
• exemple	☐
• appel aux émotions du public	☐
• appel à l'action	☐
• statistique choquante	☐
• règle des trois répétitions.	☐

6

7A Dissertation

La vidéosurveillance nous permet de vivre en toute sécurité. Discutez.

Il est reconnu que les caméras vidéos se multiplient dans nos villes : dans les centres commerciaux, à l'intérieur des magasins, à chaque coin de rue, dans les parkings publics, dans les gares, dans les aéroports… Où n'en trouve-t-on pas désormais ? En France, il y a plus de 70 000 caméras installées sur la voie publique. Nos moindres faits et gestes sont scrutés quotidiennement à notre insu. Cette prolifération de caméras de surveillance n'apporte-t-elle que des bénéfices aux citoyens ?

Un des aspects positifs des caméras de vidéosurveillance est que cette technologie au service de la police rend service aux citoyens. Selon les autorités publiques, la vidéosurveillance sert à protéger des installations et des bâtiments publics et leurs abords ainsi que des installations utiles à la défense nationale. Elle sert également à réguler le trafic routier et à constater des infractions aux règles de la circulation. Enfin, elle aide à empêcher des agressions, des vols et des actes de terrorisme. Qui ne voudrait pas d'un tel bouclier de protection ? Force est de constater que le citoyen se sent plus en sécurité face aux malfaiteurs, aux délinquants et aux actes gratuits de malveillance sachant qu'il peut être à tout moment observé.

Grâce à cette technologie, le taux d'élucidation des crimes a doublé. Les auteurs présumés de crimes sont vite identifiés. Par conséquent, le nombre de crimes ou de délits sur la voie publique a chuté de près de 50 % dans certains quartiers dits sensibles. Les bâtiments ne sont plus dégradés et certaines villes réalisent même un bénéfice financier n'ayant plus à débourser tant d'argent pour la remise en état et l'entretien de bâtiments publics dégradés. Les citoyens honnêtes (ceux qui n'ont rien à se reprocher) n'ont donc rien à craindre et tout à gagner de cet outil de dissuasion au service de la police.

Il est vrai, cependant, que la vidéosurveillance présente également des inconvénients. Ne peut-on pas parler d'ingérence dans la vie quotidienne des citoyens ? L'État, qui ressemble de plus en plus à *Big Brother*, nous espionne-t-il ? Que fait-on des renseignements ainsi recueillis ? Qui les analyse, à la solde de qui, à quelles fins ? Qui contrôle les données ainsi acquises ? À quel usage peuvent-elles servir ? Peut-on faire confiance à ceux qui nous gouvernent ? Notre droit à la vie privée n'est-il pas bafoué ? Malgré les apparences, la vidéosurveillance des citoyens ne réduit-elle pas notre marge de liberté d'agir, tout comme Internet, les téléphones mobiles et les cartes à puce ? Tant de questions auxquelles il est difficile de répondre.

N'oublions pas qu'une société contrôlée par de telles technologies est une société qui dispose d'importants moyens répressifs. Les problèmes fondamentaux de la société – chômage, inégalité des chances – ne sont pas résolus pour autant. Ces problèmes sont déplacés géographiquement mais ils ne sont en aucun cas supprimés. Ne vaut-il pas mieux éduquer les citoyens que d'en envoyer un nombre toujours plus important dans des prisons devenues du coup surpeuplées ? Le jour où le système de surveillance tombera en panne, c'est un scénario qui nous guette.

S'il est donc vrai que la sécurité personnelle du citoyen peut être renforcée par la multiplication des réseaux de vidéosurveillance, il ne faut pas négliger de protéger notre vie privée d'éventuels abus par ceux qui disposent des données qui ont été recueillies. Il importe donc de contrôler de manière très précise l'utilisation de ces nouveaux moyens de surveillance et d'établir des garanties claires sur leur utilisation. Selon la loi actuellement en vigueur, les opérations de vidéosurveillance de la voie publique ne doivent pas visualiser l'intérieur des immeubles d'habitation ni, de façon spécifique, l'entrée de ces immeubles. Comment s'assurer que les autorités respectent ces consignes ?

7B Liste de vérification pour la réalisation d'une dissertation

	Oui

1 J'ai respecté les conventions relatives à ce type de texte :

- J'ai inscrit en haut de la page le sujet proposé. ☐

- J'ai mis les citations entre guillemets. ☐

2 J'ai utilisé le registre approprié et j'ai maintenu ce registre :

- J'ai employé un style impersonnel. ☐

- J'ai employé un vocabulaire précis et varié et j'ai évité les expressions familières. ☐

- J'ai respecté les règles de grammaire. ☐

3 Mon texte est logique :

- J'ai fait un plan en prenant en compte tous les thèmes du sujet. ☐

- J'ai rédigé une introduction dans laquelle…

  - j'ai amené le sujet (c'est-à-dire situé le problème posé dans un contexte plus vaste). ☐

  - j'ai présenté le sujet. ☐

- J'ai rédigé un développement dans lequel :

  - J'ai organisé mes arguments de manière logique et efficace (par exemple : thèse, antithèse, synthèse). ☐

  - J'ai divisé mon texte en paragraphes distincts (un paragraphe = une idée). ☐

- J'ai rédigé une conclusion dans laquelle…

  - j'ai résumé mon point de vue. ☐

  - j'ai ouvert de nouvelles perspectives. ☐

4 Pour rendre mon texte plus cohérent, j'ai utilisé des connecteurs…

- qui marquent les relations logiques de cause, de conséquence, d'opposition… (*en effet* ; *par conséquent* ; *or* ; etc.) ☐

- qui établissent la chronologie du texte (*d'abord* ; *d'une part* ; *d'autre part* ; *en outre* ; *enfin*…) ☐

5 Pour rendre mon texte plus intéressant et convaincant :

- j'ai fourni des exemples pour illustrer mes arguments. ☐

- j'ai utilisé au moins :

  - une citation ☐

  - une question rhétorique ☐

  - une répétition. ☐

8A Éditorial

Plus de vacances

Nathalie Collard

Au Québec, la Loi sur les normes du travail prévoit qu'après un an à l'emploi de la même entreprise, un travailleur a droit à deux semaines de vacances. Deux semaines de vacances, c'est bien peu.

Le parti Québec solidaire propose d'ajouter une semaine, une excellente idée que les autres partis auraient grand mérite à copier.

Avec le rythme effréné de nos vies, deux semaines de vacances sont nettement insuffisantes pour arriver à décrocher et recharger ses batteries. C'est encore plus vrai pour les parents de jeunes enfants. Quinze jours, c'est trop peu pour redécouvrir sa marmaille en dehors de la routine garderie-école-boulot-dodo.

Difficile de ne pas lorgner du côté de la France qui, avec ses cinq semaines de vacances, fait bien des envieux de ce côté-ci de l'Atlantique. Vrai, notre situation n'est pas tout à fait la même que nos cousins qui travaillent de plus longues heures et qui mettent beaucoup plus de temps à aller et revenir du travail. En fait, dans l'ensemble du Canada, le Québec ne fait pas plus mauvaise figure que l'Ontario et l'Alberta qui prévoient le même nombre de semaines de vacances à ses travailleurs non-syndiqués. Autre particularité du Québec : comme nous l'a fait remarquer de façon plutôt brutale l'ancien premier ministre Lucien Bouchard récemment, la productivité des travailleurs québécois est à la baisse quand on la compare à celle de ses voisins canadiens et nord-américains. Dans ce contexte, nous serions donc bien mal placés d'exiger une autre semaine de vacances, du moins c'est ce qu'avancent ceux qui s'opposent à cette proposition de Québec solidaire.

La faiblesse de leur argument, c'est qu'ils ne voient que les coûts de cette mesure. Or il faudrait plutôt considérer cette mesure comme un investissement. Un investissement dans la famille ainsi que dans la santé physique et mentale des travailleurs.

En effet, au Québec comme ailleurs au pays, les employeurs font face à un niveau d'absentéisme effarant. Le Conference Board du Canada évaluait à 10 milliards les coûts reliés à l'absentéisme dans les entreprises canadiennes en un an. Une semaine de vacances supplémentaires contribuerait sans aucun doute à réduire ce fléau tout en apportant une solution, partielle, aux problèmes de stress, d'épuisement professionnel et de présentéisme (être présent mais improductif au travail).

En Europe, les travailleurs n'hésitent pas à descendre dans la rue pour défendre leur droit aux vacances. En Amérique du Nord, les vacances sont encore perçues comme un plaisir coupable, certains travailleurs retirant même une certaine fierté à ne jamais s'arrêter. Nous devrions changer d'attitude.

Les exigences du quotidien ne sont plus les mêmes qu'il y a 25 ans. Nos vies sont plus stressantes que celles de nos grands-parents. Dans un contexte où le travail occupe, et gruge, une immense partie de notre précieux temps, nous devons cesser de voir les vacances comme un luxe et comprendre qu'il s'agit d'un minimum vital pour nous assurer une qualité de vie acceptable. Voilà ce qu'on appelle un choix de société.

Nathalie Collard © La Presse, Canada

8B Liste de vérification pour la réalisation d'un éditorial

	Oui
1 J'ai respecté les conventions relatives à ce type de texte :	
• Un titre qui annonce le contenu ou l'opinion défendue	☐
• Le nom de l'éditorialiste	☐
• Un texte en colonnes	☐
2 J'ai utilisé le registre approprié et j'ai maintenu ce registre :	
• Le registre est standard ou soutenu.	☐
• Je ne suis jamais emporté(e) ou vulgaire même si je tiens très fort à mon opinion personnelle.	☐
3 Mon texte est logique. Il est divisé en paragraphes :	
• Il consiste en trois parties (introduction ; développement ; conclusion).	☐
• Dans le premier paragraphe, j'ai précisé le sujet.	☐
• Dans le développement, j'ai présenté une argumentation équilibrée, c'est-à-dire que j'ai présenté le pour et le contre.	☐
• J'ai utilisé des exemples pour étayer mon argumentation.	☐
• Dans la conclusion, j'ai exprimé clairement mon opinion sur le sujet. J'ai proposé une solution / un plan d'action pour l'avenir.	☐
4 Pour rendre mon texte plus cohérent, j'ai utilisé au moins trois connecteurs logiques, par exemple :	
• *d'ailleurs* ; *par conséquent* ; *il s'ensuit que* ; *en revanche* ; *également*	☐
5 Pour rendre mon texte plus convaincant, j'ai utilisé au moins :	
• une phrase interrogative	☐
• une phrase impérative	☐
• une phrase exclamative	☐
• une question rhétorique.	☐

9A Guide de recommandations / Instructions

Bien manager, loin de maman

À la rentrée scolaire, des centaines d'étudiants se retrouvent pour la première fois face à leurs chaudrons dans leur nouvel appartement. Ça y est, maman n'est plus là pour cuisiner les repas. Comment se débrouiller ? Comment cuisiner sainement avec le minimum d'équipement, de budget, de temps et de savoir culinaire ? À tous les étudiants en appartement : voici un guide de survie pour bien manger à petits prix.

Bien apprêter les restes

Le gaspillage pèse lourd lorsque le budget est serré. Une fois par semaine, faites le ménage de votre frigo. Vous pourrez planifier vos repas en fonction des viandes et aliments périssables qui doivent être consommés en premier.

Budget 101

L'alimentation peut facilement représenter le tiers de toutes vos dépenses. Et le prix du panier d'épicerie peut facilement passer du simple au double si vous ne gérez pas bien vos achats. Avec le loyer, l'électricité, le téléphone et Internet… avez-vous les moyens de bien manger ? Voici quelques trucs pour maximiser votre pouvoir d'achat et faire en sorte que votre panier soit bien rempli sans que ça ne vous coûte les yeux de la tête.

Moins l'aliment requiert de préparation, plus il sera coûteux. Après tout, il faut payer les employés qui ont cuisiné à votre place ! Solution : privilégiez les aliments de base, peu transformés, et apprenez à cuisiner !

Plus l'aliment est emballé, plus il sera coûteux. Plutôt que de payer pour du carton, du plastique et de la cellophane, choisissez des aliments « tout nus », en vrac ou peu emballés. Un bon geste pour votre portefeuille et pour l'environnement.

Choisissez des aliments entiers plutôt que précoupés.

Les poitrines de poulet sont parfois deux fois plus chères le kilo que le poulet entier. Même chose pour le porc vendu en languettes, comparativement à la longe de porc entière. Sans oublier les légumes précoupés et le fromage déjà râpé… Un petit effort vous fera économiser.

Utilisez les feuillets publicitaires et profitez des aubaines uniquement lorsqu'il s'agit d'un produit que vous achetez de toute façon. On a parfois tendance à acheter des produits superflus parce qu'ils sont vendus à rabais.

S'il y a plusieurs magasins à proximité de votre appartement, comparez les prix chaque semaine à l'aide des prospectus. À tour de rôle, chaque chaîne d'alimentation propose une semaine « d'aubaines fracassantes » afin d'attirer une nouvelle clientèle. Profitez-en !

Les muffins et gâteaux du commerce sont généralement quatre à six fois plus chers que les muffins et gâteaux maison. Alors demandez à votre maman ses recettes maison et mettez la main à la pâte !

Habituez-vous à acheter les aliments non périssables uniquement lorsque leur prix est réduit. Barres tendres, conserves, pâtes alimentaires, jus et condiments finissent toujours par être en solde. Même si vous en avez déjà dans le garde-manger, profitez des aubaines maintenant. Le produit risque d'être plus cher lorsque vous en aurez besoin.

Les marques maison sont habituellement de 15 % à 20 % moins chères que les grandes marques nationales et leur goût est à s'y méprendre !

Évitez d'acheter des aliments au dépanneur du coin. Les prix y sont généralement de 25 % à 30 % plus élevés qu'à l'épicerie.

Saviez-vous que… ?

Pour le même prix, il est possible de troquer des aliments peu nutritifs pour d'autres, qui soutiendront votre appétit plus longtemps. Lorsque le budget est serré, la valeur de chaque bouchée compte.

À prix égal, choisissez :

- 6 bananes plutôt qu'une boîte de 6 popsicles
- 1 litre de jus d'orange pur plutôt qu'un litre de punch aux fruits
- 10 livres de pommes de terre crues plutôt que 2 livres de frites surgelées
- 1 sac de carottes crues plutôt qu'un sac de croustilles

- 1 litre de lait plutôt que six cannettes de boisson gazeuse
- 3 oranges plutôt qu'un petit gâteau Vachon
- 1 boîte de 100 biscuits secs plutôt que deux barres de chocolat.

Association coopérative d'économie familiale de Lanaudière

Geneviève O'Gleman, Dt.P Nutritionniste, *Métro Éducation*

9B Liste de vérification pour la réalisation d'un guide de recommandations

	Oui
1 J'ai respecté les conventions relatives à ce type de texte :	
• Il y a un titre.	☐
• Il y a des sections claires et distinctes (paragraphes et / ou intertitres et / ou liste numérotée…)	☐
2 J'ai utilisé le registre approprié et j'ai maintenu ce registre :	
• Le vocabulaire est courant.	☐
3 Mon texte est logique :	
• J'ai précisé l'objectif du guide dans l'introduction.	☐
• Je me suis adressé(e) aux bons destinataires.	☐
• J'ai fourni des recommandations.	☐
• J'ai fourni une conclusion.	☐
• J'ai identifié l'auteur du guide, soit au début (*Le Comité environnement a produit ce guide afin de…*), soit à la fin (*Pour plus de renseignements, contactez le Comité environnement…*).	☐
4 Pour rendre mon texte plus cohérent, j'ai utilisé au moins trois connecteurs logiques, par exemple :	
• *de plus* ; *en effet* ; *c'est pourquoi*	☐
5 Pour rendre mon texte plus intéressant et convaincant :	
• j'ai utilisé une variété de structures grammaticales pour exprimer mes recommandations	
• impératif : *Unissons nos efforts !*	☐
• subjonctif : *Il faut que… / il est important que… / il est indispensable que…*	☐
• devoir + infinitif : *Nous devons agir maintenant !*	☐
• je me suis adressé(e) directement aux lecteurs : *Le sort de la planète vous préoccupe ?*	☐
• j'ai inclus des faits ou des statistiques (*Saviez-vous que notre école produit 100 tonnes de déchets par an ?*)	☐

10A Interview / Entretien

L'interview-confession de Teddy Riner

Interview Florence Saugues

Champion du monde de judo pour la huitième fois, Teddy Riner se confie à Paris Match. C'est auprès de Luthna, sa compagne, et d'Éden, leur fils de 19 mois, qu'il puise sa force de combat sans limites.

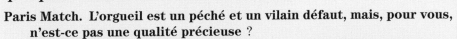

« La seule personne que je crains, c'est ma mère ! »

Paris Match. L'orgueil est un péché et un vilain défaut, mais, pour vous, n'est-ce pas une qualité précieuse ?

Teddy Riner. C'est mon meilleur allié. Je déteste perdre. L'orgueil me permet de rentrer sur le tatami en ayant la rage pour engager le combat. En dehors du tapis, il me force à me remettre en question, à aller plus loin, à m'améliorer.

PM Vous rêviez de marquer l'histoire du judo. Aujourd'hui, c'est fait ! Pour beaucoup, vous devenez une légende. Quel sentiment cela vous inspire ?

TR Je n'y fais pas vraiment attention. J'en ai conscience car on m'en parle. J'ai remporté huit titres de champion du monde, c'est inédit, mais je n'ai pas l'impression d'avoir encore accompli tout ce que j'aimerais réaliser. Il faut que je continue de travailler et d'avancer.

PM Après tant de succès, n'êtes-vous pas rassasié ?

TR Jamais. Plus je gagne, plus j'ai envie de gagner.

PM Quand on est invaincu pendant cinq ans, avec 95 combats consécutifs sans défaite, cela vous donne-t-il des ailes, ou vous met encore plus de pression ?

TR Je ne peux pas me reposer sur mes lauriers. Ce serait une erreur. Et si cela m'arrivait, ma famille me recadrerait tout de suite pour que je retombe sur terre. C'est donc un enjeu supplémentaire.

PM Vos adversaires redoutent de passer entre vos mains. Avez-vous déjà eu peur de vos concurrents ?

TR Non. La seule personne dont j'ai peur, c'est ma mère ! [Rires.] Je ne crains pas de les affronter, mais je ne les sous-estime jamais.

PM Astana, le week-end dernier, après avoir gagné la finale, vous avez balancé vos bras comme si vous berciez un enfant. Votre première pensée après la victoire a-t-elle été pour votre fils, Éden ?

TR Il était dans les tribunes. Pour la première fois, il assistait à un championnat du monde. C'était important pour moi de gagner devant lui, surtout après cette année compliquée, avec les blessures que j'ai dû soigner. À travers ce geste, je lui dédiais ma victoire. J'ai pensé à lui à ce moment-là, mais aussi durant toute la journée. Je ne pouvais pas faire autrement : le matin même, il avait glissé dans mon sac un de ses jouets pour m'accompagner, un petit canard en plastique avec lequel il s'amuse quand il prend son bain.

PM L'arrivée d'un enfant change une vie. Est-ce que cela relativise la relation d'un athlète avec son sport ?

TR Quand je sors de l'entraînement, j'avoue que je file à la maison retrouver ma femme et mon fils. J'ai hâte de partager mes soirées avec eux, d'autant plus que ce n'est pas toujours possible avec mes déplacements et mes compétitions. Ces petits moments construisent un homme, un foyer. C'est aussi ce qui constitue le bonheur, tout simplement. Dans la vie d'un sportif, c'est une force !

PM Vous avez déclaré un jour que vous aimeriez être un père exemplaire. Comment élevez-vous Éden ? Quelles valeurs souhaitez-vous lui inculquer ?

TR J'aimerais lui transmettre les valeurs du courage et du travail. Quand il sera grand et qu'il aura un rêve dans la vie, je veux qu'il se donne les moyens de le réaliser. Et j'aimerais qu'il le fasse en respectant les autres, avec humilité. Je ne veux pas qu'il soit pourri gâté et qu'il se serve du nom de son papa pour parvenir à ses fins.

© Florence Saugues/ Paris Match/ Scoop

10B Liste de vérification pour la réalisation d'une interview

	Oui
1 J'ai respecté les conventions relatives à ce type de texte :	
• J'ai fourni un titre.	☐
• J'ai suivi le format *questions-réponses.*	☐
• J'ai clairement indiqué le changement d'interlocuteur (retour à la ligne, nom ou initiales de chacun).	☐
• J'ai indiqué le nom du / de la journaliste (*Propos recueillis par…*).	☐
• J'ai inclus un ou plusieurs élément(s) caractéristique(s) d'une interview (photo de la personne interviewée, nom du journal, date de publication, titre de la rubrique…)	☐
2 J'ai utilisé le registre approprié et j'ai maintenu ce registre :	
• J'ai vouvoyé la personne interviewée.	☐
• J'ai utilisé l'interrogation par inversion (*Avez-vous… ?*) ou la formule *Est-ce que… ?*	☐
3 Mon texte est logique :	
• J'ai rédigé une introduction présentant brièvement la personne interviewée.	☐
• J'ai posé des questions qui suivent un ordre logique.	☐
• J'ai conclu l'interview.	☐
4 Pour rendre mon texte plus cohérent, j'ai utilisé au moins trois connecteurs logiques, par exemple :	
• *de plus ; en effet ; c'est pourquoi*	☐
5 Pour rendre mon texte plus intéressant et convaincant :	
• j'ai choisi un titre accrocheur (qui donne envie de lire l'interview).	☐
• j'ai présenté la personne interviewée de manière attrayante.	☐
• j'ai fourni des réponses bien développées.	☐

6

11A Journal intime

7 avril

Le téléphone ne sonne pas. Il ne sonne pas à un point étonnant. Il ne sonne jamais. Je suis obligée de vérifier dix fois par jour que la ligne n'est pas en dérangement. Je décroche discrètement, j'écoute la tonalité, je raccroche. Le téléphone n'est pas cassé. Il ne sonne pas simplement parce que personne n'a envie de m'appeler.

9 avril

Deux appels aujourd'hui. Ma grand-mère, qui est malheureusement une femme vieillissante obsédée par les amours des gens plus jeunes qu'elle. Ma future ex-meilleure amie Lola, qui fait semblant d'ignorer qu'il y a un numéro de téléphone masculin entre nous. Sous des prétextes humanitaires (« Tu vas bien, ma chérie ? »), les deux appels concernaient en fait ma vie amoureuse. J'ai donc pu faire circuler cette information essentielle : néant. Je ne comprends pas pourquoi les gens s'intéressent comme des malades à la vie sentimentale des autres. Et, quand ils en ont fini avec les amours de leurs voisins, de leurs amis, de leurs enfants, ils se jettent comme des vautours sur les aventures d'inconnus qu'ils ne rencontreront jamais, Brad Pitt-Angelina Jolie et toute la clique des vedettes de magazine. Soyez sympa, les gens ! Oubliez-nous ! Laissez-nous vivre !

12 avril

Vacances à la fin du mois. Si j'avais des parents riches, j'irais apprendre le ski nautique à Ibiza. Si j'avais des parents divorcés, j'irais passer une semaine chez l'autre. Si j'avais des parents enseignants, j'irais faire un séjour linguistique en Angleterre. Mes parents sont plutôt pauvres, plutôt conjugaux et pas du tout enseignants. Je vais rester vissée chez moi. Il y aura bien une sortie au centre commercial, une après-midi piscine et une soirée crêpes en famille. Trop de bonheur.

14 avril

Je me souviens vaguement qu'il y a très longtemps de cela un garçon avait demandé mon numéro de téléphone à l'une de mes amies. Il n'a jamais appelé et j'ai fini par oublier son nom et son visage. Je suis restée seule, ce qui m'a donné l'occasion d'améliorer mes résultats scolaires et de me vautrer dans le désespoir. J'ai fini mon existence célibataire, brouillée avec ma famille et fâchée avec mes amis. Je devrais écrire l'histoire de ma vie. Je connais un tas de gens qui adorent les histoires réalistes et lamentables. Je la publierais et je la vendrais à des millions d'exemplaires. Je finirais ma vie seule mais riche, ce qui est toujours mieux que la finir seule et pauvre. Bon sang, Marceau, puisque c'est malheureusement ton nom, POURQUOI TU N'APPELLES PAS ?

Marie Desplechin, *Jamais contente – Le journal d'Aurore*

11B Liste de vérification pour la réalisation d'un passage de journal intime

	Oui
1 J'ai respecté les conventions relatives à ce type de texte :	
• Il y a une formule d'appel et une formule finale appropriées.	☐
• J'ai indiqué le lieu et / ou la date et / ou l'heure.	☐
• Mon texte est écrit à la première personne.	☐
2 J'ai utilisé le registre approprié et j'ai maintenu ce registre :	
• Je tutoie mon journal.	☐
• Le ton est intime : je me suis adressé(e) directement au journal.	☐
• Le vocabulaire est courant ou familier.	☐
3 Mon texte est logique. Il est divisé en parties ou en paragraphes :	
• J'ai commencé par expliquer la raison pour laquelle j'écris.	☐
• J'ai ensuite décrit la situation et mes sentiments. J'ai donné des exemples.	☐
• J'ai inclus une réflexion sur les événements décrits.	☐
4 Pour rendre mon texte plus cohérent, j'ai utilisé au moins trois connecteurs logiques simples :	
• *d'abord* ; *par contre* ; *de plus*	☐
5 Pour rendre mon texte plus vivant, j'ai utilisé :	
• une phrase interrogative : *Comment faire maintenant ?*	☐
• une phrase exclamative : *Quelle journée terrible !*	☐
• une phrase impérative : *Aide-moi, mon cher journal !*	☐
• une répétition : *Non, non et encore non !*	☐
• des points de suspension : *Je me sens triste, déprimé(e)…*	☐
• le discours rapporté : *il / elle m'a dit que…*	☐

12A Lettre au courrier des lecteurs

Vous nous écrivez

J'ai lu avec beaucoup d'intérêt l'article du 23 mai sur la prise de position du Ministre de la Santé au sujet de l'homéopathie. Cependant, j'ai été surpris de constater que les seules personnes interviewées étaient les porte-parole du gouvernement. Il est choquant d'ignorer les avis des principaux concernés : les malades.

Comment justifier une décision gouvernementale qui mettrait fin au droit de chacun de bénéficier d'un tel traitement au même titre que d'autres traitements médicaux ? Selon votre journaliste, le traitement au moyen de remèdes homéopathiques « n'est au mieux fondé sur aucune preuve scientifique et il est au pire inefficace ». De plus, le journaliste prétend que « supprimer ces médicaments représenterait une grande économie de budget pour le ministère de la Santé ». Comment dans ce cas expliquer les témoignages de milliers de victimes de maladies chroniques telles que les migraines, la dépression et l'asthme, dont les symptômes ont disparu suite à un traitement homéopathique ? La médecine traditionnelle ne leur avait pourtant apporté aucun soulagement. Des milliers de personnes bénéficient tous les ans de ce traitement qui ne représente qu'une partie infime du budget du ministère de la Santé.

Victime moi-même de douleurs chroniques aussi bien physiques que mentales suite à un accident de la route qui m'a laissé paralysé, j'ai dû m'adresser à un homéopathe. Le traitement recommandé par mon généraliste n'avait eu que peu d'effet. Croyez-moi si vous le voulez mais le traitement que m'a fait suivre l'homéopathe, 3 comprimés par jour, a marché.

Dire que « l'homéopathie est une perte d'argent » ne tient pas compte des témoignages et relève même d'une volonté d'aveuglement tout à fait indéfendable. Ce traitement m'a sauvé la vie. Comment peut-on affirmer que ceci n'en vaut pas la peine ? En espérant avoir ouvert un peu plus le débat au sujet de l'homéopathie et en attendant de lire les réactions d'autres lecteurs, veuillez agréer, Monsieur, l'expression de mes sentiments distingués.

Jacques Gauthier, Royan

12B Liste de vérification pour la réalisation d'une lettre au courrier des lecteurs

	Oui
1 J'ai respecté les conventions relatives à ce type de texte : • J'ai inclus un ou des élément(s) caractéristique(s) d'une lettre au courrier des lecteurs (nom de la rubrique, nom et adresse du lecteur, nom et adresse du journal, date de la lettre.	☐
2 J'ai choisi le registre approprié et j'ai maintenu ce registre : • J'ai utilisé le vouvoiement.	☐
• Le ton est poli.	☐
• Le vocabulaire est courant ou soutenu.	☐
3 Mon texte est logique. Il est divisé en paragraphes : • J'ai fait référence à l'article qui justifie le courrier.	☐
• J'ai fourni l'objet de la lettre.	☐
• J'ai expliqué l'objet de mon mécontentement.	☐
• J'ai conclu en fournissant une ou plusieurs solutions.	☐
4 Pour rendre mon texte plus cohérent, j'ai utilisé au moins trois connecteurs logiques, par exemple : • *d'ailleurs* ; *en revanche* ; *somme toute*	☐
5 Pour rendre mon texte plus convaincant, j'ai utilisé au moins… • une phrase interrogative	☐
• une phrase impérative	☐
• une phrase exclamative.	☐

13A Lettre officielle

Commune de Breuillet
20 rue des Mésanges
19800 Breuillet

Monsieur Robert Carmet
13 rue du Luthier
19800 Breuillet

le 3 mars 2018

Objet : Enquête pour la mise en place d'une filière « compostage domestique »

Monsieur,

Un des objectifs annoncés par le Grenelle de l'environnement est de réduire, chaque année, la production de déchets ménagers de 5 kg par habitant. Or, sur notre territoire, nous constatons la tendance inverse.

Un enjeu fort de notre commune est donc de mettre en œuvre des mesures de prévention afin de réduire la quantité de déchets mis à la collecte. Parmi ces mesures figure le compostage domestique.

À cet effet, vos élus communautaires réfléchissent sur la mise à disposition d'un composteur permettant à chacun de réaliser son propre compost à partir des déchets fermentescibles provenant de la maison et du jardin (épluchures, restes de nourritures végétaux, coquilles d'œufs, déchets de jardin…).

Afin de mesurer l'accueil que vous réserverez à cette initiative, nous vous remercions de bien vouloir nous retourner le coupon-réponse ci-joint.

En fonction des résultats de cette enquête, nous prendrons contact avec vous pour vous tenir informé des modalités de mise en œuvre de ce projet.

Restant à votre disposition pour tout complément d'information, et vous remerciant de votre contribution, nous vous prions d'agréer, Monsieur, l'expression de nos salutations distinguées.

Le Président

Olivier Besson

13B Liste de vérification pour la réalisation d'une lettre officielle

	Oui
1 J'ai respecté les conventions relatives à ce type de texte :	
• Il y a une formule d'appel et une formule de politesse finale appropriées.	☐
• Il y a une date et une signature (mon prénom et mon nom).	☐
2 J'ai utilisé le registre approprié et j'ai maintenu ce registre :	
• J'ai utilisé le vouvoiement.	☐
• Le ton est courtois.	☐
• Le vocabulaire est courant ou soutenu.	☐
3 Mon texte est logique :	
• Il est divisé en paragraphes.	☐
• J'ai illustré mes arguments avec des exemples concrets.	☐
4 Pour rendre mon texte plus cohérent, j'ai utilisé au moins trois connecteurs logiques, par exemple :	
• *d'ailleurs ; en effet ; par conséquent*	☐
5 Pour rendre mon texte plus intéressant et convaincant, j'ai utilisé au moins…	
• une phrase interrogative	☐
• une phrase impérative	☐
• une phrase exclamative.	☐

14A Proposition

Madame Delaunay
Lycée Bilingue Chateaubriand
Via di Villa Patrizi, 9
00161   Rome
Italie

Rome, le 26 octobre 2018

Madame la Directrice,

Nos études de Français B Niveau supérieur nous intéressent énormément et c'est toujours avec beaucoup de plaisir que nous assistons aux cours. Cependant, ne vous semble-t-il pas nécessaire que notre expression orale s'améliore ? C'est la raison pour laquelle nous voudrions vous demander la permission d'organiser un échange scolaire avec une école bruxelloise à la fin de l'année scolaire.

Tout d'abord, nous tenons à vous expliquer les nombreux avantages d'un échange. Pendant les cours, nous étudions beaucoup la grammaire et travaillons notre expression écrite. Ceci nous laisse donc peu de temps pour améliorer notre expression orale ainsi que notre accent. De plus, le fait de rester chez une famille belge nous aiderait à communiquer de manière plus authentique tout en découvrant une nouvelle culture.

Nous n'avons pas choisi Bruxelles par hasard. En effet, le Parlement européen y siège et nous aimerions le visiter puisque beaucoup d'entre nous espèrent étudier les sciences politiques à l'université. Nous avons aussi appris qu'une adaptation théâtrale de *La petite fille de Monsieur Linh* de Philippe Claudel sera joué au Théâtre National. Nous étudions ce roman en classe et nous aimerions beaucoup voir la pièce. Enfin, la gastronomie belge est de renommée mondiale et nous avons hâte de déguster leurs gaufres et leurs chocolats !

Nous avons déjà réfléchi à la manière dont nous allons financer cet échange. Premièrement, Marco s'entraîne déjà à courir le marathon le mois prochain. Il a donc décidé de se faire sponsoriser et tous les dons serviront à payer une partie du voyage. On peut le sponsoriser en allant sur le site suivant : www.faitesundon.org/marcocourtlemarathon. Ensuite, nous avons l'intention d'organiser d'une soirée dans une des maisons d'internat et le thème serait la Belgique. Les bénéfices de cette soirée serviront aussi à financer le voyage. Enfin, pendant la réunion de parents le mois prochain, nous installerons un stand dans le hall de l'école et nos vendrons des gâteaux faits maison.

Finalement, nous serons aussi ravis de recevoir des élèves belges, de leur présenter notre école et de leur faire découvrir notre culture.

Dans l'attente d'une réponse favorable, veuillez agréer, Madame, nos sincères salutations.

La classe de Français B Niveau supérieur

14B Liste de vérification pour la réalisation d'une proposition

	Oui
1 J'ai respecté les conventions relatives à ce type de texte :	
• Il y a une formule d'appel et une formule de politesse finale appropriées.	☐
• Il y a une date et une signature.	☐
2 J'ai utilisé le registre approprié et j'ai maintenu ce registre :	
• J'ai utilisé le vouvoiement.	☐
• Le ton est courtois.	☐
• Le vocabulaire est courant ou soutenu.	☐
3 Mon texte est logique :	
• Il est divisé en paragraphes.	☐
• J'ai expliqué la situation initiale et j'ai suggéré des solutions.	☐
4 Pour rendre mon texte plus cohérent, j'ai utilisé au moins trois connecteurs logiques, par exemple :	
• *d'ailleurs ; donc ; néanmoins*	☐
5 Pour rendre mon texte plus intéressant et convaincant :	
• j'ai utilisé au moins deux phrases interrogatives.	☐
• j'ai utilisé au moins deux phrases exclamatives.	☐
• j'ai donné des exemples concrets.	☐

15A Rapport

Camp à Cudrefin en Suisse : témoignage

Paris, France – Du 10 au 16 juillet, de jeunes militants européens se sont retrouvés à Cudrefin en Suisse, pour comprendre la dimension « pratique » de l'engagement dans la lutte contre le réchauffement climatique. Pendant une semaine, ils ont construit des collecteurs thermiques et installé des panneaux photovoltaïques pour alimenter le gymnase du village. Parmi eux, Nathalie, de Grenoble, une étudiante de l'Opération Campus Vert.

Plus d'explications de Nathalie

« C'est dans le joli village de Cudrefin, sur la rive Sud du lac de Neuchâtel, qu'on a retrouvé une vingtaine de jeunes, participant eux aussi à la campagne Solar Generation (Allemagne, Pays-Bas et Suisse allemande). Tous réunis pendant cette semaine, nous avons suivi la voie du projet mené par la Fondation Cudrefin.O2 sur son « Chantier de l'avenir » (http ://cudrefin02.ch). Soutenue par la municipalité, la fondation (les scouts, Greenpeace Suisse et les supermarchés COOP) a déjà rénové « le Moulin » (maison scout) équipée en solaire thermique, débuté le grand chantier de rénovation de la grange (future Maison de l'avenir), mais également équipé le camping municipal, ainsi que le gymnase au solaire.

Notre semaine s'est donc organisée autour de trois chantiers :

- Construction d'un chauffe-eau solaire et de sa structure en bois, installation de celui-ci sur la plage de Cudrefin et raccordement au réseau d'eau des sanitaires publics. Dorénavant, les plaisanciers de passage à Cudrefin pourront bénéficier tout l'été d'une douche chaude chauffée au soleil.
- Agrandissement de la surface de panneaux photovoltaïques sur le toit du Gymnase par la pose de sept nouveaux modules.
- Construction d'« Energy Bikes » : de simples vélos d'appartement entièrement démontés et bricolés pour permettre l'alimentation de petits appareils électriques comme une TV.

Chacun participait selon ses envies aux différents chantiers ; cela nous a ainsi permis de faire à peu près tout en alternant avec des baignades dans le lac.

Des équipes de deux étaient constituées pour se relayer aux tâches ménagères : cuisine végétarienne en compagnie de notre adorable cuisinière brésilienne Waira, le tout alimenté en solaire par deux énormes paraboles, trois fours solaires et les panneaux photovoltaïques du Solar bar suisse, et vaisselle pour les autres (une occasion comme une autre de se rafraîchir).

Les soirées étaient rythmées selon les présentations Solar Generation de l'Allemagne, la Suisse et la France : échanges très enrichissants d'idées, de projets et comparaisons entre pays qui mènent très différemment cette même campagne, mais aussi jeux, foot, feux de camp et évidemment baignades ! Le journal télé régional a aussi retenu notre attention deux soirs de suite dans l'attente de notre passage à l'antenne : petit sujet bien sympa qui nous a été consacré, dans le même ton que l'article de journal paru le jour précédent. En bref, le sentiment d'avoir une action positive et surtout reconnue par les médias et la municipalité suisse est un moteur de motivation pour chacun d'entre nous.

La fin de semaine était plutôt « détente » avec au programme la visite d'une réserve naturelle – La Sauge – et une excursion au lac de Morat (Murten) où l'on a pu admirer les fortifications et la beauté de la petite ville. Une belle semaine à jouer avec les langues, l'eau et le soleil. Merci Greenpeace, merci les Suisses et un grand merci à Martina et Rose et à tous ceux qui ont permis le bon déroulement du camp. »

Greenpeace, France

15B Liste de vérification pour la réalisation d'un rapport

	Oui
1 J'ai respecté les conventions relatives à ce type de texte :	
• Il y a un en-tête (objet ; à l'attention de ; de la part de ; date).	☐
• Il y a des intertitres.	☐
2 J'ai utilisé le registre approprié et j'ai maintenu ce registre :	
• Le ton est objectif : j'ai utilisé un style impersonnel.	☐
• Le vocabulaire est courant ou soutenu.	☐
3 Mon texte est logique. Il est divisé en sections :	
• J'ai commencé par expliquer l'objet du rapport.	☐
• J'ai décrit ce qui s'est passé.	☐
• J'ai donné des exemples précis.	☐
• Pour terminer, j'ai fait un bilan de mon expérience.	☐
• Si nécessaire, j'ai aussi fait des recommandations.	☐
4 Pour rendre mon texte plus cohérent, j'ai utilisé au moins trois connecteurs logiques, par exemple :	
• *d'ailleurs ; de plus ; pour conclure*	☐
5 Pour rendre mon texte plus intéressant et convaincant, j'ai utilisé :	
• des statistiques et des chiffres	☐
• une comparaison.	☐

16A Tract

NON À LA SÉLECTION PAR L'ARGENT !

Nous refusons une nouvelle augmentation des frais d'inscription à l'université !

Encore une fois, on pénalise les plus pauvres !

Les étudiants sont de nouveau dans le collimateur d'un gouvernement qui cherche à faire des économies sur le dos des jeunes. Nous en avons marre de payer, de nous endetter et de nous taire. C'est le moment d'agir et de faire connaître nos opinions.

Où le gouvernement veut-il vraiment en venir ? Cherche-t-il à limiter l'accès à l'université ? À quelles fins ? Cherche-t-il à imposer une sélection dès l'entrée à l'université et donc à diminuer le nombre d'étudiants ? Et une sélection, comble de l'injustice, basée non pas sur le mérite mais sur l'argent ! Ce sont les riches qui auront accès à la faculté, et les autres, que feront-ils ? Abandonner leurs rêves, leurs espoirs, chercher un boulot qui ne les intéresse pas ? Et l'égalité des chances tant prônée par le gouvernement – on en fait quoi ? S'agit-il de paroles vaines ? Les caisses de l'État sont-elles vraiment si vides ?

C'est un scandale ! Cela nous concerne tous, les étudiants mais aussi les travailleurs, les chômeurs et les retraités. Qui paiera la retraite pour nous tous si nous, les jeunes d'aujourd'hui, ne parvenons pas à trouver un emploi dans le domaine qui nous intéresse ?

Pourtant, il existe des solutions. Pourquoi ne pas aider davantage les jeunes en leur accordant plus de bourses d'études ? Pourquoi ne pas exonérer certaines catégories de jeunes des frais d'inscription ? Pourquoi ne pas faire bénéficier d'autres jeunes de frais à taux réduit ? Les tarifs des restaurants universitaires et la cotisation à l'assurance maladie ne doivent en aucun cas être augmentés.

Au lieu de gâcher l'avenir des jeunes, donnons-nous les moyens d'accomplir ce dont nous rêvons sans être dépendants de nos parents ou de nos comptes en banque constamment dans le rouge.

Agissons contre cette augmentation ! Demandons à l'État de soutenir la jeunesse ! Demandons à l'État de geler les frais d'inscription.

**Les jeunes sont l'avenir de la nation,
aidez-les, aidez-nous !**

Venez nombreux soutenir notre action pour une éducation accessible à tous et à toutes !

jeudi prochain à 13 h devant les rectorats d'académie

LE COLLECTIF UNIVERSITAIRE DES INDIGNÉS

cui@lilo.org

Likez-nous sur Facebook : https ://www.facebook.com/cui

Suivez-nous sur Twitter : @cui

Ne pas jeter sur la voie publique

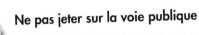

16B Liste de vérification pour la réalisation d'un tract

	Oui
1 J'ai respecté les conventions relatives à ce type de texte :	
• Il y a un titre.	☐
• J'ai inclus un ou plusieurs élément(s) caractéristique(s) d'un tract (texte en colonnes, photos ou illustrations, listes, typographie variée…).	☐
2 J'ai utilisé le registre approprié et j'ai maintenu ce registre :	
• Le vocabulaire est courant.	☐
• J'ai utilisé le vouvoiement pour m'adresser directement aux citoyens.	☐
3 Mon texte est logique :	
• J'ai divisé mon texte en sections claires et distinctes (paragraphes, intertitres, structure questions-réponses).	☐
• J'ai exposé le problème.	☐
• J'ai donné des arguments pour soutenir mon opinion.	☐
• J'ai proposé au moins une solution concrète.	☐
• J'ai encouragé le public à agir.	☐
• J'ai fourni les coordonnées (téléphone, site web, adresse courriel) pour avoir plus d'informations.	☐
4 Pour rendre mon texte plus cohérent, j'ai utilisé au moins trois connecteurs logiques, par exemple :	
• *de plus* ; *en effet* ; *c'est pourquoi*	☐
5 Pour rendre mon texte plus intéressant et convaincant :	
• j'ai fourni un titre accrocheur (c'est-à-dire qui donne envie de lire le tract).	☐
• j'ai utilisé des phrases courtes, faciles à suivre.	☐
• j'ai inclus des faits et / ou des statistiques.	☐
• j'ai utilisé au moins :	
• un impératif	☐
• une exclamation	☐
• une interrogation	☐
• une répétition.	☐

Acknowledgements

The authors and publishers acknowledge the following sources of copyright material and are grateful for the permissions granted. While every effort has been made, it has not always been possible to identify the sources of all the material used, or to trace all copyright holders. If any omissions are brought to our notice, we will be happy to include the appropriate acknowledgements on reprinting.

Unité 1.1 article adapté «8 clichés que les jeunes ne veulent plus entendre (et ce qu'il faut rappeler)» www.studyrama.com (collectif #Stopauxclichés); Unité 1.1 article «Être français: «Je suis devenue autonome envers notre mère patrie»» par LEXPRESS.fr, 26 juin 2015 © lexpress.fr; Unité 1.1««C'est en Algérie que j'ai compris que j'étais français»» par LEXPRESS. fr, 26 juin 2015 © lexpress.fr; Unité 1.1 extrait tiré de *Les identités meurtrières* de Amin Maalouf, © Éditions Grasset & Fasquelle, 1998; Unité 1.2 article «Pourquoi faire le choix d'une vie alternative» www.toitsalternatifs.fr; Unité 1.2 texte «Projet 2016 – Le tour du monde sans argent» de Sarah Gysler, https://laventurierefauchee.com, le premier livre de Sarah Gysler - *Petite*, paru en 2018 – aux Éditions des Équateurs (Paris); Unité 1.2 extrait tiré de *Dans les forêts de Sibérie* de Sylvain Tesson, © Éditions Gallimard; Unité 1.3 article adapté «20 conseils pour une vie plus saine», David Servan-Schreiber, mai 2010, www. psychologies.com; Unité 1.3 article «Malbouffe: mangez-moi, mangez moi, mangez moi!» 12 octobre 2006, © Public Ados/Scoop; Unité 1.3 extrait tiré de *Biographie de la faim* de Amélie Nothomb, © Éditions Albin Michel – Paris 2004; Unité 1.3 article ««J'ai pris conscience qu'il fallait pas se droguer n'importe comment»» Cécile Prieur, *Le Monde*, 9 juillet 2008; Unité 1.4 «10 bonnes raisons d'apprendre le francais» France Diplomatie, diplomatie.gouv.fr, Ministère des Affaires étrangè res et du Développement international; Unité 1.4 Piste 4 https://www.20minutes.fr/societe/1474675-20141104-dictionnaire-ados-francais-lol-boloss-deja-depasse - Anissa Boumediene - 20Minutes.fr - 04/11/2014; Unité 1.4 «SOS langues en danger (2008)» Carine Peyrières, *Science & Vie Junior* (221 02/2008); Unité 1.4 Le faux bilinguisme Nancy Huston, «Nord perdu», © Actes Sud; Unité 2.1 article «Voyager, quelle plaie!» André Désiront, © La Presse, Canada; Unité 2.1 article «Les Français sont parmi les plus mauvais touristes» Joël Morio, *Le Monde*, 9 juin 2008; Unité 2.1 «Partir c'est grandir un peu» www.cg02.fr; Unité 2.1 extrait tiré de *Voyages et autres déplacements* de Sylvie Massicotte, © L'instant meme 1995; Unité 2.2 article «Merci Papi, merci Mamie!» © Bayard Presse – *Phosphore* n° 426 – texte: Juliette – Décembre 2016; Unité 2.2 article «Sans tourner la page» Ondine Millot, 31 juillet 2006 © *Libération*, www.liberation.fr; Unité 2.2 article «Simone Veil ou la mémoire de la Shoah» Patrick Kovarik, 20 juin 2017, © AFP; Unité 2.2 extrait tiré de *L'écriture ou la vie* de Jorge Semprun © Éditions Gallimard; Unité 2.3 article «Bac 2016: «Un rite de passage qui subsiste» *Le Monde*, 15 juin 2016; Unité 2.3 article «5 trucs & astuces pour bien fêter ses 18 ans» Théo, 15 février 2016, https://blog.popcarte. com; Unité 2.3 extrait tiré de *L'enfant noir* de Camara laye © Plon, 1953; Unité 2.4 article «Le récit de l'unique survivant, par Dominique Dhombres» *Le Monde*, 26 mai 2008; Unité 2.4 article «Un sans papiers bordelais se défenestre pour échapper à un contrôle» Laure Espieu, 3 juin 2008 © *Libération*, www.liberation.fr; Unité 2.3 extrait tiré de *Eldorado* de Laurent Gaudé © Actes Sud, 2006; Unité 3.1 article «Le plus beau métier du monde» Marine Cygler, 15 novembre 2009 © Marine Cygler/*Le Journal du Dimanche*/Scoop; Unité 3.1 extrait tiré de *Tarmac* de Nicolas Dickner © Éditions Alto, 2009; Unité 3.2 extrait du text «Protéger notre patrimoine et favoriser la créativité» © UNESCO, https://fr.unesco.org; Unité 3.2 article «Le nouveau projet de C215 au Rwanda, un hommage aux Justes» © Outsidezebox, https://outsidezebox.com; Unité 3.2 «Interview avec Ambass Ridjali» propos recueillis par Timothy Mirthil © RFO/Mayotte; Unité 3.2 article «Musique. Elle mène les jeunes de banlieue à la baguette» 30 décembre 2007, *Le Telegramme*, www.letelegramme.fr; Unité 3.2 extrait «Tentative de description d'un dîner de têtes à Paris–France» de Jacques Prévert, in *Paroles*, paru aux Éditions Gallimard 1946 © Éditions Gallimard et © Fatras/Succession Jacques Prévert, tous droits numériques et audio reserves; Unité 3.3 extrait tire de *Le cheval d'orgueil* de Jakez Hélias © Plon, 1975; Unité 3.4 extrait *Madam Bâ* de Erik Orsenna © Librairie Arthéme Fayard 2003; Unité 4.1 Adeline, «Tutoiement ou vouvoiement» http:// mesgoutsmescouleurs.blogspirit.com; Unité 4.1 article «Tanguy, mode d'emploi» Ariane Krol, © *La Presse*, Canada, 5 août 2006; Unité 4.1 extraits de l'article «Régler un confl it, ça s'apprend!» www.teljeunes.com; Unité 4.1 extrait tiré de *Kiffe kiffe demain* de Faïza Guène © Hachette Littératures 2004, © Librarie Arthème Fayard 2010; Unité 4.2 article «Un camp de jeunes, c'est quoi?» www.volontariat-emmaus.com; Unité 4.2 article «Voisins solidaires» www.francetop.net; Unité 4.2 article «Qu'est-ce que le commerce équitable?» by Clotilde Chenevoy © Clotilde Chenevoy/L'Internaute/ccm Benchmark; Unité 4.2 extrait tiré de *L'Autre* de Andrée Chedid © Flammarion; Unité 4.3 Éducation/Égalité © Unicef www.unicef. fr; Unité 4.3 «L'école de demain» http://www.rtl.be; Unité 4.3 extrait «Six mois en Inde pour Étienne, 23 ans» tiré de «Un Break, après le bac, oui mais lequel?» *Version Femina* © Anne Lamy/Version Femina Sud Ouest/Scoop; Unité 4.3 article «Que devient Thomas Pesquet, le 10ème astronaute français à être parti dans l'espace? www.francetvinfo.fr Radio France bu Sebastian Baer 31.7.17; Unité 4.3 extrait Jennifer Murzeau, «La Désobéissante» Robert affont 2017; Unité 4.4 article «Ils continuent néanmoins de sévir - Les voleurs à l'étalage main dans le sac» Maxime Coursol, 26 avril 2006, *L'information du Nord Mont-* ; Unité 4.4 extrait «Filles du bord de ligne» de *Afropean soul et autres nouvelles* de o © Flammarion; Unité 4.4 article «Dangers d'Internet et des réseaux sociaux: t prévenus» François Flourens, 12 février 17, *La Voix du Nord*, www. 4.4 article «Ce qu'il faut savoir sur le bizutage avant de faire sa 3 septembre 2013, *Le Figaro – étudiant*, http://etudiant.lefigaro.fr; *gie en bas de chez moi* de Iegor Gran, © P.O.L. Editeur, 2011; ciences environnementales» Madeleine Huberdeau. Cet le magazine *Espace D* produit par le Mouvement Desjardins; Unité 5.2 «Déclaration universelle des droits de l'homme» version simplifiée est un texte élaboré en 1978 par un groupe de chercheurs de l'Université de Genève dirigé par le professeur L. Massarenti, © Office of the United Nations High Commissioner for Human Rights (www.ohchr.org); Unité 5.2 article «Pour ou contre le droit de vote à seize ans ? L'avis des associations lycéennes» Propos recueillis par Ch.B., 14 décembre 2016, *Le Parisien*, www.leparisien.fr; Unité 5.2 article «Un ordinaire encore trop rare» par Florence Martin Batoz, article extrait d'*HANDI-Actu*, journal en ligne de la Ville de Besançon dédié au handicap, www.besancon.fr; Unité 5.2 article «L'éducation des filles» www.plan-international.fr; Unité 5.3 extrait Mariama Bâ, «Une si longue lettre» Le Serpent à Plumes, 2001; Unité 5.3 extrait tiré de *Allah n'est pas obligé* de Ahmadou Kourouma, © Éditions du Seuil 2000, Points 2002;Unité 5.3 article «La révolte des enfants algériens le 11 décembre 1960» Mme Abida Z www.planetenonviolence.org; Unité 5.4 extrait Jean-Dominique Bauby, «Le scaphandre et le papillon» © Éditions Robert Laffont; Unité 5.4 Brochure pour le don d'organes, www.beldonor.be. Service public fédéral Santé publique, Sécurité de la Chaîne alimentaire et Environnement (Belgique); Unité 5.4 texte «Contre L'euthanasie» de Jiby, © http://millefaces.free.fr; Unité 6 article «Une centaine de personnes s'attelle au nettoyage du littoral de Faa'a » www.tahitipresse.pf 22/09/2007; Unité 6 article Ryan Lesacados «Ces petites rencontres qui changent le voyage» https://lesacados.com/ petites-connexion-vrai-echange; Unité 6 «Les astuces du tri sélectif» © Communauté des Communes des Bassins Seudre et Arnault à St Romain de Benêt; Unité 6 article «Les combattants» survivre coûte que coûte» Corinne Renou-Nativel, 20 août 2014, *La Croix*, www.la-croix.com; Unité 6 article «Plus de vacances» Nathalie Collard, © *La Presse*, Canada, 10 mars 2007; Unité 6 article «Bien manger, loin de maman» Geneviève O'Gleman Journal Métro, Montréal; Unité 6 article «Interview-confession de Teddy Riner» Florence Sauges, *Paris Match*, 1 septembre 2015 © Florence Saugues/Paris Match/Scoop; Unité 6 article,«Jamais contente – Le journal d'Aurore» Marie Desplechin © École des Loisirs, 2006, p100–102;Unité 6 article «Solar Camp à Cudrefin en Suisse» www.greenpeace.org 20.06.06

Thanks to the following for permission to reproduce images

Dan Kitwood/GI, Westend61/GI, Tara Moore/GI, Maskot/GI, Howard Kingsnorth/GI, JohnnyGreig/GI, Maskot/GI, Richard Drury/GI, veronicagomepola/GI, Ian Ross Pettigrew/ GI, Ezra Bailey/GI, Thomas Samson/GI, Frederic SOULOY/GI, Frederic SOULOY/GI, Andrew H. Walker/GI, Hagen Hopkins/GI, Chelsea Lauren/GI, Pacific Press/GI, Rob Lewine/GI, Ulf, Andersen/GI, DAMIEN MEYER/GI, Ulf Andersen/GI, HOANG DINH NAM/GI, Ulf Andersen/GI, AFP/GI, Peathegee Inc/GI, Giulia Fiori Photography/GI, Stefan Cristian Cioata/GI, Sylvain, Sonnet/GI, Dorling Kindersley/GI, Matteo Colombo/GI, HOUIN /BSIP/GI, Oscar Wong/GI, Sam Edwards/GI, Suthinee C/EyeEm/GI, Peathegee Inc/GI, Morsa Images/GI, Sebastien GABORIT/GI, Dorling Kindersley/GI, Carl Court/GI, Peathegee Inc/GI, Suthinee C / EyeEm/ GI, Morsa Images/GI, PhotoAlto/Michel Bussy/GI, lechatnoir/GI, Ariel Skelley/GI, Owen Franken - Corbis/GI, IRENE STACHON/GI, JEAN-CHRISTOPHE VERHAEGEN /GI, Peter Cade/ GI, Perry Mastrovito/GI, Ascent/PKS Media Inc/GI, Victor_Brave/GI, Johner Images/GI, Matt Cardy/GI, Gideon Mendel/GI, mikroman6/GI, Guido Mieth/GI, Robert Daly/GI, Tom Merton/GI, Janeycakes Photos/GI, Martina Paraninfi/GI, Jana Heide / EyeEm/GI, Niedring/ Drentwett/GI, Westend61/GI, Kicka Witte/GI, Feifei Cui-Paoluzzo/GI kumeda/GI, David Lees/GI, Portland Press Herald/GI, Sigarru/GI, Giorgio Cosulich/GI, Loop Images RF/GI, Bastinda18/GI, WIN-Initiative/GI, Hill Street Studios/GI, Marie Killen/GI, Image Source/GI, Color Day Production/GI, kali9/GI, RICHARD BOUHET/GI, PetiaDizain/GI, incamerastock / Alamy Stock Photo, Eric Fougere/Corbis/GI Visuals Unlimited, Inc./Carol & Mike Werner/ GI, sue ollerenshaw, tirc83/GI, Bruce Yuanyue Bi/GI, LUDOVIC MARIN/GI, Fredrik Skold/ GI, Westend61/GI, Ben_Gingell/GI, WIN-Initiative/GI, Bicho_raro/GI Andrew Aitchison/ GI, Chesnot/GI, Richard I'Anson/GI, catscandotcom/GI, Mark Renders/GI, JGI/Jamie Grill/ GI, Jodie Griggs/GI, Betsie Van der Meer/GI, Thomas Barwick/GI, Imagesbybarbara/ GI, Bettmann/GI, The Montifraulo Collection/GI, ArtMarie/GI, H. Armstrong Roberts/ ClassicStock/GI, Jutta Klee/GI, Paul Bradbury/GI, zhekos/GI, PIERRE VERDY/GI, Frederic SOULOY/GI, Ulf Andersen/GI, SzB/GI A-Digit/GI, Bernard Bisson/GI, DU BOISBERRANGER Jean/GI, Eric Raptosh Photography/GI, FREDERICK FLORIN/GI, HELENE VALENZUELA/ GI, Compassionate Eye Foundation/Rob Daly/GI Compassionate Eye Foundation/ Chris Windsor/GI, Terry Vine/J Patrick Lane/GI, Marco Di Lauro/GI, PASCAL GUYOT/GI, Federica Grassi/GI, ChiccoDodiFC/GI, DON EMMERT/GI, japatino/GI, AFP Contributor/GI, Thomas Lohnes/GI, SAID KHATIB/GI, ABDELHAK SENNA/GI, NurPhoto/GI, David Ramos/ GI, Balogh David / EyeEm/GI, BERTRAND LANGLOIS/GI, NurPhoto/GI, bernie_photo/GI, Andrew Brookes/GI, Science Photo Library/GI, Serge BENHAMOU/GI, Jon Feingersh/GI, Hans-Peter Merten/GI, narvikk/GI, Hero Images/GI, slobo/GI, Olena Kurashova/GI, AFP Contributor/GI, Mary Ann McDonald/GI, PhotoAlto/Sigrid Olsson/GI, Alberto Guglielmi/ GI, drbimages/GI, Blue_Cutler/GI, Juanmonino/GI, drbimages/GI, Hero Images/GI, Tarzan9280/GI, ronniechua/GI, Dmitri Kessel/GI, zabelin/GI, VICTOR HABBICK VISIONS/GI, Ig0rZh/GI, KREMLL/GI, vm/GI, Mikael Vaisanen/GI, Photo 12 / Alamy Stock Photo, Frederic SOULOY/GI, Everett Collection Inc / Alamy Stock Photo, ullstein bild/GI, coldsnowstorm/ GI, ullstein bild/GI, Education Images/GI, (c) Sasu C215 Christian Mueringer / Alamy Stock Photo, Photonews/GI, FRANK PERRY/GI, ZUMA Press, Inc. / Alamy Stock Photo, ullstein bild/GI, Michael Hurcomb, Francois G. Durand/GI, Apic/RETIRED/GI, Stephane Cardinale/ Corbis/GI, Tony Barson/GI, James Andanson/GI, Jean-Regis Roustan/GI, AFP Contributor/ GI, AFP Contributor/GI, Hans-Peter Merten / robertharding/GI, Insights/GI, Bettmann/GI, Photo Josse/Leemage /GI, Photo Josse/Leemage /GI, Stephane Mahe/ThomsonReuters News Agency, urbancow/GI, franckreporter/GI, Elisabeth Schmitt/GI, skynesher/GI, Carol Yepes/GI, Tara Moore/GI, Eric Fougere/Corbis/GI, Christian Ender/GI, Christian Ender/